HTML 4
für Dummies

Ed Tittel &
Stephen N. James

HTML 4 für Dummies

Gegen den täglichen Frust mit HTML 4

Aus dem Amerikanischen
übersetzt und überarbeitet
von Dirk Chung, Rainer Kolbeck
und Hans Hajer

Die Deutsche Bibliothek – CIP-Einheitsaufnahme:

Ed Tittel, Stephen N. James:
HTML 4 für Dummies / Ed Tittel ; Stephen N. James.
Übers. aus dem Amerikan. von Dirk Chung, Rainer Kolbeck
und Hans Hajer. - Bonn : MITP-Verlag, 1998
    Einheitssacht.: HTML for Dummies <dt.>
    ISBN 3-8266-2762-8
NE: James, Stephen N.

ISBN 3-8266-2762-8
1. Auflage 1998
4. Nachdruck 2000

Alle Rechte, auch die der Übersetzung, vorbehalten. Kein Teil des Werkes darf in irgendeiner Form (Druck, Fotokopie, Mikrofilm oder einem anderen Verfahren) ohne schriftliche Genehmigung des Verlages reproduziert oder unter Verwendung elektronischer Systeme verarbeitet, vervielfältigt oder verbreitet werden. Der Verlag übernimmt keine Gewähr für die Funktion einzelner Programme oder von Teilen derselben. Insbesondere übernimmt er keinerlei Haftung für eventuelle aus dem Gebrauch resultierende Folgeschäden.

Die Wiedergabe von Gebrauchsnamen, Handelsnamen, Warenbezeichnungen usw. in diesem Werk berechtigt auch ohne besondere Kennzeichnung nicht zu der Annahme, daß solche Namen im Sinne der Warenzeichen- und Markenschutz-Gesetzgebung als frei zu betrachten wären und daher von jedermann benutzt werden dürften.

Übersetzung der amerikanischen Originalausgabe:
Ed Tittel, Stephen N. James: HTML For Dummies

Copyright © 1998 by MITP Verlag GmbH, Bonn
Original English language edition text and art copyright © 1997 by IDG Books Worldwide, Inc.
All rights reserved including the right of reproduction in whole part or in part in any form.
This edition published by arrangement with the original publisher, IDG Books Worldwide, Inc.,
Foster City, California, USA.

Printed in Germany

Ein Unternehmen der verlag moderne industrie AG & Co. KG, Landsberg

Korrektorat: Dirk Müller, Köln
Druck: Media-Print, Paderborn
Umschlaggestaltung: Sylvia Eifinger, Bornheim
Satz und Layout: Lieselotte und Conrad Neumann, München

Inhaltsverzeichnis

Einführung 19

Über dieses Buch 20
   Wie man dieses Buch benutzt 20
   Annahmen – machen aus uns beiden einen Idioten 21
Wie dieses Buch aufgebaut ist 21
   Teil I: Willkommen im World Wide Web 22
   Teil II: Der Aufbau besserer Web-Seiten 22
   Teil III: Eine Führung durch die HTML-Grundlagen 22
   Teil IV: HTML für Fortgeschrittene 22
   Teil V: Über HTML hinaus? (CGI-Skripting und »wirkliche« Anwendungen) 23
   Teil VI: Rufen Sie den Kammerjäger: Web-Seiten entlausen 23
   Teil VII: Der Schritt an die Öffentlichkeit: Bringen Sie Ihre Web-Seiten auf den Server 23
   Teil VIII: Es ist Tool-Zeit: HTML-Entwicklungswerkzeuge und -umgebungen 23
   Teil IX: Die Zehnerliste 24
   Die in diesem Buch verwendeten Symbole 24
   Wie es von hier aus weitergeht 24
   Der Weg in die Zukunft 25
   Die CD-Rom 25

Teil I
Willkommen beim World Wide Web 27

Kapitel 1
Willkommen im World Wide Web 29

Aus kleinen Dingen entstehen manchmal große 29
Was ist das Web und wo befindet es sich? 30
   Und nun lassen wir unseren Sponsor zu Wort kommen ... 30
   Willkommen im Mittelpunkt des Universums! 31
   Es ist »was es ist«! 31
Die fröhliche Anarchie des Internet 32
Vor dem Web: Andere Internet-Navigationswerkzeuge 33
   FTP (nein, hier geht es nicht um Politik, das wäre FDP) 33
   Buddelei im GopherSpace 34
   Die Schönheit von Mailing-Listen und elektronischer Post 35
   Usenet 36

Weitverkehrsinformationsdienst (Wide-Area Information Service = WAIS)	37
Andere Werkzeuge	38
Warum ist das Web eine »große Sache«?	38
Browser und Suchwerkzeuge	39
Lynx	39
Mosaic	40
WinWeb (und MacWeb)	41
Netscape Navigator/Communicator	42
Der Microsoft Internet Explorer (MSIE)	43

Kapitel 2
Zurück zu den Anfängen: Eine kurze Geschichte des Web — 45

Atomphysiker sind wie Weltraumforscher	45
UNIX und das Web	47
Die Bürde der Internetgeschichte	48
Über Domain- und Dateinamen	48
Einheitliche Ressourcen im Web	50
Die ersten Web-Werkzeuge und unnatürliche Begierden	53
Achtung! Explosives Wachstum	54
Eine brillante Untersuchung des Web, World Wide	55
Absprungpunkte en masse	55
Suchseiten gefällig?	55
Die Whole Internet Catalog Page	56

Kapitel 3
Unter Dach und Fach: Wie das Web funktioniert — 59

Über Clients & Server, Antworten & Anfragen	59
Im Web spielen Front Ends und Back Ends verschiedene Rollen	59
Web-Clientologie	60
Die Web-Ressourcen auftischen	61
Die Vorteile des Client-Server-Prinzips – ungeschminkt	62
Zum Netzwerken braucht man Protokolle	63
Wie Netze reden: das HyperText-Übertragungsprotokoll (HyperText Transfer Protocol = HTTP)	63
Die einzig wahren Informationen über HTTP	65
HTML: HyperText Markup Language	66
Was ist HTML?	66
Ganz normale Zeichen	67
Der Text für den Inhalt, die Markierungen für die Steuerungen	67
Auf das Web zugreifen	67
Das Web übers Telefon und noch viel mehr ...	68
Wenn der Web-Zugriff zustande kommt	72

Teil II
Der Aufbau besserer Web-Seiten — 75

Kapitel 4
Hyper werden — 77

HTML-Grundlagen — 77
Über Links und Würstchen — 78
   In Dokumenten herumspringen — 79
   Zwischen Dokumenten und Diensten wechseln — 79
Sie haben schon mit HyperText gearbeitet, Sie haben es nur nicht gewußt — 80
Neben den Texten gibt es Multimedia — 81
   Hyperhelfer: nützliche Hilfsprogramme — 83
   Der Wert der visuellen Elemente — 84
   Multimedia-Manege — 86
Weitere Formate gefällig? Das Plug-In — 86
So bringen Sie alles im Web zusammen — 87

Kapitel 5
Was steckt in einer Seite? — 89

Alles hängt am Layout — 89
Was möchten Sie mitteilen? — 90
   Wer hört zu? — 91
   Design entspringt aus dem Inhalt – und der Absicht — 91
   Formulieren Sie Ihre zentrale Nachricht — 92
Denken Sie über die Superstruktur und den Informationsfluß nach — 93
   Das Publikum hört zu ... — 95
Die Kunden kommen ... – gehen Sie bloß aus dem Weg! — 95
   Woran soll sich das Publikum erinnern? — 96
Die Elemente für die Seitengestaltung kennenlernen — 97
   Texte markieren — 97
   Titel und Etiketten — 98
   Text und HyperText-Links — 99
   Die Überwindung des zweidimensionalen Denkens — 101

Teil III
Eine Führung durch die HTML-Grundlagen 107

Kapitel 6
Was ist eine Markup-Sprache? 109

    Eine Markup-Sprache ist keine Graffiti-Spielart 109
        Eine Syntax ist keine Luxussteuer auf Zigaretten! 110
        Elemente der HTML-Syntax 111
    Standard Generalized Markup Language (SGML) 113
        Ein generalisiertes Markup deckt viele Sünden zu 114
        Aufbau besserer Einzelteile 115
        Wo HTML unter den SGML-Mantel paßt 115
    Willkommen bei HTML 116
        Wiedergabe des Inhalts auf zahlreiche Plattformen 116
        Die mehr als vier und mehr Gesichter von HTML 117
    HTML-Elemente 118
        Gehen Sie zum Kopf des Dokuments 118
        Das meiste steht im Inhaltsteil 119
    Meine Damen und Herren, starten Sie Ihre Motoren! 120

Kapitel 7
Schubladen für die Inhalte der Seiten: HTML-Kategorien 121

    Die Essenz der HTML-Syntax 121
        Syntaxkonventionen sind kein Spiel! 122
        Interessante HTML-Eigenschaften 124
    HTML-Kategorien 127
    HTML-Markierungen 132
        Das Defilee der Attribute 132
        Das Layout der Markierungs-Information 133
        Das HTML-Markierungsteam 134

Kapitel 8
Einführung in Kryptographie: HTML-Entitäten 203

    Entitäten sind keine Signale von Außerirdischen 203
    Sonderzeichen definieren 204
    Der ISO-Latin-1-HTML-Zeichensatz 205

Kapitel 9
Grundlegender Aufbau von HTML-Dokumenten 211

Die Vorlage	212
Seitenlayout: von oben nach unten	213
Was bedeutet ein Name? Nachdenken über gute Titel und aussagekräftige Überschriften	215
Titel	215
Überschriften	216
Gut, besser, Ihr Dokument	219
Web-Seiten für Leseratten – Oh nein!	220
Eine ausgewogene Komposition	220
Umfangreiche Dokumente	220
Noch ein paar Faustregeln	221
Wichtige Bestandteile: gekonnter Aufbau von Absätzen	221
List-wärts weht der Wind: Auswahl geeigneter Listenstrukturen	222
Die ungeordnete Liste	222
Die geordnete Liste	223
Die Definitionsliste	224
Le Menu	225
Die Kurzliste	226
Tabellen bringen Ihre Seite in Form	227
Mit Rahmen die Fassung behalten	230
<FRAMESET>	230
<FRAME>	232
TARGET – Der Weg zu den Frames	232
Erlaubte Namen für TARGET	233
Hängen Sie sich ein: Hyperlinks in Web-Dokumenten	236
Links zu Seiten innerhalb Ihres Bereichs sind relativ	236
Links außerhalb Ihres Bereichs sind physikalisch	237
Wählen Sie Ihre Hyperlinks mit Bedacht	237

Kapitel 10
Die Basis steht: Verleihen Sie Ihren Web-Seiten nun Reiz und Wirkung 239

Ausleihen kann Probleme verursachen	239
Faszinierend: Logos, Symbole und andere Kleinode	240
Horizontale Linien sind schön – regenbogenfarbene Linien sind schöner	243
Bunte Bälle schlagen Listenmarkierungen	244
Symbole	245
Grafiken als Hyperlink	245
Logos	246
Aufbau eines grafischen Seitenlayouts	248
Arbeiten mit Grafikdateien	248

Die Dateiformate GIF und JPEG	249
Regeln für grafische Markierungen	250
Fußzeilen vervollständigen Ihre Seite	250
Eine URL-Zeile als Teil Ihres Dokuments	253
Urheberrecht	253
Aktualität: Version, Datum und Uhrzeit	254
Verweise auf andere Autoren oder andere Anbieter	255
Der E-Mail-Link für Benutzerantworten	255
Formulare für Benutzerantworten	256
Kommentieren Sie Ihre HTML-Dokumente für die Nachwelt	256

Teil IV
HTML für Fortgeschrittene — 257

Kapitel 11
Hoch hinaus: Aufbau komplexer Seiten — 259

Nirgends ist's so schön wie zu Hause	259
Organisation	260
Liebe Jungen und Mädchen, es ist Märchenzeit	262
Weg mit den Ankern: Umherspringen in Ihrem Dokument	264
Links zu Text in einer anderen Seite	265
Verweise auf Text innerhalb einer Seite: Links im Inhaltsverzeichnis	265
Der Sprung in entfernte Seiten	267
HyperText-Links zu entfernten Ressourcen	267
Sprungseiten	268
Ein Spezial-<LINK>	269
Der Verschachtelungsinstinkt: Listen innerhalb von Listen	270
Beispiele »professionell« gestalteter Seiten	271
National Biological Service	272
Homepage des U.S. Geological Survey	274
Homepage des FedWorld Information Network	276

Kapitel 12
Streng pro forma: Formulare für Anmerkungen — 281

Wozu dienen HTML-Formulare?	281
Leben mit den Formulareinschränkungen	282
Vorsicht: Browser!	282
Bedaure, Server ...	282
Woraus besteht ein Formular?	283
Formulare ermöglichen Zweiweg-Kommunikation	284
Markierung! Du bist ein Formular ...	284

So verwenden Sie Formularmarkierungen ... 285
    Einrichten der <FORM>-Umgebung ... 285
    Nehmen wir an ... 286
    Wissen, was (rein)kommt: die <INPUT>-Markierungen ... 286
    Weitere <INPUT>-Attribute ... 287
    Ein textorientiertes <INPUT>-Beispiel ... 288
    <SELECT>iv sein ... 289
    <TEXTAREA> läßt die Benutzer eloquent werden ... oder profan! ... 291
Formulierung einer guten Einstellung ... 294

Kapitel 13
Hier geht's um Karten!   295

Wo sind Sie? (Verwendung anklickbarer Karten) ... 295
Kosmische Kartographie: Was man zur Darstellung von Karten im Web braucht ... 296
    Warnung: unterschiedliche Karten für unterschiedliche Server ... 297
    Wie man in Karten mit Formen umgeht ... 298
Aufbau von und Verbindung zu CERN-Kartendateien ... 299
    Die Kartendatei für die Schaltflächenleiste ... 299
    Erstellung und Speicherung von Kartendateien ... 300
    Die Verwendung von Kartendateien ... 300
    Definieren einer anklickbaren Karte in Ihrem HTML-Dokument ... 300
Aufbau von und Verbindung zu NCSA-Kartendateien ... 301
    Die Kartendatei für die Schaltflächenleiste ... 301
    Erstellung und Speicherung von Kartendateien ... 301
    Die Verwendung von Kartendateien ... 302
    Definieren der anklickbaren Karte in Ihrem HTML-Dokument ... 302
»Die Karte zu besitzen, heißt nicht, das Gebiet eingenommen zu haben« ... 303
Über anklickbare Karten und URLs ... 304
Es geht aber auch anders! ... 305

Kapitel 14
Verrenken Sie sich den Hals! HTML-Erweiterungen   307

Wenn Ihr Browser es nicht sehen kann, ist es dann wirklich vorhanden? ... 307
Der Stand der HTML-Kunst ... 308
    Eine »einfache Erklärung« für die Browser-Vielfalt ... 308
    Es lebe der Unterschied: Wertzuwachs ... oder mehr Durcheinander? ... 309
Was hat HTML auf Lager? ... 310
    Jetzt heißt es »demnächst« für HTML 4.0 ... 310
Einige HTML-Erweiterungen außerhalb des Standards ... 310
    Die HTML-Veränderungen der »beiden Grossen« ... 311
    Die Gefahren der (In)Kompatibilität ... 313

Teil V
Jenseits von HTML? CGI-Programme und »echte« Anwendungen   315

Kapitel 15
Die CGI-Schnittstelle   317

    Der »gemeinsame Gateway« ist KEINE Drehtür!   317
        Beschreibung von CGI-Programmen   318
        Was geschieht in einem CGI-Programm?   318
    Was ist eine CGI-Eingabe?   319
        Kurz und süß: die Methode der »erweiterten URL«   320
        Langatmig und gründlich: die Eingabestrom-Methode   321
        Umgebungsvariablen bearbeiten   322
    Programme zur Eingabebearbeitung   324
    CGI-Codierung   325
        Sehr geehrte Damen und Herren: Wählen Sie Ihre Waffen!   325
        Beispiel 1: Wie spät ist es?   327
        Beispiel 2: Wir zählen die Besuche einer Seite   328
        Beispiel 3: Decodierung der Koordinaten einer anklickbaren Karte   330

Kapitel 16
Die bringt Sie auf den richtigen Weg: Web- und Dokument-Navigationshilfe   335

    Webcrawler und andere Suchmechanismen   335
        Auf der Suche nach den Bonbons ...   335
        Dokumente nach Details durchsuchen ...   336
    Je größer ein Objekt, desto leichter geht es verloren!   338
    Dokumenthüllen: Indizes, Sprungtabellen und interne Verweise   339
    Den Datenbankweg wählen   339
    Vermeiden Sie uneffektive Arbeit   340
    Wohin führt uns die Suche?   340

Teil VI
Her mit dem Kammerjäger! Entlausen von Web-Seiten   341

Kapitel 17
Test, Test, 1-2-3   343

    Web-Designer, teste Dich!   343
        Wiederholung, Wiederholung, Wiederholung   344
        Schriftlicher Testplan   344

Erwarten Sie das Unerwartete (und testen Sie, um es zu finden)	344
Laborversuch: Alpha-Testmethoden	345
Der Alphatestplan für Web-Seiten	346
Alpha, Beta, Gamma, Delta: Ihr Testteam	349
Alpha	349
Beta	349
Gamma?	350
Irgendwann muß Schluß sein (mit dem Testen)	350

Kapitel 18
Es spielt keine Rolle, was SIE denken   *351*

Simulation ist besser als Echtbetrieb	352
Mit dem Browser durch Ihr hart erarbeitetes Erzeugnis	353
Alphatester	353
Betatester	354
Alle auf einen Streich	355
Einmal die Liste erstellen, zweimal prüfen	355
Immer einen Schritt voraus	355
Es ist nicht verrückt, die Vernunft zu testen!	356
Geben Sie's mir: Kritik ist wichtig	356
So bekommen Sie, was Sie wollen	357
Aufbau der Berichtskarte	357
Hokuspokus, Fokusgruppen	358
Machen Sie sich Freunde	358
Nicht nur zuhören, handeln!	358
Holen Sie das Beste aus Ihrem Publikum heraus	359

Teil VII
An die Öffentlichkeit gehen: Ihre Web-Seiten servieren   *361*

Kapitel 19
So, Sie haben ein Netz gewebt: Und jetzt?   *363*

Die ganze Welt zu sich nach Hause einladen	363
Auf die Schwerpunkte konzentrieren	364
Die Benutzer müssen wissen, wer verantwortlich ist!	364
Publizieren Sie, oder Ihre Ideen verrotten!	365
Es ist gut fürs Geschäft ...	365
... und macht jede Menge Vergnügen!	365
Zurück zum Inhalt	366

Handeln und Schachern: Eine Vereinbarung mit einem Internet-Anbieter treffen	366
Wo zieht man die Grenze?	367
Was Sie mit Ihrem Internet-Anbieter auszuhandeln haben	369
Selbst weben: Was bedeutet das?	370
Die Tarife verstehen	371
UNIX oder kein UNIX	371
Sie können tun, was Sie wollen, bei der Systempflege gibt's kein Entkommen!	371
Für den Erfolg gerüstet?	373
Die Antwort auf die ultimative Frage	373

Kapitel 20
Wenn alles fertig ist, werden sie kommen?   *375*

Der Welt Ihren Web-Bereich ankündigen	375
Eine »semi-formale« Ankündigung schreiben	376
An wen Sie Ihre Ankündigung schicken	377
Die Usenet-Newsgroups durchackern	379
Industriell oder in einem Nischenbereich publizieren	379
Die traditionelle Art	380
Auf der sicheren Seite der Benutzerpolitik stehen	381
Benutzerpolitik auf dem NSF-Net Backbone	381
Werte geben bedeutet, Werte erhalten	383
Stellen Sie sicher, daß Ihr Web die richtige Beute macht	383

Kapitel 21
Die Mehrheit der Dinge ändert sich ...   *385*

Quak! Quak! Der zweidimensionale Textfallenverkleinerer	386
Wer sagt, das Gerümpel ist abgestanden?	
(Schimmel ist ein schlechtes Werbegeschenk ...)	386
Checken Sie Ihre Seiten regelmäßig, Dr. Web!	387
Halten Sie Ihre Inhalte auf dem Laufenden!	387
Führen Ihre Links ins Nirgendwo?	387
Ist Ihr HTML passé?	388
Wenn Sie fragen, bekommen Sie eine Antwort	388
Sich mit Veränderungen arrangieren	389
Aktualisierung ist eine Einstellung und ein Lebensstil!	390
Wenn man die Dinge verändert, gehen Sie manchmal auch kaputt	391

Teil VIII
Es ist Werkzeugzeit! HTML-Entwicklungswerkzeuge
und -umgebungen   393

Kapitel 22
Die richtige Web-Plattform heraussuchen   395

Da guade oide Lad´n für Autorenwerkzeig	396
Prüfen oder nicht – das ist hier die Frage	396
Eigenständig, Zusatz zur Textverarbeitung oder Druckformatvorlagen	397
WYSIWYG oder textorientiertes HTML	397
Eene, meene, mu ...	398
Eine Kurzübersicht	399
Lieber kämpfen als UNIX aufgeben	399
A.S.H.E	399
Phoenix	399
TkWWW	400
TkHTML	400
HotMetal	400
Sonstige Werkzeuge	400
Leckerbissen für den Macintosh	401
Weit geöffnete Fenster	402
Eigenständige Windows-HTML-Editoren	402
Zusätze für MS Word für Windows, Druckformatvorlagen und Makros	403
Sonstige verrückte und ausgeflippte Werkzeuge	403
Filter und Dateikonverter	403
Grafik-Editoren	404
Zunder für den Web-Server	404

Kapitel 23
UNIX einheitlich einsetzen   407

Nach Schätzen im Meer der UNIX-HTML-Werkzeuge tauchen	407
Eigenständige HTML-Editoren	408
Emacs Modes und Druckformatvorlagen	409
Ihre UNIX-Dateien filtern und konvertieren	409
Alleine zwischen den UNIX-HTML-Editoren stehen	409
A.S.H.E (A Simple HTML Editor)	409
Phoenix	411
tkWWW	412
TkHTML Version 3.2	412
HotMetal 3.0	413

EMACS HTML Modes	415
UNIX HTML-Filter und Dateikonverter	416
Die Suche nach UNIX-Web-Servern	416

Kapitel 24
Mehr Macintosh-Verrücktheiten — 417

Den Obstgarten der Macintosh-HTML-Werkzeuge beobachten	417
Eigenständige HTML-Werkzeuge	418
Erweiterungen für Texteditoren und Druckformatvorlagen	419
HTML-Druckformatvorlagen	419
Eigenständige HTML-Editoren für Macintosh	419
HTML Editor	420
HTML.edit Version 1.5	421
HMTL Grinder 3.2.1	422
HotMetal 3.0	423
HTML Pro	424
HTML Web Weaver Version 3.0 (normalerweise HTML SuperText)	425
Simple HTML Editor (SHE) Version 2.9	426
Nach Editor-Erweiterungen und Druckformatvorlagen fischen	427
BBEditLite	427
BBEdit HTML Extension und BBEdit HTML Tools	427
ANT_HTML	429
Sonstige phantastische Mac-Werkzeuge	429
Zunder für das Web	429
MacHTTP Web-Server	430
WebSTAR	430
NetWings	430
http4Mac	430

Kapitel 25
Windows einweben — 431

Das Feld der HTML-Werkzeuge beobachten	431
Eigenständige HTML-Werkzeuge	432
Zusätze für Textverarbeitungen	432
HTML-Formatvorlagen	432
Nach eigenständigen HTML-Editoren für Windows Ausschau halten	433
HTMLed Version 1.2	433
HTML Assistant Version 1.4	435
HTML Assistant Pro 1.5	436
HTML Writer Version 0.9 beta 4a	437
HotMetal 4.0	438
Der Web Wizard: The Duke of URL	440

HTML-Editoren für MS Word für Windows	441
Microsoft Word Internet Assistant	441
Druckformatvorlagen und Makros	443
Filter und Dateikonverter	444
KISS: textorientierte Editoren	444
Zunder für das Web	444

Teil IX
Der Teil der Zehn   447

Kapitel 26
Die wichtigsten zehn Ge- und Verbote bei HTML   449

Denken Sie an Ihre Inhalte!	449
Ihre Dokumente strukturieren	450
Den Markierungen auf der Spur	450
Aus dem Unscheinbaren das Beste machen	451
Attraktive Seiten aufbauen	452
Die Abhängigkeit von Browsern vermeiden	452
Evolution, keine Revolution	453
Ihr wildes und wolliges Web steuern	453
Die zweidimensionale Textfalle umgehen	454
Um die Trägheit zu überwinden, bedarf es ständiger Wachsamkeit	454

Kapitel 27
Zehn Vorschläge zum Design   455

Ein Seitenlayout erstellen	455
Ein grafisches Vokabular aufbauen	456
Leerräume einsetzen	456
Ausdrucksvoll formatieren	456
Die Inhalte erweitern	457
HyperMedia effektiv einsetzen	458
Die Navigation unterstützen	458
Eine gute Meinung fördern	458
Wissen, wann man teilen muß	458
Wert für Wert hinzufügen	459

Kapitel 28
Fehler im Web einschränken   461

Eine Liste aufstellen und doppelt prüfen	461
Die Mechanik des Textes bewältigen	462

Tote Links hinterlassen ein grausames Erbe 462
An den richtigen Stellen den Ärger vermeiden 462
    Die Basiselemente abdecken 463
Werkzeuge für die Testreihe 463
Rückmeldungen aufpäppeln 464
Das Beste aus Ihrem Publikum machen 464

Kapitel 29
Zehn Gründe für und gegen einen eigenen Web-Service   465

Die Gründe verstehen 465
Ihr Kleingeld zählen 466
Den Datenverkehr projektieren und überwachen 466
Wieviel ist zuviel? 467
Das Flüchtige verwalten 467
Firmenorientierte Kommunikation 468
Ihr Publikum erreichen 468
Den Handel »webifizieren« 469
Ihre Optionen verstehen 470
Vom Erfolg übermannt werden 470

Glossar   471

Stichwortverzeichnis   477

Einführung

Willkommen im World Wide Web mit seinen wundervollen und verrückten Möglichkeiten. In diesem Buch führen wir Sie in die Geheimnisse der HyperText Markup Language ein, die für den Aufbau der Web-Seiten verwendet wird, und nehmen Sie in die exklusive, aber dennoch stetig wachsende Gemeinschaft der Web-Autoren auf.

Wenn Sie schon einmal versucht haben, Ihre eigenen Web-Seiten aufzubauen, es jedoch als abschreckend empfunden haben, können Sie sich jetzt entspannen. Wenn Sie in der Lage sind, ein Telefon zu bedienen oder am Morgen Ihre Schlüssel zu finden, dann können Sie auch ein HTML-Autor werden. (Ganz im Ernst!)

Als wir dieses Buch geschrieben haben, wollten wir Ihnen ohne große Umschweife alles nahebringen, was zum Aufbau der Dokumente für das World Wide Web benötigt wird. Wir haben versucht, das Techno-Blabla auf ein Minimum zu reduzieren und uns so weit als möglich klar auszudrücken. Neben den Aussagen über HyperText, HTML und das Web haben wir eine ganze Menge Beispielprogramme und schrittweiser Anleitungen zum Aufbau Ihrer ganz persönlichen Web-Seiten in das Buch aufgenommen.

Über dieses Buch

Betrachten Sie dieses Buch als freundlichen und ansprechenden HTML-Führer, der Ihnen den Aufbau ansehnlicher und attraktiver Seiten für das World Wide Web ermöglicht. Obwohl HTML nicht schwer zu erlernen ist, kann es recht schwierig sein, sich alle Einzelheiten zu merken, die man zum Schreiben interessanter Web-Seiten benötigt. In diesem Buch finden Sie u.a. die folgenden Themen:

- ✔ Herkunft und Geschichte des World Wide Web
- ✔ Gestaltung und Aufbau von Web-Seiten
- ✔ Erstellung interessanter Seiten-Layouts
- ✔ Testen und Fehlerbehebung auf Ihren Web-Seiten
- ✔ die Beherrschung der verschiedenen Aspekte bei der Web-Veröffentlichung

Vielleicht glauben Sie, daß man zum Aufbau einer Web-Seite jahrelange Übung und ausgeprägte ästhetische Fähigkeiten benötigt. Wir wollen es nicht versäumen, Sie umgehend darauf hinzuweisen, daß dem nicht so ist. Wenn Sie jemandem erklären können, wie er von seiner Wohnung zu der Ihrigen kommt, können Sie ganz bestimmt auch ein Web-Dokument aufbauen, das genau das macht, was Sie wollen. Ziel dieses Buches ist nicht, aus Ihnen einen Wissenschaftler zu machen; es soll Ihnen alle gestalterischen und technischen Elemente vorstellen, die Sie zum Aufbau einer gutaussehenden, lesbaren Web-Seite benötigen, und Ihnen das nötige Wissen und soviel Selbstvertrauen vermitteln, es auch zu tun!

Wie man dieses Buch benutzt

In diesem Buch erfahren Sie, worum es beim World Wide Web geht und wie es funktioniert. Zudem erhalten Sie alle Informationen, die Sie für die Gestaltung und zum Aufbau der Web-Dokumente benötigen, über die Sie Ihre wichtigen Ideen und Informationen, wenn Ihnen der Sinn danach steht, der ganzen weiten Welt präsentieren können.

Alle HTML-Codes werden folgendermaßen dargestellt: in nicht propotionaler Schrift:

```
<HEAD><TITLE>Was steht in einem Titel?</TITLE></HEAD>...
```

Wenn Sie die HTML-Markierungen oder andere zugehörige Informationen eingeben, sollten Sie sicherstellen, daß Sie alles, was in den spitzen Klammern (<...>) steht, auch richtig abschreiben, da das Teil des Zaubers ist, über den HTML funktioniert. Daneben lernen Sie, die Inhalte richtig anzuordnen und zu verwalten, die Ihre Seiten zu etwas Besonderem machen, und wir werden Ihnen alles Notwendige erklären, damit Sie die HTML-Elemente in Ihre Arbeit einbinden können.

Wegen des Buchformats kann es sein, daß längere HTML-Markup-Zeilen oder die Bezeichnungen der World-Wide-Web-Bereiche (sie werden URLs genannt, was für Uniform Resource Locator steht) auf die nächste Zeile umbrochen werden. Auf Ihrem Computer werden diese

HTML-Code-Zeilen jedoch in einer einzigen Zeile oder als einheitlicher URL angezeigt; fügen Sie also bitte keinen Zeilenumbruch ein, wenn Sie eine dieser Zeilen sehen. Eine umbrochene Zeile wird immer wie folgt dargestellt:

http://www.infomagic.austin.com/nexus/plexus/lexus/sexus/
dies_ist_eine_absichtlich_lange.html

 HTML ist es egal, ob Sie den Text der Markierungen in Groß-, Kleinbuchstaben oder einer gemischten Schreibweise eintippen (außer den Zeichen, die genau so eingegeben werden müssen, wie sie in Kapitel 8 genannt sind). Damit Ihre eigene Arbeit unserer so ähnlich wie möglich wird, sollten Sie alle HTML-Markierungen ausschließlich in Großbuchstaben eingeben.

Annahmen – machen aus uns beiden einen Idioten

Man sagt gemeinhin, daß das Aufstellen von Annahmen sowohl aus dem einen Narren macht, der sie aufstellt, als auch aus demjenigen, für den sie gelten sollen. Trotzdem werden wir jetzt ein paar Annahmen über Sie, unsere liebe Leserin und lieben Leser, aufstellen:

✔ Sie können Ihren Computer ein- und ausschalten.

✔ Sie wissen, wie man eine Maus und eine Tastatur bedient.

✔ Sie möchten Ihre eigenen Web-Seiten aufbauen: spaßeshalber, aus geschäftlichen Gründen oder weil es zu Ihrem Job gehört.

Weiterhin gehen wir davon aus, daß Sie bereits im Besitz einer funktionierenden Internet-Verbindung sind und sich bereits eines der vielen tollen Web-Suchprogramme geangelt, ergaunert oder selbst aus dem Internet abgeholt haben. Sie müssen weder ein Meister der Logik noch ein Zauberer in der obskuren Kunst der Programmierung sein oder einen Universitätsabschluß in Informatik besitzen. Um mit dem Stoff in diesem Buch umgehen zu können, brauchen Sie nicht einmal genau zu verstehen, was in Ihrem Computer so vor sich geht.

Wenn Sie einen Satz schreiben können und den Unterschied zwischen einer Überschrift und einem Absatz kennen, werden Sie in der Lage sein, Ihre eigenen Dokumente im World Wide Web aufzubauen und einzusetzen. Wenn Sie ein bißchen Phantasie und die Fähigkeit besitzen, das zu vermitteln, was Ihnen wichtig ist, dann haben Sie bereits alle wichtigen Voraussetzungen für den Aufbau brauchbarer und attraktiver Web-Seiten. Der Rest besteht aus Details, bei denen wir Ihnen behilflich sind.

Wie dieses Buch aufgebaut ist

Dieses Buch besteht aus neun Teilen, wobei jeder Teil zwei oder mehr Kapitel enthält, von denen sich wiederum jedes einzelne aus einigen Abschnitten zusammensetzt. Immer dann, wenn Sie Hilfe oder Information benötigen, nehmen Sie das Buch zur Hand, und fangen Sie einfach irgendwo mit dem Lesen an; um nach bestimmten Themen oder Schlüsselwörtern zu suchen, können Sie auch das Inhalts- oder Stichwortverzeichnis verwenden.

Nachfolgend finden Sie für jeden Teil eine kurze Inhaltsangabe.

Teil I: Willkommen im World Wide Web

Dieser Teil bereitet die Bühne vor und enthält einen Überblick und eine Einführung in das World Wide Web, seine Geschichte und die Software, die man benutzt, um seine Schätze zu heben. Außerdem erklärt es, wie das Web und die HyperText Markup Language, der dieses Buch gewidmet ist, funktioniert. Ein kleiner Einblick in die Software auf der Server-Seite und die Dienste, die ihre Informationen an die Endbenutzer liefern, runden diesen Teil ab.

Teil II: Der Aufbau besserer Web-Seiten

HTML-Dokumente, auch Web-Seiten genannt, sind die grundlegenden Einheiten für die Organisation und die Lieferung der Informationen im Web. In Teil II lernen Sie, worum es bei HTML geht und wie HyperText einen gewöhnlichen Text bereichern kann. Um Sie bei den ersten Schritten für den Aufbau eines HTML-Dokuments zu unterstützen, werden Sie sich auch durch die Grundlagen für das Basislayout und die Basisgestaltung einer Web-Seite arbeiten.

Teil III: Eine Führung durch die HTML-Grundlagen

HTML kombiniert normale Texte mit speziellen Zeichenketten, die Markup genannt werden und die die Browser anweisen, wie die HTML-Dokumente angezeigt werden sollen. In diesem Teil des Buches erfahren Sie alles über Markup im allgemeinen und über HTML im besonderen. Dazu gehören die logischen Gruppierungen für HTML-Markierungen, ein vollständiges Wörterbuch der HTML-Markierungen und eine gleichermaßen detaillierte Besprechung der HTML-Zeichen. Wenn Sie Teil III durchgearbeitet haben, besitzen Sie einen guten Gesamteindruck dessen, was HTML ist und was es kann.

Teil IV: HTML für Fortgeschrittene

Um Ihnen beizubringen, wie man professionelle HTML-Dokumente aufbaut, werden in Teil IV alle in Teil III besprochenen Elemente zu einem Ganzen zusammengesetzt. Dazu gehört der Aufbau komplexer Seiten, die Entwicklung von Formularen, mit denen Informationen abgefragt und Rückmeldungen eingezogen werden können, und die Erstellung anklickbarer Bildkarten, die ihre Benutzer anhand von Grafiken durch die Bildschirme führen. Schließlich erhalten Sie Gelegenheit, die Möglichkeiten von HTML zu untersuchen, die weit über seine Standard-Definition hinausgehen.

Teil V: Über HTML hinaus? (CGI-Skripting und »wirkliche« Anwendungen)

Ein großer Teil der wirklichen Stärke von HTML liegt in seiner Fähigkeit, die Interaktionen der Benutzer zu unterstützen und alle Arten von server-basierenden Programmen zu attraktiven, optisch ansprechenden Dokumenten zu verbinden, die einfach zu verstehen und zu steuern sind. In diesem Teil des Buches blicken Sie hinter die Kulissen Ihres Web-Servers und verstehen, wie der Web-Server Benutzereingaben aufnimmt, umsetzt und mit dem Benutzer zusammenarbeitet. Wenn Sie diesen Abschnitt durchgearbeitet haben, sollten Sie wissen, wie vielseitig und potent Ihre Web-Dokumente sein können.

Teil VI: Rufen Sie den Kammerjäger: Web-Seiten entlausen

Der Spaß fängt erst richtig an, wenn Sie Ihre HTML-Dokumente aufgebaut haben und Ihre Arbeit dem ultimativen Test unterzogen wird: Was gefällt den Benutzern und was nicht? Wenn Sie soweit sind, um Ihren Web-Bereich einer möglicherweise gleichgültigen Welt zu präsentieren, werden Sie darauf vorbereitet, mögliche Fehler selbst herauszufinden und zu beseitigen. Sie haben sich zudem mit diversen Strategien bewaffnet, die Ihnen bei dem Bemühen helfen, Rückantworten von den Benutzern zu erhalten, wie Sie effektiv online kommunizieren und wie Sie übermäßige Probleme vermeiden, sobald Ihre Arbeit veröffentlicht ist.

Teil VII: Der Schritt an die Öffentlichkeit: Bringen Sie Ihre Web-Seiten auf den Server

Nachdem Sie Ihre Arbeit getestet und von Fehlern befreit haben, wird es Zeit, Ihre Dokumente zu veröffentlichen. In diesem Teil des Buches lernen Sie, sich richtig in Szene zu setzen und der Welt nicht nur mitzuteilen, wo Ihre Seiten sind, sondern auch, daß sie einen Besuch wert sind. Sie werden zudem darauf vorbereitet, mit potentiellen Benutzerattacken umzugehen und sich zu entscheiden, ob Sie Ihre Seiten auf einem fremden Web-Server ablegen oder Ihren eigenen Server aufbauen.

Teil VIII: Es ist Tool-Zeit: HTML-Entwicklungswerkzeuge und -umgebungen

Wenn es um HTML-Aufbau geht, können Sie das nur mit dem Texteditor bewerkstelligen, zu dem Sie das nötige Vertrauen haben. Das muß aber nicht unbedingt so sein. In Teil VIII werden Sie mit den vielen verschiedenen Werkzeugen konfrontiert, mit deren Hilfe Sie die Web-Seiten Ihrer Träume aufbauen und die Sie bei der Verwaltung dieser Seiten unterstützen. Nebenbei haben Sie Gelegenheit zu erfahren, welche HTML-Editoren und verwandte Werkzeuge, Web-Server und ähnliche Dienste für UNIX, Macintosh, Windows und andere Rechner-Plattformen verfügbar sind.

Teil IX: Die Zehnerliste

Im abschließenden Teil des Buches fassen wir nochmals alles zusammen und filtern den Kern dessen heraus, was Sie gelernt haben. Hier erhalten Sie die Gelegenheit, sich noch einmal mit den wichtigsten Dingen zu befassen, die man bei HTML tun bzw. lassen soll, Ihre Ansichten über die Gestaltung der Dokumente zu überdenken und alle potentiellen Fehler auf Ihren Seiten zu entdecken und zu beheben, bevor sie jemand anderes sieht. Zu guter Letzt beschließen Sie ihr Abenteuer mit einer neuerlichen Überlegung dessen, ob Sie Ihre Seiten auf dem Web-Server eines Internet-Anbieters ansiedeln oder ob Sie sich Ihren eigenen Web-Server aufbauen sollten.

Die in diesem Buch verwendeten Symbole

Dieses Symbol weist auf technische Details hin, die informativ und interessant sind, aber für das Schreiben von HTML keine Bedeutung haben. Wenn Sie wollen, können Sie diese überspringen (lesen Sie sie unbedingt später).

Dieses Symbol markiert nützliche Informationen, die HTML-Befehle, die Gestaltung der Web-Seiten oder andere wichtige Dinge weniger kompliziert erscheinen lassen, als Sie vielleicht anfangs befürchtet hatten.

Dieses Symbol hebt die Informationen hervor, die Sie nicht übergehen sollten – übersehen Sie diese freundlichen Mahnungen nicht (das Leben, das Sie retten, könnte Ihr eigenes sein).

Seien Sie vorsichtig, wenn Sie dieses Symbol sehen. Es warnt Sie vor Dingen, die Sie unterlassen sollten; die Bombe soll unterstreichen, daß die Konsequenzen bei der Ignorierung dieser Weisheiten schwerwiegend sein könnten.

Dieses Spinnennetz-Symbol weist Sie auf Web-basierende Ressourcen hin, auf die Sie zugreifen und die Sie weiter auskundschaften können. Hier finden sich auch die Verweise auf das Inhaltsverzeichnis der CD, die diesem Buch beiliegt.

Wie es von hier aus weitergeht

Dies ist der Teil, wo Sie sich eine Richtung aussuchen und sich auf den Weg machen. *HTML for Dummies* entspricht der Parabel von den sieben blinden Männern und dem Elefanten. Es ist fast bedeutungslos, wo Sie anfangen; Sie werden sich, wenn Sie Ihre eigenen Web-Seiten aufbauen wollen, einen Haufen verschiedener Dinge ansehen müssen. Was macht es schon, wenn andere denken, daß Sie nur rumkaspern – wir wissen genau, daß Sie sich darauf vorbereiten, die tollste Zeit Ihres Lebens zu beginnen.

Genießen Sie es!

Der Weg in die Zukunft

Das World Wide Web und alle damit verbundenen Themengebiete unterliegen derzeit einer Entwicklung, die man am ehesten als »Goldrausch« bezeichnen könnte. Jeden Tag kommt jemand auf eine neue gute Idee für Software, die auf Basis der Web-Technologie arbeitet.

Im Zuge dieser Entwicklung ändern sich natürlich auch die Spielregeln, nach denen das WWW funktioniert. So ist bei dieser Auflage des Buches der HTML-Standard schon bei Version 4, und es gibt jede Menge neue und aufregende Dinge, die Ihre Webseiten noch interessanter machen können. Erwarten Sie deshalb, noch für eine Weile ständig etwas dazuzulernen und sich an den entsprechenden Orten im Internet über die neuesten Entwicklungen zu informieren. Ein Buch kann dabei in der Aktualität bei weitem nicht mithalten (dafür kann man es mit ins Schwimmbad oder auf die Couch nehmen).

Die CD-Rom

Diesem Buch liegt eine CD-Rom bei, auf der Sie viele nützliche Programme und Informationen finden.

Zum können Sie sich die meisten HTML-Befehle noch einmal als »lebendiges Beispiel« ansehen, was vor allem bei Tabellen und Usemaps eine Erleichterung sein wird.

Außerdem finden Sie Beispielseiten aus dem Internet, die Ihnen zeigen sollen, daß Sie auch mit wenig Aufwand und viel Phantasie sehr schöne Web-Seiten erstellen können.

Schließlich erhalten Sie noch einige Programme, die sich bei der Erstellung von Internet-Seiten als sehr hilfreich erwiesen haben.

Teil I

Willkommen beim World Wide Web

In diesem Teil...

HTML steht für HyperText-Markup Language. Es ist die treibende Kraft hinter den Myriaden farbenfroher interaktiver Bildschirme voller Text, Grafiken und multimedialer Elemente – man nennt sie auch Web-Seiten –, die heutzutage überall im World Wide Web (das auch als WWW oder W3 bekannt ist) auftauchen. Bevor Sie verstehen können, wie man Web-Seiten erstellt und welche Fehler man dabei tunlichst vermeidet, müssen Sie ein bißchen vom World Wide Web und dem Internet-Universum, in dem es lebt, erfahren.

Teil I ist Ihre Einführung in das W3. Es bietet einen schnellen Überblick über die Grundlagen des Internet, die Geschichte des Web und wie das Ganze funktioniert. Dieser Stoff wird für erfahrene Internauten ein alter Hut sein, liefert aber denjenigen eine Menge Hintergrundinformationen, die den Cyberspace noch nicht so gründlich bereist haben. Nach den ersten drei Kapiteln sollten Sie verstanden haben, worum es beim Web geht, warum es wichtig ist und was es kann (und was nicht).

Außerdem sollten Sie die bereits bestehenden weitläufigen Verknüpfungen von Wissen, Witz, Folklore, Esoterik und Information durch das WWW schätzen gelernt haben. Sie sollten ganz bescheiden daran glauben, daß Ihre eigene Arbeit mit HTML vielleicht eines Tages dazu führt, daß dieses Netz ein kleines bißchen weiter gesponnen wird!

Willkommen im World Wide Web

In diesem Kapitel

- Definition des World Wide Web
- Begegnung mit dem fröhlichen Chaos im Internet
- Untersuchung anderer Internet-Suchwerkzeuge
- Eine Erklärung, warum das Web wichtig ist
- Das Beste aus dem Web machen: Browser und Suchwerkzeuge

Um HTML zu verstehen, müssen Sie zuerst die Umgebung verstehen, der sie dient, und die Welt, in der diese Umgebung arbeitet. HTML ist eine textbasierte Markierungs-Sprache, die die Grundlage für eine der aufregendsten Umgebungen für die Suche nach Informationen und die Navigation liefert, die jemals entwickelt wurde: Diese Umgebung heißt World Wide Web (kurz WWW oder W3) und markiert einen großen Schritt in den Bemühungen, eine große Vielfalt an Informationen Durchschnittsbürgern wie Ihnen und mir zugänglich zu machen.

Aus kleinen Dingen entstehen manchmal große

Die erste Version des Web wurde 1991 von einer Entwicklungsgruppe am Europäischen Forschungszentrum für Teilchenphysik (CERN) im schweizerischen Genf vorgestellt. Ihr Auftrag bestand darin, ein Online-System für normale Anwender aufzubauen, über das Texte und Grafiken gemeinsam genutzt und verteilt werden konnten, ohne daß obskure Befehle oder esoterische Schnittstellen beherrscht werden mußten. Aus diesen kleinen und bescheidenen Anfängen heraus hat sich die Nutzung des Web im Internet explosionsartig ausgebreitet. Grund dafür war vor allem die Tatsache, daß die Entwickler ganze Arbeit geleistet hatten.

Man sollte meinen, daß ein Informationszugriffs- und -abrufsystem, das ursprünglich für Hochenergiephysiker aufgebaut worden war, äußerst kompliziert sei. Aber das täuscht vollkommen: Die W3-Umgebung und die Werkzeuge, die diese verfügbar macht, sind einfach zu benutzen und noch leichter zu verstehen.

In der Tat werden selbst Leute, die unter einer schweren Technophobie leiden, zu begeisterten Web-Anhängern, wenn sie nur kurz mit einer der vielen W3-Schnittstellen gearbeitet haben. Heutzutage bekommen Sie grafische Web-Schnittstellen, sogenannte Browser, ohne Probleme für den Macintosh, Microsoft Windows und die verschiedenen UNIX-GUI-Umgebungen, wie X Window und Motif. (Später sehen wir uns noch Lynx an, einen beliebten textbasierten Browser ohne Grafikfunktionen.)

Allen grafischen Web-Browsern ist gemein, daß die Interaktionen mit der Information über das Anklicken erfolgt. Sogar mit einem zeichenbasierten Browser wie Lynx ist es einfach, sich eine Verknüpfung auszusuchen und ihr durch Anklicken des hervorgehobenen Textes zu folgen. Alles was man für den Anfang benötigt, ist ein Internet-Zugang, ein Web-Browser und Informationen darüber, wo man auf das Web zugreifen kann. Ab diesem Zeitpunkt können Sie die Informationen durchsehen, die auf Ihrem Bildschirm angezeigt werden; um sich innerhalb des Web zu bewegen, wählen Sie mit Ihrer Maus (oder bei Werkzeugen, die im Textmodus arbeiten, mit dem Cursor) eine beliebige der hervorgehobenen Stellen im Text an. Sie können dann den verketteten Informationen bis ans Ende Ihres Lebens folgen, ohne jemals Luft holen zu müssen.

Aber warten Sie noch einen Moment! Bevor Sie in den unendlichen Fäden des World Wide Web verlorengehen, sollten Sie vielleicht einige Einzelheiten über die Funktionsweise und die Nutzung des Web erfahren. (Lassen Sie sich von uns aber nicht aufhalten – wenn Sie wieder zurück sind, machen Sie an dieser Stelle einfach weiter!)

Was ist das Web und wo befindet es sich?

Mittlerweile sollten Sie eine vage Vorstellung davon haben, daß das World Wide Web eine riesige, formlose Blase aus Texten, Bildern, Audio- und Video-Daten ist, die weltweit über alle möglichen Netzwerke und Computer verstreut sind. Daher kommt auch der Name World Wide Web.

Sie sollten auch wissen, daß HTML die Sprache ist, die die Web-Autoren benutzen, um die Struktur und das Verhalten einer Web-Seite zu beschreiben.

Und nun lassen wir unseren Sponsor zu Wort kommen ...

Um dem Ganzen mehr Struktur zu geben, lassen Sie uns nach einer formaleren Definition für das Web suchen. Nach Tim Berners-Lee, einem der Chef-Architekten des Web (und einem der Initiatoren des ursprünglichen Projekts bei CERN), ist das World Wide Web »das Universum an Informationen, die über ein Netzwerk zugänglich sind, die Verkörperung menschlichen Wissens ... Es besteht aus einem Softwarekörper und einem Satz von Protokollen und Konventionen. W3 verwendet HyperText- und multimediale Techniken, damit sich jedermann möglichst einfach durch das Web bewegen, darin suchen und selbst dazu beitragen kann.« (Dieses Zitat ist einer Web-Seite entnommen, die Berners-Lee unter dem Titel »The World Wide Web« geschrieben hat. Sie erklärt das laufende Projekt, das in der Schaffung und der permanenten Aktualisierung des Web mündete.)

Willkommen im Mittelpunkt des Universums!

Lassen Sie uns die Aussage von Berners-Lee zerpflücken, um zu veranschaulichen, wo das Web eigentlich existiert. Als »das Universum an Informationen, die über ein Netzwerk zugänglich sind« gelten alle Informationen, auf die im ganzen Internet zugegriffen werden kann, wo immer das auch sein mag.

Überlegen Sie sich mal, daß das Internet heutzutage fast den ganzen Globus umspannt – Internet-Domainnamen enthalten Ländercodes für praktisch jedes in den Vereinten Nationen vertretene Land und einige mehr – und daß über 3 Millionen Netzwerke irgendwie mit diesem Universum verbunden sind.

Praktisch gesehen umfaßt diese Definition alle öffentlich zugänglichen Informationen, da viele Organisationen nur auf eine Teilmenge dessen Zugriff gewähren, was sich auf ihrem Netzwerk befindet. Trotzdem handelt es sich hier um eine riesige Materialsammlung, weshalb sie auch als »Verkörperung menschlichen Wissens« bezeichnet wird. Vieles von dem, was die Leute wissen und was ihnen wichtig ist, ist heute schon in irgendeiner Form über das Internet verfügbar!

Damit können wir nun die Frage beantworten, wo sich das Web befindet. Die Antwort lautet: Überall im Internet gibt es öffentlich zugängliche Informationen und Web-Browser oder ähnliche Werkzeuge, über die man auf diese Information zugreifen kann. Die vereinfachte Kurzfassung der Antwort lautet: überall.

Es ist »was es ist«!

Wenn es darum geht, was das Web eigentlich ist, können wir uns der speziellen Terminologie in der Definition von Berners-Lee zuwenden. Sie liefert uns weitere Erklärungen und sachdienliche Einzelheiten:

- ✔ Das W3 besteht »aus einem Softwarekörper« – das bedeutet: W3 ist die enge Verbindung einer wachsenden Anzahl von Servern (das sind große, schnelle Rechner, die Informationen verteilen) mit einer kleinen Anzahl von Clients (man kennt sie auch als Browser oder Navigatoren; sie ermöglichen den Benutzern die Suche und den Abruf von Informationen) und einer Reihe von Anwendungsprogrammen, die zwischen den Servern, Clients und Datenbanken vermitteln.

- ✔ W3 verwendet auch »einen Satz von Protokollen und Konventionen« – das bedeutet: W3 ist um eine Reihe gemeinsamer Regeln für die Vermittlung von Datenabrufen innerhalb eines Netzwerks und für die Beantwortung dieser Anfragen aufgebaut. Da genau dies die Funktion jedes Protokolls ist, enthält das Web auch das HTTP (HyperText Transfer Protocol), das für den Transport der Web-Seiteninformation von den Servern zu den Clients verwendet wird, und die anderen Netzwerkprotokolle, mit denen man auf zusammengehörende Internet-Informationen zugreift (dazu später mehr). Die gemeinsamen Konventionen beziehen sich auf die Methoden zur Darstellung und Verbindung von Seiten, die von HTML (der Markup-Sprache, die W3 zugrunde liegt) geliefert wurden. Darüber werden Sie am meisten erfahren, wenn Sie dieses Buch durcharbeiten.

- ✔ HyperText ist ein besonders wichtiges Konzept für W3. Es handelt sich um eine Methode zur Darstellung unstrukturierter Informationen mit eingebauten Verweisen auf verwandte Informationen. Die gebräuchliche Bezeichnung für diese Verweise lautet »Links«. Wenn die unstrukturierte Information zusätzlich zum Text Bilder sowie Audio- und Video-Elemente enthält, nennt man das HyperMedia; HyperMedia ist ein direkter Abkömmling des HyperText.

- ✔ Durch Multimedia-Unterstützung ist W3 in der Lage, viele verschiedene Informationsarten zu liefern: Dazu gehören Text, zweidimensionale Grafiken und auch Ton, Animation, Video und Kombinationen dieser Dinge. Multimedia verleiht Ihrer Web-Site eine große Tiefe und Wirkung.

- ✔ Die vielleicht allerwichtigste Zutat, die den Reiz und die Beliebtheit des Web erklärt, besteht darin, daß sich jedermann »einfach durch das Web bewegen, darin suchen und selbst dazu beitragen kann.« Das hilft, sein unglaubliches Wachstum und seinen Beitrag zur Gesamtaktivität und zum Gesamtverkehr (und zu den Verkehrsstaus!) im Internet zu erklären.

Durch das Erlernen von HTML werden auch Sie in der Lage sein, sich nicht nur im Web zu bewegen und darin zu suchen, sondern auch Ihren Beitrag zum Web zu leisten.

Die fröhliche Anarchie des Internet

Um die Großartigkeit des Spielfelds, über welches das World Wide Web gespannt ist, schätzen zu können, muß man mit hirnbetäubenden Statistiken ringen. Bei seinem einjährigen Bestehen 1991 waren bereits 500 W3-Sites errichtet und in Betrieb. Seitdem ist die Anzahl der Sites jedes Jahr ungefähr auf das Zehnfache angewachsen. Die mathematische Auflistung dieser Behauptung sieht folgendermaßen aus:

- ✔ 1992: 5.000
- ✔ 1993: 50.000
- ✔ 1994: 500.000

Es ist durchaus wahrscheinlich, daß die Anzahl der Web-Sites 1995 tatsächlich, wie von der Wachstumskurve prophezeit, die Marke von 500.000 überschreiten wird.

Web-Sites und die Aktivitäten im Web haben eindeutig eine stark zunehmende Tendenz. Immer mehr Organisationen stellen ihre »virtuellen Wegweiser« im Cyberspace auf, und so wurde die Web-Site die Nummer 1 bei der Einrichtung einer elektronischen Präsenz im Internet.

Vor dem Web: Andere Internet-Navigationswerkzeuge

Um die außergewöhnliche Wirkung zu verstehen, die vom W3 ausging, könnte es hilfreich sein, den neuesten Stand der Technik bei anderen Internet-Navigationswerkzeugen zu untersuchen. In den folgenden Abschnitten treffen Sie auf einige der anderen Darsteller, die erfahrene Internauten nur allzugut kennen.

Der springende Punkt ist allerdings der, daß alle diese Werkzeuge beträchtlich mehr Benutzerkenntnisse erfordern als die Browser, die in der W3-Umgebung verwendet werden. Lehnen Sie sich also während der folgenden Kurzführung entspannt zurück.

Auf unserer Reise in die Vergangenheit behalten Sie bitte folgendes im Gedächtnis: Web-Browser können einen großen Teil der Funktionen dieser Werkzeuge ersetzen, sie können diese aber auch ergänzen. Ein Teil des einzigartigen Charmes des Web beruht ja gerade auf seiner Fähigkeit, diese Werkzeuge für seine Zwecke einzusetzen, indem es HTML-Links diese anderen Dienste aufrufen läßt, um Dateien, Nachrichten und andere gute Sachen im Internet, diesem riesigen Lagerhaus voller Reichtümer, aufzuspüren und von dort abzurufen.

FTP (nein, hier geht es nicht um Politik, das wäre FDP)

FTP (File Transfer Protocol = Dateiübertragungsprotokoll) ist ein plattformübergreifendes Werkzeug zur Übertragung von Dateien zwischen Computern, die sich irgendwo im Internet befinden. Plattformübergreifend bedeutet, daß Sie nicht dasselbe Betriebssystem verwenden müssen, um auf Dateien auf des Systems zuzugreifen.

Das meiste dieser unglaublichen Materialfülle – von elektronischen Büchern über Kataloge, »Gratissoftware« (Shareware oder Freeware) und Rezepte bis hin zu grafischen Bildern oder was auch immer Sie sich sonst wünschen – existiert zum guten oder schlechten Nutzen in der einen oder anderen Datei irgendwo draußen im Internet.

FTP ist das richtige Internetwerkzeug, wenn Sie wissen, daß die von Ihnen gesuchte Information in irgendeinem Dateiformat gespeichert ist, und Sie genau wissen, wo sich diese Datei befindet (und wie sie heißt). Mit FTP können Sie in das Internet hinausgreifen, sich an einen fernen Computer anschließen, in seinem Dateisystem rumwühlen und sich genau die Datei nehmen, die Sie für Ihre eigenen unergründlichen Zwecke benötigen.

Eine besondere Abart des FTP agiert als Stütze im Fundament für den freien Informationsfluß im Internet. Es heißt Anonymous FTP, weil es die Dateien für jeden verfügbar macht, ohne daß ein Benutzerkonto auf dem Host-Rechner besteht. Man muß sich nur mit dem Benutzernamen »anonymous« beim FTP-Server anmelden (üblicherweise gibt man seine E-Mail-Adresse als Kennwort an, aber in den meisten Fällen tut es auch jedes andere Kennwort). Danach steht es Ihnen frei, die Sammlung verfügbarer Dateien auf dem FTP-Server zu durchsuchen und alles rauszupicken, wonach Ihnen gerade der Sinn steht.

Und genau da liegt auch das Problem: Zur effektiven FTP-Nutzung müssen Sie wissen, wie man innerhalb des Dateisystems des FTP-Servers, auf den Sie zugreifen, navigiert. In den meisten Fällen bedeutet das, daß Sie die Verwendung von *cd, ls, -la* und anderen UNIX-Dateisystem-Befehlen kennen müssen; in anderen Fällen könnte es bedeuten, daß Sie wissen müssen, wie man sich durch ein VAX/VMS-, MVS- oder Chronos-Dateisystem bewegt. Wenn Sie das Glück haben, eine grafikorientierte FTP-Implementierung zu besitzen, können Sie auf Ihrer Seite der Verbindung mit grafischen Steuerungen arbeiten und den größten Teil der obskuren Syntax meiden. Bedauerlicherweise haben die meisten Benutzer nicht soviel Glück.

Die Sache ist nämlich die: Um sich auf dem anderen System mit FTP bewegen zu können, müssen Sie wissen, was Sie tun. Mit der richtigen HTML-Anwendung entfällt für die Leute, die Ihren Links in Ihrer Web-Seite folgen, dieser ganze Unfug.

Abbildung 1.1 zeigt ein grafisches FTP-Menü. Beachten Sie, daß das PC-Dateisystem auf der linken Seite (das, was sich auf Ihrem Rechner befindet) und das Remote-Dateisystem auf der rechten Seite (das, was sich auf dem FTP-Server befindet) angezeigt werden. Da Sie die Verzeichnisse auf beiden Systemen steuern, können Sie, in Abhängigkeit davon, was mit Ihren Zugriffsrechten möglich ist, Dateien von einem Rechner zum anderen kopieren.

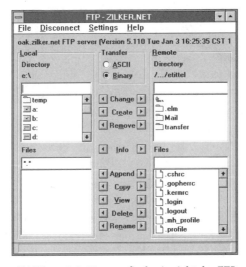

Abbildung 1.1: Eine grafische Ansicht des FTP

Buddelei im GopherSpace

Wo FTP Ihnen die Übertragung von Dateien zu und von Computern irgendwo im Internet gestattet (und anonymous FTP Sie Material von jedem anonymen FTP-Server holen läßt), versucht Gopher, der Dateienfülle, die FTP verfügbar macht, ein bißchen Struktur zu verleihen.

Gopher wurde von einem Team engagierter Programmierer an der Universität von Minnesota, der Heimat der »Golden Gophers«, geschaffen. Gopher ist nicht nur ein Totemtier, sondern auch ein gutes Werkzeug zur Dateiensuche im Internet. Anders als FTP, das dem Diktat des Dateisystems desjenigen Rechners unterliegt, auf dem sich der FTP-Server befindet, verwendet Gopher immer dieselben Befehle, die vollkommen unabhängig von der Art des Rechners sind, auf dem er läuft.

Außerdem sind die Gopher-Server über ein ausgedehntes System von Links miteinander verbunden: Ähnlich wie das Web sind die Gopher unauflöslich ineinander verschlungen, so daß Sie mit der entsprechenden Buddelei endlich Ihren Weg ins richtige Gopher-Loch finden können. Daneben finden alle Gopher-Interaktionen über eine konsistente Menü-Schnittstelle statt, wodurch alle Systeme gleich aussehen. Sie können nach Schlüsselwort oder Dateinamen suchen, so daß Sie bei der Suche nach dem richtigen Weg mehr Flexibilität haben. Auf den Gopher ist absoluter Verlaß, wenn es um die Lieferung von Dateien geht, ohne daß deren Herkunft und ihr ursprüngliches Format bekannt sind.

Beim Gopher ist die Kehrseite der Medaille nicht so offensichtlich wie beim FTP, es ist aber trotzdem wichtig, klar zu navigieren. Ein Blick auf Abbildung 1.2 zeigt Ihnen, daß Sie bei Gopher die Bedeutung der Information nicht wirklich erkennen; Sie müssen aus dem Inhalt einer Stichwortliste Rückschlüsse darauf ziehen, ob ein bestimmter Artikel für Sie interessant ist. Schließlich werden Sie eine Textdatei übertragen oder sich irgendeine Binärdatei schnappen müssen (und zu einer anderen Anwendung wechseln müssen), um die Dinge im Detail zu untersuchen. W3 dagegen läßt Sie alles schon bei der Navigation durchblicken und bietet eine einzige konsistente Schnittstelle zum Lesen von Texten, dem Ansehen von Grafiken oder zum Umgang mit Multimedia. Was ist der Unterschied? Mit einem Wort: die Bequemlichkeit!

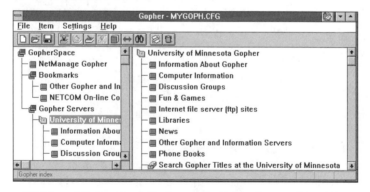

Abbildung 1.2: Der Urzeit-Gopher an der Universität von Minnesota

Die Schönheit von Mailing-Listen und elektronischer Post

Es ist eine weitgehend unbekannte Trivialität, daß viele Informationen im Internet sowohl über E-Mail als auch über Werkzeuge wie FTP und Gopher zur Verfügung stehen. Indem Sie die richtigen Anfragen an die richtigen E-Mail-Server stellen und auf Mail-Service-Programmme wie »listserv« und »majordomo« zugreifen, können Benutzer mit ausreichend Grips fast alles im Internet über E-Mail bekommen, was sie auch mit interaktiveren Werkzeugen erhalten könnten.

Der Vorteil dieses Ansatzes liegt darin, daß jeder Internet-Benutzer, der über Telefonleitung im Zeichenmodus arbeitet, Zugriff auf eine viel breitere Palette von Dingen bekommt, als man anfangs glauben möchte. Die Nachteile sind allerdings endlos: eine holprige Schnittstelle mit Zeichenmodus, lange Laufzeiten zwischen der Anfrage und der E-Mail-Lieferung und die Notwendigkeit, daß die Benutzer die Syntax des E-Mail-Servers beherrschen und genau wissen, was sie wollen.

Trotzdem erweitert diese Fähigkeit den Internet-Zugriff auf eine breite Benutzergruppe, die anderweitig nicht in der Lage wäre, allzuviel im Internet zu machen. W3-Benutzern bietet E-Mail ein Betätigungsfeld für Browser, die interaktive Formulare für Rückmeldungen, Bestellungen oder Informationsanfragen nicht verarbeiten können. E-Mail bietet auch einen großartigen Mechanismus zur Ablieferung von Benutzerrückmeldungen, sei es, um neue Merkmale und Funktionen für Web-Seiten anzufordern oder die Behandlung neuer Themen vorzuschlagen. Obwohl die richtige Nutzung von E-Mail oft langsam und manchmal umständlich ist, kann sie in Web-Anwendungen der Allgemeinheit die Tür öffnen, um Informationen zum Inhalt der Web-Seiten beizutragen und diesen zu nutzen.

Usenet

Man kann schlecht über das Internet sprechen, ohne das Usenet wenigstens zu erwähnen. Obwohl das Usenet eigentlich kein Bestandteil des Internet ist, sind die Usenet-Newsgroups für viele Leute der Grund, warum sie einen Internetzugang besitzen. Wenn Sie Usenet als eine Mischung aus riesiger Versammlungshalle und Eckkneipe beschreiben würden, wären Sie gar nicht so weit von der Wahrheit entfernt. Usenet ist in der Tat ein Versammlungsort, an dem laufend elektronische Diskussionen über Themen geführt werden, die sich von Motorrädern über Grateful Dead bis hin zu obskuren Computer-Standards jeder vorstellbaren Couleur erstrecken. Über Usenet können Sie Freunde gewinnen, sich Feinde schaffen, Themen besprechen und verfluchen, die Sie interessieren, und Antworten auf fast alle vorstellbaren Fragen finden.

Usenet ist nach Themen und Schwerpunkten in Gruppen eingeteilt, die unterschiedlich organisiert sind (von streng moderierter bis zur freien Diskussion). In manchen Fällen finden Sie auf eine bestimmte Frage über Usenet sofort eine Antwort, während andere Anfragen möglicherweise wochenlang unbeantwortet bleiben. Hartnäckigkeit gepaart mit einer Wertschätzung für die Arbeitsweise des Usenet und die »Netikette« sind Ihre Schlüssel zum Erfolg.

Eines der besten Dinge bei den meisten Usenet-Newsgroups ist ihre Liste häufig gestellter Fragen. Sie werden nach den Anfangsbuchstaben als FAQs [= Frequently Asked Questions] bezeichnet - man spricht sie im Plural »Fax« und im Singular »Fak« aus. Die Vorteile von Usenet liegen in seiner enormen Vielfalt und der Berichterstattung, die zu seinem unvermeidlichen Nachteil führen – nämlich dem Umfang. Viele Sites, die sich Usenet umfassend widmen, benötigen Gigabytes an Plattenspeicher, nur um eine zwei oder drei Tage alte Sammlung von Usenet-Nachrichten zu pflegen.

HTML gewährt den Web-Benutzern einen transparenten Zugriff auf die Usenet-Newsgroups, was für die Verbindung zum aktuellsten FAQ über ein beliebiges Thema besonders nützlich sein kann. Die Verbindung zu bestimmten Bereichen bewahrt die Benutzer auch vor größerer Wühlerei, um an die Trüffel zu kommen. Abbildung 1.3 zeigt einen kleinen Bruchteil einer Usenet-Nachrichten-Liste zum Thema »ISDN« (Integrated Services Digital Network, das unter anderem einen digitalen Ersatz für den Netzwerk-Zugriff über Modems mit einer höheren Bandbreite darstellt).

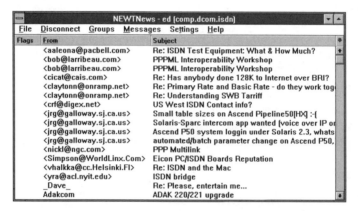

Abbildung 1.3: Usenet-Nachrichten von comp.dcom.isdn

Weitverkehrsinformationsdienst (Wide-Area Information Service = WAIS)

WAIS ist eines dieser Handvoll von Internet-Suchwerkzeugen, das über das Netzwerk viele Archive durchsuchen und mehrere Datenformate bedienen kann. Es sucht unermüdlich das gesamte Internet nach der Information ab, die Sie anfordern. WAIS kann Ihnen besonders dann bei der Suche helfen, wenn Sie die Dateinamen, Menüeinträge oder andere namensspezifische Informationen nicht genau kennen.

WAIS unterscheidet sich von vielen anderen Internet-Suchwerkzeugen darin, daß es mehr tut, als Dateinamen oder Stichwortlisten zu untersuchen: Es ist tatsächlich in der Lage, sowohl den Inhalt gespeicherter Dateien als auch deren Namen herauszufinden. Das bedeutet, daß WAIS bei seiner Suche eine verblüffend große Menge an Informationen untersucht.

WAIS unterscheidet sich auch noch in anderer Hinsicht von anderen Internet-Suchwerkzeugen: Es wurde als kommerzielle Datenbanksuchanwendung von Thinking Machines Corporation in Zusammenarbeit mit Apple Computer, Dow Jones' News Retrieval Division und KMPG Peat Marwick entwickelt.

Obwohl WAIS an sich schon ein äußerst nützliches Werkzeug ist, können Sie auch mit speziellen Links zu HTML die Suchfunktionen dieses Programms bis an seine Grenzen ausnutzen. Mit der richtigen Programmierung können Sie Anwendern bei der Formulierung ihrer Suchläufe helfen, damit diese WAIS möglichst optimal nutzen können.

Andere Werkzeuge

Das Internet weist auch eine breite Palette anderer Werkzeuge auf. Manche, wie Archie und Veronica, helfen, die riesigen Ressourcen der anonymen FTP-Server zu organisieren und abzusuchen, indem sie die Suche nach passenden Schlüsselwörtern und Zeichenketten in riesigen Datenbanken mit Verzeichniseinträgen im Internet anbieten. Andere, wie telnet und *rsh*, bieten einen direkten Zugriff auf andere Rechner mit spezialisierten Anwendungen und Datenbanken, wie beispielsweise Bibliothekskatalogen. Obwohl es keinen Mangel an verfügbaren Werkzeugen gibt, ist es trotzdem so, daß keines von ihnen einen guten Web-Browser übertrifft und keines die Bandbreite des Web hinter sich hat.

Wenn Sie mehr über das Internet erfahren wollen, gehen Sie in Ihren Buchladen. Dort finden Sie eine Fülle von Internet-Titeln. (Bei unserem letzten Besuch haben wir über 100 gezählt!) Sie sollten Ihre Aufmerksamkeit besonders auf *Internet für Dummies* und *More Internet für Dummies* von John R. Levine und Carol Baroudi richten.

Warum ist das Web eine »große Sache«?

Hoffentlich können Sie mittlerweile selbst ein paar Antworten auf diese Frage geben. Aber lassen Sie es uns, nur um ganz sicherzugehen, noch wiederholen: W3 ist eine wichtige Entwicklung für den Zugriff auf die Informationen im Internet. Es ist eine große Sache, weil es ein erstaunlich großes Gebiet abdeckt, weil die Benutzer damit einfach und intuitiv ihren Weg durch riesige Datenansammlungen finden können und weil es die meisten häßlichen Einzelheiten darüber verbirgt, wie man Informationen im Internet zu fassen kriegt und benutzt.

Schon aus einem oder zwei dieser Gründe wäre das Web wichtig und nützlich; alle zusammen machen es zu einem echten Fortschritt in der Art, wie wir Informationen in unserem täglichen Leben verwenden und gemeinsam nutzen. Auch wenn einige Leute glauben, daß die Datensuperautobahn (oder Infobahn, für die Leute, die sich auskennen) 500 interaktive Fernsehkanäle und einen ebenso großen Frequenzbereich benötigt, sind viele Leute der Überzeugung, daß es die Infobahn hier und jetzt schon gibt und daß das W3 ihre wichtigste Manifestation ist!

Browser und Suchwerkzeuge

Für die meisten Endanwender ist ihre Web-Zugriffssoftware – sie wird Browser oder Web-Client genannt – der wichtigste Teil ihrer Internet-Software. Heutzutage stehen viele Möglichkeiten für PCs zur Verfügung, die unter Windows laufen (eingeschränktere für reine DOS-Rechner), und ebenso für den Macintosh, UNIX-Rechner und andere Plattformen. Wir beschließen unsere Einführung in den W3 mit einem flüchtigen Blick auf einige dieser Browser.

Lynx

Lynx ist ein primitiver, textbasierter Shareware-Web-Browser. Er kann keine grafischen oder multimedialen Elemente anzeigen oder liefern (allerdings kann er so konfiguriert werden, daß er mit einem externen Anzeigeprogramm auf geeigneten Systemen Grafiken darstellen kann). Dennoch bietet Lynx eine nützliche Web-Funktionalität für Benutzer sogenannter »dummer Terminals«, weil er die Navigation über die Tastatur und die Anzeige von fettgedruckten HyperText-Links unterstützt (daher hat das Programm unserer Ansicht nach auch seinen Namen: Lynx = Links, kapiert?).

Bei der Navigation im Web zeigt Lynx zahllose Listen von Textelementen mit HyperText-Links an. Es arbeitet auch unter kreativer Verwendung der Sonderzeichen – einschließlich Stern (*), Pluszeichen (+) und dem kleinen o, um, wie in Abbildung 1.4 gezeigt, auf die Überschriftebenen bei der Darstellung seiner Web-Seiten hinzuweisen. Trotz seiner Beschränkungen bleibt Lynx ein nützliches Web-Zugriffswerkzeug, besonders für Benutzer, die auf Terminals oder mit DOS arbeiten. Oder für Benutzer mit einer langsamen Internet-Verbindung, die das Laden der Grafiken nicht abwarten wollen.

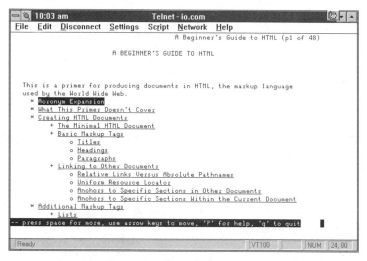

Abbildung 1.4: Lynx arbeitet effektiv mit Textanzeigen für Web-Seiten.

Mosaic

Mosaic ist ein grafischer Web-Browser, der am National Center for Supercomputing Applications (NCSA) entwickelt wurde. Das Programm gibt es heutzutage in vielen Ausführungen, einschließlich einer für X Window (in erster Linie für UNIX-Systeme), Microsoft Windows und den Macintosh.

Mosaic bedient sich einer leistungsstarken, interaktiven grafischen Benutzerschnittstelle, um die W3-Umgebung in vollem Glanz zu präsentieren. Mosaic ist in der Lage, eingebundene Grafiken anzuzeigen, wie in Abbildung 1.5 (Home-Page von NCSA Mosaic für Microsoft Windows) zu sehen ist. Um den Links zu anderen Web-Seiten zu folgen, wählen die Benutzer Grafiken oder hervorgehobene Wörter im Text aus.

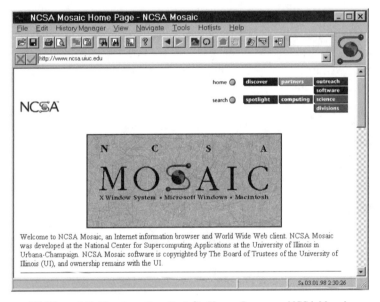

Abbildung 1.5: Mosaic präsentiert die Home-Page von NCSA Mosaic.

Bei dieser Anzeigeart werden für die Unterscheidung und die Hervorhebung der verschiedenen Überschriftebenen Bitmap-Schriftarten verwendet. Text-Links werden farblich hervorgehoben; weitere Elemente sind unter anderem Schaltflächen auf dem Bildschirm und Navigationshilfen.

Mosaic wurde bei NCSA von Marc Andreesen und einem Team weiterer Programmierer entwickelt und zu einem Modell für grafische Web-Browser. Mosaic wird von der NCSA als Shareware im Internet vertrieben, der Mosaic-Code in Lizenz an eine Reihe von Internet-Hilfsprogramm-Händler vergeben – u.a. an Firmen wie Spry, NetManage, Quarterdeck und Frontier Technologies –, um von Mosaic abgeleitete Web-Browser aufzubauen.

WinWeb (und MacWeb)

Mittlerweile steht eine zweite Generation von grafischen Web-Browsern zur Verfügung, die die von Mosaic eingeführten Funktionen erweitern. WinWeb und sein Macintosh-Bruder MacWeb wurden von Programmierern am Microelectronics and Computer Consortium (MCC) in Austin, Texas, entwickelt.

WinWeb hat hilfreiche Neuerungen eingeführt, die bei Mosaic übersehen wurden, einschließlich der Funktion, mehrere Bilder parallel zu empfangen, sowie die Verwendung hochentwickelter Cursor- und Statusanzeigen, die den Fortschritt des jeweiligen Übertragungsvorgangs anzeigen. Dadurch sehen die Benutzer, welche Fortschritte ihre Navigation macht, und erhalten bessere Rückmeldungen vom Programm.

Abbildung 1.6 zeigt die Enterprise Integration Galaxy, ein Projekt, das 1991 bei MCC begonnen wurde, um den Mitgliedsfirmen und zahlenden Kunden komplexe Systemintegrationsdienste anzubieten; das Projekt basiert auf Forschungs- und Entwicklungsarbeiten, die bei MCC duchgeführt wurden. Zu dieser Home-Page gehört auch der Zugriff auf eine Suchfunktion auf der Basis von WAIS (nicht abgebildet), über die Web-Seiten zu einer Reihe von Themen gefunden werden können. Die EINet-Seiten präsentieren auch eine allgemein bekannte Symbolleiste, die einen unmittelbaren Zugriff auf vorhergehende Seiten-Links (Up, Home), auf Hilfen am Bildschirm und auf die Suchfunktion (Search) bietet.

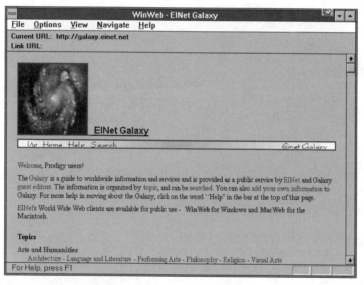

Abbildung 1.6: Die Home-Page von EINet Galaxy über WinWeb verwendet eine besondere Menüleiste, um die fortgeschrittenen Funktionen zu koordinieren.

Sowohl WinWeb als auch MacWeb sind als Shareware verfügbar und wurden von den Benutzern hervorragend angenommen.

Netscape Navigator/Communicator

Netscape stellt Marc Andreesens zweite Bemühung hinsichtlich eines grafischen Web-Browsers dar, diesmal unter der Schirmherrschaft von Netscape Communications, Inc., einem privaten Unternehmen. Es stellt das Wissen und die Erfahrung seines Entwicklers deutlich unter Beweis und enthält einige fortgeschrittene Merkmale, die man bei anderen Web-Browsern nicht findet. Dazu gehört die Fähigkeit, die Navigation auf einer Web-Seite bereits zu beginnen, bevor ihr Inhalt vom Client vollständig geladen wurde. (Bei Mosaic und älteren Web-Browsern mußten die Benutzer das Ende der Übertragung abwarten, bevor sie navigieren durften.)

Zu Netscape gehören auch eine sichere Implementierung des HyperText-Übertragungsprotokolls (HTTP), eine aktive Statusinformation sowie ausgezeichnete Dateisuch- und Navigationswerkzeuge. Netscape ist sowohl als Shareware als auch als kommerzielle Ausgabe erhältlich und bietet eine der besten Web-Schnittstellen, der wir je begegnet sind.

Mit dem Netscape Communicator stellt Netscape ein komplettes Paket von Internet-Anwendungen zur Verfügung, mit dem auch der bequeme Versand von E-Mails und die Teilnahme an USENET-Diskussionen ermöglicht wird.

Abbildung 1.7 zeigt die Homepage von Netscape Communications Inc., wie sie von der aktuellen Version des Netscape Communicators dargestellt wird.

Abbildung 1.7: Zu Netscape gehören fortgeschrittene Zugriffswerkzeuge, und es ermöglicht das Navigieren durch die Seiten, bevor diese vollständig geladen sind.

Der Microsoft Internet Explorer (MSIE)

Seit der Einführung der zweiten Version des Internet Explorers aus dem Hause Microsoft hat der Netscape Browser ernsthafte Konkurrenz bekommen. Obwohl er einer der jüngsten verfügbaren Browser ist, hat er sich bereits den 2. Platz auf der Beliebtheitsskala der WWW-Clients erkämpft.

Der Internet Explorer, der mittlerweile in der 4. Auflage veröffentlicht wurde, ist ebenfalls kostenlos für die meisten Betriebssystemplattformen verfügbar. Eine Lizenz für den MSIE ist im Leistungsumfang der Betriebssysteme Windows 95 bzw. Windows NT enthalten.

Weder in Bedienungskomfort, noch in der Umsetzung der aktuellen HTML-Befehle steht er seinem Konkurrenten nach.

Unangenehm fällt lediglich auf, daß die beiden Marktführer im Kampf um Marktanteile ständig neue Erweiterungen von HTML einführen, ungeachtet der Tatsache, daß diese nur von Ihrem Produkt umgesetzt werden können.

Abbildung 1.8: Der Internet Explorer von Microsoft macht dem Netscape-Browser zunehmend Konkurrenz.

Hoffentlich wissen Sie das Web jetzt mehr zu schätzen und können es kaum erwarten, Ihre eigene Home-Page zu veröffentlichen. Aber warten Sie! Bevor Sie ein Web-Anhänger werden können, müssen Sie sich erst durch die hundertunderste Web-Geschichte arbeiten – auch als Kapitel 2 bekannt.

Zurück zu den Anfängen: Eine kurze Geschichte des Web

In diesem Kapitel

▶ Ein kurzer Blick auf die ursprünglichen Benutzer des Web
▶ Eine Untersuchung der Hintergründe und der Web-Terminologie
▶ Der Wunsch nach mehr: Die ersten Web-Werkzeuge
▶ Das explosive Wachstum des Web
▶ Eine kurze Untersuchung des Web

Tim Berners-Lee und seine Kollegen bei CERN ahnten sicherlich nicht, was sie auslösten, als sie die ersten Ideen für das Web zusammenkritzelten. Dessen ungeachtet ist es ihnen gelungen, ein fremdartiges und wundervolles Etwas ins Leben zu rufen, das die gesamte Internet-Gemeinschaft im Sturm für sich eingenommen hat. In diesem Kapitel erfahren Sie einiges über die Ursprünge und die Geschichte des Web, wobei insbesondere auf die Faktoren eingegangen wird, die das heutige Aussehen und die Möglichkeiten dieses Systems prägen.

Atomphysiker sind wie Weltraumforscher

Sie glauben vielleicht, daß selbst eine Gruppe von Atomphysikern nicht vor dem Gebrauch eines obskuren und anspruchsvollen Software-Werkzeugs zurückschreckt. Aber auch die Elite der Akademiker und Forscher wünscht sich ein Hilfsmittel für den Informationszugriff, das ihnen das Leben erleichtert.

Obwohl CERN in Genf angesiedelt ist, ist anzunehmen, daß die Forscher, die bei CERN arbeiten oder mit dieser Organisation kooperieren, in ganz Europa oder vielleicht auf der ganzen Welt zu Hause sind.

Bevor es das Web gab, waren die CERN-Forscher gezwungen, mit recht altmodischen Mitteln auf gemeinsame Daten zuzugreifen – sie mußten in physikalischer Form herumgereicht werden. Das bedeutete wiederum, daß die gleichen mühsamen und zeitaufwendigen Abläufe für jeden interessanten Artikel wiederholt werden mußten:

✔ die, hoffentlich erfolgreiche, Suche nach dem Artikel, der auf einem Computer irgendwo im Internet liegt;

✔ der Aufbau einer Verbindung zu dem entsprechenden Rechner;

✔ die Übertragung des Artikels auf den lokalen Rechner sowie das Kopieren und die Neuformatierung der Vorlage.

Jeder Schritt erforderte unter Umständen eine separate Anwendung und einen Zugang zu verschiedenen Computersystemen.

Die Forscher bei CERN suchten nach etwas Einfacherem und Eleganterem. Was sie eigentlich wollten, war ein System, das einen einheitlichen Zugriff auf ein breites Spektrum von Informationen über eine einzige, einheitliche Benutzeroberfläche unterstützte. Zudem wünschten sie einen schnellen Zugriff auf diese Informationen, ohne die oben beschriebenen Verrenkungen durchführen zu müssen, um die Information von »hier nach da« zu bekommen.

Nach der Formulierung dieser Ziele begannen im Jahre 1989 die Entwurfsarbeiten für dieses System, die schließlich im Jahre 1991 in der Einführung des World Wide Web mündeten. In der Zwischenzeit war der Projektvorschlag vollständig ausgearbeitet und weiter verfeinert worden, und auch die Programmierung machte bereits Fortschritte. Zum Jahresende 1990 hatten die CERN-Forscher bereits einen textbasierten Browser entwickelt, der Lynx sehr ähnlich war (siehe Abbildung 1-4). Darüber hinaus hatten sie den Prototypen eines grafischen Browsers für den NeXT-Rechner entwickelt (heute ein Teil von NeXTStep), wodurch in wissenschaftlichen Kreisen das Interesse für dieses Projekt zusätzlich angeheizt wurde.

Im Jahre 1991 wurde innerhalb der Organisation von CERN die Arbeit mit dem Web und seinen Browsern stark gefördert. Bei der ursprünglichen Implementierung konnten die Benutzer auf normale HyperText-Seiten und den Inhalt etlicher Usenet-Newsgroups zugreifen. Als klar wurde, daß diese Umgebung die Anwender offensichtlich begeisterte, wurden zur Erschließung zusätzlicher Informationsquellen über das Web die Entwicklung weiterer Schnittstellen zu WAIS, FTP, Telnet und Gopher in Angriff genommen. Bereits Ende 1991 konnten auch diejenigen, die lediglich einen Zugriff auf das Web besaßen, mit den meisten öffentlich verfügbaren Informationsressourcen des Internet arbeiten.

1992 startete CERN eine Kampagne und warb auch außerhalb der eigenen Organisation und den wissenschaftlichen Kreisen für das Web. Die gleichen gewaltigen Kräfte, die das Web zu einem idealen Werkzeug für Forscher und Akademiker machten, übten auch einen gewaltigen Reiz auf die Internauten aller Glaubensrichtungen aus. Es handelte sich also offensichtlich um eine Idee, die nicht nur für Weltraumforscher interessant war!

Mit der Veröffentlichung des Quellcodes für die W3-Server und Browser können im Jahr 1992 zwei parallele Vorstöße dokumentiert werden, deren Folge eine verbesserte Präsenz des Web im Internet zur Folge hatte:

1. Benutzer und Organisationen begannen mit der Herstellung von Web-Seiten, die über Web-Server dem ganzen Internet verfügbar gemacht wurden. Diese Seiten deckten ein vollständiges Spektrum von diversen Interessen und Themen ab (und waren Anlaß zu der Bemerkung »Verkörperung menschlichen Wissens«, die sich in der Web-Beschreibung von Berners-Lee findet).

2. Programmierer – insbesondere das Mosaic-Team bei NCSA und die WinWeb- und MacWeb-Teams bei MCC – begannen mit der Entwicklung von umfangreichen grafischen Browsern für eine ganze Reihe von Desktop-Rechnern und Workstations.

Zum Jahresende 1993 waren bereits Browser für UNIX-Workstations unter X Window, für Macintosh und für PCs unter Microsoft Windows auf dem Markt anzutreffen.

Innerhalb der folgenden sechs Monate wurde das Web das beliebteste Werkzeug für das Surfen im Internet. In den nachfolgenden Abschnitten erhalten Sie Einsicht in einige Statistiken, die dieses Phänomen näher beleuchten (im Abschnitt »Achtung! Explosives Wachstum« finden Sie einige wahrlich eindrucksvolle Statistiken). An dieser Stelle ist es wichtig zu verstehen, daß die gleichen Eigenschaften, die das Web für die CERN-Forscher attraktiv machte, auch für die Allgemeinheit der Internetbenutzer interessant war, wobei es keine Rolle spielte, welchem Beruf sie nachgingen.

UNIX und das Web

Um das »Wie« und »Warum« und die Funktionsweise des Web wirklich zu verstehen, müssen Sie einen Umweg zu den Wurzeln des Internet auf sich nehmen. Es steht außer Frage, daß die erste Implementierung des Internet auf die finanziellen Zuwendungen und die Unterstützung des (Defense) Advanced Research Projects Administration (ARPA, später als DARPA bekannt, um die Rolle des Verteidigungsministeriums auch zu würdigen) zurückzuführen war.

Wie dem auch sei, die meisten Internet-Historiker stimmen unisono darin überein, daß die eigentliche Abschußrampe für das heutige Internet die Einbindung der TCP/IP-basierenden Protokolle und Dienste in das BSD-UNIX-System (Berkeley Software Distribution) in der Version 4.2 im Jahre 1983 war. Das Verteidigungsministerium hatte TCP/IP bereits im Jahre 1982 zu seinem »offiziellen Standard«-Netzwerkprotokoll erklärt. Den eigentlichen Auftrieb erhielt TCP/IP aber durch die große Verbreitung in wissenschaftlichen Kreisen, was ein Ergebnis der Einbindung in BSD-UNIX war. BSD-UNIX war eine neu zusammengestellte Version der von AT&T entwickelten UNIX-Technologie (mit Genehmigung und Lizensierung durch AT&T), die durch verschiedene Ergänzungen, die aus der ganzen Welt zusammengetragen wurden, verbessert worden war. Diese UNIX-Version wurde häufig als Lehr- und Forschungswerkzeug eingesetzt und in den 80er Jahren in Tausenden von Hochschulen, Universitäten und Forschungseinrichtungen auf der ganzen Welt benutzt. Der Zugriff auf diese Technologie war überall möglich und derart preisgünstig, daß es schon beinahe »umsonst« war. Durch die Einbindung von TCP/IP in diese Systemumgebung konnte jedermann auf das Internet zugreifen, der sich der Mühe unterzog, eine Verbindung einzurichten und zu unterhalten. Diese Funktionen waren der eigentliche Grund dafür, das Wachstum des Internet in die heutigen Dimensionen zu ermöglichen, und legten den Grundstein für ein Informations-Zugangssystem, das geradezu nach der Technologie schrie, die vom Web und seinen Browsern angeboten wurde.

Die Bürde der Internetgeschichte

Wenn Sie davon ausgehen, daß Sie die Fäden im Web nicht von einer UNIX-Plattform aus ziehen, so stellt sich die Frage, warum Sie sich überhaupt für UNIX interessieren sollten. Doch halt – hier kommt die »Bürde der Internetgeschichte« ins Spiel: Bedingt durch seine Wurzeln treffen Sie bei vielem, was Ihnen im Internet begegnet, auf einen teilweise strengen »UNIX-Geruch«.

Dies wirkt sich auf HMTL und das Web auf verschiedenste Weise aus:

✔ **Ressourcennamen**: Sie sind verantwortlich für die Dateinamen und die Verzeichnispfade, die Sie in den Verweisen auf die Web-Ressourcen sehen. Das bedeutet beispielsweise, daß auf die Angabe der Protokolle oder Geräte ein Doppelpunkt folgt, daß die Namen der Domänen in die Namen der Web-Ressourcen eingebettet sind und die Elemente der Verzeichnispfade durch Schrägstriche (/) voneinander getrennt werden. So macht das UNIX, und daher wird es UNIX-Kennern ziemlich vertraut vorkommen; die Benutzer von PCs oder Macintosh-Rechnern müssen sich dagegen erst daran gewöhnen.

✔ **Befehle und Syntax**: UNIX ist ein Betriebssystem, das von Wissenschaftlern für Wissenschaftler erstellt wurde; daher ist es manchmal mysteriös und irgendwie einschüchternd. Wie anders kann man sonst ein System erklären, bei dem der Ausdruck »grep« Sinn macht, weil er ein Akronym für general regular expression parser ist und schließlich jedermann weiß, was das ist, OK?

HTML selbst leidet nicht unter dieser Vergangenheit – es ist anderer Abstammung –, aber wenn Sie jemals einen Web-Server einrichten und verwalten müssen, werden Sie die UNIX-Syntax und -Befehle kennenlernen, die Ihnen auf den ersten Blick vielleicht seltsam erscheinen; aber Sie werden die Stärken von UNIX sicherlich bald zu schätzen wissen.

Über Domain- und Dateinamen

Wenn es einmal soweit kommt, daß Sie Ressourcen im Internet ausfindig machen möchten, so ist es für Sie natürlich äußerst wichtig zu wissen, wo sich diese Ressourcen befinden. Bei Dateien ist es fast genauso wichtig, deren Namen zu kennen; aber wenn Sie erst einmal wissen, wie man in einem UNIX-Dateisystem herumwühlt, so können Sie sich Ihre Bedürfnisse in puncto Dateien oftmals auch so befriedigen.

Im Internet ist jede Domain wichtig!

Der Schlüssel zum Wissen, wo die Dinge im Internet leben, liegt in der Kenntnis ihrer Domainnamen. Wenn Sie bereits ein Benutzerkonto im Internet besitzen, so sind auch Sie mit einem Domainnamen verbunden. Die E-Mail-Adressen von Ed und Steve sehen wie folgt aus:

```
Ed Tittel <etittel@zilker.net>
Steve James <snjames@wetlands.com>
```

Der einzige Teil, der das Internet überhaupt interessiert, steht zwischen den spitzen Klammern (< >). Die Information, die links des Klammeraffen (@) steht, identifizieren die beiden eindeutig als Ed und Steve, wogegen die Information rechts davon den Standort ihrer Benutzerkonten angibt. Der Klammeraffe gibt an, wo Ed und Steve gefunden werden können: Mit anderen Worten bestimmt er die ihnen zugeordneten Domainnamen im Internet.

Die Struktur des Internet wird am besten in den Domainnamen sichtbar, da dort die verschiedenen Ebene einer Organisation aufgeführt werden können: Größere und hierarchischer aufgebaute Organisationen werden mehrere Namen aufweisen, die durch Punkte voneinander getrennt sind, als kleinere. Die Bedeutung eines Namens ist um so größer, je weiter rechts er innerhalb der Adresse erscheint.

Der Domainname von Ed endet mit der Erweiterung ».net«, der von Steve mit der Erweiterung ».com«. Innerhalb der Vereinigten Staaten können mittels der unten aufgeführten Liste die Bedeutungen der Domainnamen anhand ihrer Erweiterung herausgefunden werden:

.com   kommerzielle Institution oder Provider

.edu   Bildungseinrichtung (Schule, College usw.)

.gov   Regierungsinstitution oder -agentur

.mil   US-Militär

.net   Netzwerk-Dienstleistungsunternehmen

.org   gemeinnützige Organisation

Außerhalb der Vereinigten Staaten enden die Domainnamen mit einem Länderkennzeichen, das zwei Buchstaben lang ist und dem die Bezeichnung für die Domäne vorangestellt ist. »info.cern.ch« ist beispielsweise der Name einer wichtigen Informationsquelle bei CERN; »info« weist auf eine Informationsquelle, »cern« auf die Organisation CERN hin, während »ch« für Confoederatio Helvetica (Schweiz) steht.

Bei Dateien ist der Name zwar das Wichtigste, aber der Pfad bringt Sie erst dorthin

Wegen des klaren Übergewichts an UNIX-Systemen im Internet macht man bei der Navigation im Internet viele Anleihen bei diesem Dateisystem. Dies betrifft insbesondere die Dateinamen, über die einzelne Dateien identifiziert werden, aber genauso die Verzeichnis-Spezifikationen, über die ganze Dateisammlungen in einem Dateisystem lokalisiert werden können.

Bei UNIX enthalten die Dateinamen sehr viel mehr Informationen als bei den DOS- oder Macintosh-Systemen. Anders als bei der restriktiven Dateibenennung in DOS (bis zu acht Zeichen für den Dateinamen und drei Zeichen für die Erweiterung, die durch einen Punkt voneinander getrennt sind), können die Dateispezifikationen bei UNIX bis zu 127 Zeichen lang sein und sehr viel mehr Sonderzeichen enthalten, als bei DOS- oder Macintosh-Systemen erlaubt sind. Deshalb sollten Sie beim Zugriff auf die Web-Ressourcen nicht überrascht sein, wenn Sie dort lange Namen, mehrere Punkte und andere offensichtliche Seltsamkeiten entdecken. Sie sollten lediglich darauf achten, daß Sie genau das eintippen, was angegeben ist, da Sie andernfalls vielleicht niemals das finden werden, was Sie suchen.

Die oben getroffenen Aussagen gelten auch auf die UNIX-Verzeichnisnamen. Diese können sehr viel länger sein als die Namen, die Sie vielleicht bisher gewohnt sind. Die Verzeichnisebenen werden zudem durch einen Schrägstrich (/) und nicht durch den Backslash (\) voneinander getrennt, der bei DOS-Dateisystemen üblich ist. Geprüfte DOS-Veteranen werden sicherlich in Euphorie ausbrechen, wenn sie herausfinden, daß der Befehl cd in UNIX ganz ähnlich arbeitet wie bei DOS (die DOS-Version ist schließlich nur ein etwas abgespeckter UNIX-Klon).

Einheitliche Ressourcen im Web

Die Web-Ressourcen werden durch ganz spezielle Namen bestimmt, die Uniform Resource Identifier (URIs) genannt werden und die Objekte identifizieren, auf die man über das Web zugreifen kann. Jedesmal, wenn Sie zu einer Web-Seite springen, machen Sie das über ihren Uniform Resource Locator (URL), der einmal das Protokoll beschreibt, das Sie für den Zugriff benötigen, und auf einen Standort und ein Home-Verzeichnis im Internet verweist. Der Uniform Resource Name (URN) ist eine weitere Kategorie innerhalb von URI; er ist derzeit noch in der Konzeptphase, wird aber vielleicht eines Tages dazu verwendet werden, um zusätzliche Ressourcen und Dienste zu benennen, die weitaus beständiger als die URLs sind.

Die URLs enthalten die Schlüssel zum Web

Wenn Sie den URL einer bestimmten HTML-Datei untersuchen, sieht das ungefähr wie folgt aus:

```
http://info.cern.ch:80/HyperText/WWW/Adresse/Adresse.html#spot
|--1-|------2------|-3-|----------4---------|------5-----|-6-|
```

Ein URL besteht aus sechs Teilen, die wie folgt funktionieren:

1. *Protokoll/Datenquelle*: Bei Netzwerkressourcen handelt es sich hier normalerweise um den Namen des Protokolls, das für den Zugang zu den Daten verwendet wird, die sich am anderen Ende der Verbindung befinden. Die Syntax für diesen Teil des Namens sieht wie folgt aus:

    ✔ ftp:// verweist auf eine Datei, auf die über das Filetransfer-Protokoll zugegriffen werden kann.

    ✔ Gopher:// verweist auf einen Dateisystemindex, der über das Gopher-Protokoll zugänglich ist.

    ✔ http:// wird bei einem HyperText-Dokument (normalerweise eine HTML-Datei) verwendet, auf das über das HyperText-Transferprotokoll zugegriffen werden kann.

- ✔ mailto:// verbindet zu einer Anwendung, die Ihnen die Erstellung einer Nachricht erlaubt, die an eine definierte Adresse über E-Mail verschickt wird.

- ✔ news:// verweist auf eine Usenet-Newsgroup und benutzt für den Zugang zu dieser Information das Network-News-Transfer-Protokoll (NNTP).

- ✔ telnet:// verbindet Sie zu einem anderen Computer innerhalb des Internet, wo Sie normalerweise bestimmte Optionen aus einem vordefinierten Menü auswählen können.

- ✔ WAIS:// verweist auf einen WAIS-Informations-Server im Internet und bietet den Zugang zu einem System von indizierten Datenbanken.

Bei lokalen Daten (beispielsweise beim Lesen von HTML-Dateien von der Festplatte oder anderen Laufwerken Ihres Systems) variiert die Syntax von Browser zu Browser, beginnt aber normalerweise mit:

- ✔ file://, was ein Hinweis darauf ist, daß es sich um eine lokale Datei handelt und nicht um eine öffentliche Web-Seite (die Datei ist außerhalb Ihres Verzeichnisses oder lokalen Netzwerks nicht verfügbar).

2. *Domainnamen*: Hier handelt es sich um den Domainnamen des Web-Servers, wo die gewünschte Web-Seite oder andere Ressourcen abgespeichert sind.

URL-Syntax und Interpunktion

Strenggenommen sehen die Syntax-Anforderungen eines URL vor, daß ein Doppelpunkt (zwischen der Kennung des Protokolls oder der Datenquelle und dem Rest des Namens) erlaubt ist, wobei dem Doppelpunkt zwei Schrägstriche (//) folgen. Beim Zugriff auf lokale Dateien empfehlen wir jedoch, daß Sie als erstes in Ihrem Browser nach einem Menüpunkt suchen, mit dem Sie Ihr lokales Dateisystem nach einer zu öffnenden HTML-Datei durchsuchen können (suchen Sie nach einem Punkt wie »Datei öffnen« oder »lokale Datei öffnen«). Sollte dies nicht funktionieren, so sind wir mit dem folgenden Ansatz schon des öfteren zu guten Ergebnissen gelangt:

```
file:///<laufwerk ID>|<verzeichnis angabe><dateiname>
```

Man beachte die drei Schrägstriche nach dem Doppelpunkt. Nach der Kennung des Laufwerks (die bei DOS ein Buchstabe oder bei Macintosh, NetWare und anderen Systemen der Name des Datenträgers wäre) verwenden Sie anstelle des Doppelpunkts einen vertikalen Strich (|). Bei der Eingabe des Verzeichnispfades verwenden Sie für die Trennung der einzelnen Verzeichnisebenen den Schrägstrich. Wenn Sie dahinter den genauen Dateinamen setzen, dann sollten Sie auch bei Ihrem Browser einen Zugriff erhalten!

3. *Port-Adresse*: In den meisten Fällen ist die Standard-HTTP-Port-Adresse »:80« (und kann daher weggelassen werden), aber unter Umständen finden Sie auch URLs, die andere Zahlen verwenden; diese Zahl definiert die Adresse des Prozesses, mit dem eine Web-Sitzung verbunden werden muß. Im allgemeinen sollte eine Zahl immer mit angegeben werden, wenn diese im URL erscheint (selbst wenn es sich um »:80« handelt).

4. *Verzeichnispfad*: Dies ist der Standort der Web-Seite innerhalb des Dateisystems des Web-Servers.

5. *Objektname*: Er bezeichnet den Namen der HTML-Datei, die entweder die gewünschte Web-Seite oder den Namen einer beliebigen anderen Ressource enthält.

6. *Spot*: Manchmal reicht es nicht aus, den Benutzer zur HTML-Datei zu bringen: Sie möchten sie an einem bestimmten Punkt innerhalb der Datei absetzen. Wenn Sie dem Namen eines HTML-Ankers ein Gatter (#) voranstellen und in den HTML-Dateinamen aufnehmen, dann springt der Browser direkt zu einem bestimmten Punkt. Dieses Verfahren eignet sich insbesondere für größere Dokumente, in denen die Leser ansonsten ziemlich viel herumblättern müßten, um zur gewünschten Information zu gelangen.

Am allerwichtigsten ist bei den URLs die korrekte Schreibweise, die ganz penibel übernommen werden muß, da das ganze ansonsten überhaupt nicht funktioniert. Bei der Erstellung von Web-Seiten ist es demzufolge absolut entscheidend, jeden eingebundenen URL-Verweis zu testen, um damit sicherzustellen, daß die Syntax korrekt ist und es den Bereich noch gibt – die Web-Bereiche kommen und gehen. Bei der Arbeit mit einem Web-Browser bedeutet das, daß es weitaus günstiger ist, die URLs auszuschneiden und über die Zwischenablage in eine HotList, eine Lesezeichen- oder eine Textdatei einzufügen, als sie von Hand abzuschreiben und damit einen eventuellen Tippfehler in Kauf zu nehmen.

Viele Server haben einen standardisierten Namen, so daß Sie den Namen einer HTML-Datei nicht genau kennen müssen. Wenn Sie im Hinblick auf einen URL Zweifel haben, so sollten Sie als erstes die folgende Syntax ausprobieren:

http://www.firmenname.com/

Was gibt es noch außer den HTML-Dateien?

Bei einigen Anwendungen – beispielsweise bei FTP – beendet der Name des Verzeichnisses, das die Dateien enthält, den URL. Bei dem URL ftp://ftp.nevada.edu/pub/music/guitar enthält beispielsweise das Verzeichnis »guitar« Dateien, die wir uns ansehen wollen; wenn wir uns dorthin begeben, so erhalten wir eine Liste der Dateien, die dieses Verzeichnis enthält und können die auswählen, die wir haben möchten. Falls Sie nur eine bestimmte Datei über einen Link verfügbar machen möchten, so können Sie einen Zeiger vorsehen, der nur auf diese eine Datei verweist. Ein Beispiel hierfür wäre ftp://ftp.nevada.edu/pub/music/guitar/LeoKottke.html.

Damit erhalten Sie oftmals Zugang zu einer Datei, die index.html oder default.html heißt und die Homepage der Firma ist.

Unter dem folgenden URL erhalten Sie weitere Informationen zu diesem Thema:
http://info.cern.ch/HyperText/WWW/Addressing/Addressing.html

Hier finden Sie eine detaillierte Beschreibung der URL-Syntax und der unterstützten Protokolle und weitere Verweise auf Spezifikationen und andere Dokumente zum gleichen Thema. Noch ein guter Tip: Im CERN-Bereich herrscht viel Verkehr; Sie müssen also gegebenenfalls mit einer Zeitüberschreitung beim Aufbau der Verbindung rechnen. Ich hatte dort immer Glück, wenn ich es um drei Uhr morgens versuchte.

Die ersten Web-Werkzeuge und unnatürliche Begierden

Die ersten Implementierungen der Web-Browser stellten sich als ziemlich primitive Biester heraus. Sie waren normalerweise Zeichen- und nicht Grafik-orientiert und hatten mit dem ganzen Klimbim wie die Anzeige von Bildern, Symbolen oder Multimedia überhaupt nichts am Hut – alles Dinge, die die aktuellen Versionen so ansprechend machen.

Beim Aufbau Ihrer Web-Seiten sollten Sie immer daran denken, daß einige Benutzer immer noch mit diesen Werkzeugen der ersten Generation arbeiten; dabei handelt es sich entweder um einen Web-Browser, der nur im Zeichenmodus arbeitet, oder der Benutzer hat überhaupt keinen Web-Zugang. Wenn Sie also dreidimensionale Seiten mit komplizierten Grafiken und Animationen aufbauen, so denken Sie daran, daß einige Benutzer Ihre Arbeiten gar nicht sehen können.

Es sollte keinen Grund geben, warum weniger ausgefeilte Anzeigemöglichkeiten diese Benutzer davon abhalten sollten, Ihre Informationen zu lesen. Da der Inhalt mindestens genauso wichtig ist wie die Form, sollte das in den meisten Fällen machbar sein. Wir entschuldigen uns im voraus bei denjenigen unter Ihnen, die interaktive Museen oder Web-Seiten, bei denen die Grafiken ein entscheidender Beitrag zum Inhalt sind, aufbauen möchten und auf die diese Aussage wirklich nicht zutrifft. Aber selbst dann ist es eine Überlegung wert, ob es nicht vielleicht doch eine Möglichkeit für solche Benutzer gibt und wie sie das zu sehen bekommen, was Sie ihnen eigentlich nicht zeigen können. Dabei ist es beispielsweise vorstellbar, daß man ein Exemplar des Museumskatalogs bestellen kann oder Verweise und Hinweise auf Kunstbücher zur Verfügung stellt, die einige der Bilder enthalten, die Sie dem Anwender zugänglich machen möchten.

Sie müssen sich immer darüber im klaren sein, daß alle Web-Seiten, die Sie im Internet veröffentlichen, mit allen möglichen Browsern angesehen werden; das Spektrum reicht von zeichenorientierten Anzeigen auf dummen Terminals bis hin zu den neuesten Produkten und experimentellen Implementierungen, die mit derzeit noch unvollendeten HTML-Spezifikationen arbeiten. Neben vielem anderen bedeutet dies auch, daß in Ihrer Testreihe mindestens ein Browser im Zeichenmodus vorgesehen sein sollte, mit dem Sie Ihre eigene HTML-Codierung überprüfen, bevor Sie sie auf andere loslassen!

Ein weiterer Hinweis geht in die Richtung, daß Sie sich bei der Veröffentlichung von Web-Informationen nicht auf die spezifischen Merkmale eines Browsers verlassen sollten. Viele Browser unterstützen bestimmte HTML-Formatierungsanweisungen **nicht**; wenn Sie sich auf solche zusätzliche Funktionen verlassen, werden andere Browser in die Knie gehen und Ihre Information dadurch unbrauchbar werden. Weitere Ausführungen dazu finden Sie unter der Überschrift »Was bei HTML erlaubt ist und was nicht«.

Achtung! Explosives Wachstum

Wenn Sie sich das Bild eines explodierenden Netzes vor Augen halten, so können Sie sich vorstellen, daß es nicht allzu sicher wäre, darüber hinwegzukrabbeln; das gleiche gilt für das Web in bezug auf sein Wachstum. Obgleich das Web bei seiner Einführung im Jahre 1991 eine der neuesten Internetanwendungen war, war es schon kurz darauf der populärste Dienst des Internet.

Folgt man der Arbeit des MIT-Studenten Michael Gray, eines begeisterten Web-Anhängers, so laufen heute innerhalb von sechs Stunden mehr Daten über das Web als 1992 während des ganzen Jahres! Wenn Sie davon ausgehen, daß es im Jahre 1991 so gut wie gar keinen Internet-Web-Verkehr (als sich das Web auf CERN und »einen kleinen Freundeskreis« beschränkte), ergibt das ein jährliches Wachstum von mehr als 200.000% (oder, wenn Ihnen kleinere Zahlen besser gefallen, das 2.000fache jedes Jahres)!

Andere Quellen gehen davon aus, daß heute bereits 10% des gesamten Internet-Verkehrs mit dem Web zu tun haben; Anfang 1994 lag dieser Anteil bei ca. 1% und im Jahr davor quasi bei Null. Das stimmt wunderbar mit den Zahlen von Herrn Gray überein, sieht die ganze Sache aber aus einer anderen Perspektive.

Eine weitere erstaunliche Statistik kommt von Network Wizards, einer Internet- und Netzwerk-Beratungsfirma in Menlo Park, Kalifornien. Gemäß ihrer Untersuchung vom Januar 1995 »ist der Ausdruck www an die Spitze der Liste mit den beliebtesten (Domain-)Namen aufgestiegen«. Mit anderen Worten bedeutet dies: Im Internet gibt es mehr Domainnamen mit der Zeichenkette www als mit jedem anderen Namen. Dies ist ein untrüglicher Hinweis dafür, daß das Web in der aktuellen Internet-Kultur einen der wichtigsten Plätze besetzt!

Wo auch immer Sie Ihre Daten über das Web hernehmen, es bleibt ganz klar unbestritten, daß die Nutzung drastisch anwächst und die Benutzerzahlen dramatische Ausmaße annehmen. Damit erhebt sich die einzig wichtige Frage: Welche Möglichkeiten habe ich, das zu finden, was ich draußen im Web wirklich benötige? Für die Web-Herausgeber läßt sich die Frage wie folgt formulieren: Wie kann ich den Leuten bekanntgeben, wo meine Seiten sind?

Hier sind die URLs für die von uns erwähnten Quellen:

Die Internet-Domänenuntersuchung von NetWizards:

`http://www.nw.com:80/zone/WWW/top.html`

Eine gute allgemeine Quelle für Web- und Internet-Statistiken ist auch:

`http://WWW.Stars.com:80/Vlib/Internet/Statistics.html`

Der letzte URL enthält Links zu den meisten Untersuchungen und Statistiken über das Web und das Internet, die es wert sind, erwähnt zu werden. Dazu gehören auch einige offizielle und individuelle Arbeiten, die in diese Richtung zielen.

Eine brillante Untersuchung des Web, World Wide

Um dieses Kapitel abzurunden, erhalten Sie eine Führung zu einigen der Leckerbissen, die das World Wide Web zu bieten hat. In der Zwischenzeit sollten Sie eine gewisse Vorstellung über die Ursprünge und die Ziele des Web haben; jetzt wird es höchste Zeit, einen kurzen Blick auf einige dieser Schätze zu werfen.

Absprungpunkte en masse

Jeder Browser enthält eine vordefinierte Homepage; einige davon sind ausgezeichnete Ausgangspunkte für Ihre Reisen ins Web. Insbesondere NCSA Mosaic, Netscape, Microsoft und WinWeb/MacWeb bieten hervorragende Homepages mit Orientierungswerkzeugen (sie werden »Ausgangspunkte« genannt), themenorientierten Verzeichnissen und Suchfunktionen; diese helfen Ihnen bei der Lokalisierung von interessanten Themen auf den vielen Web-Servern im Internet. Trotz alledem bleibt das Web jedoch irgendwie eine geheimnisvolle Sache – deren Umfang nicht greifbar und deren Mittelpunkt überall ist – schon aus diesem Grund gibt es in Wirklichkeit keinen »perfekten Ausgangspunkt«.

Suchseiten gefällig?

Im Web gibt es eine Vielzahl sogenannter Suchseiten, die eine Verbindung zur Hintergrundanwendungen aufbauen, über die Unmengen von Daten im Internet untersucht werden können. Die Suche basiert auf den Schlüsselwörtern, die von Ihnen zur Verfügung gestellt werden, und Sie erhalten Internetadressen, die zu Ihren Themen passen.

Alle wichtigen Suchseiten sind an verschiedenen Orten, unter anderem auch auf der Netscape-Homepage, sehr nett dargestellt. Zur Abwechslung empfehlen wir, sich auch mal die Seite anzusehen, die die Suchfunktionen im Web-Bereich eines regionalen Internet-Anbieters im Gebiet von Baltimore, Maryland, beschreibt (siehe Abbildung 2.1). Der URL für diese Seite lautet:

`http://www.charm.net/info.search.html`

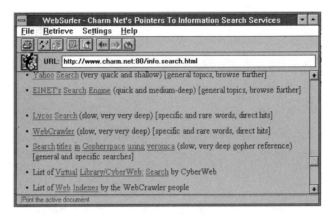

Abbildung 2.1: Die »Eintauchen und Ausloten«-Seite auf charm.net enthält gute Beschreibungen der meisten wichtigen Web-Suchprogramme.

Probieren Sie es einfach mal aus: Nehmen Sie eine beliebige Suchfunktion, und geben Sie einen Ausdruck ein, der Sie besonders interessiert (die besten Ergebnisse erhalten Sie immer dann, wenn Sie statt eines allgemeinen Ausdrucks wie »Gewürze« einen spezielleren Ausdruck wie »Koriander« wählen).

Die Whole Internet Catalog Page

Bei dieser Seite handelt es sich um die Online-Version von Ed Krols ausgezeichnetem Ressourcen-Führer »The Whole Internet User´s Guide & Catalog« in der 2. Auflage (von O´Reilly & Associates, 1994). Diese Version wird regelmäßig aktualisiert und ist Teil des Global Network Navigator (GNN), eines Web-Bereichs, der von O´Reilly betrieben wird. Der URL lautet:

```
http://nearnet.gnn.com/wic/newrecat.toc.html
```

Wie in Abbildung 2.2 zu sehen ist, beginnt der Whole Internet Catalog mit einer Liste, über die man zu besonders heißen Themen springen kann; diese Liste wird Hotlist genannt. Weiter unten finden Sie ein alphabetisch geordnetes Themenverzeichnis, das von »Arts & Entertainment« bis zu »Travel« reicht, wobei es zu jedem Thema zahllose Unterpunkte gibt.

Daneben gibt es viele andere interessante Ausgangspunkte, von wo aus Sie Ihre Web-Erkundungen starten können, wir heben uns aber die besseren für später auf. Das Gezeigte sollte für den Anfang genügen. Wenn Sie im Web unterwegs sind, sollten Sie unbedingt darauf achten, wie die einzelnen Seiten aufgebaut sind und wie die Indizes, Grafiken und Hotlists eingesetzt werden. Von diesen Beispielen können Sie jede Menge lernen, sowohl im guten als auch im schlechten. Verwenden Sie hierzu die Funktion Ihres Browsers, der Ihnen das Betrachten des Quelltextes ermöglicht.

2 ➤ Zurück zu den Anfängen: Eine kurze Geschichte des Web

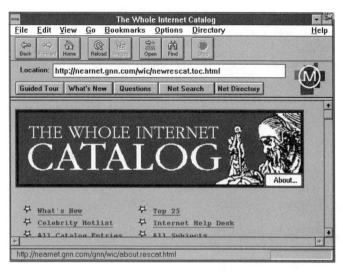

Abbildung 2.2: Die »Whole-Internet-Catalog«-Seite ist ein guter Ausgangspunkt zum Net-Surfen.

Unter Dach und Fach: Wie das Web funktioniert

In diesem Kapitel

▶ Kommunikation über das Web
▶ Interpretation von Web-Seiten
▶ Der Zugriff auf das Web

*J*etzt, wo Sie wissen, was das Web eigentlich ist, woher es kam und daß es zu einem Riesending geworden ist, ist es an der Zeit, sich mit seiner eigentlichen Funktionsweise abzustrampeln. Trotz der riesigen Informationsmengen, die es miteinander verknüpft, unter vielen verschiedenen Arten, diese Informationen darzustellen und zu übertragen, gibt es einige grundlegende Mechanismen, die das Web zum Laufen bringen. In diesem Kapitel erfahren Sie etwas über die Kommunikation, die dem Web zugrunde liegt, über die Rolle, die Server und Client spielen, und darüber, wie Sie das Web einsetzen können, um Ihrer unmittelbaren Umgebung oder auch der ganzen restlichen Welt die gemeinsame Nutzung von Informationen zu ermöglichen.

Über Clients & Server, Antworten & Anfragen

Um wirklich verstehen zu können, wie Informationen über die meisten Netzwerke übertragen werden, müssen Sie das Client-Server-Prinzip verstehen. Dieses Prinzip basiert auf einigen interessanten Annahmen. Wenn Sie sich etwas näher damit befassen, werden Sie verstehen, wie das Internet – und andere Netzwerke – eigentlich funktionieren und warum sie so funktionieren, wie sie es tun.

Im Web spielen Front Ends und Back Ends verschiedene Rollen

Mittlerweile sind Sie mit der Vorstellung vertraut, daß im Web, irgendwo »da draußen« im Internet, die unterschiedlichsten Ressourcen zur Verfügung stehen. Zudem wissen Sie, daß Sie für die Navigation im Web eine Internet-Verbindung und einen Browser benötigen, der auf Ihrem Rechner installiert ist.

In Wirklichkeit gibt es eine Arbeitsteilung bei der Verarbeitung der Web-Informationen und eine Rollentrennung, die ausgezeichnet dafür geeignet ist, um einzelne Anwender an eine Sammlung von gemeinsamen Daten anzuschließen. Die Arbeitsteilung zerlegt die Aufgabe für die Verarbeitung der Web-Informationen in die Speicherung, den Abruf und die Anzeige der Informationen auf Ihrem Bildschirm. Der Teil für die Speicherung und den Abruf wird typischerweise vom Web-Server übernommen, der irgendwo im Netzwerk steht – deswegen nennt man diesen Teil auch »Back End« des Client-Server-Modells. Die Anzeige der Informationen (und, falls notwendig, die Erkennung der Eingaben) wird vom Browser auf der Workstation des Benutzers übernommen und spielt sich vor den Augen des Publikums ab – deswegen nennt man diesen Teil »Front End« des Client-Server-Modells.

Mit anderen Worten besteht die Rolle des Front Ends oder des Rechners beim Zugang auf das Web darin, bedarfsweise die Nachfrage nach Ressourcen zu bearbeiten und die Informationen, die zurückgeliefert werden, am Bildschirm anzuzeigen.

Obwohl es sich dabei um eine wichtige Aufgabe handelt – so wichtig, daß das Web ohne sie nicht zu benutzen wäre – ist die Rolle des Back Ends mindestens genauso unentbehrlich, da es sich um das Element handelt, das die Verwaltung der Benutzermassen im Web ermöglicht. Jeder Web-Bereich wird von einem Rechner (Server) verwaltet, der bereitsteht, um Anfragen für Web-Informationen (die über den Domainnamen in einem URL oder einen anderen einheitlichen Namen definiert werden) entgegenzunehmen. Da der Server als Antwort auf die Web-Anfragen der Benutzer aus dem Netzwerk lediglich einfache Web-Seiten oder andere Ressourcen zurücksendet, braucht er nichts anzuzeigen oder gar mit dem Benutzer zu kommunizieren. Er schickt einfach die nachgefragten Punkte oder eine Fehlermeldung zurück, wenn eine Ressource nicht zur Verfügung steht.

Ein Beispiel: Beobachten Sie einmal den Kommunikationsprozeß, der bei Ihrer Bank abläuft. Ein Bankangestellter (der Server) namens Thomas sitzt an seinem Schalter und wartet auf die Kunden. Die Kundin (der Client), die in unserem Fall Gabriele heißt, betritt die Bank und geht auf ihren Lieblingsangestellten Thomas zu. Gabriele und Thomas verhandeln gemäß den Bankregeln über die Einlösung eines Schecks. Gabriele geht mit ihrem Geld aus der Bank, während die nächste Kundin, Marlis, auf Thomas zugeht, um mit ihm über ihre Transaktionen zu verhandeln. Das gleiche Prinzip spielt sich bei einer Transaktion zwischen einem Client und einem Server ab. Der Client fragt nach bestimmten Dingen und wenn dies den Regeln entspricht, gibt der Server das Gefragte heraus.

Web-Clientologie

Da nicht alle Web-Benutzer notwendigerweise einen Rechner besitzen – manche benutzen unter Umständen »dumme Terminals«, die aus einem Bildschirm und einer Tastatur bestehen, ihre »Intelligenz« aber von einem Rechner beziehen, der irgendwo im Netzwerk steht – ist es weitaus sinnvoller, die Rollen von Front End und Back End dadurch zu unterscheiden, indem man ihnen die Namen Client und Server gibt.

Der Client übernimmt die Rolle des Front Ends – er gehört einem Benutzer und wird von ihm bedient, um bestimmte Informationen von einer bekannten Quelle abzurufen. Weiterhin verwaltet er die Antworten auf diese Anfragen.

Um die Rolle des Clients nicht unterzubewerten, muß man wissen, was zu einem guten Client gehört. Dabei geht es um mehr, als nur bestimmte Dinge nachzufragen und sie nach der Anlieferung anzuzeigen. Clients müssen auch:

- ✔ eine Netzwerkverbindung unterstützen, wobei es keine Rolle spielt, um welchen Typ es sich handelt. Dazu gehört der Aufbau, die Verwaltung und der geordnete Abbruch einer Netzwerkverbindung, sobald der Benutzer auf das Netzwerk zugreift, es benutzt und danach wieder verläßt;
- ✔ die Netzwerkkommunikation verwalten, d.h., mit den Servern zu reden. Dazu gehört der Aufbau einer Verbindung mit einem Web-Bereich, die Übersetzung der Benutzeranfrage in eine formale Rechnerkommunikation und die Behandlung von Kommunikations- und Übertragungsfehlern, die von Zeit zu Zeit auftreten;
- ✔ die Anzeige der Anworten, was oftmals wesentlich mehr ist, als lediglich Zeichen auf einem Bildschirm aufblitzen zu lassen. Insbesondere im Web ist es die Aufgabe des Clients, die zeichenbasierte Information in eine grafische Form zu übertragen und die vielen verschiedenartigen Informationsquellen – Audio, Grafik, Text und Multimedia –, die vom Web unterstützt werden, zu einem Hypertextdokument zusammenzustellen.

Unter dem Dach eines Web-Browsers passiert eine ganze Menge, und alle diese Aufgaben müssen von dem Rechner erfüllt werden, auf dem die Client-Software läuft. In diesem Buch wird ein Großteil dessen erklärt, was zur Umwandlung der vom Web-Server gelieferten Information in spezielle Anzeigeformate auf den Bildschirm gehört. Zudem wird hier erläutert, wie man diese Informationen am besten strukturiert, um den Ansprüchen eines möglichst breiten Publikums gerecht zu werden.

Die Web-Ressourcen auftischen

Am Back End gibt es allerdings auch schrecklich viel zu tun. Wenn Clients einen Web-Bereich mit URLs versorgen, bitten sie den Server in Wirklichkeit um die Übertragung bestimmter Daten über das Internet. Diese Rolle des Back End nennt man, ganz allgemein, einen Server. Clients, die bestimmte Web-Ressourcen nachfragen, kommunizieren typischerweise mit einem Server, dessen Funktionen auf die Bearbeitung solcher Anfragen spezialisiert sind. Deshalb nennen wir diese Server »Web-Server«.

Eine einfache Erklärung für einen Web-Server basiert auf der Vorstellung, daß auf einem bestimmten Rechner im Netzwerk die Software läuft, die man zur Erkennung und Aufnahme von Web-Anfragen benötigt. Sobald ein Client eine Anfrage an eine Adresse sendet, an der das richtige Programm läuft, wird dieses Programm versuchen, die Anfrage zu erfüllen oder wenigstens mit einer Fehlermeldung zu antworten, die darüber Auskunft gibt, weshalb die Anfrage nicht beantwortet werden konnte.

Die Aufgabe eines Web-Servers besteht aus drei grundlegenden Funktionen:

1. das Warten auf spezifische Anfragen nach Web-Ressourcen, die über das Netzwerk eintreffen;
2. die Interpretation gültiger Anfragen und der Versuch, die gewünschten Ressourcen zu finden, während die Anfrage der Clients dokumentiert wird;
3. Bereitstellung dieser Ressourcen über das Netzwerk oder Ausgabe einer Fehlermeldung, die erklärt, aus welchen Gründen eine Anfrage nicht beantwortet werden kann (Verbindung nicht verfügbar, Artikel nicht gefunden, ungültiges Anfrageformat usw.).

Diese allgemeine Abfolge von Aktionen – Warten auf Anfragen, Interpretation und Aufzeichnung der Anfragen und die Übertragung der Antworten – beschreibt die Arbeitsweise der meisten Netzwerk-Server (und erklärt zudem, wie die anderen Internet-Dienste wie Telnet, FTP, Gopher usw. arbeiten).

Die Vorteile des Client-Server-Prinzips – ungeschminkt

Im großen Kontext wird dieser Ansatz für die Lieferung von Informationen »Client-Server-gestütztes Arbeiten« genannt. Das Schlagwort Client-Server ist inzwischen ziemlich abgedroschen; trotzdem enthält dieser Ansatz einige schätzenswerte Vorteile:

- ✔ Da die Last der Verarbeitung verteilt wird, können sich die Clients darauf konzentrieren, den Benutzern die bestmögliche Oberfläche zur Verfügung zu stellen; dadurch wird es einfacher, dem Benutzer tolle grafische Anzeigen und ausgereifte visuelle Steuerungen anzubieten.

- ✔ Die Server können sich wiederum darauf konzentrieren, möglichst viele Anfragen zu bedienen: Die Arbeitsteilung ermöglicht den Web-Servern die Abarbeitung von Zehntausenden von Anfragen am Tag (das ist heutzutage eine durchschnittliche Belastung für einen einigermaßen beliebten Bereich im Web). Die Aufteilung der Anwendungen zwischen Clients und Servern ermöglicht die friedliche Koexistenz von zahlreichen Client-Typen. Eine der Stärken des Web liegt in seiner Fähigkeit, PCs, Macintosh-Rechner, UNIX-Rechner und dumme Terminals ohne erkennbare Probleme bedienen zu können. Dies ist nur möglich, weil die Arbeitsteilung zwischen Client und Server so gestaltet wurde, daß ein einzelner Server viele verschiedene Clients bedienen kann.

- ✔ Ein weiterer Vorteil des Client-Server-Prinzips leitet sich aus dem Standort der Information ab, auf die die Clients zugreifen; die Speicherung auf einem Server ist die ideale Voraussetzung dafür, daß Informationen gemeinsam genutzt werden können. Es erlaubt darüber hinaus eine bessere Verwaltung der Daten und stellt den Informationsanbietern die Entscheidung frei, welchen Umfang und welche Funktionen sie über den Server bereitstellen möchten.

- ✔ Dadurch, daß Geld und Daten an einem Ort – nämlich auf dem Server – konzentriert sind, hilft der Client-Server-Ansatz, die Leistung auf dem Server zu maximieren; also da, wo es den meisten Benutzern die meisten Vorteile bringt. Dies stellt zudem sicher, daß sich die

Information dort befindet, wo sie durch Sicherungskopien geschützt ist, der Zugriff auf die Daten rigoros kontrolliert werden kann und Statistiken die eingelaufen Anfragen (man nennt sie Hits) dokumentieren können.

Beim Client-Server-Ansatz liegt die eigentliche Dynamik in der Arbeitsteilung: Dadurch, daß die Welt in Clients und Server eingeteilt wird, kann sich der Client mit der Benutzerinteraktion und der Server mit dem schnellen Abruf und der Lieferung der Informationen beschäftigen. Diese Funktionen wurden im Web sehr gut realisiert, da es einmal ausgezeichnete grafische Clients (Browser) und schnelle, leistungsstarke Server anbietet, die beide zur wachsenden Beliebtheit dieses Mediums beitragen.

Zum Netzwerken braucht man Protokolle

In diplomatischen Kreisen besteht ein Protokoll aus einer Reihe von Regeln, die Profis, Freunde und Feinde gleichermaßen davon abhalten, den anderen (oder sich selbst) zum Narren zu machen. Für Netzwerke sind Methoden zur kugelsicheren Kommunikation genauso notwendig und erwünscht. Daher sollte es Sie keinesfalls überraschen, daß die Regeln und Formalien, die die Kommunikation zwischen Rechnern über ein Netzwerk regeln, ebenfalls Protokolle genannt werden.

Wie Netze reden: das HyperText-Übertragungsprotokoll (HyperText Transfer Protocol = HTTP)

Da es sich bei HTTP um ein Internet-Protokoll für eine spezielle Anwendung – das World Wide Web – handelt, thront es ganz oben auf dem Protokoll-Stack, der das Internet ausmacht. Dieser Stack bietet den Web-Clients und -Servern ein Verfahren an, über das beide, vorwiegend über den Austausch von Nachrichten, miteinander kommunizieren können (wie beispielsweise »gib mir dies« oder »hol mir das«). Um HTTP verstehen zu können, müssen Sie auch TCP/IP voll verstanden haben. TCP/IP ist ein längeres Akronym und steht für Transmission Control Protocol / Internet Protocol: Dieser Name wurde einem vollständigen Satz von Protokollen gegeben, die im Internet eingesetzt werden. Um die Dinge noch verwirrender zu gestalten, heißen zwei völlig unabhängige, aber häufig eingesetzte Protokolle tatsächlich TCP und IP; diese beiden Protokolle sind die Namensgeber für die 40 und mehr Protokolle, die zu dieser Sammlung gehören.

Akronym-Allergiker – bitte Vorsicht!

Wenn Sie ein echter WebMaster werden wollen, so müssen Sie sich über eines im klaren sein: Sobald Sie in das Web einsteigen, werden Sie zum Mitglied der Internet-Gemeinde. Falls es jemals eine uneinnehmbare Bastion für Akronyme gab – diese Kombinationen aus verschiedenen Buchstaben, die Bescheuerte benutzen, um sich auf Personal Computer (PCs) ein Betriebssystem (DOS), einen Hauptspeicher (RAM) oder ein Kompakt-Diskettenlaufwerk (CD-ROM) zu beziehen – dann ist das die Internet-Clique.

Da Sie nun schon mal dabei sind, etwas über die Web-Mythen zu lernen: der Ausdruck WebMaster ist ein allgegenwärtiger Name für einen Menschen, der den Web-Protokollen die Stange hält; er ist ein Veteran in den Schützengräben des Web, der das Web lebt, ißt und atmet. Vielleicht haben Sie das Glück und sind so gut, daß Sie selbst WebMaster genannt werden – irgendwann!

Wenn Sie in Ihren wüstesten Alpträumen allerdings immer in einer Schüssel Buchstabensuppe ertrinken, sollten Sie Ihre Bemühungen in Richtung Web vielleicht besser nochmal überdenken! Der Grund dafür ist, daß man beim Umgang mit Netzwerken im allgemeinen und der Arbeit mit dem Internet im besonderen geradezu in Akronymen zu schwelgen scheint. Eine Diskussion über Internet-Protokolle bietet nämlich den idealen Treffpunkt, um absurde alphanumerische Kombinationen auszutauschen.

Noch verwirrender ist allerdings, daß diese Protokollsammlung, die »Protokoll-Suite« genannt wird, oft einfach als IP bezeichnet wird. Dieses doppelte Akronym, das »Ei Pi« ausgesprochen wird, wird aller Wahrscheinlichkeit nur deswegen benutzt, weil das vollständige Akronym zu lang ist, um schnell ausgesprochen zu werden. (TCP/IP wird »Ti Si Pi Ei Pi« ausgesprochen und verknotet einem wirklich die Zunge; IP geht viel schneller!). Trotzdem ist TCP/IP ein übergreifender Standard; es handelt sich um eine Abstraktion von Protokollen, die unterhalb von TCP/IP liegen und es vereinfachen, über diese als Gruppe zu sprechen.

Willkommen in der nebulösen Zone ...

Dies ist ein Ort, an dem verschiedene Rechnertypen dem freien Austausch von Informationen frönen können, an dem sich bloße Implementierungen vor den Anforderungen eines allumfassenden Standards verbeugen. TCP/IP ist eine Welt für sich: Im heutigen Internet verwenden an einem Tag mehr Bits TCP/IP als alle Bits, die man brauchte, um die Schriftstücke zu speichern, die die Menschheit vor dem Jahre 1950 kannte.

Wenn es um TCP/IP geht, gibt es viel zu lernen und zu wissen. Es würde den Rahmen dieses Buches sprengen, TCP/IP auch nur ansatzweise zu erklären.

Dienst	Methode
E-Mail	Senden Sie eine E-Mail an mailserv@internic.net, und schreiben Sie in den Nachrichtenteil FILE/FTP/RFC/RFC1720.TXT.
FTP	Anonymous FTP zu DS.INTERNET.NET (Paßwort = Ihre E-Mail-Adresse); suchen Sie im Verzeichnis rfc/ nach der Datei **rfc1720.txt**
Web	<URL:HTTTP://WWW.CIS.OHIO-STATE.EDU/HTBIN/RFC/RFC1720.HTML> für den Zugriff auf RFC 1720 <URL:HTTTP://WWW.CIS.OHIO-STATE.EDU/HYPERTEXT/INFORMATION/RFC.HTML> enthält allgemeine RFC-Informationen

Tabelle 3.1: Drei Methoden zur Untersuchung von RFCs

Die einzig wahren Informationen über HTTP

Wie die Client/Server-Diskussion veranschaulichen sollte, müssen die Protokolle, die Clients und Server miteinander verbinden, sich den Fragen widmen, die mit der Bearbeitung von Anfragen und Antworten zu tun haben. Demzufolge sollte es Sie nicht überraschen, daß der Informationsaustausch im Web in vier Teile untergliedert ist, die alle in einem eigenen HTTP-Nachrichtentyp spezifiziert sind:

1. *Verbindung*: Dieser Meldungstyp erscheint, wenn ein Client versucht, eine Verbindung zu einem bestimmten Web-Server aufzubauen (Ihr Browser zeigt vielleicht eine Statusmeldung wie »Verbindung zum HTTP-Server wird hergestellt« an). Wenn der Client die Verbindung nicht herstellen kann, wird der Versuch üblicherweise wegen Überschreitung des Zeitlimits abgebrochen, und der Browser zeigt die Meldung »Verbindung wegen Zeitüberschreitung abgebrochen« an.

2. *Anfrage*: Hier fragt der Client bei der Web-Ressource nach dem, was er sucht. Dies beinhaltet das zu verwendende Protokoll (das den Ressourcentyp angibt), den Namen des zu liefernden Objekts und Informationen darüber, wie der Server dem Client antworten sollte.

3. *Antwort*: Jetzt ist der Server dran. Wenn der Server das nachgefragte Objekt liefern kann, antwortet er auf die Art, mit der der Client die Lieferung der notwendigen Daten angefordert hat. Wenn er nicht liefern kann, sendet er eine Fehlermeldung mit einer Erklärung, warum er nicht liefern kann.

4. *Schließen*: Nachdem die Information als Antwort auf die Anfrage übertragen wurde, wird die Verbindung zwischen Client und Server abgebaut. Sie kann mit einer weiteren Anfrage ganz leicht wieder geöffnet werden – beispielsweise, indem man auf ein Link im aktuellen Objekt klickt –, aber dadurch springen Sie zurück zu Schritt 1, an dem die Verbindung noch einmal aufgebaut werden muß.

Sobald ein Objekt vollständig übertragen wurde, hat HTTP seine Aufgabe erfüllt. Jetzt ist es Aufgabe des Browsers, die Lieferung des Servers zu interpretieren und anzuzeigen; hiermit entwirrt sich ein weiterer Faden im Web. Global gesehen besteht die Aufgabe von HTTP darin, Anfragen vom Client zum Server und Antworten vom Server zum Client zu übertragen. Aus der Nähe besehen, bedient sich HTTP einer Technik, bei der Nachrichtenkomponenten in einer einzigen Datei zusammengefaßt werden; diese Technik wurde zur Erweiterung des Leistungsumfangs der Internet-E-Mail entwickelt.

Diese Technik heißt MIME (Multipurpose Internet Mail Extensions); es definiert eine Methode zur Bündelung einer oder mehrerer Anlage(n) innerhalb einer einzigen Nachrichtendatei. Wenn Sie beispielsweise einer E-Mail-Nachricht ein Dokument beilegen wollen, würden Sie einfach eine Kopie des Dokuments als MIME-Anlage anhängen. Damit wird es möglich, mehrere Artikel in einem Datenpaket und im Rahmen einer einzigen Übertragung über ein Netzwerk zu transportieren.

Da Web-Seiten Texte, Grafiken, Audio-Elemente und vieles mehr enthalten und alle diese Dinge zu einer einzigen Netzwerkübertragung zusammengefaßt werden können, passen HTTP und MIME ideal zusammen. Die Übertragung von Nachrichten dient damit mehreren Herren, wozu neben den E-Mail-Programmen die Web-Antworten und -Anfragen gehören.

Da MIME eine anerkannte und häufig verwendete Erweiterung zum Internet Simple Mail Transfer Protocol (SMTP) darstellt, steht dieser Dienst auf den meisten Internet-Servern zur Verfügung. Auf Web-Servern ist es ein Muß!

HTML: HyperText Markup Language

Sobald die Antwort auf eine Web-Anfrage vom Web-Server übertragen wurde, ist es Aufgabe des Browsers, die Information zu interpretieren und anzuzeigen.

Was ist HTML?

HTML ist eine Markup-Sprache, die Struktur und Inhalt sowie das Verhalten eines Web-Dokuments beschreibt. Es ist eine Standardsprache, die alle Browser verstehen und interpretieren können. Jetzt ist es an der Zeit, ein weiteres Schlagwort vorzustellen – HTML ist eine Teilmenge der Markup-Sprache SGML (Standard Generalized Markup Language). Das ist eigentlich alles, was Sie über SGML wissen müssen, um Web-Dokumente aufbauen zu können.

HTML ist eine Methode, um Text darzustellen und diesen Text mit anderen Arten von Ressourcen – beispielsweise mit Audio –, Grafik- und Multimedia-Dateien – zu verbinden und die es erlaubt, daß diese verschiedenen Dateiarten zusammen dargestellt werden und sich damit gegenseitig aufwerten und verstärken.

So wie sie vom Web-Server übertragen wird, ist HTML nichts anderes als eine reine Textdatei, die zwei verschiedene Textarten enthält:

1. *Den Inhalt*: Texte oder Informationen, die entweder auf dem Bildschirm angezeigt, über die Lautsprecher wiedergegeben werden, etc.

2. *Die Markierung*: Text oder Information, um die Anzeige zu steuern oder auf einen anderen Punkt zu verweisen, der angezeigt oder wiedergegeben werden soll.

Der Browser muß zudem in der Lage sein, eine dritte Datenart – codierte Dateien – zu konvertieren und an die richtige Anwendung weiterzugeben. Das könnte ein Grafikprogramm für die Wiedergabe von Symbolen oder Bildern, ein Wiedergabeprogramm für die Verarbeitung von Audiosequenzen, ein Abspielprogramm für Videos sein oder was sonst noch benötigt wird, um eine bestimmte Information zu reproduzieren.

Ganz normale Zeichen

HTML ist an sich nichts anderes als eine einfache Zeichenkette. Einige dieser Zeichen geben den Inhalt wieder, während andere vom Client in einer bestimmten Form oder Art dargestellt werden müssen. Manche geben das Format oder die Plazierung wieder oder übernehmen die Kontrolle darüber, wo der Inhalt genau plaziert werden muß, wie er innerhalb des Browsers verarbeitet wird und was auf eine Informationsquelle verweist, die nicht aus Text besteht.

Ganz formal gesehen ist HTML eine beschreibende Markierungssprache, die einmal die Struktur und das Verhalten eines Dokuments definiert und es dem Client ermöglicht, jedes Element innerhalb eines Dokuments in einer bestimmten Art wiederzugeben.

In Wirklichkeit enthalten die HTML-Dateien jedoch sowohl Steuerungsinformationen als auch Inhalte, die zusammen das Erscheinungsbild und den Inhalt der Web-Seiten bestimmen und damit die Basis für die Anzeige und Verwaltung von Web-Informationen durch den Client darstellen. Dieses Buch möchte Ihnen nahebringen, wie Sie die Inhalte organisieren und plazieren können, aber konzentriert sich in erster Linie darauf, wie Sie die Kontrollmöglichkeiten, die HTML anbietet, zu Ihrem Vorteil ausnutzen können.

Der Text für den Inhalt, die Markierungen für die Steuerungen

Aus einer anderen Perspektive gesehen, besteht HTML aus einer Sammlung spezieller Textmarkierungen und Symbole, die von Browsern dafür benutzt werden, um die für die Web-Seiten vorgesehenen Inhalte darzustellen.

Damit bietet HTML eine Möglichkeit zur Beschreibung der Struktur, des Layouts und des Verhaltens eines Web-Dokuments und ist damit der grundlegende Mechanismus für die Verteilung von Informationen im WWW.

Zu guter letzt liefert HTML auch den Mechanismus für die Einbindung der anderen Internet-Protokolle und -Dienste, die über das Web verfügbar sind – wie FTP, Gopher, USENET, E-Mail, WAIS, Telnet und HTTP –, so daß die Web-Seiten viele Arten von Ressourcen liefern können.

Auf das Web zugreifen

Die wichtigste Zutat für den Zugriff auf das Web – diejenige, die zwei von den drei Ws in seinem Namen zum Leben erweckt (nämlich World Wide) – ist die Anbindung an das Internet. Wie Sie in diesem Buch noch erfahren werden, besteht grundsätzlich die Möglichkeit, private

Webs einzurichten, die entweder auf Ihrem eigenen Rechner oder auf ein lokales Netzwerk beschränkt sind. Aber das ist nicht die Konstellation, aus der das uns bekannte Web seine Reichweite oder seine unglaublich Bandbreite und Tiefe bezieht. Und genau das macht den Internet-Zugang zu einem kritischen Element.

In der Tat besteht die größte Einschränkung Ihres Vergnügens im Web wahrscheinlich in der Größe des »Kanals«, der Sie mit dem Web und das Web mit Ihnen verbindet. Der Ausdruck »Kanal« bezieht sich darauf, wieviele Daten die Verbindung zwischen Ihnen und dem Web transportieren kann. Genau wie bei einem Kanal bewegen sich Dinge um so schneller, je mehr Kapazität die Verbindung zwischen Ihnen und Ihrem Server bietet. Da das Warten auf den vollständigen Aufbau des Bildschirms das größte Hindernis darstellt, wird es Ihnen um so besser gefallen, je schneller die Daten ankommen.

Um eine Verbindung mit dem Internet aufzubauen, kann man grundsätzlich zwei Wege einschlagen:

1. Über das Telefonnetz, indem man sich in einen anderen Computer oder Netzwerk einwählt, der/das mit dem Internet verbunden ist.
2. Über ein Netzwerk, das wiederum mit dem Internet verbunden ist (oder über einen anderen Computer, der genauso angeschlossen ist).

In beinahe allen Fällen würde der Kanal, der von Option 1 angeboten wird, beträchtlich kleiner sein, als der bei Option 2. Das gleiche gilt auch, wenn Sie versuchen, von zu Hause aus eine Verbindung aufzubauen oder keinen Zugang zu einer direkten Netzwerkverbindung haben. Diese Option kann nur dann genutzt werden, wenn Sie den richtigen Ansatz wählen.

Das Web übers Telefon und noch viel mehr ...

Für viele überzeugte Web-Anbeter ist das gute alte Telefonsystem die einzige Möglichkeit, andere Rechner zu erreichen. Das Telefonsystem ist ihre Verbindung zur Welt, egal ob über das Internet oder über einen der Informationsdienste wie T-Online, CompuServe, America Online, Euronet oder was es sonst noch gibt.

Die Client-Server-Struktur des Web verlangt eine andere Art von Verbindung als die meisten normalen Internet-Verbindungen (oder die Verbindungen, die für die meisten anderen Online-Dienste benötigt werden). Da der Browser als unabhängiges Front End arbeitet, muß er in der Lage sein, sich an das Netzwerk »anzubinden« und die TCP/IP-Protokolle direkt einzusetzen. Dies wiederum verlangt normalerweise eine IP-Verbindung über eine Wählleitung zu einem Netzwerk, was andererseits voraussetzt, daß eines der nachfolgenden Protokolle der unteren Schichten auf der Telefonleitung eingesetzt wird:

✔ **SLIP (Serial Line Interface Protocol)**: Das ist die ursprüngliche Implementierung der TCP/IP-Kommunikation über Telefonleitungen; als solche ist sie ein wenig langsamer und unhandlicher als die anderen, die wir noch erwähnen werden. Es ist sicherlich nichts dagegen einzuwenden, wenn man es einsetzt, aber man sollte es nur dann tun, wenn keines der anderen Protokolle verfügbar oder geeignet ist (oder die anderen zu teuer sind).

✔ **PPP (Point-to-Point Protocol)**: Dies ist ein moderneres Kommunikationsprotokoll für normale Telefon- oder synchrone Leitungen. Es hat einen geringeren Overhead, bietet einen besseren Durchsatz und liefert eine stabilere Verbindung als SLIP.

✔ **Multilink PPP (MPPP)**: Diese Methode erlaubt, mehrere PPP-Verbindungen miteinander zu kombinieren und zu einer gemeinsamen Bandbreite zusammenzufassen; mit dieser Definition wird Ihnen etwas umständlich mitgeteilt, daß Sie mit MPPP mehrere kleinere Kanäle zusammenfassen können, um einen einzigen großen Kanal zu bilden. Sofern Sie nicht planen, mehrere Telefonleitungen zusammenzuführen oder gar ISDN einzusetzen, wird MPPP vermutlich keine aktuelle Option sein.

Diese Optionen sind in der Reihenfolge der Geschwindigkeit, der Bandbreite und der entstehenden Kosten aufgeführt. Um sie wirklich einsetzen zu können, müssen Sie als erstes eine Vereinbarung mit Ihrem Internet-Anbieter (oder der Firma am anderen Ende der Leitung, falls Sie über ein privates Netzwerk auf das Internet zugreifen) treffen. Sie können davon ausgehen, daß Sie für eine erstklassige Internet-Verbindung über Telefonleitung monatlich zwischen 15 bis 30 DM bezahlen; für die anderen Verbindungsarten müssen Sie mit einem monatlichen Preis ab 30 DM aufwärts rechnen, was auch davon abhängig ist, welche Dienste Sie benötigen.

Das Web über ISDN

Schon seit Jahren behaupten oberschlaue Eierköpfe steif und fest, daß ISDN für »I Still Don't Know« (Ich weiß es immer noch nicht) steht, und nicht die offiziellere Übersetzung (Integrated Services Digital Network) gilt. Trotzdem faßt ISDN fast überall in Europa Fuß (und auch anderswo auf unserem Planeten), insbesondere in den Ballungsgebieten, die von den Telecoms bedient werden.

Um die Dinge einfacher zu gestalten, als es ihnen eigentlich zukommt, läßt ISDN Ihren Computer die Vorteile eines reinen digitalen Netzwerks ausnutzen, das die Telekom bei Ihnen zu Hause installiert. Die ISDN-Schnittstelle stellt mindestens zwei Kanäle zur Verfügung, die Sie mit einer Geschwindigkeit von 64 Kbps mit Ihrem Internet-Anbieter verbindet. Es fängt schon damit an, daß ISDN eine größere Bandbreite bietet als normale Telefonleitungen. Da es digital ist (nicht analog wie Telefonleitungen), bietet ISDN zudem eine direktere Verbindung von Rechner zu Rechner an, ohne daß die Umwandlung der Signale von analogen in digitale und umgekehrt notwendig wäre.

Über Bandbreiten und Durchsatz

Wenn es um die Messung der Datenkanäle geht, reden die Ostfriesen gerne über die sog. »Bandbreite«. Sie meinen damit die maximalen Datenmengen, die der Kanal zu jedem Zeitpunkt aufnehmen kann. Deshalb lesen Sie in einigen technischen Unterlagen Ausdrücke wie »nutzbare Bandbreite« – das bezieht sich auf die Kapazitäten, die die Daten tatsächlich nutzen können. Ein hilfreiches Techno-

Synonym für die nutzbare Bandbreite ist »Durchsatz«; dies bezieht sich auf die Datenmenge, die zu jedem Zeitpunkt über eine Verbindung (oder über einen Kanal, wie wir es hier nennen) transferiert werden kann. Lassen Sie sich von diesen Ausdrücken nicht sehr ablenken – Sie versuchen Ihnen nur mitzuteilen, mit welcher Geschwindigkeit sich die Information bewegen kann.

Beim Web-Zugang über Modem ist mehr eindeutig besser

Ungeachtet dessen, welche Art von Verbindung Sie sich zulegen, werden Sie sich sicherlich immer das schnellste Modem kaufen wollen, das von Ihrem Anbieter unterstützt wird. Heutzutage bieten die meisten Dienstleister Verbindungen mit einer Geschwindigkeit von 33.600 Bit/s für V.34/V.42-Modems an; andere unterstützen bereits ISDN-Verbindungen. Obwohl schnellere Verbindungen mehr kosten, sollten Sie sich für den Web-Zugang die größtmögliche Bandbreite zulegen, die Sie sich leisten können, weil dies direkten Einfluß auf die Datenmengen hat, die hier transportiert werden. Tabelle 3.2 gibt Ihnen einen Überblick über den Durchsatz, den Sie bei einer typischen Wählleitung erwarten können, auf der 1 MByte Daten übertragen werden.

Es sollte offensichtlich sein, daß, in bezugauf den reinen Durchsatz, schneller immer besser ist. Die schnellsten Modems liefern Anwortzeiten, die, insbesondere bei der Benutzung des Web, sehr viel eher akzeptabler sind als die der langsameren. Aus dieser Tabelle läßt sich noch ein anderes Fazit ziehen – die von den V.42bis-Protokollen angebotene vierfache Komprimierung macht sich sehr wohl bezahlt und bringt sogar die Übertragungszeiten für eine relativ große Web-Grafik auf ein tolerierbares Niveau.

Aus diesem Grund sagen wir, wenn das Gespräch auf die Modems kommt, daß mehr eindeutig besser ist. Die meisten Kosten/Nutzen-Analysen der Tarifstrukturen, bei denen die Verbindungszeiten nach Stunden berechnet werden – was im übrigen auf die meisten Internet-Dienstleister zutrifft – stellen ganz klar heraus, daß sich ein schnelles Modem bei intensiver Nutzung innerhalb von zwei Monaten, bei gelegentlicher Nutzung innerhalb von sechs Monaten amortisiert. Das mag Sie bei der Benutzung des Web vielleicht etwas unter Druck setzen, aber andererseits können Sie Ihre Online-Zeit produktiver gestalten!

Modem-Geschwindigkeit	Übertragungsrate	Erreichte Komprimierung	Übertragungsrate nach Komprimierung
2,4 Kbps	469,3 Sek.	9,6 Kbps	117.3 Sek.
4,8 Kbps	234,7 Sek.	19,2 Kbps	58,7 Sek.
9,6 Kbps	117,3 Sek.	38,4 Kbps	29,3 Sek.
14,4 Kbps	78,2 Sek.	57,6 Kbps	19,55 Sek.
19,6 Kbps	57,5 Sek.	78,4 Kbps	14,4 Sek.
23,8 Kbps	47,7 Sek.	95,2 Kbps	11,8 Sek.
28,8 Kbps	39,1 Sek.	115,2 Kbps	9,8 Sek.
ISDN (64 Kbps)	16 Sek.	256 Kbps	4 Sek.

Tabelle 3.2: Übertragungszeiten für eine 1 MByte-Datei (ausgehend von 10% Overhead auf die tatsächlich übertragenen Daten, ausgenommen bei ISDN)

Das Ergebnis aus Tabelle 3.2 zeigt, daß ISDN, vorausgesetzt man geht bei beiden Technologien von der gleichen Komprimierungsrate aus, wesentlich schneller läuft als eine Modem-Verbindung. Wenn Sie ISDN bekommen und sich die Installation und die monatlichen Gebühren leisten können, ist das vielleicht Ihre Fahrkarte für die Schnellspur auf der Infobahn. Mit Sicherheit raubt es der Benutzung des Web das gewohnte Prickeln. ISDN ist und bleibt jedoch eine »Übergangs«-Technologie; es schlägt eine Brücke von den Telefonsystemen der Vergangenheit und der Gegenwart zu den ATM-Technologien der Zukunft. Es wird sicherlich nur eine kurze Lebensspanne haben, und die Hardware, die benötigt wird, um ISDN zu implementieren, ist immer noch recht kostspielig.

Um mehr Informationen über ISDN zu erhalten, sollten Sie die nachfolgenden URLs besuchen:

```
http://www.telekom.de
http://www.pacbell.com/isdn/isdn_home.html
http://www.bellcore.com/ISDN/ISDN.html
```

Übers Netzwerk ans Web

Die meisten Netzwerktechnologien funktionieren heute mindestens 64mal schneller als ISDN (beispielsweise der 4 Megabit Token-Ring). Tabelle 3.3 gibt einen Überblick über die Geschwindigkeiten der am weitesten verbreiteten Netzwerktechnologien im direkten Vergleich mit ISDN. Aus diesen Zahlen geht recht deutlich hervor, daß sich der Nachteil der fehlenden Komprimierung auf den Netzwerken gar nicht so negativ bemerkbar macht!

Nach gründlicher Überlegung kommen wir zu dem Schluß, daß der Web-Zugriff über ein Netzwerk, sofern Ihnen diese Möglichkeit offensteht, eindeutig der beste Weg ist!

Verbindung	Übertragung
2,5 Mbps	0,40 Sek.
4 Mbps Token Ring	0,25 Sek.
10 Mbps Ethernet (56 %)	0,18 Sek.
16 Mbps Token Ring	0,06 Sek.
100 Mbps-Technologien	0,01 Sek.
ISDN (256 Kbps komprimiert)	4,00 Sek.

Tabelle 3.3: Übertragungszeiten für eine Datei mit 1 MByte bei ISDN und den bekannteren Netzwerktechnologien

Die einzige Möglichkeit, einen Netzwerkzugang zum Web zu erhalten, besteht in der Zugriffsmöglichkeit auf ein bestehendes Netzwerk – normalerweise an Ihrem Arbeitsplatz, da diese Einrichtungen im privaten Bereich noch nicht sonderlich weit verbreitet sind. Dieses Netzwerk muß auch irgendeine Verbindung zum Internet besitzen, die üblicherweise mit einem Bruchteil der T1-Geschwindigkeit läuft (d.h. 56 Kbps oder schneller). Der Grund, warum dem Netzwerk der Vorzug zu geben ist, besteht schlicht und einfach darin, daß es für Sie und Ihre Lieblings-Web-Server der schnellste Weg ist, um sich zu treffen!

Wenn der Web-Zugriff zustande kommt

Jetzt haben Sie also die richtige Software – einen Browser und die eigentliche TCP/IP-Unterstützung –, und alles ist vorbereitet und wartet auf den Einsatz. Was passiert jetzt eigentlich, wenn Sie Ihren Browser mit einem URL füttern?

Wenn die Zutaten alle stimmen, spielt sich nichts anderes als der Austausch der Anfrage/Antwort-Meldungen ab, die HTTP zur Verfügung stellt. Nehmen Sie beispielsweise an, daß Sie eine Web-Seite anfordern:

1. Der Browser sendet eine Nachricht an den im URL angegebenen Server und versucht, eine Verbindung herzustellen, die der Server entweder akzeptiert oder ablehnt. (Wenn der Domainname im URL ungültig ist, wartet der Browser eine bestimmte Zeit, bevor er den Benutzer darüber informiert, daß der Server nicht gefunden werden konnte.)

2. Der Browser sendet die Anfrage für eine Web-Seite.

3. Der Server antwortet mit der Seite (und die zugehörigen Aktionen folgen).

4. Wenn die Übertragung vollständig durchgeführt wurde, wird die Verbindung abgebaut und steht zur Reaktivierung oder Wiederverwendung durch einen anderen Benutzer bereit.

5. Der Browser beginnt mit der Interpretation der vom Web-Server gelieferten Information, um die zugehörige Anzeige aufzubauen.

Der einzige Unterschied bei den Zugriffsmethoden – sei es nun Telefon, ISDN oder Netzwerk – besteht in der Geschwindigkeit, in der die Schritte durchgeführt werden. Falls Sie noch nicht von selbst darauf gekommen sind: Die meiste Kommunikationszeit wird auf die Durchführung von Schritt 3 verwendet. Im nächsten Kapitel erhalten Sie endlich mehr Informationen zu Schritt 5, die den eigentlichen Schwerpunkt dieses Buches bilden.

Teil II

Der Aufbau besserer Web-Seiten

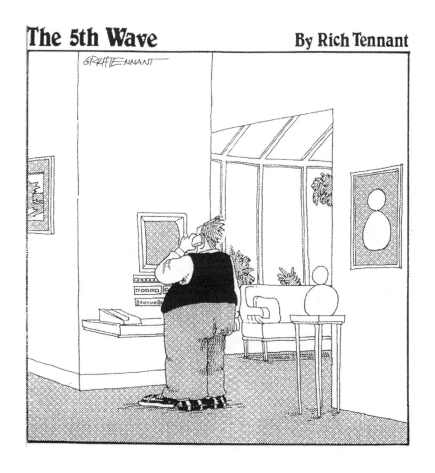

In diesem Teil...

Zur Errichtung einer Präsenz im Web gehört mehr, als die Beherrschung der Ge- und Verbote von HyperText. Nichtsdestotrotz bauen die Web-Seiten auf HTML auf; HTML ist die HyperText Markup Language, die zur Definition und Beschreibung von Web-Seiten verwendet wird.

Teil II ist Ihre Einführung in HTML und beginnt mit einem Überblick über Grundlagen und Fähigkeiten von HTML sowie der Analyse des typischen Layouts einer Web-Seite. Sie erfahren zum ersten Mal, was HTML zum Laufen bringt, was es kann und wo es Unterstützung beim Umgang mit den vielen Formen der Information im Web benötigt.

Wenn Sie die Analyse einer Web-Seite durchgehen, werden Sie es sicherlich zu schätzen wissen, wie einfach und schnörkellos HTML ist. Außerdem sollte Ihnen klar werden, wie wichtig es ist, immer daran zu denken, daß jede Web-Seite nur ein Mittel zum Zweck ist – das eigentliche Ziel besteht darin, möglichst klar, effektiv und unterhaltsam zu kommunizieren. Wenn Sie einige Elemente des Layouts und der Seitengestaltung kennengelernt haben, sollte dieses Ziel auch zu dem Ihrigen werden.

Wie die ägyptischen Pyramiden so beredt demonstrieren, müssen einfache Werkzeuge und Technologien nicht zwangsweise zu ausdruckslosen und primitiven Ergebnissen führen. Sie können auch monumentale Werke hervorbringen, die jedem Besucher etwas sagen.

Hyper werden

In diesem Kapitel

▶ Die grundlegenden HTML-Konzepte verstehen

▶ Die Fäden im Web zusammenführen

▶ Ausschau nach HyperText-Beispielen halten

▶ Weitere Formate gefällig? Das Plug-In

▶ Über HyperText hinaus zu HyperMedia

▶ Holen Sie sich die Grafiken

▶ Der Umgang mit der Anzeige/Wiedergabe von Multimedia

▶ Mehrere Medien im Web zusammenbringen

Das eigentliche Geheimnis der HyperText Markup Language besteht darin, daß es kein Geheimnis gibt: In einem HTML-Dokument liegt alles offen und wartet lediglich auf die richtige Interpretation. Die Schönheit von HTML besteht darin, daß es nur ein einfacher Zeichenstrom ist, der aus jedem tumben Texteditor einen potentiellen HTML-Generator macht. Die Herausforderung bei HTML besteht darin, daß es sehr sensibel auf die Reihenfolge reagiert, in der diese Zeichen erscheinen, und die Art und Weise, wie sie zur Erzielung der richtigen Ergebnisse eingesetzt werden.

Obwohl HTML, wenn bestimmte Elemente ausgelassen oder falsch eingegeben werden, sehr nachsichtig sein kann, sollte man diese Struktur verstehen und auch innerhalb der Struktur arbeiten. Da es für Web-Seiten so viele verschiedene Browser gibt, werden Sie sicher Wert darauf legen, daß alle Leser das gleiche Erscheinungsbild Ihres HMTL-Dokuments erhalten und die gleichen Funktionen ausführen können. Der einzige Weg dorthin führt über die Kenntnis der Regeln und deren Anwendung – zum Wohle des Lesers!

In diesem Kapitel erfahren Sie die grundlegenden Ideen von HTML und erhalten Informationen über die Konzepte und die Anwendung von HyperText. Außerdem werden Sie einige der Grundlagen schätzenlernen, die für den Aufbau gut strukturierter und lesbarer Web-Seiten stehen.

HTML-Grundlagen

HTML steht für HyperText Markup Language. Sein Name spiegelt die zwei wichtigsten Konzepte wider, die für die Funktion verantwortlich sind und die das Web zu einem solch unglaublichen Phänomen machen:

1. *HyperText*: Eine Methode zur Erstellung von Multimedia-Dokumenten. Außerdem eine Methode, um innerhalb von Dokumenten (oder dokumentenübergreifend) Links zur Verfügung zu stellen.
2. *Markup-Sprache*: Eine Methode zur Einbettung spezieller Tags (Markierungen), die sowohl die Struktur als auch das Verhalten eines Dokuments beschreiben (keine Methode, um die Verschönerungen der Wände, die unsere lieben Kleinen mit Kreide anbringen, zu diskutieren!).

Die Einfachheit und Stärke des HTML-Markup macht es für jedermann recht leicht, Web-Dokumente für private oder öffentliche Zwecke zu erstellen. HyperText mit seiner Unterstützung für Multimedia- und Dokumenten-Links webt die Fäden, das die unglaubliche Breite und Reichweite des Web ausmacht. Es ist so einfach und geradlinig, daß es jeder kann – solange Sie sich an die Spielregeln halten.

Über Links und Würstchen

HTML unterstützt sowohl Links innerhalb des gleichen Dokuments als auch zu anderen Daten, die irgendwo im Web liegen. Beide Link-Typen arbeiten vollkommen gleich: Sie setzen einfach die richtigen HTML-Markierung um den Text oder die Grafik herum, und erstellen so einen aktiven (verbundenen) Bereich. Wenn dann jemand Ihren Web-Bereich besucht und auf den aktiven Bereich klickt, wird er entweder innerhalb derselben Datei oder zu einem anderen Ort im Internet transportiert. Abbildung 4.1 zeigt einen Textblock aus der Web Developer's HotList von Carl de Cordova, die Links zu etlichen Ressourcen zum Thema HTML enthält (das sind die unterstrichenen Punkte unter der Überschrift »HTML Development«. Sie lauten »Creating a Web Site«, »A Beginner's Guide to HTML« usw.). Jeder dieser Links kann Sie zu einer wertvollen Informationsquelle zum Thema HTML bringen.

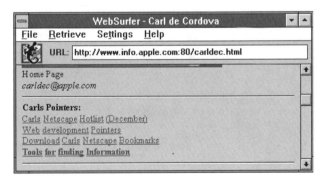

Abbildung 4.1: Ein einfaches HTML-Link-Beispiel

Die Methoden für die Anzeige der Links sind je nach Browser unterschiedlich, aber alle Browser weisen Sie visuell irgendwie darauf hin, daß Sie einen aktiven Bereich des Bildschirms auswählen. Dieser Hinweis kann beispielsweise aus einem grellfarben unterstrichenem Text, einer halbfetten Schriftart oder einer Grafik, die mit einer Kontrastfarbe eingerahmt ist, bestehen.

In Dokumenten herumspringen

Eine Link-Variante verbindet Punkte oder Bereiche innerhalb desselben Dokuments miteinander. WebMaster verwenden diese Art von Links oft, um von einem Inhaltsverzeichnis am Anfang einer HTML-Datei zu den zugehörigen Abschnitten im ganzen Dokument zu springen.

Dies deutet auf einen der wichtigsten Vorteile bei HyperText hin – auf die Fähigkeit, die Linearität von Papierdokumenten zu umgehen, indem man eine rasche und gut sichtbare Möglichkeit zur Navigation in Dokumenten (oder dokumentenübergreifend) anbietet. Sie könnten es natürlich mit dem Inhalts- oder Stichwortverzeichnis eines gedruckten Buches genauso machen, aber Sie hätten selbst mehr Arbeit und würden einige Zeit mit dem Umblättern zubringen. HyperText automatisiert das für Sie und ermöglicht Ihnen das mühelose Herumspringen innerhalb desselben oder zwischen mehreren Dokumenten, indem einfach zu bedienende Links erstellt werden.

Zwischen Dokumenten und Diensten wechseln

Durch die Verwendung einer Kombination aus Links und Uniform Resource Locators (URLs) kann HTML auch Links liefern, die auf andere Web-Seiten verweisen. Da sich URLs auf eine Vielzahl von Protokollen und Diensten im Internet beziehen können (nicht nur auf andere HTML-Dateien), besteht die Möglichkeit, daß Sie über Telnet, WAIS, Gopher, FTP Verbindung aufnehmen, mit den Usenet-Newsgroups kommunizieren oder über E-Mail auf Anfragen in Formularen antworten.

Dieselbe HyperText-Technologie, die Ihnen das Umherspringen innerhalb eines Dokuments ermöglicht, stellt auch eine Methode zum Erreichen jeder beliebigen, über das Web verfügbaren Ressource zur Verfügung, sofern Sie die genaue Adresse kennen. Diese einfache Markierungstechnik versieht jedes Web-Dokument mit der Fähigkeit, jede andere Internet-Ressource zu erreichen. Sie löscht den Unterschied zwischen »hier« und »dort« mit einem einzigen Mausklick (oder mit der Auswahl des richtigen Textfeldes) aus.

Da nicht alle Ressourcen einen Bezug zu jedem beliebigen Thema oder Schwerpunkt haben, wäre ein universeller Zugriff irgendwie dämlich. Aber die Arbeit der einzelnen Autoren, die Links zu anderen, für sie relevanten Dokumenten aufgenommen haben, hat das Web so gestaltet, wie wir es heute kennen. D.h., das Web besteht nicht nur aus Dokumenten, sondern auch aus den Verbindungen zwischen den Dokumenten.

 Wenn Sie sich in einem HTML-Dokument auf einen URL beziehen, sollten Sie versuchen, den URL nach Möglichkeit aus einem Browser auszuschneiden und über die Zwischenablage in Ihr Dokument einzufügen. Sie sparen sich damit die Zeit für das Tippen – einige URLs können ganz schön lang werden – und, was noch besser ist, Sie stellen damit sicher, daß Sie den richtigen Verweis bekommen. Dies bewährt sich insbesondere dann, wenn Sie den URL vor dem Kopieren mit einem Browser testen, um sicherzustellen, daß er immer noch gültig ist.

Im wörtlichen Sinn besteht das Web aus Links, die die Gesamtheit aller Web-Autoren in ihre Web-Seiten aufgenommen haben. Diese Links können die ganze Welt umspannen oder auf ein anderes Dokument desselben Web-Servers verweisen. In beiden Fällen können Sie einfach zu dem Dokument springen, indem Sie einen Link auswählen und den Empfang des Dokuments auf Ihrem Bildschirm abwarten. Die Fäden im Web bestehen aus diesen Links zwischen Dokumenten, die Menschen, Ideen und willkürliche Standorte miteinander verbinden.

Sie haben schon mit HyperText gearbeitet, Sie haben es nur nicht gewußt

An dieser Stelle könnten Sie sich durchaus fragen: »Was ist dieses HyperText-Zeugs eigentlich?« Obwohl es Ihnen fremdartig und exotisch erscheint, sind Sie mit HyperText wahrscheinlich viel vertrauter, als Sie annehmen. Ihr eigener Rechner könnte sogar etliche HyperText-Anwendungen beherbergen, die Sie regelmäßig benutzen.

Wenn Sie beispielsweise ein Microsoft-Windows-Benutzer sind, verwenden Sie immer dann eine HyperText-Anwendung, wenn Sie das Windows-Hilfeprogramm aufrufen. Abbildung 4.2 zeigt z.B. einen Bildschirm, der einige der möglichen Optionen für die technische Unterstützung von Microsoft darstellt. Die vier Schaltflächen im oberen Teil des Screenshots sind mit »Contents«, »Search«, »Back« und »History« etikettiert. Diese Schaltflächen arbeiten ganz ähnlich wie die Navigations-Werkzeuge bei einem Web-Browser, bei dem Sie ein bestimmtes Dokument lesen, zum Ausgangspunkt zurückkehren (Back und History), oder die verfügbaren Links innerhalb eines Dokuments untersuchen (Contents und Search).

Macintosh-Benutzer sollten in der Lage sein, HyperCard oder SuperCard als HyperText-Varianten zu identifizieren; die anderen müssen uns schon glauben und dürfen keinesfalls argwöhnen, daß es sich um einen Glückstreffer handelt! Hier finden wir wieder die beim Web üblichen Konzepte; es gibt eine Art Homepage, verschiedene Navigationswerkzeuge (Pfeile und spezifische Kommandos), Multimedia-Daten und einen Haufen Links.

Genauso sollten die UNIX-Benutzer, die mit FrameMaker oder anderen Multimedia-Werkzeugen vertraut sind, in der Lage sein, einige Gemeinsamkeiten mit den HyperText-Funktionen des Web herauszufinden. Auch hier helfen die Konzepte einer Homepage, der Navigation in den Dokumenten, die Verbindungen und die integrierten Multimedia-Daten, die Funktionsweise von HyperText zu erahnen.

Der Unterschied zwischen diesen ganzen Beispielen und dem Web besteht in der Art der Verbindungen, die unterstützt werden: Nur das Web bietet die Fähigkeit, im Internet herumzuspringen und den Links zu anderen Web-Dokumenten und Servern zu folgen. Dies ist der herausragenden Wert von HTML und der Umstand, der das Web erst möglich macht.

4 ➤ Hyper werden

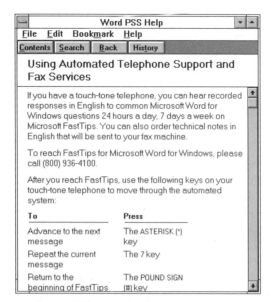

Abbildung 4.2: Die Hilfefunktion von Microsoft Windows ist ein allgemein bekanntes Beispiel für HyperText.

Neben den Texten gibt es Multimedia

Wenn es darum geht, Dateien, die nicht aus Texten bestehen (wie Audio, Grafik und Video), in Web-Seiten aufzunehmen, dann benötigt man dazu ein bißchen Zauberei. In Kapitel 3 haben Sie erfahren, wie es die Übertragung von Web-Information im MIME-Format dem Server ermöglicht, mehrere Arten von Informationen in einem einzigen Transfer an Ihren Browser zu liefern. Hier erfahren Sie noch ein bißchen mehr darüber, wie das funktioniert.

Wenn eine MIME-Datei mit den entsprechenden Anlagen auf Ihrer Workstation auftaucht, beginnt sofort die weitere Verarbeitung. Zuerst kommt der Textteil der Nachrichtendatei an. Dieser Teil enthält die HTML-Seitenbeschreibung in reinem Textformat, was bedeutet, daß der Browser gleich mit dem Aufbau und der Anzeige des Textteils der Seite anfangen kann. Deswegen sehen Sie bei der ersten Anzeige der Web-Seiten anstelle der Grafiken lediglich Platzhalter oder Symbole. Sobald die relevanten Anlagen angekommen sind, werden die Platzhalter durch Grafiken oder andere Datenformen ersetzt.

Während die Seite angezeigt wird, erhält der Browser im Hintergrund die weiteren Anlagen. Sobald sie angekommen sind, werden sie entweder über den Dateityp oder eine Beschreibung im Anlagenteil identifiziert, die gemäß der MIME-Spezifikation definiert wurde. Sobald eine Datei identifiziert wurde, kann sie zur Wiedergabe oder für die Anzeige weiterverarbeitet werden. Tabelle 4.1 liefert eine Liste der gebräuchlichen Dateitypen, wozu auch die kompletten Formulierungen für die unvermeidlichen Akronyme gehören, die solche Dateien oft enthalten.

Extension	Format	Erklärung
Audio-Formate		
SBI	Sound Blaster Instrument	Wird für ein einzelnes Instrument mit Sound-Blaster-Karten verwendet (mehrere Instrumente: .IBK).
SND, AU	8khz mulaw	Format für gesprochenen Text, das auf Workstations verwendet wird (z.B. Sun, NeXT, HP9000 usw.).
WAV	Microsoft Waveform	Format für Tondateien, die bei Windows zur Benachrichtigung für bestimmte Ereignisse verwendet wird.
unbewegtes Video-(Grafik-)Format		
BMP	Windows Bitmap	Windows-eigenes Anzeigeformat; ein ähnliches Format wird bei OS/2 verwendet; unkomprimiert, gewöhnlich große Dateien.
EPS	Encapsulated PostScript	PostScript-Variante, für die Verwendung in anderen Dateien gedacht (eingebettete Verwendung).
GIF	Graphics Interchange Format	Komprimiertes Grafikformat, das üblicherweise bei CompuServe verwendet wird, kann leicht mehrere Plattformen anbieten. Kann eingebunden werden oder auch nicht, abhängig von der Bilderstellung.
JPEG, JPG	Joint Photographic Experts Group	Stark komprimiertes Format für unbewegte Bilder, häufig für Multi-Plattform-Grafiken verwendet.
PCD	Kodak Photo CD	Kodaks eigenes CD-ROM-Format für Photos.
PCX	Zsoft Image	Von Zsoft für MS-Paintbrush entwickeltes Format, wird in vielen Grafik- und DTP-Programmen verwendet.
PDF	Portable Document Format	Format von Adobe zum Dokumentenzugriff auf mehreren Plattformen über seine Acrobat-Software.
PS	PostScript	Eine Beschreibungssprache von Adobe, wird zur Lieferung komplexer Dokumente über das Internet verwendet, die Layout, Schriftartenbeschreibungen und Grafiken beinhalten.
RLE	Run-Length Encoding	Technik zur Komprimierung von Windows BMP-Dateien.
TGA, VDA, ICB, VST	Targa-Formate	Von Truevision erstellte Formate zur Verwendung mit ihrer hochauflösenden 24-Bit-Grafik-Software (»Targa-Adapter«); wird jetzt von etlichen Herstellern von Grafikwerkzeugen verwendet.
TIFF, TIF	Tagged Image File Format	Unterstützt bis zu 24-Bit-Farbbilder über eine Vielzahl von Formaten, Dateien können komprimiert oder unkomprimiert sein, nicht alle TIFF-Implementierungen funktionieren mit allen Wiedergabeprogrammen.
WPG	WordPerfect Graphic	WordPerfect-Format für Grafikinformation.
XBM	X-Window Bitmap	Von X-Window verwendetes Bild-Bitmap, vorwiegend auf UNIX-Workstations.

Extension	Format	Erklärung
Bewegte Video-Formate		
AVI	Audio Video Interleaved	Microsoft-Standardformat-Video für Windows; findet man auf vielen CD-ROMs.
DVI	Digital Video Interactive	Ein weiteres Video-Format, findet man auch auf CD-ROMs.
FLI	Flick	Video-Format für Autodesk Animator.
MOV	QuickTime	Apple-Format für Videos und Audio; ursprünglich auf dem Macintosh, aber auch für Windows verfügbar.
MPEG, MPG	Motion Picture Experts Group	Vollbewegter Video-Standard, der ein Standard-Format, ähnlich wie JPEG, mit variablen Komprimierungsfunktionen verwendet.

Tabelle 4.1: Allgemein gebräuchliche Formate für Ton-, Grafik- und Videodateien

Hyperhelfer: nützliche Hilfsprogramme

Wenn von einer Web-Seite aus darauf Bezug genommen wird, erscheinen nicht-textorientierte Daten als Anlagen zur HTML-Datei. Manchmal übernimmt der Browser selbst die Wiedergabe oder Anzeige der Inhalte: Das ist sehr oft bei einfachen, zweidimensionalen Grafiken der Fall (beispielsweise bei .GIF- und .JPEG-Dateien). Trotzdem können diese auch von anderen Anwendungen verarbeitet werden (besonders wenn man mit zeichenorientierten Web-Browsern arbeitet).

Wenn jedoch andere Dateiarten auftauchen und identifiziert werden, bedarf es spezialisierter Funktionen, die über den Rahmen der meisten Browser hinausgehen. In diesem Fall müssen solche Dateien zur Wiedergabe und Anzeige an andere Anwendungen weitergereicht werden; diese Anwendungen besitzen dann die notwendigen Kenntnisse für die Handhabung und Anzeige solcher Formate. Normalerweise funktioniert das ungefähr so:

✔ Der Browser baut eine Seite auf, die einen aktiven Bereich (unterstrichen oder irgendwie hervorgehoben) enthält, der anzeigt, daß in der abspielbaren Anlage Ton-, Video- oder Animations-Dateien vorhanden sind.

✔ Wenn der Benutzer den aktiven Bereich (den Link) auswählt, ruft der Browser eine andere Anwendung auf.

✔ Die andere Anwendung übernimmt die Datei und startet die Wiedergabe oder die Anzeige.

✔ Wenn die Aufgabe erledigt ist, übernimmt der Browser wieder die Kontrolle, und der Benutzer kann weitermachen (oder erneut einen aktiven Bereich auswählen).

Die Anwendungen, die eine solche Assistenzfunktion bei einem Browser erfüllen, nennt man »Hilfsanwendungen«, da sie die Funktionalität des Browsers erweitern. Mittlerweile ist die Angabe der Hilfsprogramme ein fester Bestandteil der Konfiguration der Browser. Sollte keine

Hilfsanwendung zur Verfügung stehen, so reagiert der Browser einfach nicht auf den Versuch, die angefragte Information anzuzeigen oder wiederzugeben.

Wplany und Wham sind beispielsweise zwei gebräuchliche Shareware-Anwendungen für die Wiedergabe von Tondateien auf PCs, die unter Windows laufen. Die meisten Browser beinhalten in ihrer Konfiguration oder in ihrer Installationsroutine eine Möglichkeit, um bestimmte Dateitypen (wie die .SBI- und .WAV-Datei-Erweiterung, die auf einem PC üblich sind) mit einer Anwendung zu verbinden.

Wenn man eine Beziehung zwischen Wplany oder Wham und der dazugehörigen Erweiterung der Audio-Datei herstellt, ruft der Browser automatisch die von Ihnen bezeichnete Anwendung auf, sobald er Dateien mit dieser Erweiterung antrifft (und wir finden das toll!).

Wplany und Wham finden sich unter folgenden URLs:

```
ftp://ftp.ncsa.uiuc.edu/Web/Mosaic/Windows/viewers/wplny09b.zip
ftp://ftp.law.cornell.edu/pub/LII/Cello/wham131.zip
```

Im folgenden finden Sie noch weitere nützliche Hilfsanwendungen für Windows:

✔ *Für Grafiken*: Lview ist ein gutes Wiedergabeprogramm für kleine Grafiken, das .GIF-, .PCX- und .JPEG-Dateien verarbeiten kann. Er unterstützt auch interessante Funktionen für die Manipulation von Bildern (mehr Einzelheiten dazu in Kapitel 9). Lview finden Sie unter dem folgenden URL:

```
ftp://ftp.ncsa.uiuc.edu/Web/Mosaic/Windows/viewers/lviewply.zip
```

✔ *Für Video*: Sie können entweder QuickTime für Windows (für QuickTime-Filme) oder MPEGplay für .MPEG-Video-Dateien verwenden. Diese Anwendungen finden Sie auf:

```
ftp://ftp.ncsa.uiuc.edu/Web/Mosaic/Windows/viewers/mpegw32h.zip
ftp://ftp.ncsa.uiuc.edu/Web/Mosaic/Windows/viewers/qtwll.zip
```

✔ *Zur Ansicht von PostScript-Dateien*: GhostView für Windows arbeitet mit dem Partnerprogramm GhostScript, das es dem Benutzer ermöglicht, PostScript-Dateien aus beliebigen Quellen, und damit auch aus dem Web, anzusehen oder auszudrucken. Da im Internet viele Dokumente in diesem Format veröffentlicht werden, betrachten wir dies als ein nützliches Programm. Sie finden es auf:

```
ftp://ftp.law.cornell.edu/pub/LII/Cello/gswin.zip
```

Alles in allem kann ein guter Satz an Hilfsanwendungen Ihren Browser noch effektiver bei dem Bemühen machen, die Wunder des Web auf Ihren Rechner zu bringen. Mit der richtigen Hilfe sollte es möglich sein, nahezu alles wiederzugeben oder anzuzeigen, das Sie jemals antreffen!

Der Wert der visuellen Elemente

Es besteht kein Zweifel darüber, daß Grafiken die Web-Seiten sehr viel wirkungsvoller und interessanter machen, aber man zahlt andererseits auch einen Preis für dieses Extra. Es passiert leicht, daß man von der Anziehungskraft der Bilder mitgerissen wird und die Verwendung auf Web-Seiten übertreibt. Dies trifft sowohl auf die kleinen Bilder zu, die man als Schaltflächen und als visuelle Steuerung auf dem Bildschirm verwendet, als auch auf große Bilder, die den Inhalt einer jeden Seite verschönern oder bereichern.

Bei der Verwendung von Grafiken muß man unbedingt an zwei Dinge denken:

1. Nicht jeder, der Ihre Seite liest, kann die Grafiken sehen. Das kann einmal daran liegen, daß er einen zeichenorientierten Browser verwendet, oder daran, daß er die Grafikanzeige ausgeschaltet hat (eine weit verbreitete Option bei den meisten Web-Browsern), um sich die Bandbreite der Übertragungsleitung zu erhalten und Antwortzeiten zu verbessern.

2. Sogar komprimierte Grafik-Dateien können manchmal ziemlich groß sein und sind oftmals zehnmal so groß oder noch größer als die HTML-Datei, an die sie angehängt wurden. Für die Übertragung der Grafiken über das Netzwerk wird viel Zeit benötigt und schränkt zusätzlich die Übertragungsressourcen ein. Außerdem benachteiligt es die Benutzer, die mit langsamen Leitungen arbeiten, wesentlich stärker als die, die direkt an das Internet angebunden sind.

Es gibt Situationen, in denen Grafiken wirklich wichtig sind – beispielsweise dann, wenn man ein Diagramm oder eine Illustration zur Erklärung des Inhalts verwendet. Es gibt auch Situationen, in denen die Wirkung wichtig ist – beispielsweise auf einer Homepage, mit der Sie Ihre Visitenkarte hinterlassen. Unter diesen Umständen ist es durchaus angemessen, Grafiken zu verwenden; versuchen Sie aber bitte ein Gefühl für die verschiedenen Funktionalitäten und die Bandbreiten zu entwickeln, die Ihren Lesern zur Verfügung stehen.

Hier sind nun einige Faustregeln für den effektiven Einsatz von Grafiken auf Ihren Web-Seiten (Untersuchen Sie die Arbeiten anderer und beobachten Sie mal, wie sich Ihre Einstellung verändert, wenn einige oder alle Regeln verletzt werden):

- ✔ Halten Sie Ihre Grafiken nach Möglichkeit klein und unkompliziert. Das reduziert die Dateigrößen und die notwendigen Übertragungszeiten.

- ✔ Verwenden Sie nach Möglichkeit komprimierte Formate (wie .GIF und .JPEG).

- ✔ Wenn Sie größere, komplexere Grafiken verwenden müssen, erstellen Sie eine kleine Version (sie wird Thumbnail genannt), und nehmen Sie diese auf Ihre Seite auf. Dann verbinden Sie diese kleine Grafik über einen Link zu der größeren Version. Das erspart zufälligen Lesern die Notwendigkeit, jedesmal die große Grafik empfangen zu müssen, wenn sie auf Ihre Seite zugreifen (und reduziert die Belastung des Internet, was Sie zu einem besseren Mitglied der Internetgemeinde macht!).

- ✔ Nehmen Sie nur ein Minimum an Grafik-Elementen auf eine Seite auf. In der Praxis bedeutet dies, daß höchstens zwei oder drei Grafik-Elemente pro Seite eingebunden werden. Mit diesen Prinzip soll die Komplexität der Seiten reduziert und die Geschwindigkeit der Übertragung gesteigert werden.

Manchmal kann die Versuchung, diese Faustregeln zu verletzen, fast unwiderstehlich sein. Wenn Sie die Regeln brechen müssen, führen Sie Ihre Ergebnisse ein paar uninteressierten Personen vor (in Teil VI dieses Buches erfahren Sie mehr über Testtechniken). Beobachten Sie Teilnehmer, falls möglich, beim Lesen Ihrer Seiten, und hören Sie sich die Rückmeldungen gut an; dann werden Sie sehen, ob Sie die Regeln nur gebeugt oder ob Sie sie atomisiert haben!

Auch das Wissen darum, daß nicht jeder, der auf das Web zugreift, Ihre Grafiken sehen kann, sollte zur Demut mahnen. Denken Sie sich für die Benutzer, die keinen Zugriff auf grafische Browser besitzen, einige Möglichkeiten aus, die ihre Leseerfahrungen auch ohne Grafiken verbessern.

Multimedia-Manege

Alles, was für die Grafiken gilt, gilt gleich doppelt für die anderen Multimedia-Formen. Wenn Grafik-Dateien im Vergleich mit HTML-Textdateien schon groß sind, so sind Audio- und Videodateien geradezu riesig. Obwohl sie ansprechend sind und manche Themen sicherlich wesentlich interessanter gestalten, passen sie nicht zu jedem Inhalt im Web.

Auch hier besteht der Trick darin, große Dateien eher über Links zur Verfügung zu stellen, als sie in die Seite aufzunehmen, die dann wahrscheinlich jeder versuchen wird zu empfangen. Es ist zudem keine schlechte Idee, die aktiven Bereiche mit den Dateigrößen zu kennzeichnen, so daß die Leute wissen, worauf sie sich einlassen, wenn sie sich für den Empfang entscheiden. (Warnung! Dies verweist auf eine 40-KByte-Audio-Datei mit einem bellenden Seehund.)

Weitere Formate gefällig? Das Plug-In

Bei Plug-Ins handelt es sich um Module, mit der Sie die Möglichkeiten Ihres Browsers ausbauen können. Diese Erweiterungen, die von verschiedenen Softwarefirmen angeboten werden, ermöglichen es Ihnen, Dateien, die nicht HTML-kompatibel sind, in einem Browserfenster zu betrachten.

- ✔ So gibt es z.B. Plug-Ins für das Betrachten von Word-Dokumenten, Excel-Datenblätter, AVI- und MPEG-Videosequenzen, PDF-Dokumente und viele andere mehr.

- ✔ Da Sie nicht davon ausgehen können, daß jeder Betrachter Ihrer Seiten mit den benötigten Plug-Ins ausgestattet ist, sollten Sie recht sparsam mit dieser Möglichkeit umgehen. Im Zweifelsfall können Sie zwei Versionen Ihrer Seiten anbieten.

- ✔ Für den Fall, daß ein Betrachter eine Seite mit eingebetteten Plug-Ins lädt, ohne über die benötigte Programmerweiterung zu verfügen, wird ihm der Download dieser Software angeboten.

✔ Für den Fall, daß sich der Betrachter für den Download entscheidet, wird die benötigte Programmerweiterung aus dem Internet geladen und der Benutzer bei der Installation unterstützt.

✔ Nach dem Neustart des Browsers ist das Plug-In einsatzfähig.

So bringen Sie alles im Web zusammen

Der Schlüssel für den Aufbau guter Web-Seiten liegt in ihrem Inhalt. Wenn der Inhalt gut organisiert und ohne Brüche ist und Links zu interessanten Orten enthält, kann das Web ein wirkungsvolles Instrument für den Unterricht und die Kommunikation darstellen. Wenn nicht, kann es sich zu einer freien Übung für Frustration in ihrer reinsten Form entwickeln (und zu einer Demütigung für den WebMaster!).

Da sich die Funktionen der verschiedenen Browser stark voneinander unterscheiden, bleibt der Inhalt die wichtigste Komponente, die alle Leser gemeinsam erhalten. Deshalb wird Ihr Web-Bereich zu einem rauschenden Erfolg werden, wenn Sie Ihre Energie darauf verwenden, Inhalte auf hohem Qualitätsniveau zu liefern und Ihre Leser zu anderen wichtigen und wertvollen Seiten zu verbinden. Wenn Sie das nicht tun, wird Ihr Bereich zum elektronischen Gegenstück einer Geisterstadt!

Im nächsten Kapitel erhalten Sie Gelegenheit, mehr über die Verwendung – und den Aufbau – von Dokumenten zu erfahren, die im Web genutzt werden sollen; wir laden Sie in unser Wohnzimmer ein, damit Sie sich ansehen können, was sich in (und auf) einer Web-Seite befindet.

Was steckt in einer Seite?

In diesem Kapitel

▶ Die Layout-Grundlagen kennenlernen

▶ Wissen, was Sie weitergeben möchten

▶ Einführung in die Elemente für die Seitengestaltung

HTML versteht man eigentlich erst, wenn man in der Lage ist, den Inhalt von den Steuerungselementen zu trennen. Der Inhalt kann in einer reinen ASCII-Datei ohne jegliche Markierung dargestellt werden. Wenn Sie sich eine HTML-Quelldatei anschauen, werden Sie in der Datei einige Markierungen erkennen, die nicht zu sehen sind, wenn der Browser die Datei am Bildschirm anzeigt. Obwohl sie nicht auf dem Bildschirm erscheinen, sind diese Elemente entscheidend für die Steuerung, das Erscheinungsbild und das Verhalten der Seite.

Der wirklich interessante Teil bei HTML sind die Kombinationen aus Form und Inhalt, wie beispielsweise die Befehle, die zur Angabe des Seitentitels verwendet werden, oder die Kommandos, die Strukturelemente wie Überschriften, Grafiken, Elementenlisten usw. steuern. HTML kann man nur dann lesen und verstehen, wenn man in der Lage ist, die Struktur von der Steuerung zu trennen.

Um etwas über den Aufbau guter Web-Seiten zu lernen, ist mehr erforderlich, als nur diese Unterscheidung zu verstehen: Sie müssen auch in der Lage sein, sie zu Ihrem Vorteil zu nutzen. In diesem Kapitel werden Sie die einzelnen Komponenten einer Web-Seite schätzenlernen; Sie erfahren, wie diese Bestandteile verknüpft werden können, um lesbare Web-Dokumente zu erzeugen.

Alles hängt am Layout

Das menschliche Auge ist ein wunderbares Instrument – es kann unglaubliche Informationsmengen unterscheiden und große Materialmengen überfliegen, um die wichtigsten Dinge in Null-Komma-Nichts herauszufinden.

Beim Aufbau von Web-Seiten besteht Ihre Aufgabe als Designer darin, das Auge dabei zu unterstützen, auffallende Merkmale oder Elemente zu erkennen und die interessanten Punkte schnell und effizient aufzufinden. Nichts übermittelt dieses Anliegen – oder das Fehlen eines solchen – so schnell und prägnant wie das Layout eines Dokuments.

Das Layout ist im Prinzip nichts anderes als die Art und Weise, wie die visuellen Elemente eines Dokuments angeordnet sind. Layout befaßt sich üblicherweise nicht mit der Plazierung von bestimmten Textelementen auf einer Seite, sondern ist eher eine Methode zur Gestaltung und Beschreibung einer Seite als Einheit – nämlich die Anzahl der enthaltenen Elemente, wie diese angeordnet und von wieviel Leerraum sie umgeben sind.

Das bedeutet, daß das Layout eines Dokuments – sei es eine Web-Seite, ein Brief an Ihre Schwester oder eine Anzeige in einer Zeitschrift – ein wesentlicher Bestandteil der Kommunikation mit dem Leser ist. Bei Schriftstücken, an denen man gezwungenermaßen interessiert sein muß, mag das Layout nicht besonders wichtig erscheinen (das erklärt vielleicht, warum die Formulare für die Steuererklärung so langweilig aussehen). Bei einem Inhalt, an dem das Interesse erst geweckt werden muß, ist das Layout mindestens genauso wichtig wie die vom Dokument gelieferte Information, wenn nicht wichtiger!

Denken Sie mal an die ganzen Bücher, durch die Sie sich gequält haben, die mit Text vollgestopft waren und bei denen sich Text und Grafik gegenseitig im Weg standen. Vielleicht war es wichtiger, Geld zu sparen, und man quetschte deshalb soviel Information wie möglich auf eine Seite, anstatt die Information sinnvoll und verständlich aufzubereiten. Obwohl das Layout vielleicht nicht von Interesse war, erklärt es, warum man bei bestimmten Lesestoffen so viel schneller einschläft als bei anderen. (Und Sie sind immer noch wach, ODER!?)

Denken Sie zum Vergleich an gedruckte Anzeigen oder an eine Fernsehwerbung, die Sie kürzlich gesehen haben. Die Leute, die diese Werbung gestaltet haben, wissen, daß sie ihre Leser oder Zuschauer fesseln müssen; sie schaffen dies, indem sie Bilder einsetzen, die einem förmlich ins Auge springen, eine ansprechende Wortwahl verwenden und ihre Kommunikationselemente so kombinieren, daß sie so anziehend wie möglich wirken.

Sie nehmen vielleicht an, daß die Aufgabe beim Aufbau von Web-Seiten nicht die gleiche Herausforderung darstellt wie die Aufgabe, der sich Werbemacher gegenüber sehen. Deswegen sollten Sie auch nicht davon ausgehen, daß Ihre Web-Seiten den Inhalt auf Kosten des Layouts hervorheben können, nur weil der Stoff für die Welt im allgemeinen so wahnsinnig interessant ist. Glücklicherweise können Sie mit HTML eine Menge tun, um Ihre Seiten leicht lesbar zu machen und die Steuerung innerhalb der Seiten zu vereinfachen.

Da ein gutes Layout die Zugangsmöglichkeit zum Dokument verbessert, erweisen Sie Ihren Lesern mit einem guten Layout einen echten Dienst. Sie machen einmal das Lesen der Seiten sehr viel angenehmer und bringen gleichzeitig die Inhalte sehr viel schneller zum Leser. Es bestehen eine Menge Meinungen darüber, was zu einem guten Layout gehört, und es gibt einen großen Spielraum für Variationen innerhalb der Grenzen für die Gestaltung eines effektiven Dokuments. Im verbleibenden Rest des Kapitels erfahren Sie alles über die Möglichkeiten zur Gestaltung eines Dokuments, und Sie lernen nicht nur, Ihre Ideen rüberzubringen, sondern diese auch so zu gestalten, daß sie möglichst einfach konsumiert werden können.

Was möchten Sie mitteilen?

So wie Markup-Sprachen nun mal sind, ist auch HTML ziemlich einfach und leicht zu erlernen. Leider entsteht dadurch die nahezu unwiderstehliche Versuchung, sofort loszurennen und mit dem Aufbau der Seiten zu beginnen, sobald der Bedarf nach Publikationen auf Web-Grundlage da ist.

Unabhängig davon, ob Sie nun eine Einzelperson sind, die gemeinsam mit anderen Informationen nutzen möchte, oder eine Organisation, die versucht, ihre Produkte und Dienste anzubieten; es besteht ein unwiderstehlicher Drang, alles so schnell wie möglich zu publizieren. Trotzdem raten wir Ihnen, davon Abstand zu nehmen und sich zuerst ein bißchen mit der Analyse und der Gestaltungsarbeit zu befassen, bevor Sie versuchen, im Vorübergehen einige »Killer-Web-Seiten« aufzubauen.

Wer hört zu?

Die wichtigste Anforderung zum Aufbau qualitativ hochwertiger Web-Seiten ist das Wissen um Ihr Publikum. Wenn Sie nicht wissen, wer Ihren Web-Bereich wahrscheinlich besuchen wird, und warum er das tut, werden Sie diesen Leuten auch nicht sagen können, was sie herausfinden wollen.

Man muß jedes Design für ein Dokument unbedingt auf der Grundlage gewisser Annahmen über das Publikum angehen. Dies trifft sowohl auf Werbeanzeigen als auch auf Lexika zu, wobei die Notwendigkeit bei ersterem ein bißchen größer und dringender ist als bei letzterem. Es könnte Ihnen sicherlich Schlimmeres passieren, als die interessanten und wirksamen Gestaltungsmittel einer Werbeanzeige zu verwenden, aber Sie werden doch ein bißchen mehr tun wollen, als eine Anzeige leisten kann – nämlich den Inhalt liefern, den Ihr Publikum höchstwahrscheinlich haben will.

Wie können Sie Ihr Publikum kennenlernen? Betrachten Sie es als eine Variante der Jagd: Identifizieren Sie Ihre Zielgruppen, und halten Sie sich in ihren Lebensräumen auf, sei es im Cyberspace oder in der wirklichen Welt. Sobald Sie ihre Interessen verstehen, sind Sie auch in der Lage, ihre Bedürfnisse zu erfüllen und die anderen Faktoren entsprechend zu berücksichtigen, die sie an Ihren Inhalt binden können. Wenn Sie schon dabei sind: Es ist eine wirklich gute Idee, bodenständige, verwertbare Informationen für Ihre Zielgruppe zu liefern, da sie dann zurückkehren, um mehr zu bekommen (außerdem macht es dann die Runde, was Sie anzubieten haben).

Design entspringt aus dem Inhalt – und der Absicht

Das Design leitet sich vom Inhalt und der Absicht ab. Je komplexer die Idee oder das Konzept ist, das Sie präsentieren möchten, desto schwieriger wird ein effektives Design. Und je mehr Stoff Sie abdecken, desto entscheidender werden sowohl die Organisations- und Navigationswerkzeuge als auch die Struktur und das Design des Dokuments. Anders gesagt bedeutet dies, daß lange oder komplexe Dokumente mehr Vorarbeit benötigen als kurze und einfache.

Wenn Sie vor dem Schreiben (oder der Programmierung in HTML) eine kurze Gliederung aufstellen, reicht dies normalerweise aus, um sich auszurechnen, wie man die Information zu organisieren hat. Die Gliederung sollte Ihnen auch dabei helfen, eine Entscheidung über die Reihenfolge und den Umfang der einzelnen Punkte zu treffen und den Bedarf für Grafiken, Audiodateien oder andere Multimedia-Informationsquellen festzulegen. Die Kenntnis der verschiedenen Punkte und die Identifizierung der verschiedenen Elemente eines Dokuments unterstützen Sie dabei, die Beziehungen zwischen diesen Komponenten (und vielleicht anderen Informationen im Web) besser zu verstehen. Dies spielt eine zentrale Rolle beim Aufbau der Links und der Präsentation von visuellen Hinweisen für Ihre Leser, wie sie die Informationen lesen und sich durch die Informationen, die Ihre Dokumente enthalten, navigieren können.

Die Absicht, die hinter einem Dokument steht – ob es informieren, unterrichten, überzeugen oder Fragen stellen soll –, muß bei seiner Gestaltung gleichfalls eine Rolle spielen.

✔ Wenn Sie informieren möchten, sollten Sie eher auf besondere visuelle Reize verzichten und mehr dazu neigen, die Leser direkt zu den Informationen zu leiten, die Ihr Dokument enthält.

✔ Wenn Sie eher überzeugen oder etwas verkaufen möchten, sollten Sie versuchen, die Leser durch besondere visuelle Reize und fesselnde Referenzen an die Angel zu kriegen, um erst einmal das Interesse zu wecken und danach die wichtigen Einzelheiten folgen zu lassen.

✔ Wenn Sie etwas nachfragen möchten, werden Sie die fraglichen Themen gleich am Anfang aufs Tablett bringen und danach die Zeiger für zusätzliche Diskussionen und verwandte Informationen liefern. Auf jeden Fall hat das Ziel, das mit einem Dokument verfolgt wird, einen sehr weitgehenden Einfluß auf seinen Aufbau und seine Darstellung. Um die richtige Art von Dokument aufbauen zu können, ist es eminent wichtig, daß Sie die Absicht kennen, die Sie verfolgen.

Formulieren Sie Ihre zentrale Nachricht

Zu Beginn des Entwurfs eines Dokuments müssen Sie die Frage in der Überschrift dieses Abschnitts beantworten – »Was möchten Sie aussagen?«. Ein möglicher Ansatz besteht darin, alle zentralen Ideen oder Meldungen, die Sie weitergeben möchten, einfach aufzuschreiben. Danach ergänzen Sie diese mit wichtigen Punkten oder anderen relevanten Informationen, die Ihre Argumentation unterstützen, Ihren Standpunkt beweisen oder anderweitig erhärten, was Sie sagen.

Wenn Sie sich sorgfältig an diese Übung halten, so werden Sie sehen, daß ein großer Teil Ihres Inhalts elegant aus Ihrer Gliederung erwächst. Sie werden zudem feststellen, daß sich die wichtigen Beziehungen zwischen den verschiedenen Elementen Ihres Dokuments (und andere Dokumente) mehr oder weniger von selbst ergeben, während Sie sich durch den Gliederungsprozeß arbeiten.

Denken Sie über die Superstruktur und den Informationsfluß nach

Die Superstruktur bezieht sich auf die formale Mechanik, wie Sie die Organisation und die Steuerung eines Dokuments vermitteln. Dazu gehören Dinge wie

- ein Inhaltsverzeichnis
- eine Reihe von einheitlichen Steuerungselementen
- ein Stichwortverzeichnis
- ein Glossar mit technischen Begriffen

Ganz kurz gesagt, ist die Superstruktur nichts anderes als die Verpackung, mit der Sie den Inhalt einwickeln, damit der Leser die Informationen findet, die er sucht, und ihn dabei unterstützt zu verstehen, was er liest oder sieht. Sicherlich benötigen Sie nicht bei jedem Dokument alle möglichen Elemente der Superstruktur, aber bei den meisten Dokumenten – insbesondere bei den längeren – werden sich einige Elemente der Superstruktur als hilfreich, andere sogar als ausgesprochen elementar erweisen.

Das Inhaltsverzeichnis

Da wir ein Leben lang gedruckten Schriftstücken ausgesetzt waren, erwarten wir am Anfang der meisten Dokumente automatisch ein Inhaltsverzeichnis, das uns einen Überblick über die Themen und den Umfang gibt. Die eigentliche Schönheit von HyperText besteht darin, daß Sie Links einbauen können, die den Leser von jedem Eintrag im Inhaltsverzeichnis zur dazugehörigen Information bringt. Damit wird das Inhaltsverzeichnis nicht nur zu einem Organisationsplan für Ihr Dokument, sondern auch zu einem Navigationswerkzeug.

Dennoch gibt es bei diesem Ansatz auch einige Gefahren. Ein Inhaltsverzeichnis mit Hyperlinks soll Sie dazu einladen, von dort aus den interessanten Links zu folgen. Sie erreichen die Zielinformation und folgen einem weiteren interessanten Link. Dies kann sich endlos wiederholen, bis Ihre Neugier schließlich erschöpft ist und Ihnen klar wird, daß Sie sich »im Raum verlaufen haben«. Es ist ganz leicht möglich, sich viele Links vom ursprünglichen Inhaltsverzeichnis weg zu navigieren, so daß es sich als anstrengend oder sogar ausgesprochen nervig erweisen kann, es wiederzufinden. Aus diesem Grund sind konsistente Steuerungselemente für die Navigation so wichtig beim Entwurf von Dokumenten – z.B. auf jeder Seite ein Link zum Inhaltsverzeichnis oder zumindest zur Überschrift des jeweiligen Abschnitts. (Sie möchten doch sicherlich nicht, daß Ihr Web den Spitznamen »Kein Ausgang« erhält.)

Einheitliche Steuerungselemente für alle Bildschirme

Um die Lesbarkeit und die Gewöhnung auf Ihren Web-Bereich zu fördern, ist es sinnvoll, in jedem einzelnen Dokument die gleichen Steuerungselemente aufzunehmen. Diese könnten aus einer Reihe von anklickbaren Elementen bestehen, mit denen man eine Seite vor- oder zurückblättern, zum Inhaltsverzeichnis zurückspringen oder zur Homepage des Dokuments zurückkehren kann. Wenn Sie ein Suchwerkzeug für Schlüsselwörter in das Dokument eingebunden haben, sollten Sie es von jedem Punkt in Ihren Dokumenten zugänglich machen. Was auch immer Sie tun, richten Sie Ihre Seiten stets so ein, daß sie einheitlich aussehen und die Leser damit das Gefühl haben, sehr viel besser navigieren zu können. Konsistenz ist vielleicht »der letzte Fluchtpunkt für die Phantasielosen«, aber sie ermöglicht die Eingewöhnung und die Bedienerfreundlichkeit!

Weitere Informationen über diese Steuerelemente und das Seitendesign für längere und komplexere Dokumente erhalten Sie in Kapitel 22 und 27.

Ein Index oder ein Suchprogramm ...

Wenn Sie dem Leser die Möglichkeit geben, bestimmte Schlüsselwörter oder individuelle Themen zu finden, so helfen Sie ihm, das beste aus Ihrem Inhalt zu machen. Einer der größten Vorteile des HyperText besteht darin, daß ein altmodischer Index unter Umständen gar nicht mehr nötig ist: Da Ihr gesamter Inhalt online und über den Computer zugänglich ist, können Sie die Funktionalität eines Index oftmals durch ein Suchprogramm für Ihren Informationsbereich ersetzen.

Kapitel 16 enthält eine Beschreibung von Suchprogrammen und von Werkzeugen, mit denen Sie die Funktion eines Index für Ihre Dokumente zur Verfügung stellen können.

Ein Glossar hilft bei der Verwaltung von Fachausdrücken

Wenn Sie einen Themenbereich behandeln, der viel Jargon, technische Begriffe oder anderes obskures Kauderwelsch enthält, das von den Experten so geliebt und von den Anfängern so gefürchtet wird, könnte es sich für Sie als durchaus nützlich erweisen, in Ihre Web-Seiten ein Glossar mit aufzunehmen. Glücklicherweise enthält HTML einen Textteil, der speziell für die Definition von Fachausdrücken vorgesehen ist und der bei Bedarf die Erstellung eines Glossars erleichtert. Leider müssen Sie sich die Definitionen immer noch selbst ausdenken.

Die Superstruktur macht eine Struktur super

Wenn Sie die Wahl zwischen einer großen, komplexen Seite und der Zusammenstellung einfacher und miteinander verbundener Seiten haben, ist Ihnen mittlerweile wohl klar, daß es für die Gestaltung eines Dokuments immer besser ist, größere Informationseinheiten in kleine zu zerlegen. Dadurch erfassen die Leser die Informationen in kleineren Dosen, sind damit weniger Wartezeit und Frustration zwischen den einzelnen Häppchen ausgesetzt und nicht gezwungen, mehr Informationen übertragen zu lassen, als sie eigentlich lesen möchten.

Bei kurzen, einfachen Dokumenten mag die Superstruktur übertrieben sein: Sie kann aber sogar bei einem einseitigen Layout, wie beispielsweise einer persönlichen Homepage, eine Rolle spielen. Wenn es um die Gliederung und Lieferung komplexerer Informationssammlungen geht, bietet die vorsichtige Verwendung der Superstruktur Ihren Lesern die Garantie, daß der Besuch auf Ihrem Bereich wesentlich positiver ausfällt.

Das Publikum hört zu ...

Wenn Sie jemals das Vergnügen hatten, sich im Kino einen Film mit THX-Technik anzusehen, ist der Satz am Anfang dieses Abschnitts überflüssig. Wenn nicht, dann lassen Sie es sich erklären: Dieser Satz erscheint am Schluß der THX-Vorführung, die normalerweise nach den Filmvorschauen stattfindet, direkt vor dem Hauptfilm.

Die THX-Vorführung besteht aus einer einfachen »THX«-Grafik, die die gesamte Leinwand ausfüllt. Sie wird von einem lauten, getragenen Orchesterakkord begleitet, der von einer starken Pfeifenorgel überlagert wird, die ungefähr 90 Sekunden lang spielt. Zuerst baut sich der Ton fast bis zur Schmerzgrenze auf und verklingt dann langsam, wobei ein tiefer Pedalton der Orgel nachklingt (ungefähr 30Hz, lt. Eds geschultem Ohr). Nachdem die Vorführung das Publikum fast aus den Sitzen gehoben hat, schließt sie mit den Worten »Das Publikum hört zu«.

Wenn Sie so etwas noch nie gesehen haben, werden Sie einfach glauben müssen, daß das Publikum nach diesem unglaublichen Aufbrüllen tatsächlich zuhört – wenn es sich nicht sogar duckt. Wir empfehlen diesen Effekt zwar nicht für die Web-Seiten, aber wir hoffen, daß Sie begriffen haben, daß Sie die Aufmerksamkeit Ihrer Leser fesseln müssen, wenn sie den ersten Blick auf Ihre Seite werfen.

Nichts wirkt effektiver als ein geschmackvolles Bild, gepaart mit einer kurzen, bezwingenden Einführung zu Ihrer Seite. Nehmen Sie Informationen auf, die besagen, wozu die Seite gut ist, was sie enthält und wie man sich in ihr bewegt. Wecken Sie das Interesse Ihrer Leser, geben Sie ihnen Orientierungshilfen, und schon haben Sie sie am Haken!

Die Kunden kommen ... – gehen Sie bloß aus dem Weg!

Sobald Sie die Aufmerksamkeit des Publikums erregt haben, müssen Sie es ihm möglichst leicht machen, zu den Inhalten vorzustoßen, die auf Ihrem Web-Bereich enthalten sind. Obwohl Ihre Superstruktur sichtbar sein sollte, sollte sie dennoch nicht im Weg stehen. Alle Verweise, die Sie eingebunden haben, um den Besucher zu den detaillierteren Inhalten zu führen, sollten offensichtlich und leicht vom Rest der Seite zu trennen sein. Ein übermäßig kompliziertes Design, Layout oder Informationsfluß verhindern einen einfachen Zugriff auf die Informationen. Lassen Sie Ihre Arbeit von anderen Leuten – Freunde, Kollegen und Partner – überprüfen und kritisieren, um damit sicherzustellen, daß sie für andere genausoviel Sinn ergibt, wie es Ihrer Meinung nach sein sollte.

Damit ergeben sich, insbesondere für einführende Materialien, einige wichtige Faustregeln. Verwenden Sie kurze, an den Leser gerichtete Sätze. Konzentrieren Sie sich auf das vorliegende Thema. Wenn Sie in Ihre Dokumente eine Superstruktur eingebaut haben, sollten Sie vielleicht einen Link zu einem »Info...«-Bereich über das jeweilige Dokument einbauen, um denjenigen, die die Struktur und Funktion verstehen wollen, einige Hinweise zu hinterlegen. Was auch immer Sie auf Ihrer ersten Begrüßungsseite machen, halten Sie diese so einfach und elegant wie möglich. Zuviel Information ist genauso verheerend wie zu wenig; Sie wandeln also auf dem schmalen Grad zwischen dem Verweis auf den eigentlichen Inhalt und der Erklärung der Hilfsmittel, die einem besseren Verständnis des Inhalts dienen sollen. In den Beispielen, die in diesen und in anderen Kapiteln folgen, werden Sie sehen, wie diese Prinzipien funktionieren.

Woran soll sich das Publikum erinnern?

Es ist ein bekanntes Lehrprinzip, daß Menschen, die einem neuen Lehrstoff ausgesetzt werden, sich im allgemeinen bestenfalls an 10% des Inhalts erinnern. Deshalb sollten Sie sich bei der Gestaltung Ihrer Web-Dokumente die Frage stellen, an welche 10% sich Ihre Leser erinnern sollen. Dies unterstützt Sie dabei, sich auf die wirklich wichtigen Ideen zu konzentrieren, zu denen das Publikum einmal geführt und die auf den anderen Web-Seiten verstärkt und untermauert werden sollen.

Es ist leider traurig, aber trotzdem wahr, daß das Informationsvolumen, an das sich die meisten Leser erinnern können, gleichfalls begrenzt ist. Das Erinnern an 10% eines Konzepts in einem Dokument sind keinesfalls 10% des gesamten Inhalts: Würden Sie sich vielleicht an 10 Seiten aus einem 100seitigen Dokument erinnern, das Sie noch nie zuvor gesehen haben?

Seien Sie also nicht zu ehrgeizig, was die Inhalte Ihres Dokuments angeht: Eng miteinander verbundene Konzepte bleiben sehr viel besser haften als locker verbundene oder gar beziehungslose. Wie so oft im Leben, besteht auch hier die wichtigste Zutat für eine erfolgreiche Kommunikation darin, daß man streng beim Thema bleibt.

Im Rahmen der notwendigen Struktur und der Elemente einer Web-Seite müssen Sie es irgendwie schaffen, den Nerv Ihres Publikums zu treffen. Die eigentliche Herausforderung besteht nicht in der Beherrschung der Form und Gestaltung Ihrer Web-Seiten, obwohl diese nicht unwichtig sind. Die eigentliche Arbeit liegt da, wo sie schon immer war: Sie müssen ihren Stoff gut genug kennen, um ihn vollständig zu verstehen, so daß Sie sich in die Situation der Leser hineinversetzen können. Damit sind Sie in der Lage, Ihre Leser schrittweise an die Inhalte Ihrer Dokumente heranzuführen, damit Sie diese besser verstehen und schätzen können. Damit sind Sie der gleichen Herausforderung ausgesetzt wie alle anderen Autoren, wobei es keine Rolle spielt, ob Sie nun eine Web-Seite aufbauen oder ein gedrucktes Werk verfassen.

Die Elemente für die Seitengestaltung kennenlernen

In Ordnung, Sie waren jetzt also einigen wichtigen Gestaltungskonzepten für den Aufbau von Web-Seiten ausgesetzt. Nunmehr sollten Sie in der Lage sein, die Elemente kennenzulernen, mit denen ein HTML-Dokument aufgebaut werden kann. Viele dieser Elemente werden Ihnen bekannt vorkommen, da sie ein wesentlicher Bestandteil jedes gut geschriebenen Dokuments sind. Andere sind Ihnen möglicherweise weniger vertraut, was vielleicht an der verwendeten Terminologie oder den Konzepten liegt – wie beispielsweise Hyperlinks, die nicht mit der Fachsprache für normale Druckwerke übereinstimmen.

Dessen ungeachtet sind das die Bausteine, aus denen die Web-Seiten aufgebaut werden. Nach einer Führung durch diese Grundelemente beschließen wir den Überblick mit einer Diskussion des Informationsflusses per Web-Dokument und dem Entwurf und Verwendung der Gestaltungselemente innerhalb der Web-Seiten.

Texte markieren

Die Aufnahme von Markierungen in einen Text ist das, was HTML von jeder normalen ASCII-Datei unterscheidet. Bei HTML werden die Markierungen in spitze Klammern eingeschlossen; der Titel eines Dokuments wird beispielsweise mit der Markierung <HEAD> angezeigt. Die meisten HTML-Markierungen reisen paarweise, so daß die Markierung <HEAD> den Beginn eines Dokumententitels markiert und die zugehörige Markierung </HEAD> das Ende kennzeichnet.

Einige Markierungen beinhalten bestimmte Werte, die Attribute genannt werden, und helfen, einen Zeiger oder einen Verweis auf ein externes Datenelement zu beschreiben. Andere Attribute unterstützen die Etikettierung von Informationen, die an einen Web-Server zurück übermittelt werden sollen, während andere die physikalische Beschreibung eines angezeigten Objekts ergänzen (wie beispielsweise die Ausrichtung oder Dimensionierung eines grafischen Elements). Attribute versorgen die Links, die auf Inhalte im gleichen Dokument oder auf andere Dokumente verweisen, mit den Quell- und Zielinformationen. Diese Link-Attribute beschreiben die Beziehungen zwischen den beiden benannten Standorten (diese werden üblicherweise Link-Anker oder kurz Anker genannt) im Web; diese Anker können entweder im gleichen Dokument oder in unterschiedlichen Dokumenten stehen.

Dieser »Standort« wird über einen Dokumentenverweis (zum Zugriff auf andere Dokumente), einem Standortverweis (zu einem Punkt innerhalb des gleichen Dokuments) oder einer Kombination der beiden (zu einem bestimmten Punkt innerhalb eines anderen Dokuments) angegeben.

Viele HTML-Markierungen benötigen für die Spezifizierung die Angabe von bestimmten Attributen, während andere optional Attribute und Werte annehmen und manche überhaupt keine Attribute einbinden können. Sie werden die Unterschiede dann erkennen, wenn Sie im Verlauf dieses Buches auf die Elemente für die Dokumentengestaltung treffen werden.

Titel und Etiketten

Jedes HTML-Dokument sollte einen Titel besitzen, mit dem es sich gegenüber seinen Lesern ausweist. Zu den Titeln gibt es drei wichtige Aspekte:

1. Der Titel wird in Hot-Lists abgespeichert und so zu einem Navigationswerkzeug für die Leser, die mit diesen Listen arbeiten.

2. Die Titel weisen die Web-Suchwerkzeuge (Web-Crawler) auf die Thematik der HTML-Dokumente hin, was die Einträge in die zugehörigen Suchdatenbanken genau und äußerst hilfreich macht.

3. Titel erleichtern Ihnen die Verwaltung Ihrer Dokumente, wenn diese komplex und umfangreich sind.

Der Titel wird bei der Anzeige des Dokuments typischerweise in der Titelleiste des Fensters dargestellt. Abbildung 5.1 zeigt das Fenster eines HTML-Dokuments, dessen Titel hervorgehoben dargestellt wird.

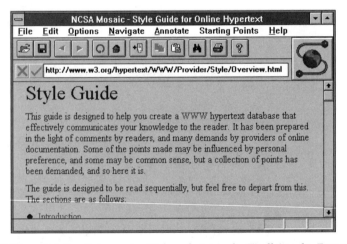

Abbildung 5.1: Der Dokumententitel erscheint in der Titelleiste des Fensters.

 Beachten Sie den URL für das Dokument in Abbildung 5.1; es lohnt sich, dort weiterzulesen, da es eine Menge Tips für die Gestaltung von Dokumenten und Seiten enthält. Wie viele andere gut gestaltete Dokumente verbindet auch dieses zu anderen interessanten URLs:

`http://www.w3.org/HyperText/WWW/Provider/Style/Overview.html`

Etiketten sind zwar nicht unbedingt erforderlich, aber ein gutes Werkzeug für die Organisation der Dokumente. Sie helfen bei Identifizierung von Abschnitten oder Themenbereichen in einem Dokument und bieten dem Leser insbesondere dann eine bessere Steuerung an, wenn sie für Links verwendet werden. Wie Sie in den Teilen III und IV dieses Buches noch sehen werden, können Sie den Leser mit einem HTML-Link, bei dem das Name-Attribut verwendet wird, sowohl zu einem Abschnitt innerhalb eines Dokuments als auch zum Dokumentenanfang führen. Anker signalisieren auch anderen Browsern: »Hey, wenn Du auf mich verweisen willst, so mache das bitte über das Name-Attribut in meinem Anker«:

```
<A NAME="Mexican Dove">Linda Paloma</A>
```

Wenn irgendein Autor oder der Ersteller der Seite eine Verbindung zum Bereich Linda Paloma des aktuellen Dokuments herstellen möchte, so reicht es aus, wenn er bei der Definition des HTML-Links den Namen des Ankers (in diesem Fall »Mexican Dove«) verwendet.

Text und HyperText-Links

Für alle, die mit HTML arbeiten, steht nur eine Variante von Links zur Verfügung – eine Verbindung in eine Richtung zwischen der Quelle und dem Ziel. Die Links in HTML-Dateien erfüllen vier Aufgaben:

1. Die Verbindungen innerhalb von Dokumenten liefern eine Möglichkeit, sich von einem Standort innerhalb des Dokuments zu einem anderen zu bewegen.
2. Die Verbindungen zwischen den Dokumenten geben die Möglichkeit, sich von einem Dokument zum anderen zu bewegen.
3. Die Verbindung zu einem anderen Programm (Agent), das anstelle des Servers einspringt, bietet die Möglichkeit, innerhalb eines Dokuments eine Anfrage zu verwalten oder einen Dienst, wie beispielsweise eine Informationssammlung, anzubieten.
4. Mit Verbindungen zu nicht textgebundenen Objekten können auf Grafik, Audio, Video oder andere Multimediadateien zugegriffen werden.

Interessanterweise werden die HyperText-Aspekte von HTML erst durch die Verbindungen von HTML-Dateien zu anderen Dateitypen wie Audio, Grafik, Video usw. – ermöglicht. Neben diesen externen Verbindungen werden mit den von HTML unterstützten Link-Varianten die Verknüpfungen realisiert, aus denen sich das Web zusammensetzt. Denken Sie daran, daß die Links, ungeachtet dessen, wie sie eingesetzt werden, zum ansprechenden Wesen des Web und dem Gefühl, das es vermittelt, beitragen.

In der vorhin erwähnten Beschreibung einer THX-Vorführung versuchten wir, auf die Wirkungen hinzuweisen, die eine aufsehenerregende Anzeige auf ein Publikum haben kann. Die Absicht, die hinter dem Einsatz von Grafiken auf Web-Seiten steht, ist nicht grundlegend verschieden, unterliegt aber den Beschränkungen des Netzwerks, über das so viele Benutzer auf das Web zugreifen. Der erste Eindruck ist äußerst wichtig; aus diesem Grund sollten Sie auf der ersten Seite, das der Leser zu Gesicht bekommt, Ihre eindruckstärksten und attraktivsten Bilder hinterlegen. Aber bei all dem sollten Sie nicht vergessen, daß größere Bilder längere Übertragungszeiten bedeuten – insbesondere für die Benutzer, die mit einer Telefonleitung arbeiten. Sie müssen die positiven Wirkungen eines attraktiven, komplexen Bildes gegen die negative Auswirkung der verlängerten Wartezeit abwägen (und sich auch darüber im klaren sein, daß manche Leser sich überhaupt keine Grafiken ansehen können). Welche Auswirkungen hat das nun auf den effektiven Einsatz von Grafiken? Nachfolgend finden Sie hierzu einige Tips:

- ✔ Verwenden Sie Grafiken nur dann, wenn sie zur Wirkung, Lesbarkeit oder zum Wert einer Seite beitragen. Ein Bild sagt mehr als tausend Worte – beispielsweise dann, wenn es den Ablaufplan eines komplexen Prozesses abbildet. Wenn diese Worte für den Inhalt aber irrelevant sind oder ihn nur peripher berühren, kann sich ein Bild letztendlich auch nachteilig auf die Kommunikation des Dokuments mit den Lesern auswirken. Versuchen Sie im großen und ganzen »Diagramm-Müll« (»chart junk«) weitgehend zu vermeiden; der Ausdruck »chart junk« wurde von Edward R. Tufte geprägt, der einige wichtige Bücher über die effektive Verwendung von Grafiken geschrieben hat.

- ✔ Halten Sie Ihre Grafiken sowohl hinsichtlich der Maße als auch der Dateigröße so klein wie möglich. Zwischen den beiden Aspekten besteht ein Zusammenhang, aber Sie können die Dateigröße reduzieren, indem Sie mit .JPEG-Dateien arbeiten, mit denen man aufgrund stärkerer Komprimierung große Bilder aus relativ kleinen Dateien erhält. Testen Sie das Bild mit einer Anzeige bei niedriger Auflösung, und komprimieren Sie es dann soweit, bis die Auflösung darunter zu leiden beginnt.

- ✔ Wenn Sie große Grafiken verwenden müssen, fügen Sie eine daumennagelgroße Version der Grafik ein, und verbinden Sie diese mit der großen Version. Außerdem sollten Sie die Dateigröße der Vollversion angeben, damit sich der Benutzer entscheiden kann, wie gerne er die Vollversion wirklich sehen möchte (übersetzt heißt das: wie lange er warten möchte).

- ✔ Halten Sie die Anzahl der grafischen Elemente pro Seite auf einem Minimum. Jede Grafik verlängert die Zeitspanne, die zum Aufbau einer Seite benötigt wird. Wenn Sie zahlreiche grafische Elemente auf einer Seite verwenden müssen, halten Sie diese zur Minimierung der Übertragungszeit möglichst klein. Mit anderen Worten: Mehrere Symbole auf einer Seite sind kein Problem; mehr als ein oder zwei große grafische Elemente sind normalerweise nicht so gut.

Die Aufnahme von Multimedia kann eine starke Versuchung darstellen. Trotzdem sollten Sie sich jedesmal, wenn Sie dieser Kitzel überfällt, fragen: »Welchen Beitrag leistet das für mein Dokument?« So sollten Sie von der Antwort wirklich überzeugt sein, bevor Sie der Versuchung vorschnell nachgeben. Wenn Sie dann schließlich von Ihren Testlesern keine positiven Kommentare erhalten, sollten Sie diese reizenden, aber zeitaufwendigen Elemente dem allgemeinen Publikum nicht zumuten!

Die Überwindung des zweidimensionalen Denkens

Obwohl der HyperText neu und aufregend ist, ist das tausendjährige Erbe linearen Textes schwer zu überwinden. Anders gesagt: Obwohl Dokumentengestalter mit Links und Hyper-Media unglaublich schicke und kreative Sachen machen können, müssen sie gegen die nahezu überwältigende Tendenz ankämpfen, ihre Dokumente wie Bücher zu gestalten. Obwohl über HyperText viele interessante Anzeigen und Links möglich sind, schöpft ein HyperText-Dokument sein Potential nicht aus, wenn Sie diese Möglichkeiten nicht ansprechend und verwertbar umsetzen.

In den nachfolgenden Abschnitten erhalten Sie Gelegenheit, einige verbreitete Gliederungstechniken zu untersuchen, mit denen man Dokumente für das World Wide Web aufbauen kann. Wir zeigen Ihnen auch einige Dokumente, die nur im Web existieren könnten.

Seitenverknüpfung auf die altmodische Art

Manche Seiten müssen in Folge gelesen werden, beispielsweise Erzählungen, bei denen auf vorherige Elemente aufgebaut wird. In diesem Fall erweist es sich als sinnvoll, die Seiten, so wie in Abbildung 5.2 dargestellt, zu verknüpfen. Ein Dokument mit fünf oder mehr Seiten – wenn Sie Tim Berners-Lee in seinem zuvor erwähnten *HyperText Online Style Guide* Glauben schenken wollen – sollte auf jeden Fall so verkettet werden.

Abbildung 5.2: Verkettung von Seiten, um sie in Folge zu lesen

Das Schöne bei HyperText ist, daß Sie die Seiten vorwärts und rückwärts verketten können, wodurch man die Seiten ganz einfach in beide Richtungen »umblättern« kann. Haben Sie keine Hemmungen, auch andere geeignete Links in diese Basisstruktur einzubinden (beispielsweise andere HTML-Dokumente, ein Glossar oder andere Punkte innerhalb Ihres Dokuments).

Hierarchien sind in HTML ganz einfach modellierbar

Wenn Sie wissen, wie man aus einem Entwurf ein Dokument konstruiert, erkennen Sie auch sofort den Sinn hinter einem hierarchischen Vorgehen bei Dokumenten-Links. Die meisten Entwürfe fangen mit Hauptideen und -unterteilungen an, werden verfeinert und ausgearbeitet, und letztendlich liegen dann alle Einzelheiten eines formalen Dokuments vor. Abbildung 5.3 zeigt eine Dokumentenstruktur mit einer vierstufigen Hierarchie, die die gesamte Arbeit untergliedert.

HTML kennt keine Beschränkungen hinsichtlich der Hierarchien; die einzige Beschränkung rührt von Ihrer Fähigkeit und der Fähigkeit Ihres Publikums her, mit komplexen Dokumenten fertigzuwerden. Zu Ihrer beider Wohl empfehlen wir, die Hierarchie nicht zu breit oder zu tief werden zu lassen.

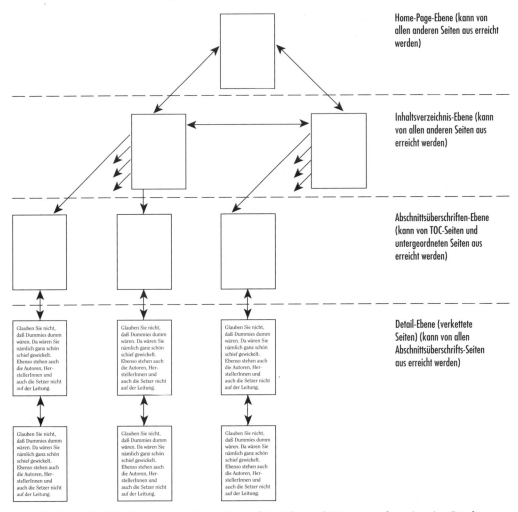

Abbildung 5.3: Eine Dokumentenhierarchie auf vier Ebenen bietet normalerweise eine Struktur, die sogar für höchst komplexe Seitenzusammenstellungen ausreichend ist.

Mehrere Spuren für mehrere Publikumsgruppen

Es ist durchaus üblich, ein Dokument mit verschiedenen Informationsebenen aufzubauen, um dem Bedarf der verschiedenen Publikumsgruppen entgegenzukommen. Mit HTML können Sie ganz leicht grundlegende, einführende Dokumente (wie ein Lernprogramm oder einen technischen Überblick) mit genauerem, mehr in die Tiefe gehendem Referenzmaterial verbinden. Auf diese Weise können Sie eine Homepage gestalten, die Anfänger auf ein Lernprogramm verweist und sie dann zu einem Überblick führt, bevor sie sie mit den ganzen schmutzigen Einzelheiten ihres »wirklichen« Inhalts überfällt.

Diese im Abbildung 5.4 dargestellte Untergliederung weist erfahrene Leser darauf hin, wie sie direkt auf Ihren in die Tiefe gehenden Inhalt zugreifen können, ohne sich zuerst mit einführendem und erklärendem Material befassen zu müssen. Dieser Ansatz gewährleistet eine Gestaltung für mehrere Publikumsgruppen, ohne sich allzuviel zusätzliche Arbeit aufhalsen zu müssen.

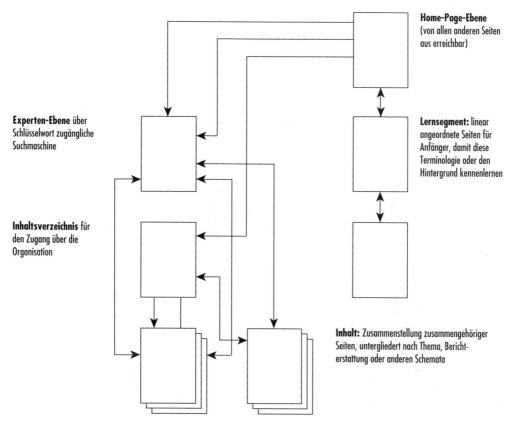

Abbildung 5.4: Mehrere Pfade durch ein Dokument können mehrere Publikumsgruppen bedienen.

Die Untergliederung in Abbildung 5.4 unterscheidet sich etwas von den Darstellungen in den Abbildungen 5.2 und 5.3. Sie legt mehr Wert auf die Links zwischen verwandten Dokumenten als auf den Seitenfluß innerhalb dieser Dokumente. Eigentlich kombiniert die in Abbildung 5.4 dargestellte Dokumentenart die Elemente einer linearen und einer hierarchischen Struktur in ihrem tatsächlichen Seitenfluß. Ein Lernprogramm sollte normalerweise von vorne nach hinten gelesen werden oder wenigstens in abgeschlossenen Kapiteln, während man in Nachschlagetexten bestimmte Themen nachliest und wohl kaum alle Verweise durchsieht.

Ein echtes Web-Wunder: die »Hotlist« oder »Sprungseite«

Einige der besten Ressourcen, die wir im Web gefunden haben, sind nicht anderes als kommentierte Verweise auf andere Dokumente, die normalerweise Bezug zu einem oder mehreren Themen enthalten. Diese Dokumentenstruktur ist in Abbildung 5.5 veranschaulicht; Die Abbildung zeigt eine einzelne Seite, die auf mehrere Seiten an zahlreichen Standorten verweist. In diesem Fall wird das Bild dem Konzept nicht vollständig gerecht. Es gibt allerdings keine bessere Darstellung, die eine wirkliche Web-Seite ersetzen könnte. Als Konsequenz daraus verweisen wir Sie auf eine oder zwei der URL(s), die unter der Abbildung aufgelistet sind – diese Beispiele sollten Sie davon überzeugen, was eine gute Hotlist vermag!

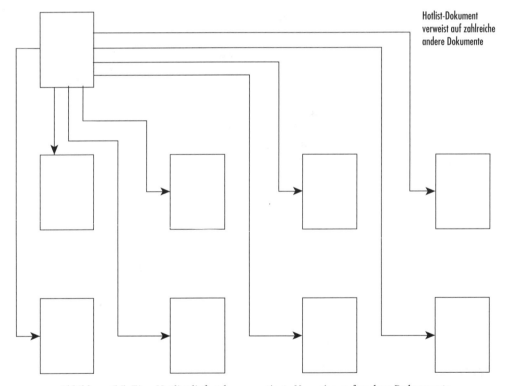

Abbildung 5.5: Eine Hotlist liefert kommentierte Verweise auf andere Dokumente.

5 ➤ Was steckt in einer Seite?

 Im Web gibt es mehr gute Hotlists, als man aufzeigen kann. Im folgenden finden Sie einige unserer besonderen Lieblinge:

```
http://akebono.stanford.edu/yahoo.html
http://atlantis.austin.apple.com/people.pages/carldec/
     Carls.Bookmarks.html
http://www.ncsa.uiuc.edu/SDG/Software/WinMosaic/Home0age.html
http://home.mcom.com/home/welcome.html
```

Erweiterung des Web, Stück für Stück

Eine andere Art von Seiten erwartet Eingaben von Lesern, die an der Erstellung eines Dokuments mit offenem Ende mitarbeiten. Leser liefern Kommentare, zusätzlichen Text und HyperMedia oder tragen zu einer fortlaufenden Erzählung bei. Die Struktur eines solchen Dokuments ist schwer vorherzusehen und daher auch schwer abzubilden. Lassen wir es damit genug sein, daß diese Dokumentenart wie eine Korallenkolonie wächst, eher durch natürliches Wachstum als durch vorhergehende Gliederung oder Gestaltung.

 Ein Beispiel für so ein lebendes, fortlaufendes Dokument können Sie im folgenden URL nachlesen:

```
http://bug.village.virginia.edu/
```

WAXweb ist eine HyperMedia-Implementierung des unabhängigen Films »WAX or the discovery of television among the bees« (= WAX oder die Entdeckung des Fernsehens unter den Bienen) von David Blair, 85 Min., 1991, in voller Filmlänge. WAXweb ist eine große Hyper-Media-Datenbank, die mittels einer Schnittstelle über das Internet verfügbar ist; sie läßt die Benutzer am Aufbau der Geschichte mitarbeiten. Sie enthält Tausende individueller Elemente, die von Texten über Musik, Videos bis hin zu Video-Kopien von Filmausschnitten reichen.

Die einzigen Beschränkungen bei der Strukturierung Ihrer Dokumente werden Ihnen von der Notwendigkeit auferlegt, effektiv mit Ihrem Publikum kommunizieren zu müssen. Sobald Sie sich das klar gemacht haben, sind Sie in der Lage, die von uns angesprochenen Gliederungstechniken voll auszuschöpfen.

Jetzt kennen Sie den ersten Baustein für die Gestaltung der Web-Seiten – Layout und Gliederung –; nun wird es Zeit, Sie in die Welt der Markup-Sprachen einzuführen. In Kapitel 6 sehen wir uns an, wie HTML aussieht und wie man damit ein Dokument strukturieren kann. Jetzt kommen die Schmankerl!!

Teil III

Eine Führung durch die HTML-Grundlagen

In diesem Teil...

So, jetzt wird es endlich richtig interessant: In diesem Teil des Buches lernen Sie die Syntax und die Fähigkeiten der Hyper-Text Markup Language kennen – und hoffentlich auch lieben. Zuerst betrachten wir ganz allgemein, worum es bei Markup-Sprachen eigentlich geht, um Ihnen besser verständlich zu machen, was sich hinter den seltsamen Zeichenfolgen verbirgt, die HTML zum Funktionieren bringen.

Danach erhalten Sie Einblick in alle Markup-Markierungen, aus denen HTML besteht, von A bis V. Tut uns leid, aber derzeit gibt es keine Markierungen, die mit einem der übrigen Buchstaben – W, X, Y oder Z – anfangen – abgesehen von einigen Codes, die bereits veraltet sind. Sie lernen jede Markierung einzeln kennen und erhalten die Gelegenheit, die Syntax, die Attribute und ihre Wechselwirkungen mit den anderen Markierungen zu untersuchen. Außerdem zeigen wir Ihnen für die meisten Markierungen ein oder zwei Beispiel(e), sowie ab und zu einen Screenshot, in dem die Umsetzungen der Markierungen zu sehen sind.

Nachdem Sie die Markierungen durchgearbeitet haben, lernen Sie die Darstellung der Sonderzeichen bei HTML kennen; zudem zeigen wir Ihnen die Symbole, die normalerweise den Browsern anzeigen, daß sie Teil der Markup-Sprache sind. Die Führung schließt mit einer Zeichencode-Tabelle, die wirklich alles abdeckt – von A bis Z und von – bis | – und noch weitaus mehr, da wir Ihnen auch noch unbedingt den ISO-Zeichensatz Latin-1 für HTML vorstellen müssen. Wenn Sie damit durch sind, haben Sie fast alles gesehen, was es unter dem Mantel von HTML zu sehen gibt!

Was ist eine Markup-Sprache?

In diesem Kapitel

▶ Definition der HTML-Markup-Konventionen

▶ Die Ursprünge von HTML

▶ Einführung der grundlegenden HTML-Steuerzeichen, Elemente, Attribute und Entitäten

---

In diesem Kapitel sehen Sie endlich, wie HTML aussieht. Sie erfahren, was zu einer Markup-Sprache gehört und wie Sie HTML zur Erstellung Ihrer eigenen Web-Seiten nutzen können. Da dieses Kapitel einen Überblick darstellt, können Sie nach dem Lesen nicht gleich losrennen und mit dem Seitenaufbau anfangen, aber es sollte Ihnen doch eine ziemlich gute Vorstellung der Einzelteile vermitteln, die HTML funktionieren lassen.

Eine Markup-Sprache ist keine Graffiti-Spielart

HTML stellt eine Methode zur Umwandlung von normalem Text in HyperText dar, indem man einfach spezielle Elemente hinzufügt, die den Web-Browser bei der Darstellung des Inhalts instruieren. Diese speziellen Elemente nennt man Markup-Markierungen (oder auch »Tags«).

Der Zweck einer Markup-Sprache besteht darin, entweder Maschinen oder Menschen Hinweise über die Struktur, den Inhalt oder das Verhalten eines Dokuments zu geben. Es gibt zwei Markup-Typen: deskriptiv und prozedural. HTML ist eine deskriptive Markup-Sprache. Eine deskriptive Markup-Sprache beschreibt die Struktur und das Verhalten eines Dokuments. Dadurch kann sich ein Autor auf Inhalt und Struktur konzentrieren und muß sich weniger mit Formatierung und Darstellung befassen. Hier ein Beispiel:

```
<H1>Kochen für Singles</H1> - Anzeige Überschrift erste Ebene
<OL> - Anfang geordnete (numerierte) Liste
<LI>Nehmen Sie das Tiefkühlgericht aus dem Kühlschrank.
<LI>Legen Sie es in die Mikrowelle.
<LI>Stellen Sie die Uhr auf 5 Minuten.
</OL> - Ende geordnete Liste
```

Die Markierungen H1, OL und LI beschreiben ein Objekt und seine Komponenten. Es liegt nun am Browser, diese auf Ihrem Bildschirm richtig darzustellen. Jeder Browser würde diese Objekte verschieden darstellen. Das Wichtige daran ist aber, daß jeder Browser eine aussagekräftige Möglichkeit besitzt, um eine Überschrift der ersten Ebene (H1) und eine numerierte Liste (OL und LI) darzustellen. Vom Standpunkt der Benutzerfreundlichkeit her gesehen, ist das eine tolle Sache.

Die andere Markup-Sprachenart (prozedural) beschreibt eher die Formatierung als die Struktur. Ein Beispiel hierfür wäre »troff«, die Steinzeit-UNIX-Markup-Sprache, die wie folgt aussieht:

```
.center .12 .Helvetica .bold Inhaltsverzeichnis
```

Diese troff-Markierungen weisen das Ausgabegerät an, ein Objekt »zentriert, in 12-Punkt Helvetica, halbfett« darzustellen:

Inhaltsverzeichnis

Wie Sie sich vorstellen können, ist das nicht sehr benutzerfreundlich und auch schwierig zu pflegen.

HTML-Markierungen regeln nicht nur, wie der Browser den Inhalt eines HTML-Dokuments anzeigt, sondern steuern auch, wie der Browser Grafiken, Video, Audio usw. einbezieht, um einen Multimedia-Effekt zu erzielen.

Auf der gleichen Linie liegen noch weitere HTML-Markierungen, die dem Browser die Anweisungen geben, wie er Multimedia-Links, entweder in derselben HTML-Datei oder in anderen Dokumenten bzw. in über das Web zugänglichen Diensten, verarbeiten und anzeigen soll. Der Schlüssel zum Aufbau attraktiver, lesbarer Web-Seiten liegt in dem Wissen, wie man das HTML-Markup nutzt, um den Inhalt hervorzuheben und zu gliedern.

Eine Syntax ist keine Luxussteuer auf Zigaretten!

Sobald es um eine beliebige formale, computer-lesbare Sprache geht, gibt es unweigerlich einen Satz von Regeln, der ihre Termini und die Reihenfolge für die Anordnung der Elemente regelt. Dieser Regelsatz ist die Syntax der Sprache. Bei HTML beschreibt die Syntax, wie ein Web-Browser die Anweisungen erkennen und interpretieren kann, die in den Markup-Markierungen enthalten sind.

HTML wird insbesondere dadurch interessant, daß es aus reinem Text besteht – HTML kann sogar innerhalb der Grenzen des ASCII-7-Bit-Zeichensatzes (ISO 646) vollständig funktionieren, der nur 128 deutlich sichtbare Zeichen enthält. Trotzdem wird HTML auch mit der Anzeige sogenannter höherwertiger ASCII-Zeichen fertig, die normalerweise zur direkten Darstellung 8 Bits benötigen; diese Zeichen werden manchmal auch als 8-Bit-ASCII-Zeichensatz oder Latin-1-Zeichensatz (ISO 8859/1) bezeichnet.

So kann HTML auch Dinge wie Akzente, Umlaute und andere sprachspezifische Sonderzeichen darstellen, wie sie oft u.a. bei romanischen, slawischen oder nordischen Sprachen vorkommen (oder aus solchen Sprachen übernommene Wörter, wie beispielsweise Resumé); HTML enthält Anweisungen, welche Zeichen als Teil des Markups dargestellt werden sollen. Anders gesagt gibt HTML einem Browser Anweisungen, auch wenn Sie diese Dinge beim Schreiben der HTML nicht immer im selben Format sehen können. <OL> und <LI> sehen beispielsweise in Ihrer Textdatei nicht wie eine numerierte Liste aus, sondern erst dann, wenn der Browser sie interpretiert.

Elemente der HTML-Syntax

Die speziellen Sonderzeichen, die HTML-Markup von normalem Text abgrenzen, sind die offenen und geschlossenen spitzen Klammern: < (offene Klammer) und > (geschlossene Klammer). Diese Zeichen weisen darauf hin, daß der Browser ihrem Inhalt besondere Aufmerksamkeit angedeihen lassen sollte. Und das ist die Gelegenheit für Sie, noch ein weiteres Schlagwort zu lernen: »Parser«. In der Browser-Software gibt es einen Parser, der die Anzeigeinformation liest und aufbaut. Ein Parser liest die Informationen in der HTML-Datei und entscheidet, welche Elemente zum Markup gehören und welche nicht, und läßt den Browser so die geeignete Vorgehensweise ergreifen.

Bei HTML können die offenen und geschlossenen spitzen Klammern alle möglichen besonderen Anweisungen enthalten, die man Markierungen nennt. Die nächsten acht Kapitel dieses Buches sind der Einführung, Erklärung und Vorführung dieser HTML-Markierungen gewidmet.

In der Zwischenzeit geben wir Ihnen eine allgemeine Einführung in das Aussehen und Verhalten der HTML-Markierungen; eine Markierung nimmt eine artentypische Form an, die irgendwie so aussieht:

```
<MARKIERUNGS-NAME {ATTRIBUT{="WERT"}...}>Text{</MARKIERUNGS-NAME>}
```

(Es ist übrigens egal, ob man den Text innerhalb der Markierungen groß oder klein schreibt; aus Gründen der besseren Lesbarkeit schreiben wir aber alles groß.)

Lassen Sie uns nun die Einzelteile dieser sortentypischen Form betrachten:

- ✔ **<MARKIERUNG-NAME>:** Alle HTML-Markierungen haben Namen. H1 ist beispielsweise eine Überschrift ersten Grades; OL ist eine geordnete Liste. Markierungen sind von spitzen Klammern umgeben, die ihren Inhalt zur besonderen Kenntnisnahme durch die Parser-Software markieren.

- ✔ **{ATTRIBUT{="WERT"}...}:** Einige HTML-Markierungen erfordern oder ermöglichen einen Bezug zu bestimmten benannten Attributen. Hier werden in der Schreibweise geschwungene Klammern verwendet – z.B. {ATTRIBUT} –; diese zeigen an, daß es bei einigen Markierungen Attribute geben kann, bei anderen aber nicht. Genauso müssen einigen Attributen Werte zugeordnet werden, beispielsweise wenn man einem HyperText-Link den Namen eines HTML-Dokuments zuordnet; andere Attribute benötigen vielleicht überhaupt keine zugeordneten Werte und deswegen steht {="WERT"} ebenfalls in geschwungenen Klammern. Eine <IMG>-Markierung, die auf eine Grafik-Datei zeigt, benötigt beispielsweise das Attribut SRC (source = Quelle), um einen Zeiger auf die Datei zu richten, in der sich die Grafik befindet, z.B. <IMG SRC="../gifs/redball.gif">. Dies beweist wieder einmal, wie wichtig es ist, sich nicht zu weit von seinen Quellen zu entfernen!

Die runden Klammern (...) zeigen schließlich an, daß manche HTML-Markierungen sogar mehrere Attribute enthalten können, von denen jedes den Umständen entsprechend einen Wert annehmen kann oder auch nicht.

✔ **Text:** Dies ist der durch eine Markierung veränderte Inhalt. Wenn die Markierung beispielsweise ein Dokumententitel wäre, würde die HTML-Zeichenkette

```
<TITLE>HTML for Dummies Homepage</TITLE>
```

die Worte »HTML for Dummies Homepage« in der Titelleiste oben im Fenster des grafischen Browsers anzeigen. Indem man diesen Text zwischen die Markierungen <TITLE> und </TITLE> stellt, markiert man ihn als Titel eines Dokuments. (Pahh! Ich wette, jetzt wissen Sie, was TITLE bedeutet, oder?)

✔ **{</MARKIERUNG-NAME>}:** Der abschließende Markierung-Name ist durch eine offene spitze Klammer (<) gekennzeichnet, der ein Schrägstrich (/), der Markierung-Name und schließlich eine abschließende geschlossene spitze Klammer (>) folgt. Die geschwungenen Klammern weisen darauf hin, daß dieses Element nicht immer erscheint. Über 70% der HTML-Markierungen benötigen aber sowohl eine Abschluß-Markierung als auch eine Öffnungs-Markierung, so daß man das Weglassen der Abschluß-Markierungen eher als Ausnahme von der Regel betrachten sollte. Machen Sie sich keine Sorgen, denn die meisten Browser, wenn nicht gar alle, ignorieren Abschluß-Markierungen einfach, wenn sie nicht erforderlich sind.

Der Mehrheit der HTML-Markierungen müssen keine Attribute zugeordnet werden, also lassen Sie sich von ihrer aufgeblasenen formalen Syntax nicht zu sehr abschrecken. Im großen und ganzen ähneln die meisten dem Layout <MARKIERUNG-NAME>Text</MARKIERUNG-NAME> wie bei <TITLE>HTML for Dummies Homepage</TITLE>.

Das kaufmännische Und (&) ist ein weiteres spezielles HTML-Steuerzeichen. Es kennzeichnet ein Sonderzeichen im HTML-Inhalt, das nicht zum 7-Bit-ASCII-Zeichensatz gehört (wie ein accent grave oder ein Umlaut), oder das anderweitig als Markup-Zeichen interpretiert werden könnte (wie eine offene oder geschlossene spitze Klammer). Solche etikettierten Artikel nennt man Zeichen-Entitäten; für diese gibt es vielerlei Ausdrucksmöglichkeiten. Die Zeichenkette »è« führt beispielsweise zu einem kleinen »E« mit einem Accent Grave (è), die Zeichenkette »>« liefert eine geschlossene spitze Klammer (>).

Warnung: Sie betreten die Akronym-Zone

Nahezu alles Geschriebene, Gesprochene oder jede Dokumentation, die mit Computern zu tun hat, trieft nur so von technischem Jargon und Kauderwelsch, wobei es egal ist, um welches konkrete Thema es sich handelt. Um alles noch mehr zu komplizieren, verwenden die Eingeweihten für häufig vorkommende technische Ausdrücke, so zum Beispiel HTML statt HyperText Markup Language oder SGML statt Standard Generalized Markup Language, viel lieber die Abkürzung anstatt jedes Mal den vollen Ausdruck auszusprechen.

Überall in der Computerwelt verwendet man die Anfangsbuchstaben für technische Ausdrücke – beispielsweise ROM für Read Only Memory, RAM für Random-

Access Memory, CPU für Central Processing Unit usw. –, also können Sie sich auch gleich daran gewöhnen! Diese Art der Kurzschrift nennt man Akronym (es bedeutet im Griechischen »vom Anfang des Namens«), und wir möchten Sie warnen, daß Sie sich hier in einer Welt befinden, in der Akronyme an der Tagesordnung sind. Um Ihnen das Leben ein bißchen zu erleichtern, liebe Leser, haben wir alle in diesem Buch verwendeten Akronyme in ein Glossar am Ende des Buches aufgenommen. So können Sie wenigstens nachsehen, wenn Sie vergessen haben, was eine bestimmte Buchestabenkombination bedeutet!

Kapitel 8 enthält den vollständigen Satz der HTML-Entitäten. Wenn Sie nicht mit der englischen Sprache arbeiten, können Sie sich Makros erstellen, um damit häufig auftauchende höherwertige ASCII-Zeichen in Ihren HTML-Dateien zu ersetzen. Mit diesen Makros können Sie die Vorgänge des Suchens und Ersetzens als nachgeordneten Schritt automatisieren. Damit vermeiden Sie, sieben oder acht HTML-Zeichen eintippen zu müssen, um ein Ausgabezeichen zu erhalten (Informatik-Fachidioten nennen das »ein ungünstiges Eingabe/Ausgabe-Verhältnis«)! Noch besser ist es allerdings, wenn Sie sich ein paar der HTML-Autoren-Werkzeuge in Teil VIII ansehen: Die meisten automatisieren solche Sachen für Sie.

Im folgenden Abschnitt legen wir die Wurzeln von HTML, nämlich SGML, die Standard Generalized Markup Language, frei.

Standard Generalized Markup Language (SGML)

Technisch gesehen ist HTML keine Programmiersprache, und ein HTML-Dokument kann auch nicht als Programm bezeichnet werden. Per Definition ist ein Programm normalerweise ein Satz von Anweisungen und Vorgängen, die auf externe Daten angewendet werden (dies nennt man normalerweise Eingabe).

HTML kombiniert die Anweisungen mit diesen Daten und teilt so dem Anzeige-Programm, also dem Browser, mit, wie die in dem Dokument enthaltenen Daten dargestellt werden sollen. Obwohl HTML *per se* keine Programmiersprache ist, bietet es Unmengen an Strukturierungs- und Layoutsteuerungen an, mit denen man das Erscheinungsbild eines Dokuments bestimmen kann; außerdem enthält HTML auch die Verbindungsmechanismen, die man für die HyperText-Fähigkeiten benötigt.

HTML ist übrigens durch einen bestimmten Dokumententyp – die Document Type Definition (= Dokumententyp-Definition) oder DTD – im SGML-Kontext definiert. Daher ist jedes HTML-Dokument auch ein SGML-Dokument und repräsentiert eine bestimmte Teilmenge des SGML-Funktionsumfangs.

Ein generalisiertes Markup deckt viele Sünden zu

SGML war das Ergbenis der Arbeit, die in den 60er Jahren bei IBM begonnen wurde, um die Probleme zu überwinden, die bei der Dokumentenübertragung über mehrere Hardware-Plattformen und Betriebssysteme auftraten. Die Bemühungen von IBM wurden GML genannt, was für General Markup Language stand. GML zielte ursprünglich auf die lokale Verwendung bei IBM ab und war nicht als artentypische Methode zur Darstellung von Dokumenten gedacht. Es war die erste Strategie zur Vorbereitung von Dokumenten zur einmaligen Veröffentlichung auf mehreren Plattformen – ein Konzept, das heutzutage äußerst beliebt ist.

Die Schöpfer der GML – Charles Goldfarb, Ed Mosher und Ray Loris (der Original-»GML«) – machten sich in den 70er Jahren klar, daß eine allgemeinere Markup-Version die Dokumentenübertragung von einem System zum anderen ermöglichen würde. Ihre Arbeit führte schließlich in den 80er Jahren zur Definition und Geburt von SGML, die heute dem Standard ISO-8879 entspricht.

SGML ist ein vielseitiges und komplexes Werkzeug zur Darstellung der verschiedensten Dokumente. Man kann damit die unterschiedlichsten Dokumentenspezifikationen erstellen, die dann individuelle Dokumente definieren und aufbauen, welche diesen Spezifikationen entsprechen.

Einige kommerzielle und regierungseigene Institutionen, wie beispielsweise das Verteidigungsministerium der Vereinigten Staaten (DoD), haben SGML übernommen. Das Verteidigungministerium verlangt, daß Vertragspartner und Subunternehmer alle Schriftsätze an die Regierung in SGML abliefern und schreibt sogar die DTDs vor, denen die Dokumente der Vertragspartner entsprechen müssen.

Einige Zitate aus dem SGML-Standard ISO 8879 veranschaulichen dessen Ziele und unterstreichen die enge Verwandtschaft zu HTML. Im folgenden finden Sie die Beschreibung des Markup-Prozesses:

> *Textverarbeitungssysteme erfordern normalerweise zusätzliche Informationen, die während der Verarbeitung in den eigentlichen Dokumententext eingestreut werden. Diese zusätzliche Information nennt man »Markup«; sie dient zwei Zielen:*
>
> *a) Absetzung der logischen Elemente des Dokuments und*
>
> *b) Angabe der Verarbeitungsfunktionen, die an diesen Elementen ausgeführt werden sollen.*
>
> Charles P. Goldfarb, *The SGML Handbook*, (Clarendon Press, Oxford, 1990), Seite 5

SGML übertrifft HTML, was den Entwicklungsstand und die Bandbreite betrifft, bei weitem; man kann damit komplexe Dokumententypen, wie beispielsweise Dokumente für Militärstandards (Milspec) oder Wartungshandbücher für Flugzeuge definieren, deren Spezifikationen allein schon Tausende von Seiten umfassen können.

6 ➤ Was ist eine Markup-Sprache?

Die Vorstellung eines »generalisierten Markup« macht das Definitionssystem von SGML so allumfassend und mächtig. Goldfarb hat zu diesem Thema folgendes zu sagen:

> ...»*generalisiertes Markup« [...] beschränkt Dokumente nicht auf eine einzige Anwendung, eine einzige Formatierung oder ein einziges Verarbeitungssystem. Generalisiertes Markup basiert auf zwei neuartigen Forderungen:*
>
> a) *Markup soll die Struktur und andere Attribute eines Dokuments beschreiben und nicht die daran auszuführende Verarbeitung angeben, da ein deskriptives Markup nur einmal durchgeführt werden muß und für alle weiteren Verarbeitungen ausreicht.*
>
> b) *Markup soll genau so sein, daß die zur Verarbeitung exakt definierter Objekte verfügbaren Techniken, wie beispielsweise Programme und Datenbanken, ebenso zur Verarbeitung von Dokumenten verwendet werden können.*
>
> Charles P. Goldfarb, *The SGML Handbook*, (Clarendon Press, Oxford, 1990), Seiten 7 – 8

Obwohl SGML, wie auch HTML, immer noch auf die Erstellung von Dokumenten ausgerichtet ist, soll für die Dokumente eher ein programmähnliches Verhalten erzielt werden, damit ihr Verhalten in einer computerorientierten Welt vorhersehbar wird.

Aufbau besserer Einzelteile

Die ganze Idee bei SGML besteht in der Erstellung einer formalen Methode zur Beschreibung der Abschnitte, Überschriften, Stile und anderer Komponenten, aus denen ein Dokument besteht; Verweise auf individuelle Artikel oder Einträge in einem Dokument sollen durch diese Definitionen beschrieben werden. Dadurch liegt ein konsistentes Dokument vor, wobei es völlig egal ist, auf welcher Plattform es angezeigt wird. Einfach ausgedrückt ist SGML ein polyvalentes Werkzeug zur Beschreibung der verschiedenartigsten Dokumente.

In seiner artentypischsten Form besteht ein SGML-Dokument aus drei Teilen:

1. einer Beschreibung des erlaubten Zeichensatzes und der Zeichen, die zur Unterscheidung des reinen Textes von Markup-Markierungen verwendet werden.

2. eine Erklärung des Dokumententyps sowie eine Auflistung der erlaubten Markup-Markierungen, die es enthalten darf.

3. dem Dokument selbst, das die eigentlichen Verweise auf die Markup-Markierungen enthält, die mit dem Inhalt des Dokuments vermischt sind.

Wo HTML unter den SGML-Mantel paßt

In derselben physikalischen Datei müssen nicht alle drei Teile enthalten sein. HTML geht von einem festen Definitionensatz für die Punkte 1 und 2 aus; nur die Inhalte und Markierungen, die eine HTML-Datei ausmachen, müssen, so wie in Punkt 3 beschrieben, im Dokument enthalten sein.

Bei HTML ist Punkt 1 durch den Zeichensatz ISO-Latin-1 abgedeckt, der die Zeichen-Entitäten für höhergradige ASCII-Zeichen sowie die spitzen Klammern und den Schrägstrich, der die Markup-Markierungen anzeigt, definiert. Ausgehend von einem Standard-DTD für HTML ist Punkt 2 ebenfalls abgedeckt.

HTML kann demzufolge durch reine ASCII-Textdateien vermittelt werden, die den Definitionen und Anforderungen aus den Punkten 1 und 2 entsprechen und so die Voraussetzungen für Punkt 3 schaffen. In anderen Worten: HTML besteht nur aus Inhaltstext, Zeichen-Entitäten und Markup-Markierungen.

Willkommen bei HTML

Trotz seiner eingeschränkteren Eigenschaften hat HTML etliche wichtige Charakteristiken mit seiner »Mutter« SGML gemein:

- ✔ Eine Methode auf der Grundlage von Zeichen, mit denen Inhalte beschrieben werden und eine bestimmte Ausprägung bekommen
- ✔ Den Wunsch, eine gleichwertige Lieferung auf mehreren Plattformen zu gewährleisten
- ✔ Eine Methode zur Verbindung von Dokumentenkomponenten (und Dokumenten), um verknüpfte Dokumente zu erstellen

Obwohl HTML vielleicht weniger generalisiert ist als SGML, enthält es dennoch einen großen Spielraum für einzigartige und aussagekräftige Ausdrucksmöglichkeiten, wie Ihnen beim Überfliegen beliebiger Web-Seiten bestätigt wird. Obwohl HTML bei weitem nicht vollständig generalisiert ist, können seine Markierungen und Entitäten immer noch einem breitem Inhaltsspektrum gerecht werden!

Wiedergabe des Inhalts auf zahlreiche Plattformen

Die enorme Aussage- und Anziehungskraft von HTML rührt aus seiner Fähigkeit, zeichenorientierte und grafische Browser mit einem identischen Inhalt zu bedienen. »Aussehen und Gefühl« eines beliebigen Dokumenteninhalts bleiben gleich und unterliegen nur den Anzeigebeschränkungen des verwendeten Browsers.

Wenn Sie dem die Fähigkeit zur Gruppierung mehrerer verwandter Informationsquellen – Text, Grafik, Audio und Video – und die Fähigkeit, Dokumente zu verbinden, hinzufügen, heißt das Ergebnis HyperText. HTML kombiniert eine einfache und knappe Form mit wirksamen Steuerungen und HyperText-Verbindungen und liefert dadurch die Erklärung für die Beliebtheit des Web als Informationsabruf- und -suchwerkzeug.

Die mehr als vier und mehr Gesichter von HTML

HTML besteht, abgesehen vom Inhalt, im Prinzip nur aus einer Ansammlung von Zeichen-Entitäten und Markup-Markierungen. Einige Puristen bestehen darauf, innerhalb der Grenzen der SGML-DTD für HTML zu bleiben; die Menge und Art der in verschiedenen Web-Umgebungen (besonders in einigen der weiter entwickelten Browser) verwendeten Markierungen und Entitäten wächst aber mit jeder Markierung und jeder neuen Browser-Version.

Obwohl einige Browser vielleicht Markierungen und Entitäten erkennen, die anderen Browsern unbekannt sind, enthält HTML die Konvention, daß jede nicht erkannte Markierung ignoriert wird. Bei manchen Browsern gehen Ihnen vielleicht ein paar der schöneren Formatierungssteuerungen verloren (wie zum Beispiel die Markierung <BLINK>, die derzeit nur von Netscape erkannt wird), aber der Inhalt sollte immer noch gut zugänglich sein.

Heutzutage gibt es sogar einige Standardisierungs-Ebenen für HTML; sie sind von 0 bis 3 durchnumeriert:

0 war die ursprüngliche, nur auf Text bezogene Markup-Sprache, die vor der öffentlichen Freigabe von HTML bei CERN für den Browser-Prototyp entwickelt wurde. Heute sollte es auf dieser Ebene, abgesehen von »historischen Kuriositäten«, eigentlich keine Werkzeuge mehr geben.

1 ist die erste öffentliche Implementierung des HTML-Markup, die zusätzlich zu den Textsteuerungen auch Verweismöglichkeiten auf grafische Elemente enthielt. Viele Browser – beispielsweise Lynx und Cello – arbeiten immer noch auf der ersten HTML-Ebene.

2 ist die aktuelle Implementierung des HTML-Markup, die außer den Markup-Elementen für die Ebene 1 auch Markierungen für interaktive Formulare enthält. Die meisten grafischen Browser – wie beispielsweise Mosaic, Netscape und WinWeb oder MacWeb – unterstützten HTML auf der zweiten Ebene.

3 Ebene 3 wird manchmal HTML+ genannt (»HTML plus«) und enthält zusätzlich Unterstützung zur Formatierung von Tabellen auf dem Bildschirm und komplexer mathematischer Schreibweisen. Diese Version wurde jedoch nie offiziell verabschiedet. Viele der Vorgeschlagenen Änderungen wurden nicht in die neue Spezifikation mit aufgenommen, bzw. inzwischen wieder verworfen.

Die zur Zeit gültige Version von HTML trägt die Versionsnummer 4 und wurde nach langem Ringen zwischen den Firmen Netscape und Microsoft vom WWW Konsortium verabschiedet.

Den jeweils aktuellen Stand in Sachen HTML können Sie immer im Web herausfinden. Es gibt die aktuelle Spezifikation in Form der HTML-DTD sowie eine Online-Dokumentation über HTML-Markup und HTML-Verhalten und aktuelle SGML-Informationen.

HTML-Elemente

Gut strukturierte HTML-Dokumente bestehen aus drei Teilen:

1. einem Kopf, der das Dokument als HTML-Dokument ausweist und seinen Titel darlegt.
2. einem Inhaltsteil, der den Inhalt einer Web-Seite enthält. Daher kommt der ganze Text einer Seitenanzeige (abgesehen vom Titel) sowie alle Links zu Grafiken, zu Multimedia-Informationen und zu Standorten innerhalb dieser HTML-Datei oder zu anderen Web-Dokumenten.
3. einer Fußzeile, die die Seite mit ihrem Autor, Erstellungsdatum und Versionsnummer (sofern zutreffend) kennzeichnet.

In Wirklichkeit ist HTML sehr nachsichtig, so daß Sie manchmal sogar einige dieser Elemente auslassen können. Aus Stil- und Praktikabilitätsgründen empfehlen wir jedoch, daß alle von Ihnen gestalteten Seiten die für diese drei Elemente erforderlichen Informationen enthalten.

Gehen Sie zum Kopf des Dokuments

Die Markierungen <HTML> (Öffnungs-Markierung) und </HTML> (Abschluß-Markierung) rahmen ein HTML-Dokument als Ganzes ein. Diese Markierungen weisen die DTD des Dokuments gegenüber einem SGML-sensitiven Programm aus, damit sein Inhalt richtig interpretiert werden kann. Bei den meisten Browsern können Sie diese Markierung weglassen, aber nachdem sich HTML und SGML immer weiter auseinander entwickeln, könnte das die Lebenszeit Ihrer Web-Seiten begrenzen.

Vor dem Dokumentenkopf kann manchmal eine optionale Zeile stehen. Man nennt das einen Dokumententyp-Prolog. Dieser beschreibt in SGML, daß das nachfolgende HTML-Dokument der angezeigten Ebene der HTML-DTD entspricht. Ein Beispiel:

```
<!DOCTYPE HTML PUBLIC "-//IETF//DTD HTML 2.0//EN">
```

Wenn Sie diese Zeile entziffern, wissen Sie, daß das HTML-Dokument der HTML-2.0-DTD entspricht, die von der Internet Engineering Task Force (IETF) ausgegeben wurde. Außerdem wissen Sie, daß die DTD PUBLIC und nicht systemabhängig ist, und schließlich wissen Sie, daß der HTML-Markierungs-Satz durch die ENGLISCHE Sprache definiert ist (das »EN« in der obigen DOCTYPE-Anweisung). Diese DOCTYPE-Anweisung kann auch von lokalen SGML-Parsern verwendet werden, um die Gültigkeit des HTML-Dokuments zu überprüfen; d.h., der Parser überprüft die Syntax des Dokuments auf Übereinstimmung und Genauigkeit. Dies wird in Zukunft immer wichtiger werden.

Ein Dokumententitel wird von den Markierungen <TITLE> (Öffnungs-Markierung) und </TITLE> (Abschluß-Markierung) flankiert. In diesem Abschnitt finden Sie üblicherweise den eigentlichen Titel und vielleicht auch andere Dokumentenüberschrifts-Markierungen, die wir u.a. in den Kapiteln 7 und 9 näher abhandeln werden. Das Wichtige an einer HTML-Dokumentenüberschrift ist, daß sie sich auf informative und eingängige Art ausweist.

HTML enthält auch das Markierung-Paar <HEAD> und </HEAD>, um den Kopf eines Dokuments physikalisch zu identifizieren.

Das meiste steht im Inhaltsteil

Der wirkliche Inhalt eines jeden HTML-Dokuments erscheint im Inhaltsteil, der von den Markierungen <BODY> und </BODY> umschlossen wird. Hier beschreiben Sie das Layout und die Struktur Ihres Dokuments mit einer Vielzahl von Markierungen für Textüberschriften, eingebettete Grafiken, Textabsätze, Listen und andere Elemente. Es überrascht nicht, daß die Mehrheit der HTML-Markierungen im Inhaltsteil eines Dokuments auftauchen, einfach weil es dort ans Eingemachte geht!

Kapitel 7 behandelt alle HTML-Markierungen in Kurzform und in den Teilen III, IV und V finden Sie eine Menge Beispiele. Vergessen Sie nicht, das hier ist nur der Überblick.

Das Beste steht in den Grafiken und Links

Im Inhaltsteil des Dokuments finden Sie auch den ganzen HyperText-Inhalt. Dies könnte in der Form von Verweisen auf Grafiken oder andere Dateien sein, beispielsweise durch entsprechende Verwendung von Text-Markierungen wie <IMG> für eingebundene Grafiken. Oder Sie könnten mit Anker-Markierungen (<A>, </A>) mit geeigneten Attributen Verbindungen zu anderen Punkten im selben Dokument oder zu externen Dokumenten erstellen. Da Anker auf generalisierte URLs verweisen (nicht nur auf andere HTML-Dateien), können Sie damit sogar Dienste wie FTP aufrufen, um Multimedia-Dateien aus Ihren Web-Seiten zu übertragen.

Die Kapitel 10, 13, 14 und 16 bieten viele Einzelheiten zur Verwendung von Grafiken in HTML-Dokumenten; außerdem finden Sie dort gute Materialquellen, Informationen über den passenden Einsatz und andere grafische Informationsschmankerl. Wenn Sie dieses Buch durchgelesen haben, werden Sie mit HTML-Grafiken um sich werfen wie der beste WebMaster!

Eine Fußzeile mag ja optional sein, aber sie ist auf jeden Fall eine gute Idee

Technisch gesehen gibt es bei HTML keine eigene Markierung, um die Fußzeile einer Seite zu kennzeichnen – d.h., es existiert kein Markierungs-Paar <FOOT> und </FOOT>, um die Information auszuzeichnen, die normalerweise in einer Fußzeile erscheinen sollte. Trotzdem empfehlen wir nachdrücklich, auf jede Seite, die Sie erstellen, eine Fußzeile aufzunehmen, nur für die Akten.

Sie fragen, was in einer Fußzeile steht? Na ja, sie sollte Informationen über die Seite und deren Autor(en) enthalten. Eine gute Fußzeile weist auch Jahrgang und Inhalt eines Dokuments aus und ermöglicht interessierten Lesern die Kontaktaufnahme mit den Seiteninhabern, falls ihnen Fehler auffallen oder sie sich überhaupt zu der Seite äußern möchten.

Es ist zu Ihrem eigenen Besten, wenn Sie in jede Ihrer HTML-Dateien Informationen über Datum und Version aufnehmen. Dadurch erkennen Sie, worum es sich handelt, wenn Sie sich die Seite ansehen, und es erinnert Sie außerdem daran, wie alt Ihre Seiten schon sind. Und wie jeder echte Web-Kenner weiß: Je älter die Information, desto höher die Wahrscheinlichkeit, daß sie bereits überholt ist!

Kapitel 10 liefert eine Menge Einzelheiten über Fußzeilen und bietet außerdem ein besonders schönes Beispiel dafür, wie eine gute Fußzeile aussehen sollte. Übersehen Sie das auf keinen Fall.

Meine Damen und Herren, starten Sie Ihre Motoren!

So, jetzt haben Sie also die grundlegenden HTML-Elemente kennengelernt. In den folgenden Kapiteln finden Sie noch mehr Einzelheiten, beispielsweise mehr Markierungen, als Sie sich träumen lassen. Sie haben jetzt die Möglichkeiten von HTML kennen und lieben gelernt und sind nun in der Lage, das Gelernte umzusetzen, indem Sie großartige Web-Seiten erstellen.

Schubladen für die Inhalte der Seiten: HTML-Kategorien

In diesem Kapitel

▶ Detaillierte Definition der HTML-Markierungs-Syntax

▶ Kategorisierung der HTML-Markierungen

▶ HTML von vorne bis hinten, Markierung für Markierung

Jetzt ist es soweit, Sie bekommen nun im Rahmen dieses Buches den ersten tiefgehenden Einblick in HTML. In diesem Kapitel sprechen wir eingehender über die HTML-Syntax, um Sie mit all den herrlichen Details vertraut zu machen. Wir erstellen auch verschiedene Kategorien für die Eigenschaften von HTML und fassen, damit Sie alles einfacher erlernen und einsetzen können, die Markup-Markierungen in sinnvollen Gruppen zusammen. Der Rest des Kapitels dient vor allem als Nachschlagewerk, in dem Sie alle HTML-Markierungen in alphabetischer Reihenfolge vorfinden.

Die Essenz der HTML-Syntax

Im vorangegangenen Kapitel haben Sie einiges über die allgemeine Syntax der HTML-Markierungen erfahren. Lassen Sie uns das bereits Besprochene kurz wiederholen:

✔ Markierungen sind in spitze Klammern eingeschlossen; <HEAD> markiert beispielsweise den Beginn der Überschrift in einem HTML-Dokument.

✔ Nur aus Gründen der Konvention stellen wir alle Markierungen in Großbuchstaben dar; so kann man sie besser lesen – für HTML ist es an sich irrelevant, ob die Groß- oder die Kleinschreibung verwendet wird. Deswegen schreiben wir in diesem Buch <HEAD> und nicht <Head> oder <head>, obwohl es sich bei allen dreien um zulässige – und gleichwertige – HTML-Markierungen handelt. Wir empfehlen Ihnen, es genauso zu machen, da Sie dadurch die Markierungen besser vom eigentlichen Text trennen können.

✔ Markierungen treten im Normalfall paarweise auf; <HEAD> markiert also den Anfang des Überschriftenblocks eines Dokuments und </HEAD> das Ende. Der gesamte Text, der sich innerhalb der Klammern befindet, wird als wichtigster Teil dieser Markierung betrachtet und dementsprechend behandelt. Die Mehrheit der HTML-Markierungen funktionieren so, und daher werden wir die möglichen Ausnahmen bei der Vorstellung kennzeichnen.

✔ Markierungen können manchmal ein oder mehrere Attribut(e) annehmen, um Datenquellen zu definieren, URLs anzugeben, oder die Eigenarten eines Textes näher anzugeben, auf den eine Markierung angewendet wird. Die <IMG>-Markierung, mit der Grafiken innerhalb einer Seite plaziert werden, kann beispielsweise die folgenden Attribute benutzen:

SRC = Bildquelle, entspricht dem URL

ALT = alternativer Text, der angezeigt wird, wenn der Browser nicht grafiktauglich ist oder die Grafikfähigkeit ausgeschaltet ist

ALIGN = (TOP|MIDDLE|BOTTOM) und (\[WIDTH=zahl] & [HEIGHT=zahl]\) steuert die Plazierung einer Grafik. Wir werden später alles noch genauer erklären, wenn wir Ihnen die Sachen erzählen, die Sie noch nicht kennen!

ISMAP: Wenn dieses Attribut vorhanden ist, wird damit angezeigt, daß die Grafik eine anklickbare Bildkarte mit einem oder mehreren in das Bild eingebauten Link(s) zu anderen Standorten ist. Wenn das Attribut fehlt, ist das Bild keine Karte.

Einige Attribute nehmen einen Wert an – in diesem Fall benötigen SRC, ALT und ALIGN jeweils mindestens einen Wert –, wohingegen andere, wie beispielsweise ISMAP, keine Werte erfordern. Attribute, die keine Werte benötigen, sind, wenn vorhanden, normalerweise true (»eingeschaltet«), und false (»ausgeschaltet«), wenn sie weggelassen werden. Außerdem haben Markierungen voreingestellte Werte für die benötigten Attribute, die weggelassen wurden; konsultieren Sie also die HTML-Spezifikation, wenn Sie sich nicht sicher sind.

Sie wissen nun schon einiges über die HTML-Syntax und das HTML-Layout. Es gibt aber immer noch ziemlich viele zusätzliche Dinge, die Sie sich aneignen müssen; einiges davon haben wir bereits in der vorstehenden Aufzählung angesprochen. Dies erklärt die albernen Zeichen, die zwar nicht zur eigentlichen HTML gehören, aber zur ihrer formalen Erklärung notwendig sind.

In den folgenden Abschnitten beginnen wir mit einigen formalen Syntaxkonventionen und gehen dann zu den interessanteren Eigenschaften der eigentlichen HTML über.

Syntaxkonventionen sind kein Spiel!

Für die formalen Definitionen der verschiedenen HTML-Kommandos verwenden wir immer die gleiche typografische Schreibweise. Das bedeutet, daß Sie genau darauf achten sollten, wie die Dinge geschrieben werden, da über die Schreibweise definiert wird, wie die Termini kombiniert, aufgebaut und eingesetzt werden.

Metazeichen gefällig?

Eine formale Syntax zu beschreiben bedeutet, daß bestimmte Zeichen auf eine bestimmte Art verwendet werden; damit wird festgelegt, wie die Elemente behandelt werden sollen, die in

Zusammenhang mit diesen Zeichen erscheinen. Das entspricht nahezu den folgenden HTML-Vorgaben:

- ✔ Eine Markierung wird von spitzen Klammern umgeben (z.B. <HEAD>).
- ✔ Ein Schrägstrich nach der offenen spitzen Klammer kennzeichnet eine Abschluß-Markierung (z.B. </HEAD>).
- ✔ Ein kaufmännisches Und (&) leitet eine Einheit von Zeichen ein, ein Strichpunkt schließt sie (z.B. è).

Dies sind Sonderzeichen, die uns (und unsere Browser-Software) darauf hinweisen, daß eine Sonderbehandlung notwendig ist.

Die Sonderzeichen, die wir für unsere HTML-Syntax verwenden werden, sind von Konventionen abgeleitet, die für eine formale Syntax für Programmiersprachen – sie heißt Backus-Naur-Form (oder kurz BNF-Grammatik) – entwickelt wurde. Da wir ein bißchen von BNF abweichen müssen, führen wir alle Sonderzeichen, die wir zur Syntaxbeschreibung nutzen – man nennt diese übrigens Metazeichen –, mit ihren Definitionen und jeweils einem Beispiel in Tabelle 7.1 auf.

Zeichen	Name(n)	Definition	Beispiel
|	vertikaler Strich	Trennt eine zulässige Auswahl	PUNKT1|PUNKT2|PUNKT3
()	runde Klammern	Definiert mehrere Punkte, die als Einheit behandelt werden sollen	(PUNKT1|PUNKT2) oder (PUNKT3|PUNKT4)
\\	Backslash	Ein oder mehrere Punkt(e) können ausgewählt werden	\PUNKT1|PUNKT2|PUNKT3\
and	logisches Und	Beide Punkte müssen ausgewählt werden	(PUNKT1|PUNKT2) and (PUNKT3|PUNKT4)
or	logisches Oder	Der eine oder der andere Punkt müssen ausgewählt werden	PUNKT1 or PUNKT2
&	und/oder	Ein oder beide Punkt(e) müssen ausgewählt werden	PUNKT1 & PUNKT2
[ ]	eckige Klammern	Dem Standard nicht entsprechende Punkte; werden nicht von allen Browsern unterstützt	[WIDTH=zahl]
integer	ganzzahliger Wert	Nur ganze Zahlen	1,2944, -40
...	Ellipse	Wiederholt Elemente nach Bedarf	PUNKT1|PUNKT2|...
{ }	geschwungene Klammern	Enthalten optionale Elemente, nicht zwingend	{PUNKT1|PUNKT2}

Tabelle 7.1: Der Metazeichensatz der HTML-Syntax

Entschlüsselung eines komplexen Metazeichenbeispiels: ALIGN=?

Nichts eignet sich besser als ein Beispiel, um Sinn in dieses Kauderwelsch zu bringen. Erinnern Sie sich an unsere Definition des Attributs ALIGN für die Markierung <IMG>:

ALIGN = (TOP|MIDDLE|BOTTOM) and (\[WIDTH=zahl] & [HEIGHT=zahl]\)

Um sicherzugehen, daß Sie die Bedeutung dieser Formalismen verstehen, wollen wir diese Zeile nochmals näher ausführen:

ALIGN = (TOP|MIDDLE|BOTTOM) bedeutet, daß ALIGN einen der drei Werte TOP, MIDDLE oder BOTTOM annehmen kann. Im Grunde genommen gibt man damit an, ob ein Bild oben, in der Mitte oder unten im Anzeigebereich des Bildschirms erscheinen soll.

ALIGN kann auch einen der Werte aus der Kombination (TOP|MIDDLE|BOTTOM) annehmen und außerdem manchmal einen oder beide Werte aus der Kombination (\[WIDTH=number] | [HEIGTH=number]\).

Manchmal kann ALIGN entweder einen oder beide Einstellungen WIDTH und HEIGHT annehmen. Das wird durch die Backslashes (\) um die Einträge WIDTH und HEIGHT und das logische Und/Oder (das als & dargestellt wird) angezeigt. Jedem dieser beiden Einträge muß ein ganzzahliger Wert zugeordnet werden, der die Position relativ zum aktuellen Anzeigebereich definiert; dies wird durch den Bestandteil »number« angezeigt. WIDTH und HEIGHT werden außerdem nur von bestimmten Browsern unterstützt, worauf die eckigen Klammern hinweisen.

Wie Sie sehen, haben wir jetzt drei detaillierte Abschnitte gebraucht, um das vollständig zu erklären, was wir auch in einer einzigen komplexen Zeile erklären konnten. Die Kürze und Kompaktheit der formalen Syntax wirkt furchtbar ansprechend auf Computer-Fanatiker; hoffentlich finden Sie Ihren Weg durch diese Syntax, so daß Sie beim Durcharbeiten der verschiedenen Markierungen erkennen, was alles in HTML steckt. Wenn nicht, haben Sie keine Angst – wir liefern Ihnen für jede einzelne Markierung eine Menge Beispiele, so daß Sie das durch Osmose aufnehmen können, was Sie durch Formalismus nicht erfassen! Autsch!

Interessante HTML-Eigenschaften

Zusätzlich zu der formalen Syntax, die wir an dieser Stelle verwenden, besitzt die eigentliche Markup-Sprache einige interessante Eigenschaften, die es durchaus wert sind, daß man sich vor der Behandlung der Markierungen damit beschäftigt.

Bitte keine eingebetteten Leerzeichen

Alle HTLM-Markierungen verlangen, daß alle Zeichen in einem Namen zusammenhängend geschrieben werden. Innerhalb einer Markierung oder seines umgebenden Markups können keine zusätzlichen Leerzeichen eingefügt werden, ohne daß die Markierung daraufhin ignoriert wird (genau das machen Browser mit den Markierungen, die sie nicht erkennen).

</HEAD> ist eine gültige Abschluß-Markierung für eine Dokumentenüberschrift, aber keiner der Ausdrücke aus der folgende Liste ist zulässig:

```
< /HEAD>
</ HEAD>
</H EAD>
</HE AD>
</HEA D>
</HEAD >
```

Hoffentlich verstehen Sie das Prinzip: Keine Leerzeichen in den Markierungen, außer wenn Sie den Namen einer Markierung vom Namen eines Attributs trennen möchten (deswegen ist <IMG SRC="sample.gif"> zulässig, <IMGSRC="sample.gif"> aber nicht).

Wenn Attributen Werte zugeordnet werden, sind Leerzeichen allerdings nicht verboten. Das bedeutet, daß alle vier möglichen Varianten dieser SRC-Zuordnung zulässig sind:

```
<IMG SRC="sample.gif">
<!- Vorstehende Zeile: keine Leerzeichen vor und nach dem =-Zeichen ->
<IMG SRC = "sample.gif">
<!- Vorstehende Zeile: Leerzeichen vor oder nach dem =-Zeichen ->
<IMG SRC= "sample.gif">
<!- Vorstehende Zeile: kein Leerzeichen vor, eines nach dem =-Zeichen ->
<IMG SRC ="sample.gif">
<!- Vorstehende Zeile: ein Leerzeichen vor, keines nach dem =-Zeichen ->
```

Wo ein Leerzeichen zulässig ist, sind auch mehrere Leerzeichen zulässig. Lassen Sie sich aber nicht zu sehr davon mitreißen, was zulässig ist oder nicht – versuchen Sie, Ihre HTML-Dokumente so lesbar wie möglich zu lassen; dann ergibt sich alles andere ganz von selbst.

In das vorstehende Beispiel haben wir noch mehr HTML-Markup hineingeschmuggelt. Nach jeder Zeile mit <IMG>-Markierungen haben wir lesbare HTML-Kommentare eingefügt, die das beschreiben, was in der vorstehenden Zeile erscheint. Daraus können Sie folgern, daß beim HTML-Markup die Zeichenfolge <!- einen Kommentar eröffnet und die Zeichenfolge -> schließt. Im folgenden Markup-Abschnitt behandeln wir einige Richtlinien für die effektive und korrekte Verwendung von Kommentaren.

Was sind die Default-Einstellungen?

Was passiert, wenn eine Markierung ein Attribut unterstützt, dieses Attribut aber nicht vorhanden ist? Sie wissen beispielsweise bereits, daß das Vorhandensein des Attributs ISMAP bei der <IMG>-Markierung bedeutet, daß »das Bild eine anklickbare Karte ist«. Wenn ISMAP fehlt, ist »das Bild keine anklickbare Karte«.

Dies ist ein Weg, um ein Konzept für Default-Werte einzuführen; es handelt sich dabei nicht um eine spezielle Methode, jemanden eine Schuld zuzuschieben, sondern um eine Möglichkeit herauszufinden, wovon man ausgehen muß, wenn für eine bestimmte Markierung das

Attribut nicht vorhanden ist. Bei ISMAP ist die Voreinstellung nicht vorhanden, was bedeutet, daß ein Bild nur dann als anklickbare Karte angesehen wird, wenn das Attribut ISMAP explizit vorhanden ist.

Aber wie werden Bilder angezeigt, wenn das Attribut ALIGN nicht definiert wurde? Wenn Sie ein bißchen herumexperimentieren, werden Sie herausfinden, daß die Voreinstellung bei den meisten grafischen Browsern so aussieht, daß die Grafik am linken Rand eingefügt wird. Diese Arten der Voreinstellungen sind auch wichtig, und wir versuchen, Sie darüber zu informieren, was Sie in dieser Hinsicht erwarten können.

Der Verschachtelungstrieb

Manchmal ist es notwendig, einen Satz von Markierungen in einen anderen einzufügen. Vielleicht erscheint es Ihnen wichtig, ein Wort in einer Überschrift besonders hervorzuheben. Die Überschrift »Emergency Phone Numbers«, unter der Sie eine Liste wichtiger Telefonnummern zusammengestellt haben, würde vielleicht eindringlicher wirken, wenn das Wort »Emergency« besonders hervorgehoben wäre.

Wenn Sie einen Markup-Satz in einen anderen einschließen, nennt man das »Verschachtelung«. Wenn Sie der Verschachtelungstrieb überfällt, lautet die wichtigste Faustregel, daß Sie als erstes das schließen, was Sie zuletzt geöffnet haben. Die Text-Markierungen <STRONG>...</STRONG> umrahmen beispielsweise einen Text, der stark hervorgehoben werden soll. Wenn dies innerhalb einer Überschrift auf der zweiten Stufe <H2>...</H2> geschieht, muß mit der Hervorhebung folgendermaßen umgegangen werden:

```
<H2><STRONG>Emergency</STRONG> Phone Numbers</H2>
```

So schließen Sie zuerst die verschachtelten <STRONG>-Markierungen und danach die <H2>-Überschrift. Bei manchen Browsern dürfen Sie diese Regel vielleicht verletzen, aber andere könnten ganz unvorhergesehen reagieren, wenn die Markierungen nicht in der richtigen Reihenfolge geöffnet und geschlossen werden. Abbildung 7.1 zeigt, wie unser Beispiel aussieht. (Beachten Sie, daß das Wort »Emergency« fetter gedruckt erscheint als der Rest der Überschrift.)

Es gibt auch einige Markierungen, bei denen eine Verschachtelung nicht sinnvoll wäre. Innerhalb der Markierungen <TITLE>...</TITLE> sind beispielsweise nur Informationen betroffen, die in einem Fenster-Titel und nicht auf einer bestimmten Web-Seite erscheinen. Offensichtlich sind hier Text- und Layout-Steuerungen unzutreffend (und werden auch von einigen Browsern fröhlich ignoriert, während sich andere Browser in Krämpfen winden und jämmerlich verenden).

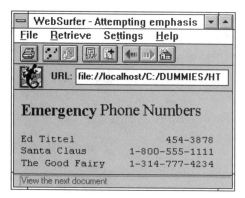

Abbildung 7.1: Die Verwendung verschachtelter Steuerungen innerhalb einer Überschrift

 Wenn Sie mit dem Schließen der zuvor geöffneten Markierungen beginnen, sollten Sie immer nach links schauen. Schließen Sie zuerst die nächstgelegene Markierung, dann die nächste usw. Sehen Sie sich die Details zu den Markierungen im Rest des Kapitels an, um herauszufinden, welche Markierungen Sie innerhalb anderer Markierungen verschachteln dürfen. Wenn die Markierung, die Sie verwenden wollen, nicht OK ist, sollten Sie keinesfalls versuchen, sie in die derzeit geöffnete Markierung einzufügen. Schließen Sie alles, was noch offen ist, und öffnen Sie danach die Markierung, die Sie brauchen.

Wenn Sie Ihre Markierungen richtig verschachteln, bewahren Sie die Browser Ihrer Leser davor, verrückt zu werden! Außerdem stellen Sie so sicher, daß Sie nur gutaussehende Web-Seiten produzieren ...

Eine Frage des Kontexts

Sobald Sie wissen, welche Markierungen innerhalb anderer Markierungen vorkommen können, werden Sie die von HTML angebotenen Steuerungsmöglichkeiten und Funktionen immer besser kennenlernen. Wir behandeln dieses Thema unter der Überschrift Kontext; hier geben wir den Kontext an, in dem eine Markierung vorkommen kann, und weisen darauf hin, was zulässig ist (und, indem wir es ausschließen, was nicht).

HTML-Kategorien

Bevor wir uns die HTML-Markierungen in alphabetischer Reihenfolge ansehen, möchten wir sie Ihnen nach Kategorien zusammengefaßt vorstellen. Diese Kategorien erklären, wie und wann die Markierungen verwendet werden und welche Funktion sie erfüllen.

Wir hoffen, daß die in Tabelle 7.2 dargestellten Kategorien Ihnen helfen, die zahlreichen HTML-Markierungen zu ordnen und zu verstehen. (Eine vollständige Auflistung der HTML-

Zeicheneinheiten können Sie in Kapitel 8 nachlesen.) Da viele Markierungen paarweise auftreten, haben wir drei Punkte zwischen die Öffnungs- und Abschluß-Markierungen gesetzt, um damit anzuzeigen, wo Text und andere Elemente vorkommen können.

Kategorie Markierungen	Name	Kategorie-Beschreibung Kurze Erklärung
Kommentare		Dokumentieren HTML-Design, -techniken usw.
<!-...->	Comment	Unterstützt Autoren-Kommentare: Wird von Browsern ignoriert, kann aber von SGML-Parsern oder Dokumenten-Management-Systemen verarbeitet werden
Dokumenten-Struktur		Grundlegendes Dokumenten-Layout und Verbindungsstrukturen
<HTML>...</HTML>	HTML	Beschreibt ein gesamtes HTML-Dokument
<HEAD>...</HEAD>	Head	Beschreibt den Kopf eines Dokuments
<BODY>...</BODY>	Body	Beschreibt den Inhalt des Dokuments
<BASE>	Base	Gibt die vollständige URL des Dokuments an, richtet den Standort-Kontext für andere URLs ein, auf die Bezug genommen wurde
<ISINDEX>	Isindex	Zeigt an, daß das Dokument CGI-Skripte für Suchvorgänge unterstützt
<LINK>	Link-Typ	Richtet die Beziehung zwischen aktuellem Dokument und anderen Dokumenten ein
<NEXTID>	Next Document	Gibt das »nächste« Dokument an, das auf das aktuelle folgt; ermöglicht damit die Verkettung von HTML-Dokumenten
Dokumenten-Überschriften		Liefert Dokumenten-Titel und Überschiftsgrade, bietet wichtige Gliederungs- und Layout-Elemente
<TITLE>...</TITLE>	Titel	Liefert den Titel, der das ganze Dokument bezeichnet
<H1>...</H1>	Überschrift Stufe 1	Überschrift Stufe 1
<H2>...</H2>	Überschrift Stufe 2	Überschrift Stufe 2
<H3>...</H3>	Überschrift Stufe 3	Überschrift Stufe 3
<H4>...</H4>	Überschrift Stufe 4	Überschrift Stufe 4
<H5>...</H5>	Überschrift Stufe 5	Überschrift Stufe 5
<H6>...</H6>	Überschrift Stufe 6	Überschrift Stufe 6
Links		Erstellen Links zu einem Anker oder anderen Dokumenten, oder erstellen einen Ankerpunkt für ein anderes Link
<A>...</A>	Anker oder Link	Liefert grundlegende HyperText-Link-Fähigkeiten

7 ➤ Schubladen für die Inhalte der Seiten: HTML-Kategorien

Kategorie Markierungen	Name	Kategorie-Beschreibung Kurze Erklärung
Layout-Elemente		Steuern Erscheinungsbild des Dokuments, fügen Elemente hinzu
<ADDRESS>...</ADDRESS>		Information, wie man zum Autor des Dokuments Kontakt aufnehmen kann
<BLOCKQUOTE>...</BLOCKQUOTE>		Kennzeichnet lange Zitate
 	Zeilenumbruch	Erzwingt Zeilenumbruch in einem Textfluß auf dem Bildschirm
<HR>	Horizontaler Strich	Zieht einen horizontalen Strich über die Seite
Grafiken		Verweise auf eingebundene Bilder des Dokuments
<IMG>	Bild	Fügt ein Bild über Verweise mit alternativem Text, anklickbarer Karte und der Steuerung der Plazierung in ein Dokument ein
Formulare		Markup-Markierungen, die sich auf Formulare beziehen
<FORM>...</FORM>	Formularblock	Markiert Anfang und Ende eines Formularblocks
<INPUT>	Eingabe-Element	Definiert Typ und Erscheinungsbild von Eingabe-Elementen
<TEXTAREA>...</TEXTAREA>		Fenster für mehrzeiligen Texteintrag
<SELECT>...</SELECT>	Eingabe-Auswahlliste	Erstellt ein Menü oder eine Bildlaufliste mit Eingabepunkten
<OPTION>[...</OPTION>]	Auswahl-Punkt	Ordnet einem Eingabepunkt einen Wert oder eine Voreinstellung zu
Absätze		Zerlegt einen Text in lesbare Einheiten
<P>	Absatz	Zerteilt Text in räumlich getrennte Bereiche
Listen		Bieten Möglichkeiten, Folgen von Punkten oder Elementen in Dokumenten aufzulisten
<DIR>...</DIR>	Verzeichnisliste	Liste mit der Aufzählung kurzer Elemente (weniger als 20 Zeichen lang) ohne Aufzählungssymbole
<LI>	Listenpunkt	Markiert ein Listenelement innerhalb einer Liste beliebigen Typs
<OL>...</OL>	Geordnete Liste	Numerierte Liste von Elementen
<UL>...</UL>	ungeordnete Liste	Aufzählungsliste von Elementen mit Aufzählungssymbolen
<MENU>...</MENU>	Menü-Liste	Eine Auswahlliste von Elementen
<DL>...</DL>	Glossar-Liste	Ein spezielles Format für Termini und ihre Definitionen

Kategorie Markierungen	Name	Kategorie-Beschreibung Kurze Erklärung
<DT>	Terminus-Definition	Der Terminus, der in einer Glossarliste definiert wurde
<DD>	Faktum-Definition	Die Definition für einen Terminus in einer Glossar-Liste
Tabellen		Markierungen für das Erstellen von Tabellen
<TABLE>...</TABLE>	Tabelle	Markiert Anfang und Ende einer Tabelle
<TR>...</TR>	Tabellenreihe	Umgibt den Inhalt der Zeile einer Tabelle
<TH>...</TH>	Tabellenüberschrift	Tabellenüberschrift, wird hervorgehoben dargestellt
<TD>...</TD>	Tabellendaten	Innerhalb dieser Tags befindet sich der Zelleninhalt
<CAPTION>...<CAPTION>	Tabellentitel	Gibt den Titel der Tabelle wieder
Text-Steuerungen		Markierungen für die Formatierung von Zeichen
<B>...</B>	Halbfett	Liefert halbfetten Text
<CITE>...</CITE>	Kurzes Zitat	Unverkennbarer Zitat-Text
<CODE>...</CODE>	Code-Schriftart	Wird für Code-Muster verwendet
<DFN>...</DFN>	Definierter Terminus	Wird zur Hervorhebung eines Terminus verwendet, der im folgenden Text definiert werden soll
<EM>...</EM>	Hervorhebung	Hebt den eingeschlossenen Text hervor
<I>...</I>	Kursiv	Liefert kursiven Text
<KBD>...</KBD>	Tastatur-Text	Text, der auf der Tastatur eingegeben werden soll
<SAMP>...</SAMP>	Muster-Text	Muster-Inline-Text
<STRONG>...</STRONG>	Starke Hervorhebung	Hebt eingeschlossenen Text stark hervor
<TT>...</TT>	Schreibmaschinen-Text	Liefert eine Schreibmaschinen-Schriftart
<VAR>...</VAR>	Variable	Variable oder Ersatz für einen anderen Wert

Tabelle 7.2: HTML-Kategorien und ihre jeweiligen Markierungen

Lassen Sie uns nun die eben eingeführten HTML-Kategorien noch einmal durchgehen, bevor wir für jede Markierung die genaue Syntax liefern:

✔ **Kommentare:** Kommentare bieten HTML-Autoren die Möglichkeit, ihre Dokumente mit Anmerkungen zu versehen, wobei sie von den Browsern normalerweise nicht angezeigt werden. Alle Annahmen, besondere Bedingungen oder nicht dem Standard entsprechenden Elemente sollten in Kommentare eingeschlossen werden, um anderen Lesern klar zu machen, was das Dokument erreichen möchte, und um den Test-Prozeß zu unterstützen.

- ✔ **Dokumenten-Struktur**: Es wurden zahlreiche Markierungen definiert, um die HTML-Dokumente mit einer Struktur zu versorgen. Sie bieten ein übergreifendes HTML-Etikett an und zerlegen die Dokumente in einen Kopf- und einen Inhaltsteil. Außerdem liefern sie Markup, um Links zu anderen Dokumenten einzurichten, und um anzuzeigen, daß die Fähigkeit zur elektronischen Indizierung unterstützt wird. Obwohl dieses Markup hinsichtlich der sichtbaren Anzeige wenig in Erscheinung tritt, ist es für den Aufbau gut gestalteter Web-Seiten wichtig.

- ✔ **Dokumenten-Überschriften**: Überschriften liefern eine Struktur für den Inhalt eines Dokuments, ausgehend vom Titel bis hinunter zur Überschrift der Stufe 6. Sie bieten aussagekräftige Hinweise für die Steuerung der Dokumente, und wenn sie in Verbindung mit einem HyperText-Inhaltsverzeichnis verwendet werden, ermöglichen sie dem Leser, schnell zu anderen Abschnitten zu springen.

- ✔ **Links**: Links liefern die Steuerungen, um Punkte innerhalb eines Dokuments zu verankern oder ein Dokument mit einem andern zu verbinden. Sie sind die Grundlage für die HyperText-Fähigkeiten des Web.

- ✔ **Layout-Elemente**: Layout-Elemente führen bestimmte Punkte in den Text eines Dokuments ein; dazu gehören Zeilenumbrüche, längere Zitate und horizontale Linien, mit denen unterschiedliche Textbereiche aufgeteilt werden. Dazu gehört auch ein Format, um eine Autoreninformation auf der Seite einzubauen; dies ist für alle guten Web-Seiten zu empfehlen.

- ✔ **Grafiken**: Grafiken werden über das Kommando <IMG> in eine HTML-Datei eingebunden; diese Markierung haben wir bereits einigermaßen genau abgehandelt. Lassen wir es damit genug sein, darauf hinzuweisen, daß <IMG> auf die Quelle der Grafik deutet, eine textbasierte Alternative für Browser ohne Grafikfunktionen liefert und anzeigt, ob die Grafik eine anklickbare Karte ist.

- ✔ **Formulare**: Formulare liefern den grundlegenden Mechanismus, um Leser-Rückmeldungen und Eingaben im Web anzuregen. Formular-Markierungen handeln ab, wie Formulare eingerichtet werden, liefern eine Vielzahl an Grafik- und Text-Fenstern, um Eingaben anzuregen, und bieten Methoden, mit denen Leser Optionen aus zahlreichen Typen von Auswahllisten auswählen können.

- ✔ **Absätze**: Die Absätze sind die grundlegenden Texteinheiten, sowohl bei HTML-Dokumenten als auch bei normalem Text. Mit dem Markierung <P> können Autoren ihren Inhalt ganz einfach in leicht verdauliche Brocken unterteilen.

- ✔ **Listen**: HTML bietet zahlreiche Stilvarianten für den Aufbau von Listen; diese reichen von numerierten Listen über Aufzählungslisten bis hin zu Glossareinträgen, die mit Definitionen und auswählbaren Menüeinträgen vervollständigt wurden. Dadurch erhält man wertvolle Instrumente für die Verwaltung von Punkte- oder Elemente-Listen, die die Lesbarkeit verbessern.

- ✔ **Tabellen**: Mit Hilfe von Tabellen wird es Ihnen ermöglicht, viele Informationen in einem ansprechenden Layout anzubieten. Gerade bei komplexen Zusammenhängen haben Tabellen deutliche Vorteile gegenüber Listen.

- ✔ **Textsteuerungen**: HTML bietet auch zahlreiche eingebundene Steuerungen, um im Text Hervorhebungen einzufügen oder ein besonderes Erscheinungsbild zu geben. Es liefert Instrumente zur Beschreibung von Benutzer-Eingaben, für Muster von Computer-Code, Computer-Ausgaben, Variablen und Muster-Text. Dadurch soll die Möglichkeit geschaffen werden, verschiedene Online-Textarten darzustellen, mit denen Materialien zur Online-Verwendung aufgebaut werden können.

HTML enthält Markierungen, die von der Verwaltung der Dokumentenstruktur bis hin zur Steuerung des Gesamteindrucks des Textes auf einer Seite verwendet werden. Im nächsten Abschnitt kommen wir zur Sache und untersuchen die Details der verschiedenen HTML-Markierungen.

HTML-Markierungen

Der Rest dieses Kapitels listet in alphabetischer Reihenfolge eine Menge HTML-Markierungen auf; diese Liste wurde der HTML 3.2 DTD entnommen.

Da viele Browser-Konstrukteure HTML um Funktionen erweitern, bei denen nicht absehbar ist, ob sich diese als Standard etablieren werden, kann diese Liste weder als erschöpfend noch als vollständig angesehen werden. Wir hoffen allerdings, daß sie trotzdem informativ und nützlich ist, und wir ermutigen Sie, sie zu überfliegen, und sei es nur, um all die Möglichkeiten anzusehen, die HTML bietet.

Das Defilee der Attribute

Bei HTML nehmen Attribute typischerweise eine von zwei Formen innerhalb von Markierungen an:

1. Manchmal nehmen sie die Form ATTRIBUTE="Wert" an, wobei »Wert« typischerweise in Anführungszeichen gesetzt wird; sie können zu einer der folgenden Elementarten gehören:

URL	Ein Uniform Resource Locator
Name	Ein vom Benutzer angegebener Name, wahrscheinlich für ein Eingabefeld
Zahl	Ein vom Benutzer angegebener numerischer Wert
Text	Vom Benutzer angegebener Text
Server	Server-abhängiger Name (z.B. Voreinstellungen für Seitennamen)
(X|Y|Z)	Ein Element aus einem Satz fester Werte

2. ATTRIBUTE, wobei der eigentliche Name Informationen darüber liefert, wie sich die Markierung verhalten sollte (z.B. ISMAP bei <IMG> zeigt an, daß die Grafik eine anklickbare Karte ist).

Wir besprechen die Attribute für jede Markierungen in einem eigenen Abschnitt und geben jeweils eine eigene Definition. Außerdem zeigen wir die Auswahlmöglichkeiten bei vordefinierten Werten auf oder präsentieren ein Beispiel für eine unbegrenzte Zuordnung von Werten.

Das Layout der Markierungs-Information

Bevor wir unsere alphabetische Markierungs-Liste anführen, wollen wir Ihnen zeigen, welche Informationen wir präsentieren und wie sie dargestellt werden. Wir zeigen Ihnen anhand der mittlerweile vertrauten Markierung für die Bilder <IMG>, wie eine typische Auflistung aussieht:

<IMG>

Definition:

Liefert Informationen über die Quellen der Bilder, die Plazierung und ihr Verhalten. Wird zur Plazierung von eingebunden Grafiken auf einer Seite verwendet.

Attribute:

SRC="URL"   URL ist ein Standard Uniform Resource Locator und gibt den Standort der Bilddatei an, die üblicherweise das Format .gif oder .jpeg besitzt.

ALT="text"   Liefert eine alternative Text-Zeichenkette, die angezeigt (und möglicherweise anklickbar gemacht) werden kann, wenn der Browser nicht grafikfähig ist oder die Grafikanzeige ausgeschaltet ist.

ALIGN=("TOP"|"MIDDLE"|"BOTTOM") and [WIDTH="zahl"] & [HEIGHT="zahl"]   Standardmäßig verwendete Aufrufe für ALIGN, das auf einen der Werte TOP, MIDDLE oder BOTTOM gesetzt werden muß, um die Plazierung zu definieren.

Optionale Werte ermöglichen auch eine genauere Plazierung über die Eingabe der Koordinaten auf Pixelebene.

ISMAPGibt an, daß das Bild (oder sein Textersatz) eine anklickbare Karte sein soll. Dies ruft oft eine spezielle Software zur Bearbeitung der Karten über die CGI-Schnittstelle auf dem Server auf, der die Anfrage bearbeitet.

Kontext:

<IMG> ist innerhalb der folgenden Markup-Markierungen zulässig:

<ADDRESS> <B> <CITE> <CODE> <DD> <DT> <EM> <H*> <I> <KBD> <LI> <PRE> <SAMP> <STRONG> <TT> <VAR>

Hinweis: Wenn wir uns auf die Überschriften-Markierungen <H1> bis <H6> beziehen, kürzen wir die ganze Serie wie oben mit <H*> ab.

Stil-/Verwendungs-Vorschlag:

Halten Sie Bilder klein, und verwenden Sie diese möglichst bedacht; Grafiken sollten die Seiten bereichern, ohne sie sperrig zu machen (oder sie mit zu viel Wartezeit zu belasten).

Beispiele:

```
<IMG SRC="images/redball.gif" ALIGN="TOP" WIDTH="50" HEIGHT="50 ALT="Menü-
Punkte">
<IMG SRC="http//www.noplace.com/show-me/pictures/fun.gif" ALIGN="TOP"
ISMAP ALT="Orte, an denen ein Besuch Spaß macht">
```

Kommentare zum Layout

Beachten Sie die Verwendung unserer Schreibweise der HTML-Syntax im Attribute-Abschnitt; dort sehen Sie sie am häufigsten. Da <IMG> eine alleinstehende Markierung ist (d.h., es gibt kein </IMG>), zeigen wir hier kein Markierungs-Paar; Markierungen werden allerdings immer dann in Paaren angezeigt, wenn es zutreffend ist.

Der letzte Diskussionspunkt ist der Kontext-Abschnitt. Dieser zeigt an, wo es zulässig ist, <IMG>-Markierungen in ein anderes Markup zu setzen, d.h., beispielsweise zwischen die Markierungen <PRE>...</PRE>. Daß es möglich ist, diese Markierung so zu verwenden, bedeutet nicht, daß Sie das auch tun müssen; wie immer sollten Sie die Markups mit Bedacht setzen, um die Informationen aufzuwerten und zu bereichern. Komplexe Kompositionen begeistern selten irgend jemand anderes als ihre Macher, also versuchen Sie nach Möglichkeit, die Dinge einfach zu halten.

Das HTML-Markierungsteam

Dieser Abschnitt ist um eine alphabetische Auflistung der verbreitetsten und am häufigsten verwendeten HTML-Markierungen herum aufgebaut, die den HTML 1.0 und HTML 2.0 DTDs entnommen wurden. Wo es zutreffend ist, führen wir auch Informationen über häufig verwendete Erweiterungen zu Standard-Markierungen auf. In Kapitel 14 erhalten Sie einen tiefgehenden Einblick in Markierungen, die nicht dem Standard entsprechen, und andere browser-spezifische Erweiterungen bei HTML.

<A>...</A> Anker

Definition:

Ein Anker markiert entweder die Quelle oder das Ziel eines Dokumenten-Links. Wenn es sich um eine Zielmarke handelt, wird das Attribut NAME verwendet; wenn es sich um die Quelle handelt, wird das Attribut HREF verwendet.

Attribute:

COORDS="zahl"

In Verbindung mit dem Attribut SHAPE wird ein Gebiet auf einer Imagemap definiert, das zu einem URL verweist, der im zugehörigen HREF-Attribut festgelegt wurde. Klickt ein Betrachter einen solchen Bereich an, so wird er mit diesem URL verbunden.

HREF="URL"

URL ist ein Standard Uniform Resource Locator und gibt den Standort einer anderen Netzwerkressource an; üblicherweise handelt es sich hier um den URL einer anderen HTML-Datei, aber es kann auch ein Zeiger auf FTP-, Telnet-, WAIS-, E-Mail- oder Gopher-Dienste sein.

NAME="text"

Liefert einen markierten Standortpunkt innerhalb des Dokuments, der als Ziel für einen HyperText-Link fungiert; der Text, mit dem dieses Attribut versorgt wird, dient genau wie ein Anker als »Platzhalter« für einen Link, der daran angeschlossen wird.

ONCLICK="function"

Wenn ein Link mit diesem Attribut aktiviert wird, wird das Script "function" aufgerufen und ausgeführt.

ONMOUSEOUT="function"

Das Script "function" wird aufgerufen und ausgeführt, wenn sich die Maus von dem Link wegbewegt.

ONMOUSEOVER="function"

Das Script "function" wird aufgerufen und ausgeführt, wenn die Maus auf diesen Link gezogen wird.

REL=("same"|"next"|"previous"|"parent"|"made")

Das Attribut REL gibt die Beziehung zwischen dem aktuellen Anker und dem Ziel eines Links an.

»next« zeigt an, daß der URL auf die nächste Seite in Folge zeigt, »previous«, daß es auf die vorherige Seite zeigt, während »parent« angibt, daß die aktuelle Seite der Bestimmungsseite übergeordnet ist. »made« zeigt an, daß die Bestimmungsseite Informationen über den Ersteller der Seite oder den Eigner des aktuellen Ankers enthält. (Hinweis: Dieses Attribut ist in Vorbereitung und wird noch in keiner »offiziellen« HTML-DTD unterstützt.)

REV=("same"|"next"|"previous"|"parent"|"made")

REV ist das Gegenteil des Attributs REL und gibt das Ziel und den aktuellen Anker an. Alle Attributwerte entsprechen denen des Attributs REL, beziehen sich aber auf die Seite, auf die der URL zeigt. Hier zeigt »made« an, daß dieses Dokument Informationen über den

Ersteller oder Eigner der Bestimmungsseite enthält. (Hinweis: Dieses Attribut ist in Vorbereitung und wird noch in keiner »offiziellen« HTML-DTD unterstützt.)

SHAPE=("RECT"|"CIRCLE"|"POLY"|"DEFAULT")

Gemeinsam mit dem Attribut COORDS definiert SHAPE einen Bereich einer Imagemap, der den Betrachter per Mausklick zu einem bestimmten URL verbindet.

TARGET="name"

TARGET gibt an, in welchem Fenster bzw. Frame ein HTML-Dokument dargestellt werden soll. Das Attribut TARGET korrespondiert mit dem Attribut NAME, das beim Definieren von Frames verwendet werden kann.

TITLE="text"

Liefert beratende Informationen über den Titel des Bestimmungsdokuments (normalerweise denselben Text, der in den Markierungen <TITLE>...</TITLE> dieses Dokuments enthalten ist).

Kontext:

<A>...</A> ist innerhalb der folgenden Markup-Markierungen zulässig:

<ADDRESS> <B> <BIG> <BLOCKQUOTE> <BODY> <CAPTION> <CENTER> <CITE> <CODE> <DD> <DFN> <DIV> <DT> <EM> <FONT> <FORM> <H*> <I> <KBD> <LI> <P> <PRE> <S> <SAMP> <SMALL> <STRONG> <SUB> <SUP> <TT> <U> <VAR>

Die folgenden Markups können innerhalb der Markierungen <A>...</A> verwendet werden:

<APPLET> <B> <BASEFONT> <BIG>
 <CITE> <CODE> <DFN> <EM> <FONT> <H*> <I> <IMG> <KBD> <MAP> <S> <SAMP> <STRONG> <SUB> <SUP> <TT> <U> <VAR>

Stil-/Verwendungs-Vorschlag:

Wenn sie in verschachteltem Markup verwendet werden, sollten Anker immer ganz innen stehen, außer wenn mit eingebetteten Zeichensteuerungen, Schriftarten oder Zeilenumbrüchen gearbeitet wird. Relative URLs liefern kompaktere Verweise, erfordern aber höheren Pflegeaufwand.

Beispiele:

```
<A HREF="../../MailRobot/Overview.html">Mail Robot</A>
<A HREF="http://www.w3.org/HyperText/WWW/Archive/www-announce">archive</A>
```

<ADDRESS>...</ADDRESS> Zusatz-Info

Definition:

Die Markierungen <ADDRESS>...</ADDRESS> umschließen zusätzliche Informationen zu einem HTML-Dokument, zu denen üblicherweise Name und Adresse des Autors, Unterschriftsdateien, Kontaktinformationen usw. gehören sollten. Weitere Einzelheiten entnehmen Sie bitte Kapitel 10.

Attribute:

Keine

Kontext:

<ADDRESS>...</ADDRESS> ist innerhalb der folgenden Markup-Markierungen zulässig:

<BLOCKQUOTE> <BODY> <FORM>

Die folgenden Markups können innerhalb der Markierungen <ADDRESS>...</ADDRESS> verwendet werden:

<A> <B>
 <CITE> <CODE> <EM> <I> <IMG> <KBD> <P> <SAMP> <STRONG> <TT> <VAR>

Stil-/Verwendungs-Vorschlag:

Wird zur Aufnahme am Ende eines jeden Dokuments empfohlen, damit eine Kontaktadresse des Autors für Fragen oder Rückmeldungen zur Verfügung steht.

Beispiel:

```
<ADDRESS>Ed Tittel 5810 Lookout Mountain Drive <BR>
<Austin, TX 78731-3618<BR>
E-mail: etittel@zilker.net</ADDRESS>
```

<APPLET>...</APPLET> Java Applet

Definition:

Bettet ein Java Applet in ein HTML-Dokument ein.

Attribute:

ALIGN=("LEFT"|"RIGHT"|"TOP"|"MIDDLE"|"BOTTOM")

Mit dem ALIGN-Attribut bestimmen Sie die Ausrichtung des dargestellten Applets. Der Standardwert ist "LEFT".

ALT="text"

Definiert den Alternativtext, der von Browsern, die nicht Java-tauglich sind, bzw. bei denen die Java-Funktion deaktiviert wurde, anstelle des Applets dargestellt wird.

CLASS="text"

CODE="text"

> Bezeichnen das wiederzugebende Java-Applet.

CODEBASE="URL"

> Die CODEBASE eines Applets beschreibt den URL des Verzeichnisses, in dem sich das zu ladende befindet.

DOWNLOAD="zahl"

> Da unter Umständen mehrere Applets auf einer Seite dargestellt werden sollen, können Sie mit dem Attribut DOWNLOAD festlegen, in welcher Reihenfolge die Applets geladen werden sollen.

HEIGHT="zahl"

> Definiert die Höhe des Applets in Pixeln

HSPACE="zahl"

> Legt fest, wieviel Pixel rechts und links vom Applet frei bleiben sollen.

ID="name"

NAME="text"

> Weist dem Applet einen Namen zu, um es identifizieren zu können.

STYLE="text"

TITLE="text"

VSPACE="zahl"

> Legt fest, wieviel Pixel über und unter dem Applet frei bleiben sollen. Analog zu HSPACE

WIDTH="zahl"

> Definiert die Breite des Applets in Pixeln

Kontext:

<APPLET>...</APPLET> ist innerhalb der folgenden Markup-Markierungen zulässig:

> <A> <ADDRESS> <B> <BIG> <BLOCKQUOTE> <BODY> <CAPTION> <CENTER> <CITE> <CODE> <DD> <DFN> <DIV> <DT> <EM> <FONT> <FORM> <H*> <I> <KBD> <LI> <P> <PRE> <SMALL> <STRONG> <SUB> <SUP> <TD> <TH> <TT> <U> <VAR>

Die folgenden Markups können innerhalb der Markierungen <APPLET>...</APPLET> verwendet werden:

<PARAM>

7 ➤ Schubladen für die Inhalte der Seiten: HTML-Kategorien

Stil-/Verwendungs-Vorschlag:

Mit einem Applet fügen Sie interaktive und dynamische Inhalte in Ihre Homepage ein, für die es keinerlei zusätzliche Konfiguration auf der Serverseite bedarf. Java-Applets werden jedoch nicht von allen Browser unterstützt, bzw. durch eine Abschaltung der Java-Einstellung durch den Benutzer unterdrückt. Sie sollten also darauf achten, daß die Betrachter Ihrer Homepage *etwas* zu sehen bekommen, wo das Appelt zu sehen sein sollte.

Beispiel:

<APPLET NAME="datasource" CODE="Control.class" HEIGHT = 242 WIDTH = 80 >
<PARAM NAME="script" VALUE="scriptm1.txt"></APPLET>

<AREA>..</AREA> Klicksensibler Bereich

Definition:

Definiert einen klicksensiblen Bereich einer client-seitigen Imagemap.

Attribute:

ALT="text"

Bestimmt den alternativen Text, der von reinen Textbrowsern angezeigt wird.

COORDS="zahl"

Die Form des klicksensiblen Bereiches wird dem Browser durch Angeben der Pixelkoordinaten mitgeteilt.

HREF="url"

Bestimmt die bei Anklicken anzuspringende Internetadresse.

NOHREF="url"

Legt fest, daß ein Klick in diesen Bereich keine Aktion zur Folge hat.

ONCLICK="function"

Wenn ein Link mit diesem Attribut aktiviert wird, wird das Script "function" aufgerufen und ausgeführt.

ONMOUSEOUT="function"

Das Script "function" wird aufgerufen und ausgeführt, wenn sich die Maus von dem Link wegbewegt.

ONMOUSEOVER="function"

Das Script "function" wird aufgerufen und ausgeführt, wenn die Maus auf diesen Link gezogen wird.

SHAPE=("RECT"|"CIRCLE"|"POLY"|"DEFAULT")

Bestimmt die Form des klickbaren Bereichs

TITLE="text"

Bestimmt den Namen der Imagemap

Kontext:

<AREA>...</AREA> ist innerhalb der folgenden Markup-Markierungen zulässig:

<MAP>

Stil-/Verwendungs-Vorschlag:

Mit Hilfe von clientseitigen Imagemaps (sog. »Usemaps«) werden serverseitige Imagemaps, und damit das Programmieren von CGI-Skripten zu diesem Zweck, überflüssig. Allerdings werden Usemaps nicht von allen Browsern unterstützt. Darüber hinaus bleiben Benutzer von Textbrowsern bei beiden Lösungen außen vor. Achten Sie darauf für solche Anwender eine Möglichkeit in Ihre Homepage einzubauen, die eine rein textbasierte Navigation zuläßt.

Beispiel:

<AREA COORDS="0,0,499,141" HREF="contents.htm">

<B>...</B> Halbfett

Definition:

Umschließt den Text, der halbfett dargestellt werden soll.

Attribute:

Keine

Kontext:

<B>...</B> ist innerhalb der folgenden Markup-Markierungen zulässig:

<A> <APPLET> <ADDRESS> <B> <BIG> <BLOCKQUOTE> <BODY> <CAPTION> <CENTER> <CITE> <CODE> <DD> <DFN> <DIV> <DT> <EM> <FONT> <FORM> <H*> <I> <KBD> <LI> <P> <PRE> <S> <SAMP> <SMALL> <STRONG> <SUB> <SUP> <TD> <TH> <TT> <U> <VAR>

Die folgenden Markups können innerhalb der Markierungen <B>...</B> verwendet werden:

<A> <APPLET> <B> <BASEFONT> <BIG>
 <CITE> <CODE> <DFN> <EM> <FONT> <I> <IMG> <KBD> <MAP> <S> <SAMP> <SCRIPT> <SMALL> <STRONG> <SUB> <SUP> <TT> <U> <VAR>

Stil-/Verwendungs-Vorschlag:

Soll bestimmte Wörter oder Sätze im Text besonders hervorheben.

Beispiel:

```
<P>Das Tor des Jahrzehnts erzielte <B>Jay Jay Okocha</B>
gegen <B>Oliver Kahn</B>.
```

<BASE> Basis zur relativen Adressierung

Definition:

<BASE> kommt normalerweise innerhalb der Markierungen <HEAD>...</HEAD> vor und liefert die URL-Basis für nachfolgende URL-Verweise in <LINK>- oder Anker-Anweisungen im Inhaltsteil. So lassen sich URLs schneller und kompakter schreiben, wenn <BASE> einen guten Ausgangspunkt für andere Verweise liefert (idealerweise sollten sich alle auf einer Verzeichnisebene dieses Verweises befinden).

Attribute:

HREF="URL" Hier wird der vollständige URL des aktuellen Dokuments benötigt.

Kontext:

<BASE> ist innerhalb der folgenden Markup-Markierungen zulässig:

<HEAD>

Innerhalb <BASE> kann kein zusätzliches Markup verwendet werden.

Stil-/Verwendungs-Vorschlag:

Beim Aufbau komplexer, mehrseitiger Zusammenstellungen ist es vorteilhaft, die Markierung <BASE> auf jeder Seite zu verwenden und eine Verzeichnisstruktur aufzubauen, mit der man einfach arbeiten und navigieren kann.

Beispiel:

```
<HEAD>
   <TITLE>Musterdokument</TITLE>
   <BASE> HREF="http://www.w3.org/HyperText/WWW/">
<HEAD>
```

<BASEFONT>...</BASEFONT> Basisschriftart

Definition:

Beschreibt die Basisschriftart für das gesamte Dokument. Zur Zeit ist die Wirkung dieses Befehl ausschließlich auf die Schriftgröße limitiert. Der Internet Explorer von Microsoft akzeptiert allerdings auch Einstellungen bezüglich der Schriftfarbe und des Schrifttyps.

Attribute:

SIZE="zahl"

> Bestimmt die Größe der Basisschriftart. Die Befehle BIG, SMALL und FONT verhalten sich relativ zu diesem Wert.

Kontext:

<BASEFONT>...</BASEFONT>ist innerhalb der folgenden Markup-Markierungen zulässig:

> <A> <ADDRESS> <B> <BIG> <BLOCKQUOTE> <BODY> <CAPTION> <CENTER> <CITE> <CODE> <DD> <DFN> <DIV> <DT> <EM> <FONT> <FORM> <H*> <I> <KBD> <LI> <P> <PRE> <S> <SAMP> <SMALL> <STRONG> <SUB> <SUP> <TD> <TH> <TT> <U> <VAR>

Es können keine weiteren Befehle innerhalb der Markierungen <BASEFONT>...</BASEFONT> verwendet werden.

Stil-/Verwendungs-Vorschlag:

Beim Einsatz von <BASEFONT> sollten Sie sehr sorgfältig sein, da dieser Befehl einen großen Einfluß auf die Lesbarkeit Ihrer Homepage hat.

Beispiel:

<BASEFONT SIZE=3>Hier gilt Schriftgröße 3</BASEFONT>

<BIG>...</BIG> Vergrößerter Text

Definition:

<BIG>...</BIG> wird zum Vergrößern von Textdarstellungen verwendet.

Attribute:

Keine

Kontext:

<BIG>...</BIG> ist innerhalb der folgenden Markup-Markierungen zulässig:

> <A> <APPLET> <ADDRESS> <B> <BLOCKQUOTE> <BODY> <CAPTION> <CENTER> <CITE> <CODE> <DD> <DFN> <DIV> <DT> <EM> <FONT> <FORM> <H*> <I> <KBD> <LI> <P> <S> <SAMP> <SMALL> <STRONG> <SUB> <SUP> <TD> <TH> <TT> <U> <VAR>

Die folgenden Markups können innerhalb der Markierungen <BIG>...</BIG> verwendet werden:

<A> <APPLET> <ADDRESS> <B> <BLOCKQUOTE> <BODY> <CAPTION> <CENTER> <CITE> <CODE> <DD> <DFN> <DIV> <DT> <EM> <FONT> <FORM> <H*> <I> <KBD> <LI> <P> <S> <SAMP> <SMALL> <STRONG> <SUB> <SUP> <TD> <TH> <TT> <U> <VAR>

Stil-/Verwendungs-Vorschlag:

Sie können <BIG> verwenden um die Schrift einer Textpassage zu vergrößern. Die Verwendung des <FONT>-Befehls mit dem Attribut SIZE ist jedoch zu bevorzugen.

Beispiel:

Dieses Wort ist <BIG>groß</BIG>.

<BLOCKQUOTE>...</BLOCKQUOTE> Zitat

Definition:

<BLOCKQUOTE>...</BLOCKQUOTE> wird zum Absetzen von Texten verwendet, die aus externen Quellen, Publikationen oder anderem Material zitiert wurden.

Attribute:

Keine

Kontext:

<BLOCKQUOTE>...</BLOCKQUOTE>ist innerhalb der folgenden Markup-Markierungen zulässig:

<BLOCKQUOTE> <BODY> <CENTER> <DD> <DIV> <FORM> <LI> <TD> <TH>

Die folgenden Markups können innerhalb der Markierungen <BLOCKQUOTE>...</BLOCKQUOTE> verwendet werden:

<A> <APPLET> <ADDRESS> <B> <BASEFONT> <BIG> <BLOCKQUOTE> <BODY>
 <CENTER> <CITE> <CODE> <DFN> <DIR> <DIV> <DL> <DT> <EM> <FONT> <FORM> <H*> <I> <IMG> <INPUT> <KBD> <LI> <MAP> <OL> <P> <PRE> <S> <SAMP> <SCRIPT> <SELECT> <SMALL> <STRONG> <SUB> <SUP> <TABLE> <TD> <TH> <TT> <U> <UL> <VAR>

Stil-/Verwendungs-Vorschlag:

Immer wenn Sie ein Zitat aus einer externen Quelle verwenden, das länger als eine Zeile ist, sollten Sie mit <BLOCKQUOTE> arbeiten. Vergessen Sie nicht, Ihre Quellen nachzuweisen (falls zutreffend, sollten Sie mit <CITE> die eigentliche Publikation hervorheben).

Beispiel:

<BLOCKQUOTE>Ein Mann, der zu schreiben weiß, mag das für keine Großtat halten. Aber versuche nur, es selbst zu tun, und du sollst erfahren, wie mühsam die Aufgabe des Schriftstellers ist. Sie verschleiert deine Augen, bringt deinen Rücken zum Schmerzen, preßt deine Brust und deinen Bauch zusammen. Sie ist eine schreckliche Tortur für den ganzen Körper.</BLOCKQUOTE>

(Aus dem *SGML Handbook* von Goldfarb entnommenes anonymes Zitat, das heute noch genauso wahr ist, wie es im 12. Jahrhundert war!)

<BODY>...</BODY> Zum Markieren des HTML-Dokumentenkörpers

Definition:

Die Markierungen <BODY>...</BODY> begrenzen den Körper eines HTML-Dokuments und sollten seinen Inhalt vollständig umschließen.

Attribute:

ALINK=("#rrggbb"|"farbe")

Bestimmt in welcher Farbe aktive Links angezeigt werden sollen.

BACKGROUND="url"

Bestimmt den Pfad zu der Grafik, die als Hintergrundbild gekachelt auf der Homepage dargestellt werden soll.

BGCOLOR=("#rrggbb"|"farbe")

Legt eine Farbe für den Seitenhintergrund fest.

LINK=("#rrggbb"|"farbe")

Definiert die Farbe in der Links angezeigt werden sollen.

ONLOAD="function"

Ruft das Script, das in "function" definiert wurde beim Laden des Dokumentes auf.

ONUNLOAD="function"

Ruft das Script, das in "function" definiert wurde beim Verlassen des Dokumentes auf.

TEXT=("#rrggbb"|"farbe")

Definiert die Farbe in der Text angezeigt werden soll.

VLINK=("#rrggbb"|"farbe")

Definiert die Farbe in der zuvor besuchte Links angezeigt werden sollen

Kontext:

<BODY>...</BODY> ist innerhalb des folgenden Markup-Markierungen zulässig:

<HTML>

Die folgenden Markups können innerhalb der Markierungen <BODY>...</BODY> verwendet werden:

<A> <ADDRESS> <APPLET> <B> <BASEFONT> <BIG> <BLOCKQUOTE> <BODY>

 <CENTER> <CITE> <CODE> <DFN> <DIR> <DIV> <DL> <DT> <EM> <FONT>
<FORM> <H*> <HR> <I> <IMG> <INPUT> <KBD> <LI> <MAP> <OL> <P> <PRE>
<S> <SAMP> <SELECT> <SCRIPT> <SMALL> <STRONG> <SUB> <SUP> <TABLE>
<TD> <TEXTAREA> <TH> <TT> <U> <UL> <VAR>

Stil-/Verwendungs-Vorschlag:

<BODY>...</BODY> wird ausschließlich dazu verwendet, den Inhaltsteil eines HTML-Dokuments abzusetzen und einige Darstellungsmerkmale zu definieren. Es handelt sich um eine ausdrückliche Struktur-Markierung, die für streng interpretiertes HTML zwingend ist.

Beispiel:

```
<HTML>
<HEAD><TITLE>Musterdokument</TITLE></HEAD>
<BODY TEXT="red" BGCOLOR="white">Dieses Dokument hat nicht viel Körper, aber der hat rote Schrift und einen weißen Hintergrund.</BODY>
</HTML>
```


 Erzwungener Zeilenumbruch

Definition:

 erzwingt einen Zeilenumbruch im HTML-Textfluß.

Attribute:

CLEAR=("LEFT"|"RIGHT"|"ALL")

Ohne das Attribut CLEAR verhält sich <BR> wie gehabt. CLEAR umbricht die Zeile und bewegt sich vertikal nach unten, bis es einen klaren linken Rand (="LEFT"), einen klaren rechten Rand (="RIGHT") oder einen klaren Rand auf bei den Seiten der Seite (="ALL") gibt.

Kontext:

 ist innerhalb der folgenden Markup-Markierungen zulässig:

<A> <ADDRESS> <B> <BODY> <CITE> <CODE> <DD> <DT> <EM> <FORM> <H*>
<I> <KBD> <LI> <P> <PRE> <SAMP> <STRONG> <TT> <VAR>

Innerhalb <BR> kann kein Markup verwendet werden (es ist ein alleinstehendes Markup-Element).

Stil-/Verwendungs-Vorschlag:

 kann ganz nach Wunsch Zeilenumbrüche im Text erzwingen. Man kann es gut zur Erstellung kurzer Textzeilen gebrauchen.

Beispiel:

```
Auf der Mauer, auf der Lauer<BR>
sitzt 'ne kleine Wanze<BR>
```

<CENTER>...</CENTER> Zentrieren

Definition:

Zentriert Elemente der Homepage.

Attribute:

Keine

Kontext:

<CENTER>...</CENTER> ist innerhalb der folgenden Markup-Markierungen zulässig:

<BLOCKQUOTE> <BODY> <DD> <DIV> <FORM> <LI> <TD> <TH>

Die folgenden Markups können innerhalb der Markierungen <CITE>...</CITE> verwendet werden:

<A> <ADDRESS> <APPLET> <B> <BASEFONT> <BIG> <BLOCKQUOTE>
 <CITE> <CODE> <DFN> <DIR> <DIV> <DL> <DT> <EM> <FONT> <FORM> <H*> <HR> <I> <IMG> <INPUT> <KBD> <LI> <MAP> <OL> <P> <PRE> <S> <SAMP> <SCRIPT> <SMALL> <STRONG> <SUB> <SUP> <TABLE> <TT> <U> <UL> <VAR>

Stil-/Verwendungs-Vorschlag:

Dieser Befehl wurde vornehmlich zur Markierung von Absätzen geschaffen. Sie sollten ihn also möglichst nicht verwenden, um einzelne Zeilen oder Wörter zu zentrieren.

Beispiel:

```
<CENTER>Dieser Text ist zentriert</CENTER>
```

<CITE>...</CITE> Markup für Quellenverweise

Definition:

Heben Sie mit <CITE>...</CITE> Quellenverweise aus Dokumenten, Publikationen oder anderen externen Quellen hervor.

7 ➤ Schubladen für die Inhalte der Seiten: HTML-Kategorien

Attribute:

Keine

Kontext:

<CITE>...</CITE> ist innerhalb der folgenden Markup-Markierungen zulässig:

<A> <ADDRESS> <B> <BLOCKQUOTE> <BODY> <CITE> <CODE> <DD> <DT> <EM> <FORM> <H*> <I> <KBD> <LI> <P> <PRE> <SAMP> <STRONG> <TT> <VAR>

Die folgenden Markups können innerhalb der Markierungen <CITE>...</CITE> verwendet werden:

<A> <ADDRESS> <B> <BLOCKQUOTE>
 <CITE> <CODE> <EM> <DD> <DT> <FORM> <H*> <I> <KBD> <LI> <P> <PRE> <SAMP> <STRONG> <TT> <VAR>

Stil-/Verwendungs-Vorschlag:

Verwenden Sie diese Markierungen zur Hervorhebung von Quellenverweisen oder anderen Verweisen auf externe Datenquellen.

Beispiel:

```
<CITE>Die Ilias</CITE> ist wohl Homers großartigstes Epos.
```

<CODE>...</CODE> Programmcode-Text

Definition:

<CODE>...</CODE> ist zum Umschließen von Programmen oder Programmcode-Mustern gedacht, um diese besser lesbar zu gestalten. (Siehe Abbildung 7.2.)

Attribute:

Keine

Kontext:

<CODE>...</CODE> ist innerhalb der folgenden Markup-Markierungen zulässig:

<A> <ADDRESS> <B> <BLOCKQUOTE> <BODY> <CITE> <CODE> <DD> <DT> <EM> <FORM> <H*> <I> <KBD> <LI> <P> <PRE> <SAMP> <STRONG> <TT> <VAR>

Die folgenden Markups können innerhalb der Markierungen <CODE>...</CODE> verwendet werden:

<A> <B>
 <CITE> <CODE> <EM> <I> <IMG> <KBD> <SAMP> <STRONG> <TT> <VAR>

Stil-/Verwendungs-Vorschlag:

Zum Absetzen von Programmcode-Mustern oder anderen Informationen auf Computer-Grundlage innerhalb eines Inhaltsteils.

Beispiel:

```
<CODE>
void main &#40;&41; &#123;<BR>
&#47;&#47; rice4 gets the value of rice3 &#40; with i = 2&#31;;:<BR>
rice4 = &#40;rice1, rice2, rice3, rice3&#41;;<BR>
#125;
/CODE>
```

Abbildung 7.2: So wird das <CODE>-Beispiel von einem Browser angezeigt

<DD> Definitionsbeschreibung

Definition:

Der deskriptive Bestandteil eines Definitionslistenelements.

Attribute:

Keine

Kontext:

<DD> ist innerhalb der folgenden Markup-Markierungen zulässig:

<DL>

Die folgenden Markups können innerhalb der Markierungen <DD> verwendet werden:

<A> <APPLET> <B> <BASEFONT> <BIG> <BLOCKQUOTE>
 <CENTER> <CITE> <CODE> <DFN> <DIR> <DIV> <DL> <DT> <EM> <FONT> <FORM> <H*> <HR> <I> <IMG> <INPUT> <KBD> <LI> <MAP> <OL> <P> <PRE> <S> <SAMP> <SELECT> <SCRIPT> <SMALL> <STRONG> <SUB> <SUP> <TABLE> <TD> <TEXTAREA> <TH> <TT> <U> <UL> <VAR>

7 ➤ Schubladen für die Inhalte der Seiten: HTML-Kategorien

Stil-/Verwendungs-Vorschlag:

Bei Glossaren oder anderen Listenarten, in denen ein einzelner Ausdruck oder eine einzelne Zeile mit einem eingerückten Textblock in Verbindung gebracht werden muß. (Siehe Abbildung 7.3)

Beispiel:

```
<DL>
<DT>Isoton
<DD>Atomkern mit gleicher Anzahl Neutronen
<DT>Isotop
<DD>Atome eines Elements mit gleicher Ordnungszahl
</DL>
```

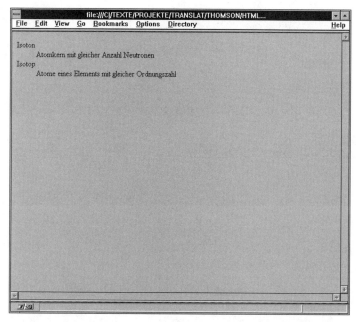

Abbildung 7.3: Die Browser-Ansicht der Definitionsliste »Isoton/Isotop«

<DFN>...</DFN> Verzeichnisliste

Definition:

Markiert einen Begriff, der zum ersten Mal in einem Dokument erscheint.

Attribute:

Keine

Kontext:

<DFN> ist innerhalb der folgenden Markup-Markierungen zulässig:

<A> <ADDRESS> <B> <BASEFONT> <BIG> <BLOCKQUOTE> <BODY>
 <CENTER> <CITE> <CODE> <DFN> <DIR> <DIV> <DL> <DT> <EM> <FONT> <FORM> <H*> <HR> <I> <IMG> <INPUT> <KBD> <LI> <MAP> <OL> <P> <PRE> <S> <SAMP> <SCRIPT> <SELECT> <SMALL> <STRONG> <SUB> <SUP> <TABLE> <TD> <TEXTAREA> <TH> <TT> <U> <UL> <VAR>

Die folgenden Markups können innerhalb der Markierungen <DFN> verwendet werden:

<A> <APPLET> <B> <BASEFONT> <BIG>
 <CITE> <CODE> <EM> <FONT> <I> <IMG> <INPUT> <KBD> <MAP> <S> <SAMP> <SELECT> <SCRIPT> <SMALL> <STRONG> <SUB> <SUP> <TEXTAREA> <TT> <U> <VAR>

Stil-/Verwendungs-Vorschlag:

Sie sollten diesen Befehl für wichtige Begriffe reservieren. Markieren Sie diese, wenn sie das erste Mal im Text erscheinen.

Beispiel:

<DFN>HTML</DFN> steht für Hypertext Markup Language.

<DIR>...</DIR> Verzeichnisliste

Definition:

Listenstil, der typischerweise für Listen, die aus kurzen Elementen bestehen, verwendet wird. (Siehe Abbildung 7.4)

Attribute:

COMPACT

    Gibt die Liste im Verzeichnisstil kompakter aus als üblich. Warnung: Dieses Attribut wird derzeit nicht von allen Browsern unterstützt.

Kontext:

<DIR>...</DIR> ist innerhalb der folgenden Markup-Markierungen zulässig:

<BLOCKQUOTE> <BODY> <DD> <FORM> <LI>

Die folgenden Markups können innerhalb der Markierungen <DIR>...</DIR> verwendet werden:

<LI>

Stil-/Verwendungs-Vorschlag:

Verwenden Sie <DIR>...</DIR> zum Aufbau von Listen, die aus kurzen Elementen bestehen (üblicherweise kürzer als 20 Zeichen).

Beispiel:

Im folgenden sind einige Dateien aufgeführt, die Sie normalerweise in einem DOS-Verzeichnis auf oberster Ebene finden:

```
<DIR>
<LI>AUTOEXEC.BAT
<LI>COMMAND.COM
<LI>CONFIG.SYS
<LI>IMAGE.DAT
</DIR>
```

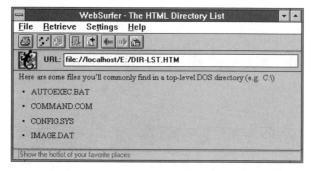

Abbildung 7.4: Eine Musterauflistung mit <DIR>...</DIR>

<DL>...</DL> Definitionsliste

Definition:

<DL>...</DL> umschließt eine Zusammenstellung von <DD>-Definitionspunkten in einer Definitionsliste, üblicherweise bei Glossaren oder in anderen Situationen, in denen auf kurze, linksbündige Ausdrücke längere eingerückte Textblöcke folgen. Definitionslisten werden üblicherweise so ausgegeben, daß der Ausdruck (<DT>) am linken Rand und die Definition (<DD>) in ein oder mehr Zeilen leicht abgesetzt vom Ausdruck steht.

Attribute:

COMPACT

   Zeigt an daß der Durchschuß (Zwischenraum zwischen den Zeilen) reduziert werden soll (siehe Beispiel). Warnung: Dieses Attribut wird derzeit nicht von allen Browsern unterstützt.

Kontext:

<DL>...</DL> ist innerhalb der folgenden Markup-Markierungen zulässig:

   <BLOCKQUOTE> <BODY> <DD> <FORM> <LI>

Die folgenden Markups können innerhalb der Markierungen <DL>...</DL> verwendet werden:

<DT> <DD>

Stil-/Verwendungs-Vorschlag:

Für Ausdrucks- und Definitionslisten, wie Glossare oder Wörterbücher, oder in anderen Situationen, in denen auf linksbündige Elemente längere eingerückte Textblöcke folgen. (Siehe Abbildung 7.5)

Beispiel:

```
<DL COMPACT>
<DL>
<DT>Isoton
<DD>Atomkern mit gleicher Anzahl Neutronen
<DT>Isotop
<DD>Atome eines Elements mit gleicher Ordnungszahl
</DL>
```

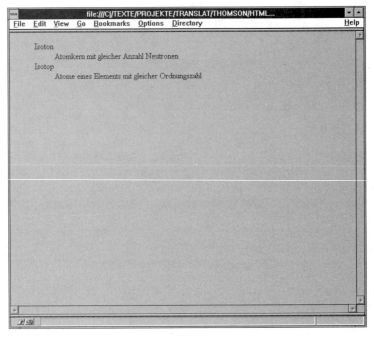

Abbildung 7.5: Kompakte Version der Definitionsauflistung aus Abbildung 7.3

`<DT>` Definitionsausdruck

Definition:

Der deskriptive Bestandteil eines Definitionseintrags.

Attribute:

Keine

Kontext:

<DT> ist innerhalb des folgenden Markup-Markierungen zulässig:

    <DL>

Die folgenden Markups können innerhalb des Markierungen <DT> verwendet werden:

    <A> <B>
 <CITE> <CODE> <EM> <I> <IMG> <KBD> <SAMP> <STRONG> <TT> <VAR>

Stil-/Verwendungs-Vorschlag:

Für Glossare, Definitionslisten oder in anderen Situationen, in denen linksbündige kurze Einträge paarweise mit längeren eingerückten Textblöcken auftreten.

Beispiel:

Siehe Beispiele für <DL> und <DD>.

`<EM>...</EM>` Hervorhebung

Definition:

Die Markierung <EM> liefert eine typografische Hervorhebung, die üblicherweise in kursiver Form ausgegeben wird. Obwohl <EM> und <I> oftmals denselben Effekt haben, sollten Sie mit <EM> arbeiten, es sei denn, Sie beziehen sich im Text auf Formatierungen, wie beispielsweise »Die kursiven Teile sind zwingend vorgeschrieben«. Dies verbessert die Konsistenz zwischen Dokumenten aus verschiedenen Quellen, wenn ein Leser sich beispielsweise Hervorhebungen lieber in Farbe als in Kursivbuchstaben anzeigen läßt. (Siehe Abbildung 7.6)

Attribute:

Keine

Kontext:

<EM>...</EM> ist innerhalb der folgenden Markup-Markierungen zulässig:

    <A> <ADDRESS> <B> <BLOCKQUOTE> <BODY> <CITE> <CODE> <DD> <DT> <EM> <FORM> <H*> <I> <KBD> <LI> <P> <PRE> <SAMP> <STRONG> <TT> <VAR>

Die folgenden Markups können innerhalb der Markierungen <EM>...</EM> verwendet werden:

<A> <B>
 <CITE> <CODE> <EM> <I> <IMG> <KBD> <SAMP> <STRONG> <TT> <VAR>

Stil-/Verwendungs-Vorschlag:

Immer dann, wenn im Text eine leichte Hervorhebung nötig ist. Verwenden Sie es aber so wenig wie möglich, sowohl hinsichtlich der Anzahl der hervorgehobenen Wörter als auch der Häufigkeit der Hervorhebungen.

Beispiel:

"Was wir hier haben," sagte Warden, "ist ein <EM>Promblem</EM> mit der Kommunikation."

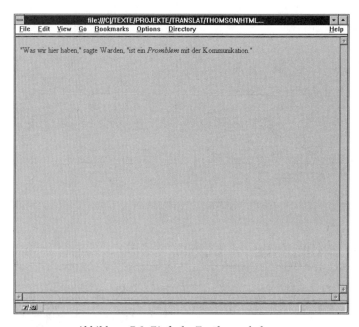

Abbildung 7.6: Einfache Texthervorhebung

<EMBED>...</EMBED>

Definition:

Bindet ein Multimedia-Objekt in die Homepage ein.

Attribute:

HEIGHT="zahl"

    Definiert die Höhe des einzubindeden Objekts in Pixeln

LOOP="true"

    Startet das Abspielen des entsprechenden Objektes gleich nach dem Laden der Seite.

SRC=URL

    Gibt den Pfad und den Dateinamen des einzubindenden Objektes an.

WIDTH="zahl"

    Definiert die Breite des einzubindenden Objekts in Pixeln.

Kontext:

<EMBED>...</EMBED> ist innerhalb der folgenden Markup-Markierungen zulässig:

    <A> <ADDRESS> <B> <BIG> <BLOCKQUOTE> <BODY> <CAPTION> <CENTER> <CITE> <CODE> <DD> <DFN> <DIV> <DT> <EM> <FONT> <FORM> <H*> <I> <KBD> <LI> <P> <PRE> <SMALL> <STRONG> <SUB> <SUP> <TD> <TH> <TT> <U> <VAR>

Die folgenden Markups können innerhalb der Markierungen <EMBED>...</EMBED> verwendet werden:

<PARAM>

Stil-/Verwendungs-Vorschlag:

Der EMBED-Tag soll dazu dienen, neben Multimedia-Objekten jetzt auch JAVA-Applets in eine Web-Seite einzubinden. Der APPLET-Tag, der bisher dafür zuständig war, wird mit der HTML Version 4.0 voraussichtlich abgeschafft, aber weiterhin von vielen Browsern unterstützt. Bei der Verwendung von Fremdformaten ist u.U. das Vorhandensein des zugehörigen Plug-Ins notwendig.

Beispiel:

<EMBED SRC="film.avi" WIDTH=320 HEIGHT=180>

<FONT>...</FONT>

Definition:

Legt die zu verwendende Schriftgröße, -farbe und den Fonttyp fest.

Attribute:

COLOR=("#rrggbb"|"farbe")

    Bestimmt die Textfarbe

FACE="name"

    Bestimmt den Fonttyp, in dem der Text angezeigt werden soll (z.B. Times, Arial ...)

SIZE="zahl"

> Bestimmt die Größe, in der der Text angezeigt werden soll. Die Angaben können absolut (in Werten zwischen 1 und 7) oder relativ (von -3 bis +4) gemacht werden.

Kontext:

<FONT>...</FONT> ist innerhalb der folgenden Markup-Markierungen zulässig:

> <A> <ADDRESS> <B> <BASEFONT> <BIG> <BLOCKQUOTE> <BODY> <CENTER> <CITE> <CODE> <DFN> <DIV> <DT> <EM> <FONT> <FORM> <H*> <HR> <I> <KBD> <LI> <P> <S> <SAMP> <SMALL> <STRONG> <SUB> <SUP> <TD> <TH> <TT> <U> <VAR>

Die folgenden Markups können innerhalb der Markierungen <FONT>...</FONT> verwendet werden:

> <A> <APPLET> <B> <BASEFONT> <BIG>
 <CITE> <CODE> <DFN> <EM> <FONT> <I> <IMG> <INPUT> <KBD> <MAP> <S> <SAMP> <SCRIPT> <SELECT> <SMALL> <STRONG> <SUB> <SUP> <TEXTAREA> <TT> <U> <VAR>

Stil-/Verwendungs-Vorschlag:

Mit Hilfe des FONT-Befehls können Sie festlegen, wie die Schrift Ihrer Dokumente auf dem Bildschirm und im Ausdruck wieder gegeben werden soll. Da viele Browser es dem Betrachter jedoch gestatten diese Einstellungen zu überschreiben, sollten Sie sparsam mit diesem Befehl umgehen.

Beispiel:

> <FONT SIZE="+1" COLOR="blue" FACE="ARIAL">Dieser Satz wird in blauer ARIAL-Schrift dargestellt. Die Schrift ist einen Punkt größer als die Standardschrift.

<FORM>...</FORM> Formular für Benutzer

Definition:

Zur Definition eines Bereichs, der Objekte enthält, die Benutzereingaben anregen sollen; die Möglichkeiten reichen von der Auswahl von Schaltflächen oder Auswahlfeldern bis hin zu Bereichen für Texteingaben.

Attribute:

ACTION="URL"

> URL ist ein Standard Uniform Resource Locator. ACTION gibt den Namen einer Ressource an, die der Browser als Antwort auf das Anklicken der Schaltfläche Submit oder Reset auf dem Bildschirm ausführen soll.
>
> Der URL zeigt typischerweise auf ein CGI-Script oder einen anderen ausführbaren Dienst auf einen Web-Server, der eine Aktion ausführt, wenn darauf zugegriffen wird. (Hinweis:

CGI steht für Common Gateway Interface und definiert, wie Browser mit Servern im Web kommunizieren können; weitere Einzelheiten über CGI entnehmen Sie bitte Kapitel 12.)

METHOD=("GET"|"POST")

Das Attribut METHOD sagt dem Browser, wie er mit dem Dienst arbeiten soll, der von der URL des Attributs ACTION bezeichnet wurde. Wenn keine Methode angegeben wurde, lautet die Voreinstellung GET.

Wenn GET ausgewählt wurde, konstruiert der Browser einen Anfrage-URL, der aus dem URL der aktuellen Seite, die das Formular enthält, besteht, gefolgt von einem Fragezeichen, gefolgt von den Werten der Eingabebereiche und der anderen Objekte des Formulars. Der Browser sendet diesen Anfrage-URL an den Ziel-URL, der von ACTION angegeben wurde. Der WWW-Server im angegebenen Ziel-URL verwendet die im hereinkommenden URL enthaltene Information, um eine Suche durchzuführen, eine Anfrage zu verarbeiten oder die jeweiligen Dienste zu liefern, auf deren Lieferung er programmiert wurde.

Wenn POST ausgewählt wurde, sendet der Browser eine Kopie des Formularinhalts als Datenblock an den Standard-Eingabedienst (stdio( ) oder STDIN in der UNIX-Welt) des Empfänger-URLs. Dadurch lassen sich Formulardaten leichter erfassen und verarbeiten. POST ist die bevorzugte Methode der meisten HTML-Programmierer, da man mit POST viel mehr Informationen sauberer an den Server weiterreichen kann als mit der GET-Methode.

Alles, was das Empfängerprogramm in die Ausgabe schreibt, wird als neues HTML-Dokument zur weiteren Anzeige oder Interaktion an den Absender zurückgegeben. Das Empfängerprogramm kann Formulardaten auch in eine Datei auf dem lokalen WWW-Server speichern.

ENCTYPE="MIME-Typ"

Dieses Attribut gibt das Format der gesendeten Daten für den Fall an, daß das eigentliche Protokoll kein Format zuweist. Bei der POST-Methode ist dieses Attribut ein MIME-Typ, der das Format der gesendeten Daten angibt. Der voreingestellte Wert lautet »application/x-www-form-urlencoded« (eine Betrachtung der URL-Codierung können Sie in Kapitel 16 nachlesen).

Kontext:

<FORM>...</FORM> ist innerhalb der folgenden Markup-Markierungen zulässig:

<BLOCKQUOTE> <BODY> <DD> <LI>

Die folgenden Markups können innerhalb der Markierungen <FORM>...</FORM> verwendet werden:

<A> <ADDRESS> <B> <BLOCKQUOTE> <CITE> <CODE> <DIR> <DL> <EM> <H*> <HR> <I> <IMG> <INPUT> <ISINDEX> <KBD> <MENU> <OL> <P> <PRE> <SAMP> <SELECT> <STRONG> <TEXTAREA> <TT> <UL> <VAR>

Stil-/Verwendungs-Vorschlag:

Arbeiten Sie immer dann mit <FORM>...</FORM>, wenn Sie Eingaben von Ihren Lesern erzielen wollen oder wenn Sie zusätzliche Back-End-Dienste über Ihre Web-Seiten bieten möchten.

Nicht alle Browser gehen mit Formularen gleichermaßen geschickt um, also ist es oft sinnvoll, einen FTP-URL aufzunehmen, der im Formular nur Text und Anweisungen enthält, wie man die Information über E-Mail einreichen kann. Das ist zwar nicht so bequem oder direkt wie die Verarbeitung des Formulars im Browser, aber es eröffnet Lesern mit ungeeigneten Browsern die Möglichkeit, ihre Eingaben oder Anfragen trotzdem einzureichen.

Beispiel:

Da Formulare so komplex sind, verweisen wir Sie auf die Beispiele in Kapitel 12, statt hier ein Beispiel anzuführen.

<FRAME>...</FRAME> Befehl

Definition:

Mit <FRAME>...</FRAME> legen Sie fest, welche Datei in einem ihr in FRAMESET zugewiesen Rahmen dargestellt werden soll.

Attribute:

MARGINHEIGHT="zahl"

Gibt den Abstand vom Fensterinhalt zum oberen bzw. unteren Fensterrand in Pixelpunkten an. Der Abstand wird jedoch immer mindestens ein Pixel betragen, da der Browser von sich aus diesen Zwischenraum einfügt.

MARGINWIDTH="zahl"

Gibt den Abstand vom Fensterinhalt zum linken bzw. rechten Fensterrand in Pixelpunkten an. Der Abstand wird jedoch immer mindestens ein Pixel betragen, da der Browser von sich aus diesen Zwischenraum einfügt.

NAME="name"

Weist dem FRAME einen Namen zu, unter dem Links mit Hilfe des TARGET-Attributes an ihn adressiert werden können. Beachten Sie, daß bei der Schreibweise der Namen zwischen Groß- und Kleinschreibung unterschieden wird.

NORESIZE

Verhindert, daß die Größe des Frames vom Betrachter verändert wird.

SCROLLING=("yes"|"no"|"auto")

> Mit diesem Attribut können Sie entscheiden, ob ein Frame mit einem Laufbalken ausgestattet wird oder nicht. Der Standardwert "auto" fügt einen Laufbalken nur bei Bedarf ein.

SRC="url"

> Hier geben Sie an, welche Datei in dem zu erstellenden Frame dargestellt werden soll. Dieses Attribut ist bei der Definition eines Frames als einziges zwingend notwendig. Für den Fall, daß sich die entsprechende Datei nicht im selben Verzeichnis befindet, ist auch der Pfad, der zu dieser Datei führt anzugeben.

Kontext:

<FRAME>...</FRAME>ist innerhalb der folgenden Markup-Markierungen zulässig:

> <FRAMESET>

Innerhalb der Markierungen <NAME>...</NAME> sind keine weiteren HTML-Befehle zulässig.

Stil-/Verwendungs-Vorschlag:

Frames können, z.B. als Navigationshilfe, ein nützliches Werkzeug sein, das dem Betrachter beim »Durchforsten« Ihrer Seiten eine große Hilfe sein kann. Sie sollten aber Frames nur dann auf Ihren Seiten einbauen, wenn das wirklich sinnvoll ist. Viele HTML-Programmierer verwenden Frames, weil das gerade »chic« ist. Bedenken Sie jedoch, daß der Einsatz von Frames vielen potentiellen Betrachtern den Zugang zu Ihrem Angebot verwehrt, da diese noch mit älteren Browsern arbeiten.

Beispiel:

> <FRAME SRC="datei.html" SCROLLING="no" NAME="HauptFenster">

<FRAMESET>...</FRAMESET> Definiert eine Mengen von Frames

Definition:

<FRAMESET>...</FRAMESET> umgibt den Bereich eines WWW-Dokumentes, in dem die einzelnen Frames, die in einem Browserfenster dargestellt werden sollen, definiert werden.

Attribute:

BORDERCOLOR=("#rrggbb"|"farbe")

> Legt die Farbe fest, in der die Begrenzungen des Frames dargestellt werden sollen.

COLS="zahl, zahl"

> Die Verwendung von COLS erfolgt für vertikal geteilte Frames analog zu ROWS.

FRAMESPACING="zahl"

Gibt den Abstand zwischen den einzelnen Frames innerhalb des Browserfensters in Pixeln an.

ROWS="zahl, zahl"

Mit ROWS bestimmen Sie bei horizontal unterteilten Frames, welcher Raum den einzelnen Frames beim Aufbau der Frameseite zugewiesen wird. Der Betrachter kann diese Aufteilungen seinen Wünschen entsprechend verändern, wenn Sie den jeweiligen Frames nicht das Attribut NORESIZE zugewiesen haben. Jedem einzelnen Frame wird ein Zahlenwert, wahlweise absolut oder in Prozentwerten, zugewiesen. Wenn Sie absolute Zahlen verwenden, kann ein Wert durch einen Asterisk (*) ersetzt werden, was zur Folge hat, daß der betreffende Frame den Rest des Browserfensters ausfüllt.

Kontext:

<FRAMESET>...</FRAMESET>ist innerhalb der folgenden Markup-Markierungen zulässig:

<HTML>

Die folgenden Markups können innerhalb der Markierungen <FRAMESET>...</FRAMESET> verwendet werden:

<FRAME>

Stil-/Verwendungs-Vorschlag:

FRAMESET wird beim Festlegen der Struktur einer Frameseite an Stelle des BODY-Befehls verwendet. Innerhalb des von FRAMESET umgebenen Bereiches folgt die Definition der einzelnen Frames bzw. der verschachtelten Framesets.

Betrachtern, deren Browser nicht in der Lage sind, Frames korrekt darzustellen, können Sie Alternativ-Inhalte anbieten. Hierzu verwenden Sie den Befehl NOFRAMES.

Beispiel:

```
<FRAMESET COLS="*,90%">
   <FRAME SRC="main.htm" NAME="inhalt">
   <FRAME SRC="navigation.htm" NAME="navigator">
</FRAMESET>
<NOFRAMES>Leider ist Ihr Browser nicht frametauglich</NOFRAMES>
```

<H*>...</H*> Überschriften-Ebenen 1 bis 6

Definition:

Überschriften gibt es in vielen Stilen und Gewichtungen, um Ihnen bei der Gliederung Ihres Inhalts zum Zweck der besseren Lesbarkeit zu helfen.

Attribute:

Keine

Kontext:

<H*>...</H*> ist innerhalb der folgenden Markup-Markierungen zulässig:

<A> <BLOCKQUOTE> <BODY> <CENTER> <DIV> <FORM> <TD> <TH>

Die folgenden Markups können innerhalb der Markierungen <H*>...</H*> verwendet werden:

<A> <APPLET> <B> <BASEFONT> <BIG>
 <CITE> <CODE> <DFN> <EM> <FONT> <I> <IMG> <INPUT> <KBD> <MAP> <S> <SAMP> <SCRIPT> <SELECT> <SMALL> <STRONG> <SUB> <SUP> <TEXTAREA> <TT> <U> <VAR>

Stil-/Verwendungs-Vorschlag:

Wenn Sie regelmäßig und durchgängig mit Überschriften arbeiten, so versehen Sie Ihre Dokumente mit Struktur und Wegweisern. Einige Experten raten von der Verwendung von Unterüberschriften ab, es sei denn, Sie verwenden mindestens zwei unter einer übergeordneten Überschrift. Sie empfehlen mit anderen Worten, daß Sie unter einem <H2>...</H2> kein einzelnes <H3>...</H3> verwenden. Dies ist an das alte Konzeptprinzip angelehnt, bei dem Sie nicht einrücken, außer Sie haben mindestens zwei Unterthemen unter einem Thema. Wir finden, daß eine gelegentliche Ausnahme in Ordnung ist, daß dies aber trotzdem eine recht gute Richtschnur darstellt.

Hinweise:

1. Eines unserer untenstehenden Beispiele verletzt diese Richtlinie, um alle sechs Überschriftsebenen besser auf einen einzigen Screenshot quetschen zu können. (Siehe Abbildung 7.7)
2. Überschriftsebenen sollten immer um eins auf- oder absteigen (wenn man sich in der Dokumentenhierarchie hinauf- oder hinabbewegt).

Beispiele:

Guter Stil:

```
<H1>Ebene eins (erste)</H1>
<H2>Ebene zwei A</H2>
<H2>Ebene zwei B</H2>
<H3>Ebene drei AA</H3>
<H3>Ebene drei BB</H3>
<H1>Ebene eins (zweite)</H1>
```

Schlechter Stil:

```
<H1>Ebene eins (erste)</H1>
<H4>Ebene vier A</H4>
<H3>Ebene drei B</H3>
<H6>Ebene sechs AA</H6>
<H3>Ebene drei BB</H3>
<H1>Ebene eins (zweite)</H1>
```

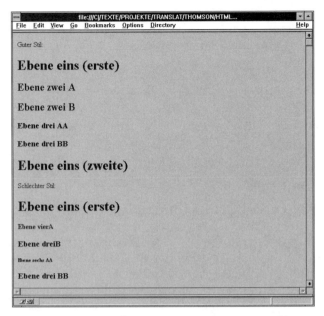

Abbildung 7.7: Alle sechs Überschriftenebenen auf einem Bildschirm!

<HEAD>...</HEAD> Dokumentenkopf

Definition:

Definiert Informationen über ein HTML-Dokument auf Seitenebene; dazu gehört der Titel des Dokuments, der Basis-URL, Indexinformationen, der Zeiger auf die nächste Seite und mögliche Links zu anderen HTML-Dokumenten.

Attribute:

Keine

Kontext:

<HEAD>...</HEAD> ist innerhalb der folgenden Markup-Markierungen zulässig:

<HTML>

Die folgenden Markups können innerhalb der Markierungen <HEAD>...</HEAD> verwendet werden:

<BASE> <ISINDEX> <LINK> <META> <NEXTID> <TITLE>

Stil-/Verwendungs-Vorschlag:

Bei streng interpretiertem HTML benötigt man <HEAD>...</HEAD> am Kopf eines HTML-Dokuments. Obwohl viele Browser auch Dokumente ausgeben, die am Anfang keinen

<HEAD>...</HEAD>-Block stehen haben, bewährt es sich trotzdem in der Praxis einen solchen aufzunehmen; dies trifft besonders dann zu, wenn Sie Links zu zahlreichen Grafiken oder lokalen Dokumenten auf Ihrer Seite haben und deshalb einen BASE URL einrichten wollen.

Hinweis: Obwohl der <HEAD>...</HEAD>-Block in der Browser-Ausgabe nur einen Dokumententitel ergibt, bleibt er eine wichtige Komponente eines ordentlichen HTML-Designs.

Beispiel:

```
<HTML>
<HEAD>
<TITLE>Eine beinahe sinnlose HTML-Seite</TITLE>
<BASE HREF="http://www.bigcorp.com/index.html">
</HEAD>
<BODY>
...
</BODY>
</HTML>
```

<HR> Horizontale Linie

Definition:

Zieht eine horizontale Linie über die Seite, die üblicherweise ein oder zwei Pixel breit ist.

Attribute:

ALIGN=("LEFT"|"CENTER"|"RIGHT")

Mit Hilfe des ALIGN Attributes können Sie die Ausrichtung der Linie bestimmen.

SIZE="zahl"

Bestimmt die Höhe (in Pixeln) einer Horizontalen Linie

WIDTH="zahl"

Legt fest wie breit die Linie sein soll. Die Angabe des Attributwertes kann in absoluten Zahlen (= Anzahl der Pixel) oder in Prozentzahlen (= relativ zur Seitenbreite) erfolgen.

Kontext:

<HR > ist innerhalb der folgenden Markup-Markierungen zulässig:

<BLOCKQUOTE> <BODY> <CENTER> <DD> <DIV> <FORM> <LI> <TD> <TH>

Innerhalb von <HR> kann kein Markup verwendet werden, da es eine alleinstehende Markierung ist.

Stil-/Verwendungs-Vorschlag:

Immer dann, wenn ein gutes Design von der Plazierung eines horizontalen Strichs profitiert, kann die Markierung <HR> das Seiten-Design stark verbessern; sie wird typischerweise verwendet, um logische Unterteilungen zwischen Textpunkten oder Themen hervorzuheben oder um die Kopf- oder Fußzeile einer Seite vom Inhaltsteil zu trennen.

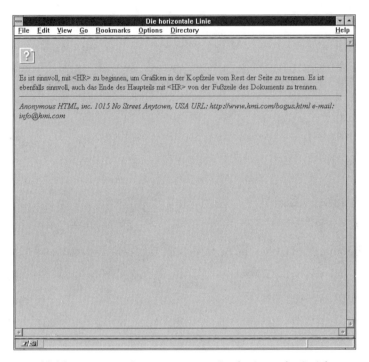

Abbildung 7.8: Eine kurze Demonstration horizontaler Striche

Beispiele:

```
<HTML>
<HEAD>
<TITLE>Die horizontale Linie</TITLE>
</HEAD>
</BODY>
<IMG SRC="bogusb.gif" ALIGN="MIDDLE">
<!-Dieses Bild ist eine unechte Schaltflächenleiste, die einer anderen
Anwendung entnommen wurde->
<HR>
Es ist sinnvoll, mit &lt;HR&gt; zu beginnen, um Grafiken in der Kopf-
zeile vom Rest der Seite zu trennen.
Es ist ebenfalls sinnvoll, auch das Ende des Hauptteils mit &lt;HR&gt;
von der Fußzeile des Dokuments zu trennen.
```

ONBLUR="function"

Ruft die als Attributwert angegebene Funktion auf, wenn die Maus aus dem Bereich des Eingabefeldes entfernt wird.

ONCHANGE="function"

Ruft die als Attributwert angegebene Funktion auf, wenn der Vorgabewert des Eingabefeldes geändert wird.

ONCLICK="function"

Ruft die als Attributwert angegebene Funktion auf, wenn das Eingabefeld angeklickt wird.

ONFOCUS="function"

Ruft die als Attributwert angegebene Funktion auf, wenn die Maus über das Eingabefeld gezogen wird.

ONSELECT="function"

Ruft die als Attributwert angegebene Funktion auf, wenn das betreffende Eingabefeld ausgewählt wird.

SIZE="zahl"

Die Größe eines Eingabefeldes vom Typ TEXT, gemessen an der Anzahl der enthaltenen Zeichen.

TYPE=("TEXT"|"PASSWORD"|"CHECKBOX"|"HIDDEN"|"RADIO"|"SUBMIT"|"RESET"|"BUTTON")

Definiert den beschriebenen Eingabeobjekttyp. TEXT, CHECKBOX und RADIO definieren, wie die Dateneingabebereiche auf dem Bildschirm erscheinen; PASSWORD fordert zur Eingabe eines Paßworts auf; HIDDEN ermöglicht dem Formular, Daten an den Web-Server weiterzureichen, die der Benutzer nicht sehen kann; SUBMIT und RESET bieten Möglichkeiten, die Informationen auf einem Formular an den Server zu übermitteln oder die Daten aus dem Formular zu löschen; Button läßt das Eingabefeld in Form einer Schaltfläche erscheinen.

VALUE="text"

Der Wert eines Eingabepunkts, so wie er an das CGI-Script des Formulars als Bestandteil eines Name-Wert-Paares weitergereicht wird.

Kontext:

<INPUT> ist innerhalb der folgenden Markup-Markierungen zulässig:

<A> <ADDRESS> <B> <BIG> <BLOCKQUOTE> <BODY> <CENTER> <CITE> <CODE> <DD> <DFN> <DIV> <DT> <EM> <FONT> <FORM> <H*> <I> <IMG> <KBD> <LI> <P> <PRE> <S> <SAMP> <SMALL> <STRONG> <SUB> <SUP> <TD> <TEXTAREA> <TH> <TT> <U> <VAR>

Als alleinstehende Markierung läßt <INPUT> kein anderes Markup zu, das innerhalb seines Geltungsbereichs verwendet werden kann.

Stil-/Verwendungs-Vorschlag:

<INPUT> ist eine grundlegende Zutat für alle HTML-Formulararten, da es Mechanismen bietet, Eingaben von Lesern anzuregen und diese Eingaben an die zugrundeliegenden Formular-Bearbeitungs-Dienste zu liefern, die von dem entsprechenden CGI-Script oder anderen Formular-Bearbeitungs-Programmen bereitgestellt werden.

Beispiele:

 Da HTML-Formulare ziemlich komplex sind, verweisen wir Sie auf Kapitel 12, dem Sie eine Reihe informativer und interessanter Beispiele entnehmen können.

<ISINDEX> indiziertes Dokument

Definition:

<ISINDEX> gibt an, daß für das Dokument auf dem Server ein Index zur Verfügung steht, nach dem man suchen kann, typischerweise in Form eines CGI-Skripts, das Suchvorgänge zuläßt (normalerweise kann man durch eine »SEARCH«-Schaltfläche irgendwo im Dokument darauf zugreifen).

Attribute:

Keine

Kontext:

<ISINDEX > ist innerhalb der folgenden Markup-Markierungen zulässig:

<BLOCKQUOTE> <BODY> <CENTER> <DD> <DIV> <FORM> <HEAD> <LI> <TD> <TH>

Innerhalb <ISINDEX> kann kein Markup verwendet werden.

Stil-/Verwendungs-Vorschlag:

Lange, komplexe Dokumente profitieren typischerweise davon, daß man in ihnen suchen kann, aber jedes Dokument mit vielen Ausdrücken oder Einzelheiten (beispielsweise die HTML-Spezifikationen oder die RFCs der IETF) kann von einer <ISINDEX>-Unterstützung profitieren. Mit <ISINDEX> können Dokumente über einen Schlüsselwort-Suchmechanismus abgefragt werden; dabei setzt man ein Fragezeichen an das Ende des URL, dem man eine Liste von Schlüsselwörtern anfügt, die durch Plus-Zeichen getrennt werden (dieses heißt, und zwar nicht nur zufällig, »URL-Codierung«). Ein Beispiel:

http://www.biggus.com/rome/gov/index.html?empire+fall+europe

7 ➤ Schubladen für die Inhalte der Seiten: HTML-Kategorien

Beispiele:

 Eine genaue Besprechung von Suchprogrammen, weitere Informationen über URL-Codierung und Anregungen, wie Sie <ISINDEX> in Ihren Dokumenten verwenden können, lesen Sie bitte in Kapitel 16 nach.

<KBD>...</KBD> Tastatureingabe

Definition:

Zeigt an, daß über die Tastatur Text eingetippt werden soll. <KBD>...</KBD> verändert die Schriftart für den gesamten enthaltenen Text (typischerweise in eine Courier-Schrift oder eine andere Schriftart, die üblicherweise an Computer-Terminal-Anzeigen im Zeichenmodus verwendet wird). (Siehe Abbildung 7.10)

Attribute:

Keine

Kontext:

<KBD>...</KBD> ist innerhalb der folgenden Markup-Markierungen zulässig:

<A> <ADDRESS> <B> <BIG> <BLOCKQUOTE> <BODY> <CENTER> <CITE> <CODE> <DD> <DFN> <DIV> <DL> <DT> <EM> <FONT> <FORM> <H*> <I> <KBD> <LI> <P> <PRE> <S> <SAMP> <SMALL> <STRONG> <SUB> <SUP> <TD> <TH> <TT> <U> <VAR>

Die folgenden Markups können innerhalb der Markierungen <KBD>...</KBD> verwendet werden:

<A> <APPLET> <B> <BASEFONT> <BIG>
 <CITE> <CODE> <DFN> <EM> <FONT> <I> <IMG> <INPUT> <KBD> <MAP> <S> <SAMP> <SCRIPT> <SELECT> <SMALL> <STRONG> <SUB> <SUP> <TEXTAREA> <TT> <U> <VAR>

Stil-/Verwendungs-Vorschlag:

Verwenden Sie <KBD>...</KBD> bitte immer dann, wenn Sie Text darstellen, der an einem Computer eingetippt werden soll, um ihn vom Textkörper abzusetzen.

Beispiel:

```
Wenn Sie alle Dateien, einschließlich der Unterverzeichnisse mit der
gleichen Struktur, von einer Diskette auf die Festplatte kopieren möchten,
dann verwenden Sie den Befehl <TT>XCOPY</TT>.
Das Beispiel <BR>
<BR>
<KBD>XCOPY A:*.* C:\TEST</KBD><BR>
<BR>
kopiert Dateien und Verzeichnisse von der Diskette <TT>A:</TT>, die sich
innerhalb des Verzeichnisses <TT>C:\TEST</TT> befinden.
```

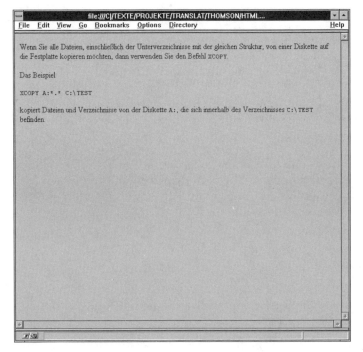

Abbildung 7.10: Verwendung von Tastaturtext

<LI> Listenpunkt

Definition:

Ein Element, das zu einer der verschiedenen HTML-Listen gehört.

Attribute:

TYPE=("A"|"a"|"I"|"i"|"1")

> Bestimmt das Aufzählungszeichen bei numerierten Listen: A für Großbuchstaben; a für Kleinbuchstaben; I für große römische Zahlen; i für kleine römische Zahlen und 1 für arabische Nummern.

VALUE="zahl"

> Bestimmt bei welchem Wert die Aufzählung beginnen soll. Der Standardwert ist 1.

Kontext:

<LI> ist innerhalb der folgenden Markup-Markierungen zulässig:

> <DIR> <MENU> <OL> <UL>

Da <LI> eine alleinstehende Markierung ist, kann darin kein Markup verwendet werden.

Stil-/Verwendungs-Vorschlag:

Wird zum Absetzen von Elementen in Listen verwendet. (Siehe Abbildung 7.11)

Beispiel:

```
Lieber Weihnachtsmann:
<P>Hier meine Wunschliste für Weihnachten:
<UL>
<LI>Ein Normalpapierfaxgerät
<LI>Einen ISDN-Anschluß
<LI>Weltfrieden
</UL>
```

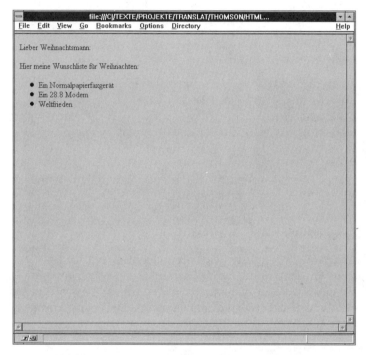

Abbildung 7.11: Ein Saisonbeispiel für Listenelemente

<LINK>

Definition:

Liefert Informationen, die das aktuelle Dokument mit anderen Dokumenten oder URL-Ressourcen verbindet.

Attribute:

HREF="URL"

> Die Adresse der aktuellen Link-Sprungmarke, auf die über normale Web-Verbindungsmechanismen zugegriffen werden kann. Funktioniert genauso wie die Anker-Markierung <A>...</A>.

REL=("next"|"previous"|"parent"|"made")

> Das Attribut REL gibt die Beziehung zwischen dem aktuellen Anker und der Sprungmarke an (man kennt das auch als »Vorwärts-Beziehungs-Typ«). »next« zeigt an, daß der URL auf die nächste Seite in Folge zeigt, »previous«, daß es auf die vorherige Seite zeigt, während »parent« angibt, daß die aktuelle Seite der Bestimmungsseite übergeordnet ist. »made« zeigt an, daß die Bestimmungsseite Informationen über den Seiten-Macher oder -Eigner der aktuellen Ankerseite enthält.

REV=("next"|"previous"|"parent"|"made")

> REV ist das Gegenteil des Attributs REL und gibt die Senke und den aktuellen Anker an. Alle Attributwerte entsprechen denen des Attributs REL, beziehen sich aber auf die Seite, auf die der URL zeigt. Hier zeigt »made« an, daß dieses Dokument Informationen über den Macher oder Eigner der Bestimmungsseite enthält.

TITLE="text"

> Liefert beratende Informationen über den Titel des Bestimmungsdokuments (normalerweise denselben Text, der in den Markierungen <TITLE>...</TITLE> dieses Dokuments enthalten ist).

URN="permanenter name"

> Ein Uniform Resource Name liefert eine permanente Adresse für eine Ressource im Web; anders als ein URL, der sich mit der Zeit verschieben oder der verschwinden kann, stellt ein URN einen permanenten Fixpunkt in der Web-Landschaft dar. Dies kann ein Textfeld mit einer FTP-Adresse sein oder eine Kontaktinformation, auf die eine menschliche Aktion (keine Browser-Aktion) folgen muß.

Kontext:

<LINK> ist nur innerhalb der Markierungen <HEAD>...</HEAD> zulässig:

Als alleinstehende Markierung läßt <LINK> kein eingeschlossenes Markup zu.

Stil-/Verwendungs-Vorschlag:

Zu den typischen Anwendungsbereichen zählen Informationen über den Autor, Zugriff auf Glossare oder Lernprogramme und Informationen über frühere (veraltete) oder neuere (aktuellere) Versionen des Dokuments, in dem das <LINK> vorkommt.

Beispiele:

 Ein Beispiel zur Verwendung dieser Markierungen entnehmen Sie bitte Kapitel 11.

<MAP>...</MAP> Definiert eine clientseitige Imagemap

Definition:

<MAP>...</MAP> enthält die Koordinaten und URL-Informationen von clientseitigen Imagemaps, sogenannten Usemaps.

Attribute:

NAME="text"

>Bestimmt den Namen der Imagemap, der mit dem USEMAP-Attribut der zugehörigen Grafik korrespondiert.

Kontext:

<MAP>...</MAP>ist innerhalb der folgenden Markup-Markierungen zulässig:

> <A> <ADDRESS> <B> <BIG> <BLOCKQUOTE> <BODY> <CENTER> <CITE> <CODE> <DD> <DFN> <DIV> <DT> <EM> <FONT> <FORM> <H*> <I> <KBD> <LI> <P> <PRE> <S> <SAMP> <SMALL> <STRONG> <SUB> <SUP> <TD> <TH> <TT> <U> <VAR>

Die folgenden Markups können innerhalb der Markierungen <MAP>...</MAP> verwendet werden:

> <AREA>

Stil-/Verwendungs-Vorschlag:

Der MAP-Befehl dient dazu, dem Browser sämtliche Link-Informationen einer Usemap mitzuteilen. Achten Sie darauf, daß Sie die Namen die Sie einer Map zuordnen, nur einmal vergeben.

Beispiel:

```
<MAP NAME="beispiel_usemap">
<AREA COORDS="0,0,499,141" HREF="inhalt.htm">
<AREA COORDS="0,142,98,285" HREF="aboutme.htm">
<AREA COORDS="99,142,198,285" HREF="sport.htm">
<AREA COORDS="199,142 298,285" HREF="links.htm">
<AREA COORDS="299,142 398,285" HREF="contact.htm">
<AREA COORDS="399,142 499,285" HREF="help.htm">
</MAP>
```

<MENU>...</MENU>

Definition:

Umschließt eine Menüliste, in der jedes Element typischerweise aus einem Wort oder einem kurzen Satz besteht, der auf eine einzige Zeile paßt; bietet eine größere Kompaktheit als die meisten anderen Listentypen.

Attribute:

COMPACT

    Gibt die Liste so kompakt wie möglich aus (wird nicht von allen Browsern unterstützt).

Kontext:

<MENU>...</MENU> ist innerhalb der folgenden Markup-Markierungen zulässig:

    <BLOCKQUOTE> <BODY> <CENTER> <DD> <DIV> <FORM> <LI> <TD> <TH>

Die folgenden Markups können innerhalb der Markierungen <MENU>...</MENU> verwendet werden:

    <LI>

Stil-/Verwendungs-Vorschlag:

Für kurze, einfache Listen bietet der <MENU>-Listenstil die kompakteste Möglichkeit, solche Informationen anzuzeigen. Arbeiten Sie mit dem Attribut COMPACT, um wirklich alles zusammenzuquetschen, wenn es sein muß.

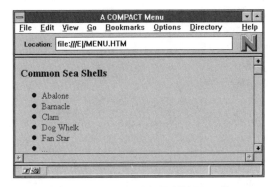

Abbildung 7.12: Eine COMPACT-Menüliste

Beispiel:

```
<H3>Common Sea Shells</H3>
<MENU COMPACT>
<LI>Abalone
<LI>Barnacle
```

```
<LI>Clam
<LI>Dog Whelk
<LI>Fan Star
<LI>...
</MENU>
```

<META>

Definition:

Der META-Befehl wird im HEAD-Bereich dazu verwendet, die Seite mit Informationen zu versehen, die nicht von anderen HTML-Elementen definiert werden können. Diese Informationen werden von anderen Servern und/oder Clients dazu verwendet, ein HTML-Dokument zu erfassen, katalogisieren und indizieren.

Attribute:

CONTENT="text"

Bezeichnet den Wert der vorstehenden Variablen.

HTTP-EQUIV ="text"

HTTP-EQUIV vergibt einen Namen an ein Attribut, dem mit Hilfe von CONTENT ein Wert zugewiesen wird.

NAME="text"

NAME wird für häufig wiederkehrende Variablen, wie z.B. den Namen des Autors, Beschreibung des Dokumentes, usw. verwendet.

Kontext:

<META> ist innerhalb der folgenden Markup-Markierungen zulässig:

<HEAD>

Es können keine Befehle innerhalb der Markierungen <META> verwendet werden.

Stil-/Verwendungs-Vorschlag:

META-Informationen sind vor allem dann sinnvoll, wenn Ihre Seiten von Suchmaschinen besucht oder häufig aktualisiert werden. Mit Hilfe bestimmter Einstellungen können Sie z.B. unterdrücken, daß Ihre Seiten von Proxy-Servern geladen werden.

Beispiele:

```
<META NAME="author" CONTENT="Dirk Chung"> (weist Dirk Chung als Autor
   des folgenden HTML-Dokumentes aus)
<META NAME="description" CONTENT="Homepage von Dirk Chung"> (beschreibt
   den Inhalt der Homepage)
```

```
<META HTTP-EQUIV="expires" CONTENT="Sat, 04 Oct 1997 12:00:00 GMT"> (ab
dem 4.10.1997, 12:00 Uhr wird diese Seite nicht mehr von Proxy-Servern,
sondern aktuell vom Ursprungsserver geladen)
<META HTTP-EQUIV="refresh" CONTENT="10; URL=datei.htm"> 10 Sekunden
nach dem Laden der aktuellen Seite wird automatisch die Datei
»datei.htm« geladen.
```

<NOBR>...</NOBR> Kein Umbruch

Definition:

Dieses Markierungspaar erwartet, daß zwischen der Öffnungs- und Abschlußmarkierung keine Zeilenumbrüche eingefügt werden. <NOBR> erweist sich bei Textfolgen die nicht unterbrochen werden dürfen als nützlich; man muß allerdings darauf hinweisen, daß lange Zeichenketten in <NOBR>...</NOBR> seltsam aussehen können, wenn sie angezeigt werden.

Attribute:

Keine

Kontext:

<NOBR>...</NOBR> ist innerhalb der folgenden Markup-Tags zulässig:

<A> <ADDRESS> <B> <BLINK> <BLOCKQUOTE> <BODY> <CENTER> <CITE> <CODE> <DD> <DT> <EM> <FONT> <FORM> <H*> <I> <KBD> <LI> <P> <SAMP> <STRONG> <TT> <VAR>

Die folgende Markierung kann innerhalb von <NOBR>...</NOBR> verwendet werden:

<A> <B> <BASEFONT> <BLINK>
 <CITE> <CODE> <EM> <FONT> <I> <IMG> <KBD> <SAMP> <STRONG> <TT> <VAR> <WBR>

Stil-/Verwendungs-Vorschlag:

Zum Zusammenhalten kurzer Zeichenfolgen, die nicht unterbrochen werden sollten.

Beispiele:

```
<NOBR>Dieser Text wird in einer Zeile angezeigt, egal wie lang er noch
weitergeht...</NOBR>
```

<OL>...</OL> Geordnete Liste

Definition:

Eine geordnete Liste numeriert die Elemente nach der Reihenfolge ihres Auftretens. (Siehe Abbildung 7.13)

Attribute:

COMPACT

Gibt die Liste so kompakt wie möglich aus (wird derzeit nicht von allen Browsern unterstützt).

Kontext:

<OL>...</OL> ist innerhalb der folgenden Markup-Markierungen zulässig:

<BLOCKQUOTE> <BODY> <CENTER> <DD> <DIV> <FORM> <LI> <TD> <TH>

Die folgenden Markups können innerhalb des Markierungen <OL>...</OL> verwendet werden:

<LI>

Stil-/Verwendungs-Vorschlag:

Geordnete Listen eignen sich gut für schrittweise Anleitungen oder andere Informationen, für die die Reihenfolge der Darstellung wichtig ist. (Siehe Abbildung 7.13)

Beispiele:

```
<H3>Schritte zur erfolgreichen Kommunikation </H3>
<OL COMPACT>
<LI>Sagen Sie ihnen was Sie ihnen mitteilen möchten.
<LI>Sagen Sie's ihnen.
<LI>Erzählen Sie ihnen was Sie ihnen gesagt haben.
</OL>
```

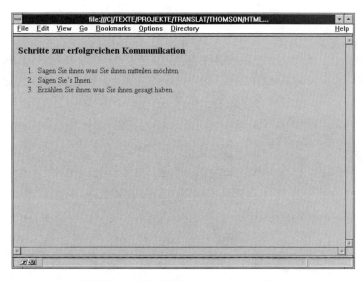

Abbildung 7.13: Eine kurze geordnete Liste!

<OPTION>

Definition:

Definiert die verschiedenen Optionen, die in einem <SELECT>...</SELECT>-Markierungs-Paar für eine Formulardefinition zur Verfügung stehen, bei dem Benutzer einen Wert aus einer vordefinierten Optionenliste auswählen müssen. Bietet auch einen Mechanismus zur Auswahl eines voreingestellten Werts, wenn der Benutzer keinen Wert explizit eingibt.

Attribute:

SELECTED

> Definiert einen voreingestellten Wert für ein <SELECT>-Feld in einem Formular, sollte der Benutzer explizit keinen Wert auswählen.

VALUE="text"

> Definiert den Wert einer bestimmten <SELECT>-Option, der der VALUE zugeordneten Textzeichenkette entspricht.

Kontext:

<OPTION > ist nur innerhalb des <SELECT>...</SELECT>-Markierungs-Paars zulässig:

Als alleinstehende Markierung kann <OPTION> kein Markup enthalten.

Stil-/Verwendungs-Vorschlag:

Zur Definition eines Skalar-Wertesatzes für ein <SELECT>-Feld und zur Bereitstellung einer Voreinstellung für solche Sätze, wo es geeignet erscheint.

Beispiele:

Da Formulare so komplex sind, können wir hier kein gutes Beispiel einbringen; in Kapitel 12 finden Sie aber alle Informationen, die Sie hierzu benötigen.

<P>

Definition:

<P> definiert Absatzgrenzen für normalen HTML-Text, wobei der Umbruch direkt vor dem Text eingefügt wird, der auf die Markierung folgt.

Attribute:

ALIGN=("left"|"center"|"right")

> ALIGN bestimmt die Ausrichtung der folgenden Absatzes. Die möglichen Werte stehen für links, zentriert und rechts.

Kontext:

<P> ist innerhalb der folgenden Markup-Markierungen zulässig:

<ADDRESS> <BLOCKQUOTE> <BODY> <CENTER> <DD> <DIV> <FORM> <LI> <TD> <TH>

Da <P> eine alleinstehende Markierung ist, ist darin kein Markup zulässig.

Stil-/Verwendungs-Vorschlag:

Absätze sind grundlegende Texteinheiten; sie teilen den Ideen- oder Informationsfluß in zusammenhängende Brocken auf. Ein schriftstellerisch guter Stil erfordert, daß regelmäßig mit Absätzen gearbeitet wird und daß jede Idee oder jedes Konzept in seinem eigenen Absatz behandelt wird.

Beispiele:

    <P>Wenn Sie Cabernet Sauvignon trinken, empfehlen wir Ihnen dies aus
    einem geeigneten großen Rotweinglas zu tun, damit sich das großartige
    Bouquet dieses Weines richtig entfalten kann.
    <P>Es ist ebenso wichtig, daß Sie diesen Wein mit einer Temperatur von
    ca. 18-20° trinken, dies gilt als die normale Raumtemperatur.

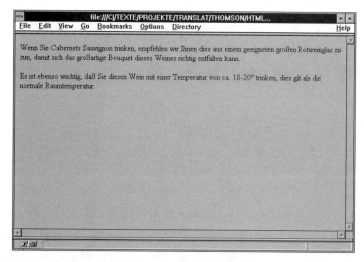

Abbildung 7.14: Die Verwendung der <P>-Markierungen zum Textumbruch

<PARAM> Applet Parameter

Definition:

PARAM dient der Übergabe von Parametern, die für die Verwendung von Java-Applets notwendig sind.

Attribute:

NAME="text"

    Bezeichnet einen Parameter.

VALUE="wert"

    Übergibt den zugehörigen Parameterwert an das Applet.

Kontext:

<PARAM> ist innerhalb der folgenden Markup-Markierungen zulässig:

    <APPLET>

Innerhalb der Markierungen <PARAM> sind keine weiteren HTML-Befehle möglich.

Stil-/Verwendungs-Vorschlag:

Parameter werden verwendet, um das Verhalten von Java-Applets zu steuern oder zu beeinflussen. Häufig werden verschiedene Parameter von einem Applets verwendet.

Beispiel:

    <PARAM NAME="color" VALUE="blue">

    <PARAM NAME="title" VALUE="Hallo!">

<PRE>...</PRE> Vorformatierter Text

Definition:

<PRE>...</PRE> bietet eine Möglichkeit, vorformatierten Text in HTML-Dateien einzufügen. Dies kann sich bei der Wiedergabe formatierter Tabellen oder anderen Textes als wertvoll erweisen, bei dem man das Original-Layout bewahren möchte; ein Beispiel hierfür wären Code-Listen, bei denen man die genauen Formatierungen, Einrückungen usw. aufrechterhalten möchte. (Siehe Abbildung 7.15)

Attribute:

WIDTH="zahl"

Dies gibt die maximale Zeichenanzahl in einer Zeile an und ermöglicht dem Browser, die geeigneten Einstellungen für Schriftart und Einrückungen auszuwählen.

Kontext:

<PRE>...</PRE> ist innerhalb der folgenden Markup-Markierungen zulässig:

    <BLOCKQUOTE> <BODY> <CENTER> <DD> <DIV> <FORM> <LI> <TD> <TH>

Die folgenden Markups können innerhalb der Markierungen <PRE>...</PRE> verwendet werden:

<A> <APPLET> <B> <BASEFONT> <BIG>
 <CITE> <CODE> <DFN> <EM>
<FONT> <I> <IMG> <INPUT> <KBD> <MAP> <S> <SAMP> <SCRIPT> <SELECT>
<SMALL> <STRONG> <SUB> <SUP> <TEXTAREA> <TT> <U> <VAR>

Stil-/Verwendungs-Vorschlag:

Wenn Sie Text zusammenstellen, der in einem <PRE>...</PRE>-Block verwendet werden soll, dürfen Sie mit Link-Markierungen und Textsteuerungen arbeiten. Zeilenumbrüche erhalten Sie einfach mit der Return-Taste, aber da <PRE>-Text typischerweise in einer Proportionalschrift (wie Courier) gesetzt ist, sollten Sie die Zeilenlängen auf 80 oder weniger Spalten beschränken. Diese Markierung eignet sich hervorragend zur Darstellung von Informationen auf reiner Textgrundlage, wie beispielsweise .sig-Dateien oder andere E-Mail-Informationen oder USENET-News-Artikel.

Beispiele:

```
<H2>Die Telefonliste der XYZ-Handelsbank</H2>
<PRE>
Name         Telefon       E-Mail
Martin Sick  4606887       bsick@au.xyz.com
Slavka Bulgar5135445       sbulgar@cc.xyz.com
Iris Campion 4089628       icampion@au-xyz.com
Lili Koehler 1572301       lkoehler@cc.xyz.com
Heinz Pikkat 1740023       lpikkat@ny.xyz.com
</PRE>
```

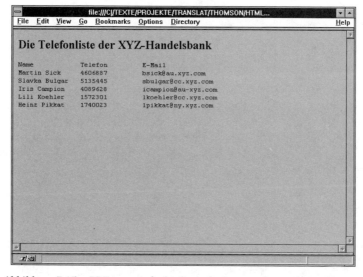

Abbildung 7.15: <PRE> vereinfacht die Aufnahme vorformatierten Textes.

`<S>...</S>` Durchgestrichener Text

Definition:

Stellt den umschlossenen Text durchgestrichen dar.

Attribute:

Keine

Kontext:

`<S>...</S>` ist innerhalb der folgenden Markup-Markierungen zulässig:

<A> <ADDRESS> <B> <BIG> <BLOCKQUOTE> <BODY> <CENTER> <CITE> <CODE> <DD> <DFN> <DIV> <DT> <EM> <FONT> <FORM> <H*> <I> <KBD> <LI> <P> <PRE> <S> <SAMP> <SMALL> <STRONG> <SUB> <SUP> <TD> <TH> <TT> <U> <VAR>

Die folgenden Markups können innerhalb der Markierungen `<S>...</S>` verwendet werden:

<A> <APPLET> <B> <BASEFONT> <BIG>
 <CENTER> <CITE> <CODE> <DFN> <EM> <FONT> <I> <IMG> <INPUT> <KBD> <MAP> <S> <SAMP> <SCRIPT> <SELECT> <SMALL> <STRONG> <SUB> <SUP> <TEXTAREA> <TT> <U> <VAR>

Stil-/Verwendungs-Vorschlag:

Durchgestrichener Text wird häufig verwendet, um korrigierte oder geänderte Informationen zu kennzeichnen. Zu viel durchgestrichener Text kann schwer lesbar sein.

Beispiel:

```
Die derzeit gültige Version von HTML hat die Versionsnummer <S>3.2</S> 4
```

`<SAMP>...</SAMP>` Mustertext

Definition:

`<SAMP>...</SAMP>` sollte für Folgen literaler (***mir war nicht klar, was literal in diesem zusammenhang berdeuten soll; lt. Wörterbuch heißt es wörtlich, eigentlich, prosaisch***) Zeichen verwendet werden, oder um Ausgaben aus einem Programm oder einer anderen Datenquelle darzustellen. (Siehe Abbildung 7.16)

Attribute:

Keine

Kontext:

<SAMP>...</SAMP> ist innerhalb der folgenden Markup-Markierungen zulässig:

<A> <ADDRESS> <B> <BIG> <BLOCKQUOTE> <BODY> <CENTER> <CITE> <CODE> <DD> <DFN> <DIV> <DT> <EM> <FONT> <FORM> <H*> <I> <KBD> <LI> <P> <PRE> <S> <SAMP> <SMALL> <STRONG> <SUB> <SUP> <TD> <TH> <TT> <U> <VAR>

Die folgenden Markups können innerhalb der Markierungen <SAMP>...</SAMP> verwendet werden:

<A> <APPLET> <B> <BASEFONT> <BIG>
 <CENTER> <CITE> <CODE> <DFN> <EM> <FONT> <I> <IMG> <INPUT> <KBD> <MAP> <S> <SAMP> <SCRIPT> <SELECT> <SMALL> <STRONG> <SUB> <SUP> <TEXTAREA> <TT> <U> <VAR>

Stil-/Verwendungs-Vorschlag:

Sie können immer dann mit <SAMP>...</SAMP> arbeiten, wenn Sie eine Ausgabe von einem Programm, Script oder einer anderen Datenquelle wiedergeben wollen.

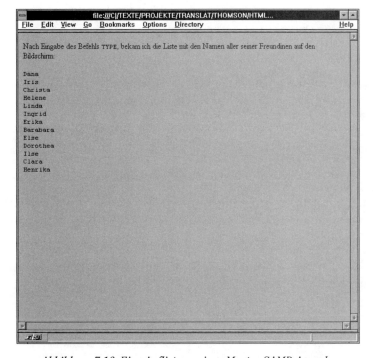

Abbildung 7.16: Eine Auflistung einer Muster-SAMP-Ausgabe

Beispiel:

```
Nach Eingabe des Befehls <CODE>TYPE</CODE> bekam ich die Liste mit den
Namen aller seiner Freundinnen auf den Bildschirm:
<SAMP>
Dana<BR>
Iris<BR>
Christa<BR>
Helene<BR>
Linda<BR>
Ingrid<BR>
Erika<BR>
Barabara<BR>
Else<BR>
Dorothea <BR>
Ilse<BR>
Clara<BR>
Henrika<BR>
</SAMP>
```

<SELECT>...</SELECT> Auswahl des Eingabeobjekts

Definition:

Die SELECT-Markierungen ermöglichen den Benutzern die Auswahl einer oder mehrerer Option(en) aus einer Liste möglicher Werte, die in einem Eingabeformular hinterlegt sind, wobei jede Alternative durch ein <OPTION>-Element dargestellt wird.

Attribute:

MULTIPLE

Dieses Attribut kommt vor, wenn die Benutzer mehr als ein Element aus den <OPTION>-Werten auswählen dürfen, die in einem <SELECT>...</SELECT>-Markierungs-Paar hinterlegt sind.

NAME="text"

Der Name der Optionen, die dem CGI-Script, das die Daten des Formulars bearbeitet, weitergereicht werden.

ONBLUR="function"

Ruft die als Attributwert angegebene Funktion auf, wenn die Maus aus dem Bereich des Eingabefeldes entfernt wird.

ONCHANGE="function"

Ruft die als Attributwert angegebene Funktion auf, wenn der Vorgabewert des Eingabefeldes geändert wird.

ONCLICK="function"

Ruft die als Attributwert angegebene Funktion auf, wenn das Eingabefeld angeklickt wird.

ONFOCUS="function"

Ruft die als Attributwert angegebene Funktion auf, wenn die Maus über das Eingabefeld gezogen wird.

ONSELECT="function"

Ruft die als Attributwert angegebene Funktion auf, wenn das betreffende Eingabefeld ausgewählt wird.

SIZE="zahl"

Die Höhe des Auswahlfeldes. Ist der angegebene Wert kleiner als die zur Auswahl stehenden Alternativen, wird das Auswahlfeld mit einem Rollbalken versehen.

Kontext:

<SELECT>...</SELECT> ist nur innerhalb der folgenden Markierungen zulässig:

<A> <ADDRESS> <B> <BIG> <BLOCKQUOTE> <BODY> <CENTER> <CITE> <CODE> <DD> <DFN> <DIV> <DT> <EM> <FONT> <FORM> <H*> <I> <IMG> <KBD> <LI> <P> <PRE> <S> <SAMP> <SMALL> <STRONG> <SUB> <SUP> <TD> <TH> <TT> <U> <VAR>

Die folgenden Markups können innerhalb der Markierungen <SELECT>...</SELECT> verwendet werden:

<OPTION>

Stil-/Verwendungs-Vorschlag:

Wird immer dann zur Bereitstellung von Auswahllisten mit skalaren Werten in HTML-Formularen verwendet, wenn Benutzer nur aus einer vorgegebenen Zusammenstellung möglicher Werte auswählen dürfen.

Beispiele:

Da HTML-Formulare so komplex sind, lesen Sie bitte in Kapitel 12 nach, das sie in ausführlichen Einzelheiten behandelt.

<SMALL>...</SMALL> Stellt Text verkleinert dar

Definition:

Der von SMALL-Tags umgebene Text wird vom Browser um eine Größe kleiner dargestellt als der Standardtext.

Attribute:

keine

Kontext:

<SMALL>...</SMALL> ist innerhalb der folgenden Markup-Markierungen zulässig:

<A> <ADDRESS> <B> <BIG> <BLOCKQUOTE> <BODY> <CENTER> <CITE> <CODE> <DD> <DFN> <DIV> <DT> <EM> <FONT> <FORM> <H*> <I> <KBD> <LI> <P> <S> <SAMP> <SMALL> <STRONG> <SUB> <SUP> <TEXTAREA> <TT> <U> <VAR>

Die folgenden Markups können innerhalb der Markierungen <BEFEHL>...</BEFEHL> verwendet werden:

<A> <APPLET> <B> <BASEFONT> <BIG>
 <CITE> <CODE> <DFN> <EM> <FONT> <I> <IMG> <INPUT> <KBD> <MAP> <OL> <S> <SAMP> <SCRIPT> <SELECT> <SMALL> <STRONG> <SUB> <SUP> <TEXTAREA> <TT> <U> <VAR>

Stil-/Verwendungs-Vorschlag:

<SMALL> wird häufig für Copyright- oder andere Informationen verwendet, die zwar auf einer Homepage dargestellt werden, aber nicht stören sollen.

Beispiel:

<SMALL>Diese Seiten wurden erstellt von Dirk Chung, 04.10.1997</SMALL>

<STRONG>...</STRONG> Starke Hervorhebung

Definition:

Eine Textsteuerung, die eine starke Hervorhebung von Schlüsselwörtern oder -sätzen in normalem Körpertext, Listen usw. hervorruft. (Siehe Abbildung 7.17)

Attribute:

Keine

Kontext:

<STRONG>...</STRONG> ist innerhalb der folgenden Markup-Markierungen zulässig:

<A> <ADDRESS> <B> <BLOCKQUOTE> <BODY> <CITE> <CODE> <DD> <DT> <EM> <FORM> <H*> <I> <KBD> <LI> <P> <PRE> <SAMP> <STRONG> <TT> <VAR>

Die folgenden Markups können innerhalb der Markierungen <STRONG>...</STRONG> verwendet werden:

<A> <B>
 <CITE> <CODE> <EM> <I> <IMG> <KBD> <SAMP> <STRONG> <TT> <VAR>

7 ► Schubladen für die Inhalte der Seiten: HTML-Kategorien

Stil-/Verwendungs-Vorschlag:

Wird im Fließtext verwendet und liefert die stärkste bei HTML verfügbare Inline-Hervorhebung. Denken Sie daran, daß der Effekt durch Übertreibung geschmälert wird; verwenden Sie also hervorhebende Textsteuerungen in Ihren Dokumenten nur sparsam.

Beispiele:

```
<H2>Die Kunst der Betonung, kräftige Form</H2>
<BLOCKQUOTE>"Das Sittengesetz ist das einzige objektiv gültige Gesetz
des menschlichen Handelns und nicht nur eine Regel. <BR>
Seine Einhaltung ist daher Pflicht, auch wenn die <STRONG>Klugheit</
STRONG> dagegen spricht und wenn das persönliche Interesse und die
Neigung dadurch unterdrückt werden müssen."
</BLOCKQUOTE>
<P>
Aus <CITE>Kritik an der praktischen Vernunft</CITE> von Imanuel Kant.
```

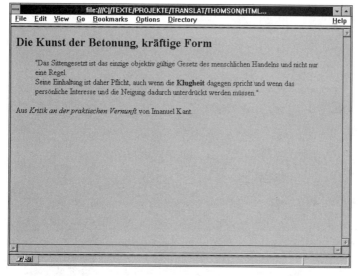

Abbildung 7.17: Die Verwendung einer starken Hervorhebung, um große Wirkung zu erzielen

_{...} Tiefgestellter Text

Definition:

Text der von SUB-Tags umgeben wird, erscheint auf dem Bildschirm geringfügig verkleinert und etwas tiefer gestellt, als der übrige Text.

Attribute:

keine

Kontext:

_{...} ist innerhalb der folgenden Markup-Markierungen zulässig:

<A> <ADDRESS> <B> <BIG> <BLOCKQUOTE> <BODY> <CENTER> <CITE> <CODE> <DD> <DFN> <DIV> <DT> <EM> <FONT> <FORM> <H*> <I> <KBD> <LI> <P> <S> <SAMP> <SMALL> <STRONG> <SUB> <SUP> <TD> <TEXTAREA> <TH> <TT> <U> <VAR>

Die folgenden Markups können innerhalb der Markierungen _{...} verwendet werden:

<A> <APPLET> <B> <BASEFONT> <BIG>
 <CITE> <CODE> <DFN> <EM> <FONT> <I> <IMG> <INPUT> <KBD> <MAP> <S> <SAMP> <SCRIPT> <SELECT> <SMALL> <STRONG> <SUB> <SUP> <TEXTAREA> <TT> <U> <VAR>

Stil-/Verwendungs-Vorschlag:

SUB kann vor allem verwendet werden, um mathematische oder andere naturwissenschaftliche Ausdrücke ansprechend darzustellen.

Beispiel:

```
Die chemische Formel für Wasser lautet: H<SUB>2</SUB>O
```

^{...} Hochgestellter Text

Definition:

Text der von SUP-Tags umgeben wird, erscheint auf dem Bildschirm geringfügig verkleinert und etwas höher gestellt, als der übrige Text.

Attribute:

keine

Kontext:

^{...} ist innerhalb der folgenden Markup-Markierungen zulässig:

<A> <ADDRESS> <B> <BIG> <BLOCKQUOTE> <BODY> <CENTER> <CITE> <CODE> <DD> <DFN> <DIV> <DT> <EM> <FONT> <FORM> <H*> <I> <KBD> <LI> <P> <S> <SAMP> <SMALL> <STRONG> <SUB> <SUP> <TD> <TEXTAREA> <TH> <TT> <U> <VAR>

Die folgenden Markups können innerhalb der Markierungen ^{...} verwendet werden:

<A> <APPLET> <B> <BASEFONT> <BIG>
 <CITE> <CODE> <DFN> <EM> <FONT> <I> <IMG> <INPUT> <KBD> <MAP> <S> <SAMP> <SCRIPT> <SELECT> <SMALL> <STRONG> <SUB> <SUP> <TEXTAREA> <TT> <U> <VAR>

Stil-/Verwendungs-Vorschlag:

SUP kann vor allem verwendet werden, um mathematische oder andere naturwissenschaftliche Ausdrücke ansprechend darzustellen.

Beispiel:

Der Satz des Pythagoras lautet: a² + b² = c²

<TABLE>...</TABLE> Tabelle

Definition:

Mit Hilfe des Befehlpaares TABLE wird eine Tabelle erstellt.

Attribute:

ALIGN=("left"|"right"|"center")

    Richtet die Tabelle aus. Der Standardwert ist "left".

BACKGROUND="url"

    Bestimmt eine Grafik, die als Hintergrund über die gesamte Tabellenfläche gekachelt werden soll.

BGCOLOR=("#rrggbb"|"farbe")

    Legt die Hintergrundfarbe für die gesamte Tabelle fest.

BORDER="zahl"

    Bestimmt, ob die Tabelle einen Rand hat und wie stark dieser sein soll. Ein Wert von 0 unterdrückt die Darstellung eines Randes, ein Wert von 10 versieht die Tabelle mit einem 10 Pixel breiten Rand.

CELLPADDING="zahl"

    Beschreibt, wieviel Seitenabstand zwischen dem seitlichen Zellenrand und dem Zelleninhalt sein soll.

CELLSPACING="zahl"

    Bestimmt den Abstand, der sich zwischen dem Zellenrand und dem Zelleninhalt befinden soll. CELLSPACING wirkt sich sowohl vertikal als auch horizontal aus.

HEIGHT="zahl"

    Bestimmt die Höhe der Tabelle in Pixeln.

WIDTH="zahl(%)"

    Bestimmt die Breite der Tabelle in Pixeln oder im Verhältnis zur Seitenbreite.

Kontext:

<TABLE>...</TABLE> ist innerhalb der folgenden Markup-Markierungen zulässig:

<BLOCKQUOTE> <BODY> <CENTER> <DD> <DIV> <FORM> <LI> <TH> <TD>

Die folgenden Markups können innerhalb der Markierungen <BEFEHL>...</BEFEHL> verwendet werden:

<TR>

Stil-/Verwendungs-Vorschlag:

Mit Tabellen haben Sie eine bessere Kontrolle über die Anordnung der Elemente Ihrer Homepage. Eine Tabelle erscheint allerdings erst dann auf dem Bildschirm, wenn alle Inhalte der Tabelle geladen sind.

Beispiel:

Da der Befehl TABLE nur im Zusammenhang mit den restlichen Befehlen zum Erstellen von Tabellen sinnvoll verwendet werden kann, möchte ich Sie auf den Abschnitt »Tabellen« in Kapitel 9 verweisen.

<TD>...</TD> Tabellenzelle (Table Data)

Definition:

Erstellt eine Tabellenzelle

Attribute:

ALIGN=("left"|"center"|"right")

    Richtet den Inhalt der Zelle entsprechend dem Attributwert aus.

BGCOLOR="#rrggbb" oder "farbe"

    Bestimmt den Hintergrund der Zelle.

COLSPAN="zahl"

    Zeigt an, daß diese Zelle sich über mehrere »normale« Spalten erstreckt.

HEIGHT="zahl"

    Bestimmt die Höhe der Zelle in Pixeln. Eine Höhenangabe in einer Zelle wirkt sich auf die komplette Zeile aus.

NOWRAP

    Unterdrückt den automatischen Umbruch innerhalb einer Zelle, was sich unter Umständen auf die Breite der gesamten Tabelle auswirken kann.

ROWSPAN="zahl"

Zeigt an, daß sich diese Zelle über mehrere Zeilen erstreckt.

VALIGN=("top"|"middle"|"bottom")

Bestimmt die vertikale Ausrichtung des Zelleninhalts. Die Attribute ermöglichen eine Darstellung im oberen, mittleren und unteren Zellenbereich. Standardwert ist middle.

WIDTH="zahl"

Bestimmt die Breite der Zelle. Diese Angabe wirkt sich auf die gesamte Spalte aus.

Kontext:

<TD>...</TD> ist innerhalb der folgenden Markup-Markierungen zulässig:

<TR>

Die folgenden Markups können innerhalb der Markierungen <TD>...</TD> verwendet werden:

<A> <ADDRESS> <APPLET> <B> <BASEFONT> <BIG> <BLOCKQUOTE>
 <CENTER> <CITE> <CODE> <DD> <DFN> <DIV> <DL> <EM> <FONT> <FORM> <H*> <HR> <I> <IMG> <INPUT> <KBD> <MAP> <OL> <P> <PRE> <S> <SAMP> <SCRIPT> <SELECT> <SMALL> <STRONG> <SUB> <SUP> <TABLE> <TEXTAREA> <TT> <U> <UL> <VAR>

Stil-/Verwendungs-Vorschlag:

Tabellenzellen sind der wichtigste Bestandteil von Tabellen. Sie enthalten sämtliche Informationen, die Sie in einer Tabelle darstellen.

Beispiel:

Da der Befehl TD, wie auch schon TABLE, nur im Zusammenhang mit den restlichen Befehlen zum Erstellen von Tabellen sinnvoll verwendet werden kann, möchte ich Sie auf den Abschnitt »Tabellen« in Kapitel 9 verweisen.

<TEXTAREA>...</TEXTAREA> Texteingabebereich

Definition:

Wird zur Definition eines Eingabebereichs für ein HTML-Eingabeformular verwendet; der Eingabebereich ist typischerweise für mehrere Textzeilen vorgesehen.

Attribute:

COLS="zahl"

"zahl" definiert die Spaltenanzahl einer jeden Textzeile im Feld TEXTAREA. Es ist üblich, die Spaltenanzahl auf 72 oder weniger zu beschränken, da dies die Zeichenanzahl darstellt, die eine Zeile innerhalb des äußeren Seitenrahmens eines Browser-Programms auf dem Bildschirm enthalten kann (80 ist das typische Maximum für normale Anzeigen im Zeichenmodus). Dieses Attribut ist zwingend, nimmt aber einen voreingestellten Wert von 80 an.

NAME="text"

Liefert einen Namen für das Formularfeld, der mit dem Wert gepaart wird, der schließlich eingegeben und dann an das zugrundeliegende CGI-Script oder ein anderes Service-Programm gesendet wird, das das Formular verarbeitet. Dieses Attribut ist zwingend; dafür ist keine vernünftige Voreinstellung möglich.

ROWS="zahl"

"zahl" definiert die Anzahl der Textzeilen, die das Feld aufnehmen kann. Die typischen Werte für stichwortartige Formulare liegen bei 2 bis 6, aber HTML läßt bei Bedarf größere Textbereiche zu. (Bei seitenlangen Eingaben schreibt uns schon die Vernunft vor, daß wir es unseren Benutzern gestatten, Textdateien aus einem Editor ihrer Wahl einzuladen, anstatt sie in ein Textfeld auf einem Formular einzutippen.) Dieses Attribut ist zwingend, nimmt aber einen voreingestellten Wert von 1 an.

Kontext:

<TEXTAREA>...</TEXTAREA> ist innerhalb des folgenden Markup-Markierung zulässig:

<FORM>

In der Markierung <TEXTAREA> ist kein Markup zulässig.

Stil-/Verwendungs-Vorschlag:

Die Abschluß-Markierung markiert das Ende der Zeichenkette, mit der das Feld initialisiert wurde (dies kann eine voreingestellte Zeichenkette sein, die der Autor des Formulars eingegeben hat). Daher ist die Abschluß-Markierung unumgänglich, sogar wenn das Feld leer ist – wenn also <TEXTAREA> und </TEXTAREA> direkt nebeneinander stehen –, weil so ein Nullwert für das Feld angezeigt wird.

Arbeiten Sie immer dann mit TEXTAREA, wenn Sie in einem Formular ein mehrzeiliges Eingabefeld haben.

Beispiele:

Formulare sind ziemlich komplexe HTML-Strukturen, für die man beinahe alle der möglichen formularbezogenen Markierungen benötigt, um ein funktionierendes Beispiel zu erstellen. Daher verweisen wir Sie auf Kapitel 12, das Formulare sehr detailliert abhandelt und etliche nützliche Beispiele enthält.

<TH>...</TH> Tabellenkopf

Definition:

Erstellt eine »Kopfzelle«, deren (Text-)Inhalte, im Gegensatz zu »normalen« Zellen, hervorgehoben dargestellt werden.

Attribute:

ALIGN=("LEFT"|"CENTER"|"RIGHT")

    Richtet den Inhalt der Kopfzelle entsprechend dem Attributwert aus.

BGCOLOR="#rrggbb" oder "farbe"

    Bestimmt den Hintergrund der Kopfzelle.

COLSPAN="zahl"

    Zeigt an, daß sich die Kopfzelle über mehrere Spalten erstreckt.

HEIGHT="zahl"

    Bestimmt die Höhe der Kopfzelle in Pixeln. Die Höhenangabe in der Kopfzelle wirkt sich auf die komplette Kopfzeile aus.

NOWRAP

    Unterdrückt den automatischen Umbruch innerhalb der Kopfzelle, was sich unter Umständen auf die Breite der gesamten Tabelle auswirkt.

ROWSPAN="zahl"

    Zeigt an, daß sich die Kopfzelle über mehrere Zeilen erstreckt.

VALIGN=("top"|"middle"|"bottom")

    Bestimmt die vertikale Ausrichtung des Zelleninhalts. Die Attribute ermöglichen eine Darstellung im oberen, mittleren und unteren Zellenbereich. Standardwert ist middle.

WIDTH="zahl"

    Bestimmt die Breite der Kopfzelle. Diese Angabe wirkt sich auf die gesamte Spalte aus.

Kontext:

<TH>...</TH> ist innerhalb der folgenden Markup-Markierung zulässig:

    <TR>

Die folgenden Markups können innerhalb der Markierungen <TH>...</TH> verwendet werden:

<A> <ADDRESS> <APPLET> <B> <BASEFONT> <BIG> <BLOCKQUOTE>
 <CENTER> <CITE> <CODE> <DD> <DFN> <DIV> <DL> <EM> <FONT> <FORM> <H*> <HR> <I> <IMG> <INPUT> <KBD> <MAP> <OL> <P> <PRE> <S> <SAMP> <SCRIPT> <SELECT> <SMALL> <STRONG> <SUB> <SUP> <TABLE> <TEXTAREA> <TT> <U> <UL> <VAR>

Stil-/Verwendungs-Vorschlag:

Mit der Verwendung des Befehls TH können Sie, dank der hervorgehobenen Darstellung, Ihre Tabellen lesbarer gestalten.

Beispiel:

Da der Befehl TH, wie auch TABLE und TD, nur im Zusammenhang mit den restlichen Befehlen zum Erstellen von Tabellen sinnvoll verwendet werden kann, möchte ich Sie auf den Abschnitt »Tabellen« in Kapitel 9 verweisen.

<TITLE>...</TITLE> Dokumententitel

Definition:

Umschließt den Titel eines HTML-Dokuments, der üblicherweise in der Titelleiste der Browser-Fensters erscheint. Falls kein Titel angegeben wird, steht der voreingestellte Titel auf dem Namen der HTML-Datei.

Attribute:

Keine

Kontext:

<TITLE>...</TITLE> ist nur innerhalb von <HEAD>...</HEAD> zulässig:

<ADDRESS> <B> <BLOCKQUOTE> <BODY> <CITE> <CODE> <DD> <DT> <EM> <H*> <I> <KBD> <LI> <P> <PRE> <SAMP> <STRONG> <TT> <VAR>

In <TITLE>...</TITLE> kann kein Markup verwendet werden, da er normalerweise nicht in einem HTML-Dokument angezeigt wird, sondern in der Titelleiste des Fensters, in dem das Dokument erscheint.

Stil-/Verwendungs-Vorschlag:

Wir empfehlen Ihnen nachdrücklich, für wirklich jedes HTML-Dokument, das Sie schreiben, einen sinnvollen Titel zu definieren. Da viele WebCrawler und andere automatisierte Such-Tools mit Titeln arbeiten, um Informationen für Benutzer aufzufinden, läßt sie ein akkurater, aussagekräftiger Titel Ihren Inhalt leichter finden.

Beispiele:

Schauen Sie sich eine beliebige Abbildung in diesem Abschnitt an: Wir haben bei allen versucht, sie so zu betiteln, daß sie etwas über das jeweilige Beispiel aussagen. Ein Titel über Titel ist ein bißchen viel, sogar für uns!

<TR>...</TR> Tabellenzeile

Definition:

Erstellt eine Tabellenzeile.

Attribute:

ALIGN=("LEFT"|"CENTER"|"RIGHT")

    Richtet den Inhalt der Zeile entsprechend dem Attributwert aus.

BGCOLOR="#rrggbb" oder "farbe"

    Bestimmt den Hintergrund der Kopfzelle.

VALIGN=("top"|"middle"|"bottom")

    Bestimmt die vertikale Ausrichtung der Zeile. Die Attribute ermöglichen eine Darstellung im oberen, mittleren und unteren Zeilenbereich.

Kontext:

<TR>...</TR> ist innerhalb der folgenden Markup-Markierung zulässig:

    <TABLE>

Die folgenden Markups können innerhalb der Markierungen <TR>...</TR> verwendet werden:

    <TD> <TH>

Stil-/Verwendungs-Vorschlag:

Ohne den TR Befehl lassen sich keine Zeilen, und damit auch keine Zellen erstellen. Denken Sie auch daran, geöffnete Zeilen immer mit </TR> zu schließen.

Beispiel:

Da der Befehl TR, wie auch TABLE, TH und TD, nur im Zusammenhang mit den restlichen Befehlen zum Erstellen von Tabellen sinnvoll verwendet werden kann, möchte ich Sie auf den Abschnitt »Tabellen« in Kapitel 9 verweisen.

<TT>...</TT> Teletyp-Text

Definition:

Umschließt Text, der in einer proportionalen (Teletyp-)Schriftart angezeigt werden soll (die meisten Browser verwenden typischerweise Courier). (Siehe Abbildung 7.18)

Attribute:

Keine

Kontext:

<TT>...</TT> ist innerhalb der folgenden Markup-Markierungen zulässig:

<A> <APPLET> <ADDRESS> <B> <BIG> <BLOCKQUOTE> <BODY> <CAPTION> <CENTER> <CITE> <CODE> <DD> <DFN> <DIV> <DT> <EM> <FONT> <FORM> <H*> <I> <KBD> <LI> <P> <PRE> <S> <SAMP> <SMALL> <STRONG> <SUB> <SUP> <TD> <TH> <TT> <U> <VAR>

Die folgenden Markups können innerhalb der Markierungen <TT>...</TT> verwendet werden:

<A> <APPLET> <B> <BASEFONT> <BIG>
 <CITE> <CODE> <DFN> <EM> <FONT> <I> <IMG> <KBD> <MAP> <S> <SAMP> <SCRIPT> <SMALL> <STRONG> <SUB> <SUP> <TT> <U> <VAR>

Stil-/Verwendungs-Vorschlag:

Verwenden Sie es für Proportionaltext, in dem die Position der Zeichen von Bedeutung ist, oder wenn Sie versuchen, das Aussehen einer Drucker- oder Schreibmaschinen-Ausgabe zu imitieren.

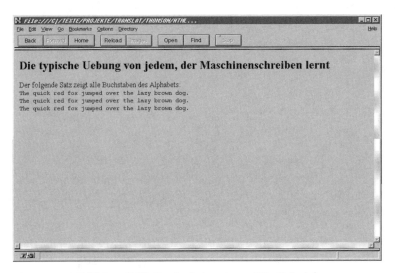

Abbildung 7.18: Der Archetyp eines <TT>-Beispiels

Beispiel:

```
<H2>Die typische Übung für jeden der Maschinenschreiben lernt</H2>
Der folgende Satz enthält alle Buchstaben des Alphabets:
<BR><TT>
The quick red fox jumped over the lazy brown dog.<BR>
The quick red fox jumped over the lazy brown dog.<BR>
The quick red fox jumped over the lazy brown dog.<BR>
</TT>
```

<U>...</U> Unterstrichener Text

Definition:

Stellt den so markierten Text unterstrichen dar.

Attribute:

Keine

Kontext:

<U>...</U> ist innerhalb der folgenden Markup-Markierungen zulässig:

<A> <APPLET> <ADDRESS> <B> <BIG> <BLOCKQUOTE> <BODY> <CAPTION> <CENTER> <CITE> <CODE> <DD> <DFN> <DIV> <DT> <EM> <FONT> <FORM> <H*> <I> <KBD> <LI> <P> <PRE> <S> <SAMP> <SMALL> <STRONG> <SUB> <SUP> <TD> <TH> <TT> <U> <VAR>

Die folgenden Markups können innerhalb der Markierungen <U>...</U> verwendet werden:

<A> <APPLET> <B> <BASEFONT> <BIG>
 <CITE> <CODE> <DFN> <EM> <FONT> <I> <IMG> <KBD> <MAP> <S> <SAMP> <SCRIPT> <SMALL> <STRONG> <SUB> <SUP> <TT> <U> <VAR>

Stil-/Verwendungs-Vorschlag:

Soll bestimmte Wörter oder Sätze im Text besonders hervorheben. Verwenden Sie diesen Befehl jedoch sehr sparsam, da unterstrichene Passagen leicht mit Links zu anderen Stellen im Internet verwechselt werden können.

Beispiel:

<U>Achtung:</U> Legen Sie Ihre Schlüssel <U>nicht</U> unter die Fußmatte!

<UL>...</UL> Ungeordnete Liste

Definition:

Ein Stil für eine HTML-Liste, die Aufzählungslisten mit Aufzählungssymbolen liefert. (Siehe Abbildung 7.19)

Attribute:

COMPACT

> Wenn vorhanden, weist COMPACT den Browser an, diese Liste nur mit einem minimalen Durchschuß zwischen den Zeilen auszugeben (das reduziert den Zwischenraum und macht die Liste kompakter).

TYPE=("disc"|"square"|"circle")

> Bestimmt das Aussehen der zu verwendenden Aufzählungssymbole.

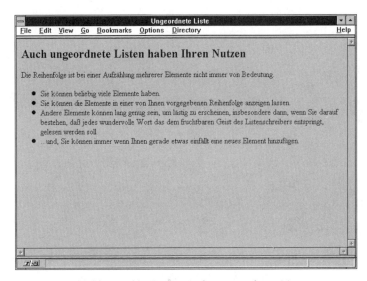

Abbildung 7.19: Eine typische ungeordnete Liste

Kontext:

<UL>...</UL> ist innerhalb der folgenden Markup-Markierungen zulässig:

<BLOCKQUOTE> <BODY> <CENTER> <DD> <DIV> <FORM> <LI> <TD> <TH>

Innerhalb der Markierungen <UL>...</UL> kann nur das Markup <LI> verwendet werden.

Stil-/Verwendungs-Vorschlag:

Erstellt Aufzählungslisten mit Aufzählungssymbolen, bei denen die Reihenfolge nicht von Bedeutung ist oder keine Reihenfolge zugeordnet werden kann.

Beispiel:

```
<HTML>
<HEAD>
<TITLE>Ungeordnete Liste</TITLE>
</HEAD>
```

7 ► Schubladen für die Inhalte der Seiten: HTML-Kategorien

```
<BODY>
<H2>Auch ungeordnete Listen haben Ihren Nutzen</H2>
Die Reihenfolge ist bei einer Aufzählung mehrerer Elemente nicht immer
von Bedeutung.
<UL>
<LI>Sie können beliebig viele Elemente haben.
<LI>Sie können die Elemente in einer von Ihnen vorgegebenen Reihenfolge
anzeigen lassen.
<LI>Andere Elemente können lang genug sein, um lästig zu erscheinen,
insbesondere dann, wenn Sie darauf bestehen, daß jedes wundervolle
Wort, das dem fruchtbaren Geist des Listenschreibers entspringt,
gelesen werden soll.
<LI>...und, Sie können immer wenn Ihnen gerade etwas einfällt eine
neues Element hinzufügen.
</UL>
</BODY>
</HTML>
```

<VAR>...</VAR> Variabler Text

Definition:

Dieses Markierungs-Paar zur Textsteuerung wird zur Markierung variabler Namen im HTML-Text verwendet, um den Benutzern anzuzeigen, welche Information sie eingeben, wenn sie an der Tastatur Text eintippen. (Siehe Abbildung 7.20)

Attribute:

Keine

Kontext:

<VAR>...</VAR> ist innerhalb der folgenden Markup-Markierungen zulässig:

<A> <ADDRESS> <B> <BIG> <BLOCKQUOTE> <BODY> <CENTER> <CITE> <CODE> <DD> <DFN> <DIV> <DT> <EM> <FONT> <FORM> <H*> <I> <KBD> <LI> <P> <PRE> <S> <SAMP> <SMALL> <STRONG> <SUB> <SUP> <TD> <TH> <TT> <U> <VAR>

Die folgenden Markups können innerhalb der Markierungen <VAR>...</VAR> verwendet werden:

<A> <APPLET> <B> <BASEFONT> <BIG>
 <CITE> <CODE> <DFN> <EM> <FONT> <I> <IMG> <INPUT> <KBD> <MAP> <S> <SAMP> <SCRIPT> <SELECT> <SMALL> <STRONG> <SUB> <SUP> <TEXTAREA> <TT> <U> <VAR>

Stil-/Verwendungs-Vorschlag:

Arbeiten Sie damit, um auf einen Platzhalter für einen Wert hinzuweisen, den der Benutzer liefert, wenn er an der Tastatur Text eingibt (siehe Beispiel).

Beispiele:

```
<H2>Variablentext bedeutet "Benutzereingaben "</H2>
Manchmal ist es erforderlich, bestimmte Textteile hervorzuheben, die vom
Anwender entsprechend verändert verwendet werden müssen, in dem er echte
Werte dafür einsetzt:
<P>
Wenn Sie den DOS-Befehl <CODE>COPY</CODE> verwenden, dann lautet die
Syntax<BR>
<CODE>COPY</CODE> <VAR>Dateiname</VAR><BR>
<P>
Um die Datei <CODE>"FOO.BAR"</CODE> zu kopieren, müssen Sie folgliche den
folgenden Befehl eingeben:<BR>
<CODE>COPY FOO.BAR</CODE>
```

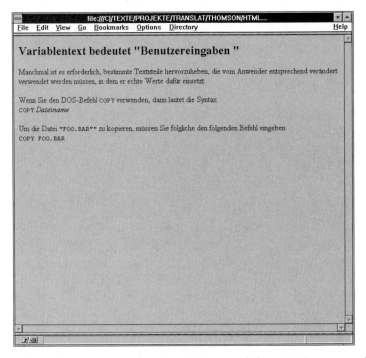

Abbildung 7.20: Die Verwendung von <VAR> zur Hervorhebung von Benutzervariablen

Phhh! Das war's, ihr Lieben. Machen Sie eine Pause, oder atmen Sie tief durch; und dann können Sie den nächsten Riesenschritt in Ihrer steilen Webmaster-Karriere in Angriff nehmen. Begleiten Sie uns zu Kapitel 8; dort bekommen Sie im Rahmen einer tiefschürfenden Betrachtung der Entitäten die fehlenden Teile des HTML-Puzzles präsentiert.

Einführung in Kryptographie: HTML-Entitäten

In diesem Kapitel
- Nicht nur farbige Zeichen
- Sonderzeichen definieren
- Betrachtung des Zeichensatzes ISO-Latin 1

Sie haben nun das notwendige Rüstzeug, um mit HTML-Tags zu arbeiten, und einige Beispiele im Kapitel gesehen, in denen seltsame Notationen wie »<« oder »°« verwendet wurden. Diese merkwürdigen Zeichenketten sind nicht so kryptisch, wie sie zunächst erscheinen mögen – es handelt sich nur um eine Methode, um den Browser anzuweisen, bestimmte Zeichen in einem Dokument darzustellen. Das Symbol < steht für das Zeichen < (kleiner als) und das Symbol ° generiert das Grad-Symbol °.

Entitäten sind keine Signale von Außerirdischen

Weshalb sind diese schwer lesbaren Kürzel notwendig? Es gibt drei wichtige Gründe dafür:

1. Um dem Browser mitzuteilen, daß er Zeichen darstellen soll, die anderenfalls als HTML-Befehl interpretiert werden würden.

2. Um den Browser anzuweisen, ASCII-Zeichen mit Codes über 127 darzustellen. Alle diese Kodierungen unterstützen sogar einige Zeichen, die nicht im ASCII-Zeichensatz definiert sind (wie beispielsweise Zeichen, die nicht in nationalen Zeichensätzen enthalten sind).

3. Um die Portabilität eines SGML-Dokuments zu verbessern. Die Symbole sind Platzhalter auf SGML-Dokumentenebene und können problemlos den Erfordernissen eines Bereichs angepaßt und für diese übersetzt werden. Ein Beispiel dafür ist das Symbol &COMPANY;. Ein Subunternehmer definiert dieses Symbol vielleicht als »ACME Software« und ein anderer als »Alternativ Software Solutions«.

Alles klar, Sie wissen jetzt, wofür Entitäten eingesetzt werden. Sie dienen dazu, Zeichen und Symbole im Dokument zu verwenden, die anderenfalls vom Browser als Tags interpretiert werden würden. Sie haben außerdem den Zweck, daß man in einem Dokument mehr Zeichen darstellen kann, als in einem Zeichensatz definiert sind.

Wenn Sie sich etwas näher mit HTML-Entitäten befassen, werden Sie auf Symbole und Zeichen stoßen, die Sie möglicherweise niemals nutzen. Andererseits, wenn Ihre Muttersprache nicht

Englisch ist, finden Sie vermutlich eine Vielzahl diakritischer Zeichen, Akzente und andere Arten von Zeichenmodifikationen, die es Ihnen ermöglichen, sich selbst besser auszudrücken.

Sonderzeichen definieren

Es gibt drei Zeichen, die dem Browser ein besonderes Signal geben und ihn wissen lassen, daß er nach einer bestimmten Zeichenkette in einer Zeichentabelle suchen und die Zeichenkette nicht einfach wie vorhanden auf dem Bildschirm darstellen soll:

1. Wenn eine Zeichenkette mit dem Zeichen & beginnt, signalisiert dies dem Browser, daß ein bestimmter Zeichencode und keine normalen Zeichen folgen.

2. Wenn das nächste Zeichen ein # ist, weiß der Browser, daß die darauf folgende Zeichenkette ein numerischer Code für das darzustellende Zeichen ist. Diese Art Code wird als numerische Entität bezeichnet.

    Wenn das nächste Zeichen irgend etwas anderes als das Zeichen # ist, weiß der Browser, daß die darauf folgende Zeichenkette ein Symbolname ist, nach dem in der integrierten Zeichentabelle das entsprechende Zeichen gesucht werden muß. Diese Art Code wird als Zeichenentität bezeichnet.

3. Wenn der Browser ein Semikolon (;) findet, erkennt er daran das Ende einer Zeichenkette, durch die ein Code definiert wurde. Alle nachfolgenden Zeichen werden in der im eingestellten Zeichensatz definierten Weise dargestellt. Weiß der Browser nicht, wie bestimmte Zeichen in einem Dokument umgesetzt werden sollen, werden diese von den meisten Programmen als Fragezeichen (?) dargestellt.

Es gibt noch eine Reihe von Aspekten zu Zeichenentitäten und numerischen Entitäten, die Sie aufgrund dessen, was Sie bisher über Zeichensätze wissen, möglicherweise nicht erwarten:

1. Wenn Sie durch eine Zeichenkette ein Sonderzeichen definieren, dann müssen Sie auf Groß- und Kleinschreibung achten. Das bedeutet in der Praxis, daß < und < nicht dieselbe Bedeutung haben. Definieren Sie alle Sonderzeichen exakt so, wie sie in Tabelle 8.1 angegeben sind. Dies ist ein Grund, weshalb wir numerische Entitäten vorziehen – man macht nicht so leicht einen Fehler. Das folgende Beispiel und Abbildung 8.1 verdeutlichen diese Aussage:

```
<HTML>
<HEAD>
<TITLE>Checking character codes</TITLE>
</HEAD>
<BODY>
<H2>Copy character entities exactly ... or else!</H2>
<P>
<TT>
<!- Das Semikolon hat den numerischen Code 59 ->
```

```
<!- Das Leerzeichen hat den numerischen Code 32  ->
<!- Das kaufmännische Und (&) hat den Zeichencode &amp ->
<!- Das Zeichen kleiner (<) hat den Zeichencode &lt  ->
Less-than lowercase:&#32; &amp; lt &#59; &#32; = &lt;<BR>
Less-than uppercase:&#32; &amp; LT &#59; &#32; = &#32;&LT;<BR>
Less-than mixed-case:&#32; &amp; Lt &#59; &#32; = &#32;&Lt;<BR>
Less-than mixed-v:&#32; &#32; &amp; lT &#59; &#32; = &#32;&lT;<BR>
</TT></BODY></HTML>
```

2. Der numerische Code zur Definition eines Zeichens mit HTML entspricht nicht dem ASCII-Code, sondern ergibt sich aus der Definition des ISO-Latin-1-Zeichensatzes, dessen Definition Sie auch in diesem Kapitel finden werden.

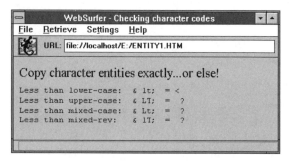

Abbildung 8.1: Richtige und falsche Verwendung von Zeichenentitäten

Wenn Sie nicht darauf achten, die Zeichen exakt so zu definieren, wie in Tabelle 8.1 zu sehen ist, können Sie auf dem Bildschirm Ihrer Leser die gleichen Effekte erzielen.

Der ISO-Latin-1-HTML-Zeichensatz

Die Abkürzung ISO in der Bezeichnung dieses Zeichensatzes weist darauf hin, daß es sich um einen Standard der *International Standards Organization* handelt. Alle ISO-Standards haben auch korrespondierende numerische Bezeichnungen; so ist ISO-Latin-1 auch als ISO8859 bekannt. Die Bezeichnung »Latin« weist darauf hin, daß die Zeichen in diesem Zeichensatz aus dem lateinischen Alphabet abgeleitet wurden, das fast weltweit Verwendung findet. Die Nummer »1« gibt die Version dieses Standards an, mit anderen Worten, es handelt sich um die erste Version dieser Zeichensatz-Definition.

ISO-Latin-1 unterscheidet zwei Arten von Entitäten, die verwendet werden, um Zeichen zu definieren:

1. **Zeichenentitäten.** Dies sind Zeichenketten, mit denen ein bestimmtes Zeichen repräsentiert wird. So stehen beispielsweise »<« und »è« jeweils für ein bestimmtes anderes Zeichen (< und È).

2. **Numerische Entitäten.** Dies sind Zeichenketten, mit denen ein bestimmtes Zeichen repräsentiert wird. Man erkennt sie an dem Zeichen #, das auf ein & folgt. So stehen beispielsweise »<« und »è« für die Zeichen < und È.

Zeichen	Zeichenentität	numerische Entität	Beschreibung
			Em-Abstand
			En-Abstand
			Leerzeichen (nicht trennbar)
		&#00; bis &#08;	nicht verwendet
		&#09;	Horizontaltabulator
		&#10;	neue Zeile oder Zeilenrückschub
		&#11; bis &#31;	nicht verwendet
		&#32;	Leerzeichen
!		&#33;	Ausrufezeichen
"	&quot;	&#34;	Anführungszeichen
#		&#35;	Nummernzeichen
$		&#36;	Dollarzeichen
%		&#37;	Prozentzeichen
&	&amp;	&#38;	Und-Zeichen
'		&#39;	Apostroph
(		&#40;	Klammer auf
)		&#41;	Klammer zu
*		&#42;	Sternchen / Asterisk
+		&#43;	Pluszeichen
,		&#44;	Komma
-		&#45;	Bindestrich
.		&#46;	Punkt (Satzendezeichen)
/		&#47;	Schrägstrich
0 – 9		0 bis 9	Zahlen von 0 bis 9
:		&#58;	Doppelpunkt
;		&#59;	Semikolon
<	&lt;	&#60;	kleiner als
=		&#61;	Gleichheitszeichen
>	&gt;	&#62;	größer als
?		&#63;	Fragezeichen
@		&#64;	Klammeraffe

8 ► Einführung in Kryptographie: HTML-Entitäten

Zeichen	Zeichenentität	numerische Entität	Beschreibung
A – Z		A bis Y	Buchstaben von A bis Z (Großbuchstaben)
		&#90;	nicht verwendet
[		&#91;	offene eckige Klammer
\		&#92;	Rückschrägstrich (Backslash)
]		&#93;	geschlossene eckige Klammer
^		&#94;	Potenzzeichen
_		&#95;	Unterstrich
`		&#96;	Akzent
a – z		a bis z	Buchstaben von a bis z (Kleinbuchstaben)
{		&#123;	geschweifte Klammer auf
|		|	vertikaler Strich
}		&#125;	geschweifte Klammer zu
~		&#126;	Tilde
		&#127; bis	nicht verwendet
¡		&#161;	umgekehrtes Ausrufezeichen
¢		&#162;	Cent-Symbol
£		&#163;	Pfund-Zeichen
¤		&#164;	allgemeines Währungssymbol
¥		&#165;	Yen-Symbol
¦		&#166;	vertikaler Strich (unterbrochen)
§		&#167;	Paragraph-Zeichen
¨		&#168;	Umlaut
©		&#169;	Copyright-Symbol
ª		&#170;	feminine Ordinal
«		&#171;	Anführungszeichen links
¬		&#172;	Nicht-Zeichen
-		&#173;	weicher Bindestrich
®		&#174;	Zeichen für eingetragenes Warenzeichen
¯		&#175;	Längestrich
°		&#176;	Grad-Zeichen
±		&#177;	Plus/Minus-Zeichen
²		&#178;	hochgestellte Zwei
³		&#179;	hochgestellte Drei
´		&#180;	Akzent Akut

Zeichen	Zeichenentität	numerische Entität	Beschreibung
µ		&#181;	Mikro-Zeichen
¶		&#182;	Absatzmarkierung
·		&#183;	Mittelpunkt
¸		&#184;	Cedille
¹		&#185;	hochgestellte Eins
º		&#186;	masculine Ordinal
»		&#187;	Guillemot rechts
¼		&#188;	ein Viertel
½		&#189;	ein Halb
¾		&#190;	drei Viertel
¿		&#191;	umgekehrtes Fragezeichen
À	&Agrave;	&#192;	großes A mit Gravis
Á	&Aacute;	&#193;	großes A mit Akut
Â	&Acirc;	&#194;	großes A mit Zirkumflex
Ã	&Atilde;	&#195;	großes A mit Tilde
Ä	&Auml;	&#196;	großes Ä (Umlaut)
Å	&Aring;	&#197;	großes A mit Ring
Æ	&AElig;	&#198;	großes AE (ligatur)
Ç	&Ccedil;	&#199;	großes C (cedille)
È	&Egrave;	&#200;	großes E mit Gravis
É	&Eacute;	&#201;	großes E mit Akut
Ê	&Ecirc;	&#202;	großes E mit Zirkumflex
Ë	&Euml;	&#203;	großes E mit Umlautmarkierung
Ì	&Igrave;	&#204;	großes I mit Gravis
Í	&Iacute;	&#205;	großes I mit Akut
Î	&Icirc;	&#206;	großes I mit Zirkumflex
Ï	&Iuml;	&#207;	großes I mit Umlautmarkierung
Ñ	&Ntilde;	&#209;	großes N mit Tilde
Ò	&Ograve;	&#210;	großes O mit Gravis
Ó	&Oacute;	&#211;	großes O mit Akut
Ô	&Ocirc;	&#212;	großes O mit Zirkumflex
Õ	&Otilde;	&#213;	großes O mit Tilde
Ö	&Ouml;	&#214;	großes Ö (Umlaut)
×		&#215;	Multiplikationszeichen
Ø	&Oslash;	&#216;	großes durchgestrichenes O

8 ► Einführung in Kryptographie: HTML-Entitäten

Zeichen	Zeichenentität	numerische Entität	Beschreibung
Ù	&Ugrave;	&#217;	großes U mit Gravis
Ú	&Uacute;	&#218;	großes U mit Akut
Û	&Ucirc;	&#219;	großes U mit Zirkumflex
Ü	&Ouml;	&#220;	großes Ü (Umlaut)
ß	&szlig;	&#223;	sz (scharfes s = ß)
à	&agrave;	&#224;	kleines a mit Gravis
á	&aacute;	&#225;	kleines a mit Akut
â	&acirc;	&#226;	kleines a mit Zirkumflex
ã	&atilde;	&#227;	kleines a mit Tilde
ä	&auml;	&#228;	kleines ä (Umlaut)
å	&aring;	&#229;	kleines a mit Ring
æ	&aelig;	&#230;	kleines ae (ligatur)
ç	&ccedil;	&#231;	kleines c Diphthong (ligatur)
è	&egrave;	&#232;	kleines e mit Gravis
é	&eacute;	&#233;	kleines e mit Akut
ê	&ecirc;	&#234;	kleines e mit Zirkumflex
ë	&euml;	&#235;	kleines e mit Umlautzeichen
ì	&igrave;	&#236;	kleines i mit Gravis
í	&iacute;	&#237;	kleines i mit Akut
î	&icirc;	&#238;	kleines i mit Zirkumflex
ï	&iuml;	&#239;	kleines i mit Umlautzeichen
ñ	&ntilde;	&#241;	kleines n mit Tilde
ò	&ograve;	&#242;	kleines o mit Gravis
ó	&oacute;	&#243;	kleines o mit Akut
ô	&ocirc;	&#244;	kleines o mit Zirkumflex
õ	&otilde;	&#245;	kleines o mit Tilde
ö	&ouml;	&#246;	kleines ö (Umlaut)
÷		&#247;	Divisionszeichen
ø	&oslash;	&#248;	kleines durchgestrichenes o
ù	&ugrave;	&#249;	kleines u mit Gravis
ú	&uacute;	&#250;	kleines u mit Akut
û	&ucirc;	&#251;	kleines u mit Zirkumflex
ü	&uuml;	&#252;	kleines ü (Umlaut)
ÿ	&yuml;	&#255;	kleines y mit Umlautzeichen

Tabelle 8.1: Der ISO-Latin-1-HTML-Zeichensatz

Bitte beachten Sie folgendes, wenn Sie diese Informationen nutzen: Wenn Sie in Ihren Dokumenten häufig Entitäten verwenden, ist es einfacher, wenn Sie einen HTML-Editor einsetzen, der entsprechende Zeichen automatisch durch Entitäten ersetzt.

 Teil VIII dieses Buches (Kapitel 22 – 28) bespricht HTML und die damit in Zusammenhang stehenden Hilfsmittel. Wenn Sie ein professioneller Web-Entwickler sind oder oft Sonderzeichen in Ihren Dokumenten verwenden, prüfen Sie die Hilfsmittel, die für Ihre Festplatte verfügbar sind. Sie sparen sich dadurch möglicherweise viel Zeit und Aufwand, und Sie werden ein glücklicherer und produktiverer Web-Designer.

Grundlegender Aufbau von HTML-Dokumenten

In diesem Kapitel

- Die erste Web-Seite
- Erstellen von Vorlagen
- Das Layout beginnt immer oben
- Titel und Überschrift für bestimmte Zwecke
- Erstellen Sie bessere Hauptteile Ihrer Web-Seiten
- Absätze richtig nutzen
- Geeignete Strukturen für Listen
- Tabellen bringen Ihre Seite in Form
- Mit Rahmen die Fassung behalten
- Verbindungen zu Ihrer Web-Seite und jenseits davon

*W*enn Sie sich die folgenden Worte gut einprägen, ist das Erstellen Ihrer ersten Web-Seite aufregend: Sie können alles jederzeit ändern. Gute Web-Seiten unterliegen einer ständigen Entwicklung. Nichts ist für immer – Änderungen sind nur einen Tastendruck entfernt.

Jetzt, nachdem der Druck von Ihnen genommen ist, können Sie damit beginnen, Ihre erste einfache, aber vollständige Web-Seite zu erstellen. Denken Sie daran, Sie basteln sich zunächst einen Prototyp, den Sie später noch mit Glöckchen behängen, Verzierungen versehen oder in sonstiger Weise Ihren Wünschen entsprechend ändern können – ob für geschäftliche, wissenschaftliche oder private Zwecke.

Das Layout oder die Art, wie Ihre Seite dem Benutzer präsentiert wird, ist für den ersten Eindruck des gesamten Bereichs verantwortlich. Wenn dieser erste Eindruck nicht positiv ist, war es für einen Besucher möglicherweise das letzte Mal, daß er Ihre Seite besucht hat. Keine Angst, denken Sie daran: Ihre Homepage wird ein Augenschmaus, wenn Sie nach dem KISS-Ansatz vorgehen. (KISS steht für Keep it Simple and Stupid oder auf gut deutsch: Nur nicht zu kompliziert.)

Das Web hat aus der Sicht vieler Benutzer ein verwirrendes Konzept. Alles, was Sie tun, um Ihre Seite intuitiv bedienbar zu gestalten, macht Ihre Benutzer glücklich und sorgt dafür, daß sie wieder zurückkommen.

Kapitel 5 präsentierte Ihnen Basiskonzepte einer guten und syntaktisch korrekten Web-Seite. Die Schwerpunkte lagen vor allem bei Form und Inhalt der HTML-Steuerung, wie bei den Elementen, die entscheidend für Seitenlayouts und Informationsfluß sind. Blättern Sie vielleicht nochmal in diesen Seiten, bevor Sie hier weiterlesen.

Nie vergessen: Layout, Inhalt, erster Eindruck, KISS. Packen wir's an.

Die Vorlage

Alle gut aufgebauten Web-Seiten beinhalten die folgenden vier Bereiche: Titel, Überschrift, Hauptteil und Fußzeile.

Wenn Sie sich einmal verschiedene Web-Seiten ansehen, werden diese zweifellos die meisten dieser Bereiche in der einen oder anderen Form beinhalten. Sie werden vermutlich weiterhin feststellen, vielleicht etwas frustriert, daß Sie auch Seiten finden, die nicht alle diese Elemente beinhalten, nicht besonders ansprechend wirken oder möglicherweise nicht funktionieren. Das liegt daran, daß sie nicht intuitiv bedienbar sind und man nicht so einfach findet, was man sucht. Wir werden nicht zulassen, daß das auch auf Ihre Seiten zutrifft, denn Sie werden die folgende Vorlage für jede Ihrer HTML-Dateien verwenden:

```
<HTML>
<HEAD><TITLE>Ihr Titel</TITLE>
</HEAD>
<BODY>
Ihre Überschrift
<P>
Ihr wundervoller Text und phantastische Grafiken.
<P>
<ADDRESS>
Ihr Name<BR>
Telefonnummer<BR>
Hausadresse<BR>
E-Mail-Adresse
</ADDRESS>
<P>
Copyright &copy; 1995, Ihr Name, Revision - (Überarbeitungsdatum)
</BODY>
</HTML>
```

Es ist wirklich sehr einfach, richtig zu beginnen. Denn diese Vorlage funktioniert tatsächlich. Abbildung 9.1 zeigt, wie das Dokument aussieht, wenn Sie es mit Netscape betrachten.

9 ► Grundlegender Aufbau von HTML-Dokumenten

- ✔ Verwenden Sie Ihren Browser, um Ihre HTML-Dokumente als Datei von der Festplatte zu laden und sich das Ergebnis offline anzusehen.
- ✔ Wenn Sie Netscape einsetzen, denken Sie bitte daran, die Größe der Cache-Speicher auf Null zu setzen. Andernfalls werden möglicherweise immer wieder die älteren Versionen aus dem Netscape-Puffer geladen. Andere Browser zeigen ein ähnliches Verhalten, achten Sie daher grundsätzlich darauf, daß Sie immer die neueste Version Ihres Dokuments laden.

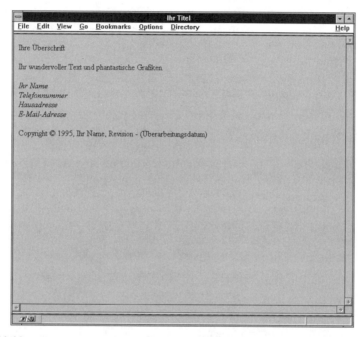

Abbildung 9.1: Die Grundlage für Ihre Web-Seiten, mit Netscape offline geladen

Wie Sie sehen können, ist Ihre Homepage einfach und unkompliziert. Das ist jedoch nicht das, was die Leute sehen wollen, stimmt's? Sie müssen noch einen interessanten Text und Grafiken hinzufügen. Da bisher nur eine kleine Zahl von Internet-Surfern GUI-Browser einsetzen, denken Sie bitte immer an die Hinweise in Kapitel 4, und investieren Sie Ihre Energie vorwiegend dafür, Ihr Dokument mit gehaltvollem Text und interessanten Links zu füllen. Keine Angst, im nächsten Kapitel erfahren Sie auch, wie Grafiken eingebunden werden.

Seitenlayout: von oben nach unten

Nachdem Sie nun eine Basisvorlage erstellt haben, können Sie damit beginnen, diese Ihren Erfordernissen anzupassen. Um mit dem Spaß zu beginnen, Ihre erste Homepage sollte nicht mehr als eine Seite umfassen. Dies macht es leichter, sie zu testen und zu editieren. Auf einer Bildschirmseite bringt man mehr als genug Informationen unter, außerdem muß Ihr Publikum dann auch nicht ständig blättern, um die Informationen ganz unten zu lesen.

Von einem einzelnen Bildschirm lassen sich die Informationen auch viel schneller aufnehmen, aber wieviel ist das eigentlich? Ganz einfach, es ist die Information, die ein Browser auf einmal darstellen kann, ohne daß der Benutzer zum Blättern gezwungen ist.

Die tatsächliche Informationsmenge hängt jedoch stark von dem verwendeten Browser wie auch von der eingestellten Bildschirmauflösung ab. Sicher möchten Sie Ihre Seite nicht auf den einfachsten Browser mit der geringsten Bildschirmauflösung abstimmen, Sie sollten aber auch nicht unbedingt von Ihren Voraussetzungen ausgehen, dies wäre oft eine schlechte Entscheidung. Obwohl es keine befriedigende Antwort auf dieses Problem gibt, ist in diesem Fall angeraten, den Test mit verschiedenen Browsern und relativ geringer Auflösung durchzuführen. Dies hilft Ihnen, Ihre Seiten durch die Augen Ihres künftigen Publikums zu sehen.

Es wird Ihnen weiterhin sehr nützen, Ihre Ideen auf Papier oder mittels eines Zeichenprogramms zu skizzieren und ein Modell des Layouts und der einzelnen Komponenten zu erstellen (Abbildung 9.2 zeigt ein Beispiel). Sie erkennen so leichter die Zusammenhänge, den Umfang und die richtige Position der Informationen und entstehende Leerräume (auch als »White Spaces« bezeichnet). Leerräume sind einerseits notwendig, um das Gesamtbild aufzulockern, zu viele Leerräume können jedoch ein zerrissenes Bild einer Seite entstehen lassen.

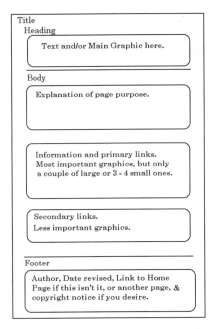

Abbildung 9.2: Die Layout-Skizze einer Web-Seite

Es ist wichtig, Ihre Seite logisch aufzubauen, um so Ihren Besuchern die Möglichkeit zu einem schnellen Überblick zu geben. Da jeder stets in großer Eile ist, ist es sinnvoll, die wichtigste Information am Anfang eines Dokuments, in großen Buchestaben und mit viel Leerraum darum herum unterzubringen. Positionieren Sie die verbleibende Information darunter.

Denken Sie daran, Sie sollten niemals versuchen, möglichst viele Daten auf einer Seite unterzubringen – versuchen Sie vielmehr, nur das Wichtige zu entsprechenden Themen herauszuheben. Wenn Sie über viel Material verfügen oder über eine Reihe von Themen informieren möchten, dann ist es sinnvoller, das Ganze über mehrere Seiten zu verteilen. Merken Sie sich die Faustregel der professionellen Anbieter: Eine einzelne Seite sollte nie mehr als drei bis fünf Informationseinheiten beinhalten.

Was bedeutet ein Name? Nachdenken über gute Titel und aussagekräftige Überschriften

In HTML-Dateien liefert der Titel die wichtigste Informationsbasis, um ein Dokument zu indizieren. Dies resultiert daraus, daß Titel für eilige Surfer schneller als der Inhalt eines Dokuments verfügbar sind.

Andererseits stellen Überschriften einen wichtigen visuellen Kontrast innerhalb einer Seite dar. Wenn Sie richtige Überschriften wählen, dann wird Ihre Seite dadurch ansprechend und lesbar, ohne daß es für einen Besucher erforderlich ist, die ersten Absätze Wort für Wort zu lesen.

Titel

Der Titel Ihrer Seite ist wichtig, da er von vielen Web-Suchprogrammen (Spidern und Crawlern) genutzt wird. Diese Softwareroboter suchen das gesamte Web ab, sammeln die Titel von Dokumenten und speichern sie in einer Datenbank. Der Titel wird auch für das Namensfeld in der Lesezeichen-Liste oder der Hotlist vieler Browser verwendet, also ein weiterer Grund, den Titel so informativ wie möglich zu gestalten.

Da es Ihr Wunsch ist, daß die Menschen Ihre Seiten finden und lesen, ist ein Titel eine Liste mit Schlüsselwörtern (in Form eines Satzes), die den Inhalt Ihrer Seiten beschreiben. Gehen Sie dementsprechend bei der Formulierung des Titels vor: Finden Sie die passenden Schlüsselwörter, formulieren Sie einen Satz, streichen Sie dann die überflüssigen Konjunktionen, Adverbien und Adjektive und arrangieren Sie den Satz, wenn notwendig, neu.

Hier ein Beispiel für die Konstruktion eines Titels:

- ✔ **Worte:** Rainer, klassische Gitarre, Fahrradfahren
- ✔ **Satz:** Rainer, der Fahrrad fährt, spielt klassische Gitarre.
- ✔ **Titel:** Rainers Seite für klassische Gitarre und Fahrradfahren.

Dieser Titel paßt in die eine Zeile, die bei den meisten Browsern dafür vorgesehen ist. Testen Sie am besten mit Ihrem Lieblings-Browser, um zu sehen, wie es aussieht.

Willkommen in meinem Salon

Die Größe des Web hat die Entwicklung vieler Suchwerkzeuge gefördert, die Kataloge zur Verfügung stellen, in denen sich Verweise auf gewünschte Informationen schnell finden lassen. Diese Suchhilfen sind vorwiegend Programme, die alles sammeln, auf das sie im Web stoßen, und den Links in den vorgefundenen Dokumenten folgen. Dies ist auch der Grund, weshalb diese Roboter Web-Crawler oder Web-Spinnen genannt werden. Sie leben im Web und holen sich alle schmackhaften Leckerbissen, die sie finden. Mehr Informationen über solche exotischen, jedoch sehr nützlichen Tierchen finden Sie in Kapitel 16.

Überschriften

Die Diskussion über Überschriften kann etwas verwirrend sein, da jede Web-Seite eine Überschrift nach dem Titel hat und dieser wiederum weitere Überschriften folgen. In der Welt des bedruckten Papiers, beispielsweise in diesem Buch, sind Überschriften hervorgehobene Texte vor den Absätzen.

Überschriften sind die wichtigsten Teile Ihrer Web-Seite. Sie sind der erste Text, der einem Besucher sofort ins Auge fällt. Wenn Überschriften nicht ansprechen und sofort informieren, klickt sich der Besucher schnell zu einer anderen Seite weiter, und Sie haben das Nachsehen. Wird ein Besucher durch die Überschriften jedoch neugierig gemacht, dann wird er mehr wissen wollen und die Informationen Ihrer Seite genauer lesen.

Sie sollten sich vorwiegend darum kümmern, daß die Aussage der verwendeten Überschriften schlüssig und der Inhalt konsistent ist. Ihre Überschriften sollten Ihnen ganz von selbst in den Kopf kommen, nachdem Sie den Inhalt Ihres Textes gelesen und analysiert haben. Sie sollten in verkürzter Form ausdrücken, um was es Ihnen bei den Inhalten der Texte geht. Wenn Sie theoretisch sämtlichen Text bis auf die Überschriften entfernen würden, sollte eine erstklassige Gliederung oder ein aussagekräftiges Inhaltsverzeichnis übrigbleiben.

Erlaubt es die Situation, sollten Überschriften möglichst humorvoll gehalten werden. Überschriften können ein bekanntes Thema enthalten, mit dem es gelingt, die Aufmerksamkeit des Lesers zu erregen. Versuchen Sie bei der Erstellung der Überschriften alles aus der Perspektive des Benutzers zu sehen. Dieser Ansatz wurde auch in diesem Buch gewählt, und er ist auch das Markenzeichen der gesamten ... *für Dummies* Reihe.

In Tabelle 9.1 sehen Sie einige Beispiele für Überschriften, einmal einfach und sachlich und auf der anderen Seite möglichst locker/humorvoll:

einfach	interessanter
Erste Testphase bei Web-Dokumenten	Laborversuch: Alphatestmethoden
Logos und Symbole	Faszinierend: Logos, Symbole und andere Juwelen
Bessere Dokumente erstellen	Gut, besser, Ihr HTML-Dokument

Tabelle 9.1: Vergleich – langweilige und interessante Überschriften

Auf Ihrer Web-Seite wird es nur wenige Überschriften pro Bildschirmseite geben. Machen Sie das beste daraus. Achten Sie darauf, daß die Größe der einzelnen Ebenen aufeinander abgestimmt ist, damit der Benutzer die Informationshierarchie intuitiv begreift.

Obwohl die meisten Browser oft nur bis zu vier Ebenen verarbeiten, HTML jedoch bis zu sechs Ebenen erlaubt, ist es für den Betrachter schwierig, die Überschriftenebenen 5 und 6 zu erkennen. Nicht nur aus diesem Grund werden bei den meisten gut strukturierten Web-Seiten maximal drei Überschriftenebenen verwendet, auch bei längeren Dokumenten.

Ihre Homepage sieht beim momentanen Stand der Dinge ähnlich wie die in Abbildung 9.3 aus. Sie finden dort eine große Überschrift am Anfang und eine etwas kleinere am Ende des Dokuments. Alle Grafiken wurden von dieser Seite entfernt, um Ihnen zu demonstrieren, daß man auch ein ansprechendes Layout schaffen kann, indem man nur einige gut formulierte Überschriften und einige Text-Links einsetzt.

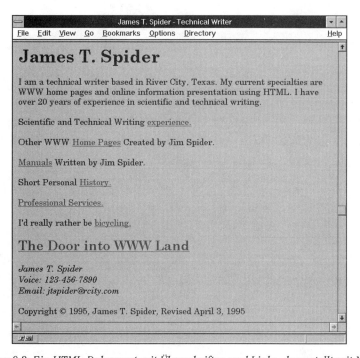

Abbildung 9.3: Ein HTML-Dokument mit Überschriften und Links, dargestellt mit Netscape

Die Web-Seite, die Sie in Abbildung 9.3 sehen können, wurde aus der folgenden HTML-Datei generiert. Die große Schriftart für die erste Überschrift wurde durch die Markierung <H1> und </H1> erreicht, die höchste Überschriftenebene. Die Überschrift »The Door Into WWW Land« wurde mit den HTML-Tags <H2> und </H2> markiert. Die Standard- Überschriftenmarkierungen <H1> bis <H4> sollten nur für Überschriften, Hyperlinks und andere Texte verwendet werden, die alleine in einer Zeile stehen und vorher und nachher einen Abstand zum übrigen Text haben.

```
<HTML>

<HEAD>
<TITLE>James T. Spider Technical Writer</TITLE> </HEAD>
<BODY>
<H1> James T. Spider </H1> <P>
I am a technical writer based in River City, Texas. My current
specialties are WWW home pages and online information presentation
using HTML. I have over 20 years of experience in scientific and
technical writing.
<P>
Scientific and Technical Writing <A HREF="writ gen.html"> experience.</A>
<P>
Other WWW <A HREF="hps.html">Home Pages</A> Created by Jim Spider.
<P>
<A HREF="manuals.html">Manuals</A> Written by Jim Spider.
<P>
Short Personal <A HREF="history.html">History.</A>
<P>
<A HREF="proservs.html"> Professional Services.</A>
<P>
I'd really rather be <A HREF="history.html#Bicycle">bicycling.</A>
<A HREF="amaze.html'><H2>The Door into WWW Land</H2></A>
<ADDRESS>James T. Spider<BR>
Voice: 123-456 7890<BR>
Email: jtspider@rcity.com
</ADDRESS>
<P>
Copyright &copy: 1995, James T. Spider, Revised April 3, 1995
</BODY>
</HTML>
```

Es gibt zwei Theorien zur Zeichengröße in Überschriften: Die eine besagt, daß die Zeichen von Überschrift zu Überschrift immer nur um eine Stufe größer oder kleiner werden dürfen und daß man grundsätzlich mit der höchsten Ebene (<H1>) beginnen muß. Dieser Ansatz bietet eine geordnete, standardisierte Struktur der Inhalte. Er macht es auch den Web-Crawlern leicht, die Überschriften für ihre Indizes zu sammeln.

Die Designertheorie nennt die vorhergehend beschriebene Vorgehensweise »LANGWEILIG«. Überschriften sollen verwendet werden, um die Aufmerksamkeit zu erregen. Verwenden Sie <H1> vor <H3> oder <H4>, dies zieht die Aufmerksamkeit des Betrachters an. Wie so oft bei HTML-Markierungen – Sie haben die Qual der Wahl.

Experimentieren Sie mit den Tags, prüfen Sie die Resultate und entscheiden Sie, je nachdem, was Sie für besser und ansprechender halten. Denken Sie jedoch daran, zu viele Hervorhebungen verhindern den Effekt der Besonderheit. Verwenden Sie Überschriften spärlich, eine Hervorhebung bestimmter Textteile wirkt besser, wenn sie seltener auftritt.

Gut, besser, Ihr Dokument

Der Hauptteil Ihres HTML-Dokuments ist das Herz Ihrer Web-Seite, eingebettet zwischen Kopf- und Fußzeile. Der Inhalt des Hauptteils hängt von der Art und der Menge der Informationen ab, die Sie anbieten möchten, und natürlich von dem Publikum, das Sie erreichen möchten.

Persönliche Web-Seiten unterscheiden sich im Aufbau und in der Form des Hauptteils sehr stark von kommerziellen oder wissenschaftlichen Web-Seiten. Obwohl das Layout bei jeder Art Web-Seite sehr ähnlich ist, tendieren persönliche Seiten oft zu einer kurzen textlichen Einführung, gefolgt von zahlreichen Links zu lokalen Seiten und zu Seiten anderer Web-Bereiche. Der grundlegende Unterschied im Layout und im Inhalt gut gestalteter Web-Seiten findet sich vor allem im Inhalt der angebotenen Informationen.

Die Hauptteile der meisten persönlichen Web-Seiten enthalten Text über oder Verweise auf die folgenden Elemente:

- ✔ Resümee – meist viel Text mit Grafik
- ✔ Persönliche Daten – meist reiner Text
- ✔ Lieblingssport und Hobbys – Text, gelegentlich mit einem Bild und Links zu Sport oder Hobbybereichen
- ✔ Persönlich favorisierte Web-Bereiche – eine Liste mit Links zu verschiedenen Web-Bereichen

Der Hauptteil der Seite eines kommerziellen Künstlers könnte folgendes enthalten:

- ✔ Bilder, Bilder, Bilder – gewöhnlich kleine Abbildungen, die Links zu größeren Bildern sind
- ✔ Eine Seite, die ein Resümee oder eine Liste mit Shows, Ausstellungen oder Preisen und anderen professionellen Aktivitäten enthält
- ✔ Links zu Online-Beispielen der Arbeiten des Künstlers auf anderen Seiten im gesamten Netz

Wissen Sie schon, was Sie wollen? Wieviel Text soll nun im Hauptteil eines Dokuments untergebracht werden? Die Antwort hängt vom Standpunkt des Betrachters ab!

Web-Seiten für Leseratten – Oh nein!

Würden Web-Surfer gerne dicht beschriebene Seiten lesen, dann würden sie vermutlich ein Buch kaufen oder lieber eine Datei herunterladen und ausdrucken. Es macht keinen Spaß, große Textmengen online zu lesen, außerdem werden sie von vielen nur als Verschwendung kostbarer Zeit betrachtet (besonders von denen, die nur über eine langsame Modemverbindung ins Internet gehen).

Das impliziert jedoch nicht zwingend, daß Sie Ihre Web-Seiten als textliches Äquivalent eines 30-Sekunden-Werbespots wie im Fernsehen aufbauen sollen. Damit soll nur gesagt werden, daß die aktuelle Entwicklung darauf abzielt, den Benutzer kurz und bündig mit Informationen zu versorgen, und dazu beitragen soll, daß man sich auf einer Seite schnell zurechtfindet. Benutzer möchten nicht in einen tiefen See aus Texten versinken, um das zu finden, was sie suchen. Es liegt an Ihnen, Ihre Informationen mittels ausgewogenem Layout und einer guten Gliederung sowie durch Hypermedia-Links im Hauptteil Ihrer Seite ansprechend zu präsentieren.

Eine ausgewogene Komposition

Der Hauptteil persönlicher Web-Seiten sollte drei bis maximal fünf kurze und gut geschriebene Absätze enthalten. Wenn dieses Absätze durch Überschriften in entsprechend größerer Schrift und den richtigen Zwischenräumen voneinander getrennt werden, entsteht ein ausgewogenes Bild, und das Interesse und die Aufmerksamkeit des Betrachters wird erregt.

Der sinnvolle Einsatz optischer Trenner und einer Vielzahl von Links ist derzeit sehr in Mode. Durch die Verwendung dieser Technik sollte eine Seite resultieren, die ein bis allerhöchstens drei Bildschirmseiten umfaßt.

Umfangreiche Dokumente

Web-Seiten von mehr als fünf Bildschirmseiten, gefüllt mit Text oder URL-Listen, sollten in mehrere kleinere Seiten aufgeteilt werden. Wenn Sie unbedingt darauf bestehen, Ihren Benutzern lange und umfangreiche Seiten zu präsentieren, läßt sich die Lesbarkeit durch ein Inhaltsverzeichnis sehr stark verbessern. Plazieren Sie dieses an den Anfang der Seite, und stellen Sie einen Link zu den einzelnen Abschnitten innerhalb des Textes in diesem Dokument her. Am Ende jedes Abschnitts sollte, wenn möglich, ein Rücksprung über einen Link zum Inhaltsverzeichnis gesetzt sein. Dies hat einen ähnlichen Effekt, als würden Sie die Seite in mehrere kleinere aufteilen, und bietet sogar den Vorteil, daß der Anwender nur ein Dokument laden muß. Sie als Autor/in haben in diesem Fall den Nutzen, nur ein Dokument editieren zu müssen, was sich besonders bei Veränderungen sehr positiv bemerkbar macht.

Es liegt wieder mal an Ihnen zu entscheiden, ob Sie mehrere Dokumente verwenden, die sich gegenseitig aufrufen (was beim ständigen Laden zu Verzögerungen führen kann), oder ein großes Dokument mit Inhaltsverzeichnis aufbauen (was zu Beginn eine längere Ladezeit erfordert).

Noch ein paar Faustregeln

Nachfolgend die wichtigsten Regeln, die Sie beim Aufbau des Hauptteils eines Dokuments immer beachten sollten:

- ✔ Achten Sie darauf, daß das Layout aller Ihrer Seiten immer konsistent bleibt.
- ✔ Verwenden Sie Leerräume und Überschriften, um ein aufgelockertes Bild zu schaffen und das visuelle Abtasten des Dokuments zu erleichtern.
- ✔ Schreiben Sie nur kurze Absätze, und vermeiden Sie zuviele davon.
- ✔ Setzen Sie großzügig Hyperlinks zu weiteren Dokumenten ein, anstatt ein großes Dokument anzubieten, in dem der Benutzer ewig blättern muß.
- ✔ Variieren Sie die Positionen von Wörtern, die als Hyperlinks verwendet werden, um den visuellen Kontrast Ihrer Seiten zu erhöhen.
- ✔ Wählen Sie aussagekräftige Wörter für Hyperlinks, NICHT »klicken Sie hier«.

Wichtige Bestandteile: gekonnter Aufbau von Absätzen

»Keine unnötigen Worte!« schrie William Strunk Junior. Er war es auch, der Regel 17 in *Die Elemente des Stils* aufstellte (Co-Autor E. B. White), die da lautet:

»Aussagekräftiges Schreiben ist die Basis. Ein Satz sollte keine unnötigen Worte und ein Absatz keine unnötigen Sätze enthalten wie auch eine Zeichnung keine unnötigen Striche und eine Maschine keine unnötigen Teile enthalten sollte. Dies erfordert nicht, daß der Autor eines Textes nur kurze Sätze verwendet, nicht ins Detail gehen darf oder alles nur in Form einer Gliederung wiedergegeben werden soll – keinesfalls –, aber jedes Wort soll etwas aussagen.«

Die Regel 13 aus derselben Arbeit lautet: »Mache einen Absatz zu einem Teil der Komposition«. Wenn wir beide Regeln miteinander kombinieren, erhalten wir die Aussage: Schreibe klar und genau.

WWW-Benutzer verlangen den aussagekräftigsten, klarsten und dennoch möglichst kürzesten Text, den Sie zustande bringen. Aber leider ist nicht jeder im Web ein Sprachprofessor. Dennoch, alle WWW-Surfer können oft mehrere Sprachen, und daher ist vor allem wichtig, daß Sie sich in Ihrer Sprache exakt und verständlich ausdrücken.

Denken Sie daran, die Kommunikation mit anderen ist der Grund, weshalb Sie eine Web-Seite erstellen. Daher kommunizieren Sie so klar wie nur eben möglich. Jetzt, zum Ende dieses Themas, ein paar gute Ratschläge für Sie, damit es Ihnen gelingt, bessere Textabschnitte zu erstellen:

1. Fertigen Sie eine Gliederung an.
2. Verwenden Sie einen Absatz für jeden wichtigen Punkt, halten Sie die Sätze kurz, direkt, und kommen Sie schnell auf den Punkt.
3. Editieren Sie Ihren Text gnadenlos, entfernen Sie alle überflüssigen Worte und Sätze.
4. Verwenden Sie ein Programm zur Rechtschreibprüfung, und korrigieren Sie nochmals.
5. Bitten Sie einige Freiwillige, Ihre Arbeit zu beurteilen.
6. Überarbeiten Sie Ihren Text, und korrigieren Sie ihn nach der Überarbeitung erneut.
7. Prüfen Sie Ihren Text auf fragwürdige Kommentare.

List-wärts weht der Wind: Auswahl geeigneter Listenstrukturen

 In Kapitel 6 und 7 waren Sie den verschiedenen Arten von Listen noch völlig ungeschützt ausgeliefert. Jetzt werden Sie lernen, wann, weshalb und wie die verschiedenen Typen eingesetzt werden.

Allgemein gesprochen dienen Listen dazu, einzelne Textzeilen von Textabschnitten mittels spezieller Formatierung optisch abzuheben. Einige Listen rücken die einzelnen Elemente etwas ein, bei anderen Arten werden Zahlen oder Aufzählungssymbole vor die einzelnen Elemente gesetzt.

Die ungeordnete Liste

Die ungeordnete Liste ist vor allem sehr praktisch, um mehrere kurze Informationszeilen hervorzuheben. Wie eine solche ungeordnete Liste mit Netscape dargestellt aussieht, sehen Sie in Abbildung 9.4. Nachfolgend die HTML-Anweisungen dafür:

```
<UL>
<LI> Das erste Element.
<LI> Das zweite Element.
</UL>
```

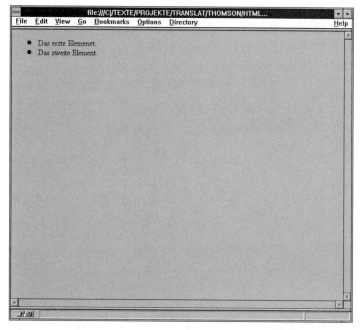

Abbildung 9.4: Eine ungeordnete Liste, mit Netscape dargestellt

Die geordnete Liste

Die geordnete Liste findet vor allem da Einsatz, wo einzelne Schritte der Reihe nach aufgeführt werden. Nachfolgend die HTML-Anweisung für eine solche Liste, die Sie in Abbildung 9.5 sehen:

```
<OL>
<LI> Erledige erst A.
<LI> Dann B.
<LI> Und dann erst C.
</OL>
```

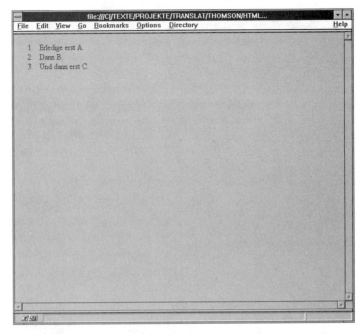

Abbildung 9.5: Eine geordnete Liste, mit Netscape dargestellt

Die Definitionsliste

Die Definitions- oder Glossarliste kombiniert die Elemente in Paaren. Zuerst kommt der Terminus und dann die Beschreibung. Nachfolgend die HTML-Anweisung für eine solche Liste, die Sie in Abbildung 9.6 sehen.

```
<DL>
<DT> Term A
<DD> Definition von Term A
<DT> Term B
<DD> Definition von Term B
</DL>
```

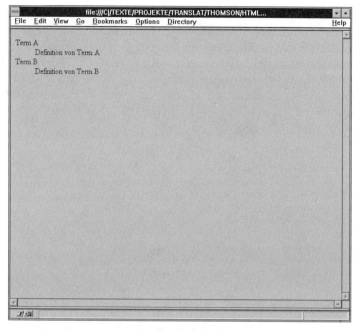

Abbildung 9.6: Eine Definitionsliste, mit Netscape dargestellt

Le Menu

Das Menü ist einfach eine Gruppe einzelner Zeilen, die eingerückt werden. Einige der derzeitig verfügbaren Browser verarbeiten die Menüliste. Da HTML 3.0 diese Art von Liste nicht definiert, sind Sie nicht schlecht beraten, wenn Sie sich auf die ersten drei Arten von Listen beschränken. Dennoch ein kleines Beispiel, wie eine Menüliste definiert wird:

```
<MENU>
<LI> Element 1
<LI> Element 2
<LI> Element 3
</MENU>
```

Diese Anweisungen produzieren in einigen Browsern das folgende Ergebnis (Netscape stellt eine Menüliste als ungeordnete Liste dar):

```
Element 1
Element 2
Element 3
```

Die Kurzliste

Bei der Kurz- oder Verzeichnisliste wird die Verwendung von möglichst kurzen Listenelementen empfohlen. Diese Definition wurde ursprünglich entwickelt, um Verzeichnislisten mit mehreren Spalten darzustellen. Die meisten Browser formatieren die Kurzliste wie die Menüliste, aber nicht in mehreren Spalten. Auch an dieser Stelle empfehlen wir Ihnen, lieber auf eine der ersten drei beschriebenen Listenarten zurückzugreifen, um mit späteren HTML-Versionen kompatibel zu bleiben. Trotzdem auch hier ein kleines Beispiel, für die, die es nicht lassen können:

```
<DIR>
<LI>UNIX/
<LI>program/
<LI>generic/
</DIR>
```

Diese Anweisungen produzieren in einigen Browsern das folgende Ergebnis; auch in diesem Fall wird von Netscape eine ungeordnete Liste dargestellt:

```
UNIX/
program/
generic/
```

Obwohl Sie Ihr Seitenlayout einfach halten sollten, gibt es Zeiten, in denen Listen, sogar verschachtelte Listen, erforderlich sind, um besondere Informationen darzustellen. Nutzen Sie diese jedoch mit Bedacht und sehr sparsam.

Das folgende HTML-Dokument zeigt die Tags einer ungeordneten Liste im Hauptteil einer Web-Seite. Diese Liste wird verwendet, um Textzeilen voneinander zu trennen und hervorzuheben:

```
<HTML>
<HEAD>
<TITLE>James T. Spider Technical Writer / Web Weaver</TITLE>
</HEAD>
<BODY>
<H1> James T. Spider </H1>
<P>
I am a technical writer based in River City, Texas. My current
specialties are WWW home pages and online information presentation
using HTML. I have over 20 years of experience in scientific and
technical writing.
<P>
<UL>
<LI>Scientific and Technical Writing
<A HREF="writgen.html"> Experience.</A> <LI>Other WWW
<A HREF="hps.html">Home Pages</A> Created by Jim Spider.
<LI><A HREF="manuals.html">Manuals</A> Written by Jim Spider.
<LI>Short Personal <A HREF="history.html">history.</A>
```

```
<LI><A HREF="proservs.html"> Professional Services.</A>
<LI>I'd really rather be <A HREF="history.html#Bicycle"> bicycling.</A>
</UL>
<A HREF="amaze.html"><H2>The Door into WWW Land</H2></A>
<ADDRESS>James T. Spider<BR>
Voice: 123-456 7890<BR>
Email: jtspider@rcity.com
</ADDRESS>
<P>
Copyright &copy; 1995, James T. Spider, Revised April 9, 1995
</BODY>
</HTML>
```

Abbildung 9.7 zeigt, wie dieses Dokument mit Netscape dargestellt wird. Die Liste hebt die Zeilen in der Mitte des Dokuments sehr stark hervor und verleiht dem ganzen Dokument ein optisch sehr ansprechendes Bild.

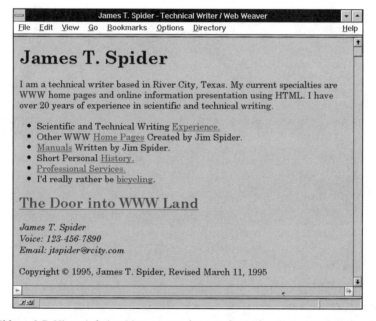

Abbildung 9.7: Hier wird eine Liste verwendet, um das Dokument optisch aufzuwerten und Hyperlinks besonders stark hervorzuheben.

Tabellen bringen Ihre Seite in Form

Eine weitere Möglichkeit, Ihr Angebot zu Strukturieren, sind Tabellen. Sie wurden schon lange vor der Erfindung von Kalkulationsprogrammen dazu benutzt, Daten übersichtlich darzustellen oder ein sauber geordnetes Layout zu erzeugen. Nachdem zuerst Netscape in seinen

Browsern Tabellen unterstützt hat, wurden die dazu notwendigen Tags bald Bestandteil des HTML-Standards.

Tabellen in HTML haben folgenden Grundaufbau:

```
<TABLE BORDER=1><CAPTION>Tabellentitel</CAPTION>
<TR><TH>Kopfzeile Pos. 1</TH><TH>Kopfzeile Pos.2</TH></TR>
<TR><TD>Zelle (1,1)</TD><TD>Zelle (1,2)</TD></TR>
<TR><TD>Zelle (2,1)</TD><TD>Zelle (2,2)</TD></TR>
</TABLE>
```

Dieses Stück HTML-Code erzeugt eine Tabelle, die aus zwei Spalten und drei Zeilen besteht, inklusive einer Überschrift. Dies sieht dann in etwa so aus wie in Abbildung 9.8.

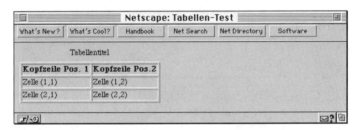

Abbildung 9.8: Eine einfache Tabelle

Wie zu erkennen ist, befindet sich die Definition für eine Tabelle zwischen den Tags <TABLE> und </TABLE>. Dazwischen befinden sich ein oder mehrere Pärchen der Tags <TR> und </TR>. Diese bilden die Zeilen der Tabelle (engl. Rows) und enthalten alle weiteren Informationen. Der Zelleninhalt selbst schließlich ist in die Tags <TD> und </TD> eingeschlossen. Je nach benutztem Browser kann man auch die Tags <TH> und </TH> verwenden, um den Inhalt einer Zelle als Spaltenüberschrift zu formatieren. Dies funktioniert z.B. in Netscape Navigator, nicht aber in manchen anderen Produkten, die dann den Zelleninhalt normal anzeigen. Bei den Inhalten einer Tabelle muß man sich allerdings durchaus nicht nur auf Text beschränken; hier darf alles stehen, was auch auf einer normalen HTML-Seite erlaubt ist – also auch Grafiken, Hyperlinks und sogar weitere Tabellen.

Das Beispiel in Abbildung 9.8 zeigt zwei Dinge, die über eine ganz simple Tabelle hinausgehen. Einmal ist dies der Tabellentitel, der in die Tags <CAPTION> und </CAPTION> eingeschlossen wird und der über oder unter der Tabelle angezeigt werden kann. Weiterhin verfügt der Tag <TABLE> über das Attribut BORDER=1, was dazu führt, daß die Zellen der Tabelle mit einem Rand einer bestimmten Breite, in diesem Fall 1 Pixel, umgeben werden. Über diese zwei Möglichkeiten hinaus existiert noch eine ganze Reihe von Attributen, mit denen man das Aussehen von Tabellen beeinflussen kann. Das folgende Stück HTML-Code demonstriert einige der Möglichkeiten, die zusätzliche Attribute für Tabellen bieten. Abbildung 9.9 zeigt die dazugehörige Browseranzeige.

9 ► Grundlegender Aufbau von HTML-Dokumenten

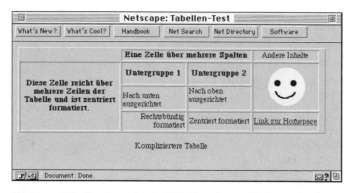

Abbildung 9.9: Eine komplexere Tabelle mit verschiedenen Attributen

```
<HTML>
<HEAD>
<TITLE>Tabellen-Test</TITLE>
</HEAD>
<BODY>
<TABLE BORDER=1> <!- Leitet Tabelle ein ->
<CAPTION ALIGN=BOTTOM>Kompliziertere Tabelle</CAPTION>
<!- Tabellentitel unter der Tabelle ->
<TR> <!- Anfang erste Zeile ->
<TD></TD> <!- Erste Zelle (Leer) ->
<TH ALIGN=CENTER VALIGN=MIDDLE COLSPAN=2>Eine Zelle &uuml;ber mehrere
Spalten</TH>
<!- Zweite (und dritte) Zelle als TableHeader formatiert ->
<TD ALIGN=CENTER>Andere Inhalte</TD> <!- Dritte Zelle (in vierter Spalte,
da sich zweite Zelle ueber zwei Spalten erstreckt) ->
</TR> <!- Ende der ersten Zeile ->
<TR> <!- Anfang zweite Zeile ->
<TH ALIGN=CENTER VALIGN=MIDDLE ROWSPAN=3>Diese Zelle reicht &uuml;ber
mehrere Zeilen der Tabelle und ist zentriert formatiert.</TH> <!- Erste
Zelle: Erstreckt sich ueber 3 Reihen, Inhalt ist sowohl horizontal als
auch vertikal zentriert ->
<TH>Untergruppe 1</TH> <!- Zweite Zelle als TableHeader formatiert ->
<TH>Untergruppe 2</TH> <!- Dritte Zelle als TableHeader formatiert ->
<TD ROWSPAN=2 ALIGN=CENTER> <!- Vierte Zelle: Erstreckt sich ueber 2
Reihen (zentriert) ->
<IMG WIDTH="78" HEIGHT="65" ALT="Ein Smiley" SRC="Smiley.GIF"></TD>
</TR> <!- Ende der zweiten Zeile ->
<TR> <!- Anfang dritte Zeile ->
<TD VALIGN=BOTTOM>Nach unten ausgerichtet</TD> <!- Zweite Zelle; (die
erste wird von der ersten Zelle der zweiten Zeile belegt) ->
<TD VALIGN=TOP>Nach oben ausgerichtet</TD> <!- Dritte Zelle ->
</TR> <!- Ende der Zweiten Zeile ->
<TR> <!- Anfang der Dritte Zeile ->
```

```
<TD ALIGN=right>Rechtsb&uuml;ndig formatiert</TD> <!- Zweite Zelle; (die
erste wird von der ersten Zelle der zweiten Zeile belegt) ->
<TD ALIGN=center>Zentriert formatiert</TD> <!- Dritte Zelle ->
<TD ALIGN=CENTER><A HREF="Homepage.html">Link zur Homepage</A></TD> <!-
Vierte Zelle ->
</TR> <!- Ende der Dritten Zeile ->
</TABLE> <!- Ende der Tabelle ->
</BODY>
</HTML>
```

Weitere Informationen über die Formatierungsmöglichkeiten für Tabellen finden Sie in Kapitel 7. Experimentieren Sie selbst mit Ihren Browsern und betrachten Sie den Quellcode von Tabellen, die Ihnen auf den Web-Seiten anderer Leute auffallen.

Mit Rahmen die Fassung behalten

Rahmen (engl. Frames) sind eine gute Möglichkeit, mehrere verschiedene HTML-Seiten gleichzeitig innerhalb eines Browserfensters anzuzeigen. Ein Frame ist eigentlich nichts weiter als ein Container für eine normale Web-Seite. Da sich mehrere Frames das Browserfenster teilen, wird es möglich, mehrere Seiten gleichzeitig anzuzeigen. Dabei kann man steuern, wie groß die einzelnen Frames sind, ob sie sich in der Größe vom Nutzer verändern lassen, ob sie über Rollbalken verfügen usw.

Die Anwendungsmöglichkeiten für Frames sind fast grenzenlos: So kann man z.B. eine Navigationsspalte erzeugen, die immer zu sehen ist; man kann ein Logo oben oder unten im Browserfenster darstellen, ohne die dazugehörige Grafik in jede einzelne Web-Seite einbinden zu müssen oder man kann ein Layout erzeugen, das den Kopf- und Fußzeilen einer herkömmlichen Textverarbeitung ähnelt. Je nach Einsatz der HTML-Tags können Frames so programmiert werden, daß sie Rollbalken enthalten, vom Betrachter in der Größe geändert werden können oder sich automatisch an die Größe des Browserfensters anpassen, wenn dieses geändert wird.

Frames wurden erstmals von Netscape unterstützt und sind mittlerweile Bestandteil des Standards HTML 4.0.

<FRAMESET>

Die Grundstruktur einer aus Frames bestehenden Web-Seite sieht folgendermaßen aus:

```
<HTML>
<HEAD> </HEAD>
<FRAMESET>
    (Hier folgen die Informationen über die Frames)
</FRAMESET>
```

```
<NOFRAMES>
<BODY>
   (Hier folgt der Inhalt, den Browser anzeigen, die keine Frames verar-
beiten können)
</BODY>
</NOFRAMES>
</HTML>
```

Wie man sieht, steht in diesem Beispiel das Tag <FRAMESET> an der Stelle, bei der in einem normalen HTML-Dokument <BODY> stehen würde. Aus diesem Grund sollte man es auch unmittelbar nach dem Ende des Headers (</HEAD>) plazieren. Die Information zwischen dem Befehlspaar <NOFRAMES> und </NOFRAMES> wird von solchen Browsern angezeigt, die keine Frames unterstützen. Das ist zwar optional, man sollte aber dem Nutzer gegenüber so fair sein und eine Alternative anbieten.

Der Tag <FRAMESET> hat immer eins von zwei Attributen, die Anzahl der Zeilen (ROWS) oder die Anzahl der Spalten (COLS). Für deren Größenangaben gibt es drei Möglichkeiten – in Pixeln, in Prozent oder als relative Größenangabe.

- ✔ **Pixel:** Eine Angabe der Größe in Pixeln führt dazu, daß der Browser immer versucht, den entsprechenden Frame genau mit diesen Abmaßen darzustellen. Allerdings sollte man beachten, daß die Größe des Browserfensters auf dem Bildschirm des Benutzers stark variieren kann und daß der Browser immer versucht, alle Frames darzustellen. Darum sollte man zusätzlich zu dem feststehenden Pixelwert auch eine bzw. beide anderen Größenangaben verwenden, da es sonst passieren kann, daß der Browser den vorgesehenen Pixelwert ignoriert, um alle Frames darzustellen.

- ✔ **Prozent (%):** Eine Größenangabe in Prozent bezieht sich immer auf die Gesamthöhe bzw. -breite des Browserfensters. Ist die Summe aller Angaben in Prozent kleiner als 100, wird der restliche Platz gleichmäßig an alle Spalten bzw. Zeilen mit relativen Größenangaben verteilt. Ist die Summe größer als 100 Prozent, werden die betroffenen Frames entsprechend kleiner dargestellt.

- ✔ **Relative Größenangabe:** Steht anstelle eines Pixel- oder Prozentwertes lediglich ein Asterisk (*), so bedeutet dies, daß sich der entsprechende Frame an den Platz anpaßt, der noch im Browserfenster vorhanden ist. Sind mehrere Frames mit relativer Größenangabe vorhanden, so wird der Platz gleichmäßig verteilt. Man kann dies allerdings beeinflussen, indem man einen Wert vor den Asterisken schreibt; in diesem Fall erhält der betroffene Frame entsprechend mehr Platz. So bedeutet z.B. die Angabe "2*,*", daß der erste Frame doppelt so hoch bzw. breit ist wie der zweite.

Hier nun zwei Beispiele:

Der folgende Code erzeugt zwei vertikal übereinanderliegende Frames, von denen der zweite dreimal so hoch ist wie der erste:

```
<FRAMESET ROWS= "25%, 75%">
<FRAMESET ROWS= "25%, *">
```

Um drei horizontal nebeneinander angeordnete Frames zu erzeugen, kann man folgendes benutzen:

`<FRAMESET COLS= "150, *, 20%">`

Der erste Frame ist auf eine Breite von 150 Pixeln fixiert, der zweite hat die Restbreite des Browserfensters abzüglich 20 Prozent der Gesamtbreite für den dritten Frame.

Darüber hinaus können Sie im Starttag des Frameset-Befehls festlegen, ob die einzelnen Frames untereinander abgegrenzt dargestellt werden. Wenn Sie sich für Abgrenzungen entscheiden, d.h. wenn Sie das Attribut FRAMEBORDER mit einem Wert größer als »0« verwenden können Sie mit dem Attribut BORDERCOLOR="#rrggbb" auch gleich die Farbe der Begrenzung festlegen.

Um zwei gleich große Frames mit einer 5 Pixel starken blauen Linie voneinander zu trennen geben Sie folgenden Frameset-Befehl ein:

`<FRAMESET FRAMEBORDER= "5" BORDERCOLOR="#FF0000">`

<FRAME>

Jeder einzelne Frame auf einer Web-Seite muß durch das Tag <FRAME> gekennzeichnet werden. Dies sieht etwa so aus:

`<FRAME SRC="Frame1.html" NAME="Hauptframe" SCROLLING="yes" NORESIZE>`

Wie zu sehen ist, hat das Tag <FRAME> mehrere Attribute. SRC gibt an, welches HTML-Dokument innnerhalb des Frames angezeigt werden soll, NAME versieht diesen speziellen Frame mit einer Bezeichnung, auf die später mit Hilfe des Attributs TARGET Bezug genommen werden kann (siehe weiter hinten in diesem Kapitel). Weiterhin ist noch das Attribut SCROLLING angegeben. Dieses kann einen der Werte »yes« , »no« oder »auto« annehmen. Dabei bedeutet »yes«, daß dieser Frame immer mit Rollbalken angezeigt wird, während diese bei »no« nie angezeigt werden. Die Einstellung »auto« dagegen läßt den Browser entscheiden, ob und welche Rollbalken dargestellt werden müssen. Läßt man das Attribut SCROLLING weg, so ist die Standardeinstellung »auto«. Das Attribut NORESIZE legt fest, daß die voreigestellten Größen der einzelnen Frames nicht vom Anwender verändert werden können.

TARGET – Der Weg zu den Frames

Normalerweise wird ein neues Dokument auf einer vollen Browserseite angezeigt, wenn der Nutzer auf ein dorthin führendes Link klickt. Mit Hilfe des Attributs TARGET (dt. »Ziel«) kann man dagegen festlegen, in welchem Frame der Web-Seite dieses neue Dokument angezeigt werden soll. Dieser Frame ist somit das Ziel (Target) der Operation. TARGET kann als Attribut für die Tags <A>, <BASE>, <AREA> und <FORM> verwendet werden; am sinnvollsten ist sein Einsatz aber innerhalb eines Anker-Tags (<A>).

Zur Benutzung gibt man lediglich den Namen des Frames an, in dem das neue Dokument angezeigt werden soll. (Sie erinnern sich – dieser Name wurde bei der Definition des Frames mit <FRAME> festgelegt.) Das könnte dann z.B. so aussehen:

```
<A HREF="das_neue_dokument.html" TARGET="Haupt_Frame">Neues Dokument</A>
```

Bei diesem Beispiel wird nach dem Klick auf den Verweis das dazugehörige Dokument im Frame mit dem Namen »Haupt_Frame« angezeigt.

Erlaubte Namen für TARGET

Jeder zugelassene Name für einen Frame muß mit einem alphanumerischen Zeichen beginnen. Ausgenommen davon sind einige spezielle Namen, die mit einem Unterstrich beginnen. Alle anderen Bezeichnungen, die ebenfalls mit einem Unterstrich oder einem nichtalphanumerischen Zeichen beginnen, werden ignoriert.

Folgende Namen sind reserviert:

- **"_blank"**: Trifft der Netscape Navigator auf ein Target mit diesem Namen, so wird ein neues Browserfenster geöffnet, in dem das Dokument angezeigt wird.

- **"_self"**: Dieses ist der Standardwert für alle Anker-Tags, die kein Target angeben. In diesem Fall erscheint das Dokument, zu dem der Link hinführt, im selben Frame oder Fenster, in dem sich ursprünglich der hinführende Link befand.

- **"_parent"**: Das Dokument wird in das Frameset bzw. das Fenster geladen, das der Container für den Frame des Dokuments mit dem Link ist. Ein Beispiel soll dies erläutern: Nehmen wir an, der Link befindet sich in einem von drei nebeneinander in einem Set angeordneten Frames. Klickt der Nutzer auf diesen Link und der Name des Targets ist "_parent", so wird das neu geladene Dokument in der Fläche angezeigt, die vorher alle drei Frames belegt haben. Befindet sich allerdings der Link bereits in einem Fenster oder einem Frame der obersten Ebene, dann ist der Effekt der gleiche wie bei "_self".

- **"_top"**: Mit Hilfe dieses reservierten Namens für ein Target wird das neue Dokument in das gesamte Browser-Fenster geladen, das den Link enthält. Damit werden alle anderen vorher in diesem Fenster angezeigten Frames überschrieben.

Wem nun aber das explizite Angeben eines Targets für jeden einzelnen Hyperlink in seinen Dokumenten zuviel wird, der kann aufatmen. Das Tag <base> ist dazu da, im Header eines HTML-Dokumentes einen Frame-Namen festzulegen, der immer dann verwendet wird, wenn in einem Anker kein Target explizit angegeben ist. Eine einfache HTML-Seite mit diesem Tag sieht dann etwa so aus:

```
<HTML>
<HEAD><TITLE>Inhaltsverzeichnis</TITLE>
<BASE target="Hauptframe">
</HEAD>
<BODY>
```

```
<H2>Inhaltsverzeichnis</H2>
<UL>
<LI><A HREF="Vorwort.html">Vorwort</A>
<LI><A HREF="Einleitung.html">Einleitung</A>
<LI><A HREF="Kapitel_1.html">Kapitel 1</A>
<LI><A HREF="Kapitel_2.html">Kapitel 2</A>
<LI><A HREF="Kapitel_3.html">Kapitel 3</A>
</UL>
</BODY>
</HTML>
```

Hier sind noch zwei Beispiele für die Gestaltung von Web-Seiten mit Frames angeführt.

Dieses Stück HTML-Code erzeugt ein in drei Frames geteiltes Browserfenster, dessen oberer Frame fixiert ist. In Abbildung 9.10 sehen Sie, wie das entsprechende Browserfenster aussehen könnte.

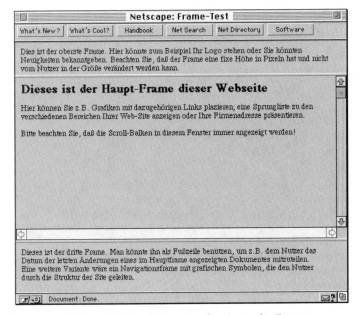

Abbildung 9.10: Drei übereinander gestapelte Frames

```
<HTML>
<HEAD><TITLE>Frame-Test</TITLE></HEAD>
<FRAMESET ROWS="50,*,20%">
    <FRAME SRC="Top_Frame.html" NAME="Topframe" NORESIZE SCROLLING="NO">
    <FRAME SRC="Haupt_Frame.html" NAME="Hauptframe" SCROLLING="YES">
    <FRAME SRC="Bottom_Frame.html" NAME="Bottomframe">
</FRAMESET>
<NOFRAMES>
```

```
Diesen Text sehen Besucher der Web-Seite, deren Browser nicht mit Frames
umgehen k&ouml;nnen.
</NOFRAMES>
</HTML>
```

Die drei HTML-Dateien, auf die vom Hauptdokument aus verwiesen wird (Top_Frame.html, Haupt_Frame.html, Bottom_Frame.html), sind ganz normale HTML-Dokumente. Aus diesem Grund sei hier auch nur die Datei für den mittleren Frame angegeben; die anderen beiden Dokumente sehen genauso aus – nur mit anderem Inhalt.

```
<HTML>
<HEAD><TITLE>Hauptfenster</TITLE></HEAD>
<BODY>
<H2>Dieses ist der Haupt-Frame dieser Web-Seite</H2><P>
Hier k&ouml;nnen Sie z.B. Grafiken mit dazugeh&ouml;rigen Links plazieren;
eine Sprungliste zu den verschiedenen Bereichen Ihrer Web-Site anzeigen
oder Ihre Firmenadresse pr&auml;sentieren.<P>
Bitte beachten Sie, da&szlig; die Scroll-Balken in diesem Fenster immer
angezeigt werden!
</BODY>
</HTML>
```

Ein zweites Beispiel soll eine Anwendung von Frames zeigen, der man beim Surfen im World Wide Web auch öfter begegnet: vier Frames unterschiedlicher Größe. Dies erreicht man, indem man Framesets ineinander verschachtelt. Der folgende Code erzeugt die Darstellung von Abbildung 9.11.

```
<HTML>
<HEAD><TITLE>Vier Frames</TITLE></HEAD>
<FRAMESET ROWS="20%,80%">
    <FRAMESET COLS="40%,60%">
        <FRAME SRC="Links_oben.html" NORESIZE>
        <FRAME SRC="Rechts_oben.html">
    </FRAMESET>
<FRAMESET COLS="25%,75%">
    <FRAME SRC="Links_unten.html">
    <FRAME SRC="Rechts_unten.html">
/FRAMESET>
</FRAMESET>
<NOFRAMES>
Diesen Text sehen Besucher der Seite, deren Browser nicht mit Frames
umgehen k&ouml;nnen.
</NOFRAMES>
</HTML>
```

Der Inhalt der einzelnen Frames ist in den Dateien gespeichert, die im Tag <FRAME> mit dem Attribut SRC angegeben werden. Dabei handelt es sich um normale HTML-Dokumente; deshalb werden diese hier auch nicht aufgelistet.

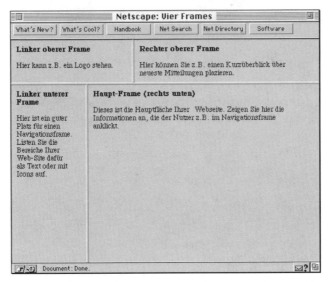

Abbildung 9.11: Vier Frames unterschiedlicher Größe auf einer Web-Seite

Hängen Sie sich ein: Hyperlinks in Web-Dokumenten

HyperMedia-Links im Hauptteil einer Seite zeigen die Kraft des Web. Für viele Web-Benutzer ist das Surfen das absolute Videospiel. Links zu folgen und zu sehen, wo sie hinführen, kann interessant und zugleich informativ sein.

Als Web-Designer und Web-Weber sind Sie sicherlich daran interessiert, daß Ihre Seiten so gefallen, daß sie von Benutzer zu Benutzer weiterempfohlen werden. Daher liegt es an Ihnen, gute Links innerhalb Ihrer Seiten wie auch zu anderen Internet-Ressourcen anzubieten.

Links zu Seiten innerhalb Ihres Bereichs sind relativ

Wie Sie im vorhergehenden Kapitel sehen konnten, gibt es Links in zwei Geschmacksrichtungen, relativ oder vollständig. Ein relativer Link, zu finden in dem Dokument von James T. Spider (<A HREF=manuals.html">Manuals</A>), kann nur innerhalb des eigenen Web-Bereichs genutzt werden, da sich der URL-Verweis relativ zu dem Verzeichnis der Seite befindet, von der aus er aufgerufen wird. In diesem Fall handelt es sich um eine Datei (manuals.html), die sich in dem gleichen Verzeichnis wie das aktuelle HTML-Dokument befindet (der aktuelle URL). Der Link ist relativ zu dem Stammverzeichnis des Servers und zu dem Pfad innerhalb des Dateisystems, in dem der aktuelle URL gespeichert ist.

Wenn Sie Links zu HTML-Dokumenten herstellen, verwenden Sie bitte immer die Erweiterung »html«. Wenn sich die Seite auf einem DOS-Server befindet, wird der vierte Buchestabe, das »l« einfach ignoriert. Stellen Sie auch sicher, daß Sie die Dateierweiterung von .htm in .html ändern, wenn Sie eine Datei von einem DOS-Server auf einen UNIX-Server übertragen.

Ein kleiner Rat zum Thema der übermäßigen Nutzung von Hyperlinks. Setzen Sie Hyperlinks nur dann ein, wenn sie wirklich dazu beitragen, benötigte Informationen zu vermitteln, und verwenden Sie jeden Link nur einmal innerhalb einer Seite. Es könnte sonst die Benutzer etwas verwirren, wenn Sie jedes Wort mit einem Link versehen.

Alle Links, die Sie in Abbildung 9.7 sehen, sind relative Links. Dies ist die einfachste Form eines relativen Verweises und die einfachste Art für Sie, Links in der eigenen Homepage zu verwenden.

Links außerhalb Ihres Bereichs sind physikalisch

Ein physikalischer oder vollständiger Link wie beispielsweise:

`<A HREF=http://www.Lektorat-MR.com/"> Lektorat München-Rosenheim</A>`

enthält eine vollständige URL-Adresse. Sie können in Ihren Web-Seiten auch ausschließlich physikalische Links ohne merkbaren Zeitverlust verwenden, selbst zu Dateien auf dem lokalen Server. Der Unterschied liegt vor allem darin, daß relative Links leichter einzutippen sind und dadurch Ihre Gesamtproduktivität gesteigert wird.

Wenn Sie physikalische Links verwenden, empfehlen wir unbedingt, daß Sie sich zu der entsprechenden Seite direkt verbinden lassen und mit dem Browser den URL speichern. Dann können Sie den URL aus dem Browser über die Zwischenablage direkt in Ihr Dokument einfügen und so Fehler bei der Eingabe vermeiden.

Ob es besser ist, relative oder physikalische Links einzusetzen, ist eine Frage für eine Newsgroup oder eine lokale UNIX-Benutzergruppe. Sie sollten sich vor allem mit dem Inhalt, der Beziehung der Informationen zueinander und der Publikation in Ihrem Web-Bereich befassen. Kapitel 11 enthält tiefergehende Informationen über den Einsatz von Web-Links.

Wählen Sie Ihre Hyperlinks mit Bedacht

Möglicherweise enthält Ihre Homepage Links wie die Seite in Abbildung 9.7 Beachten Sie bitte, welche Worte in der Liste für die Hyperlinks verwendet wurden (die unterstrichenen Wörter). Dies sind die Wörter, auf die geklickt werden muß, um die Verbindung herzustellen.

Wählen Sie Ihren Link-Text und ihre -Abbildungen sehr vorsichtig. Halten Sie den Text kurz und die Grafiken klein. Und verwenden Sie niemals, wirklich niemals die Worte »klicken Sie hier« als Link-Text. Weshalb, fragen Sie? Weil einige Anwender keine Maus oder andere Zeigegeräte verwenden. Noch wichtiger, die Benutzer bekommen möglicherweise den Eindruck, daß Sie nicht in der Lage sind, einen vernünftigen Satz zu formulieren, in dem Sie den Link geschickt unterbringen können.

In Abbildung 9.7 wird das Wort »Experience« verwendet. Es ist eindeutig genug, um alleine zu stehen, die Wörter »History« und »Manuals« sind es nicht. Kleine Änderungen an Ihren Hyperlink-Texten können schnell Klarheit schaffen.

Die Überschrift »The Door into WWW Land« wird in der gleichen Abbildung ebenfalls als Link verwendet, da die Grafik (eine Türe) entfernt wurde. In dem nächsten Kapitel wird die Grafik wieder in das Dokument eingefügt, um zu zeigen, wie ein kleines Bild als auffälliger Hotspot verwendet werden kann.

Denken Sie daran, Benutzer sind immer in Eile und möchten schnell und zielsicher die Links auf Ihren Seiten finden. Machen Sie es ihnen leicht mit eindeutigen und aussagekräftigen Hyperlinks.

Das nächste Kapitel beschäftigt sich mit Themen jenseits des Web-Aufbaus, der in diesem Kapitel besprochen wurde. Lassen Sie uns den Nebel durchdringen und Ihrer ersten phantastischen Homepage den letzten Schliff geben.

Die Basis steht: Verleihen Sie Ihren Web-Seiten nun Reiz und Wirkung

In diesem Kapitel

- Hinzufügen von Logos, Symbolen und anderen Kleinoden
- Kreieren attraktiver Seiten
- Das Beste immer zuerst
- Urheberrecht und Web-Seiten
- Verwenden von Versionsnummern
- Die Adresse des Autors
- Kommentare in HTML-Dokumenten

Wenn Sie eine Web-Seite finden, die Ihnen besonders gut gefällt, sehen Sie sich den HTML-Quellcode an, um zu erkennen, wie sie formatiert ist. Sie können dazu Ihren Browser verwenden, indem Sie im Menü Datei die Option Speichern unter einsetzen und das Dokument zum späteren Studium auf Ihrer Festplatte sichern.

Zur selben Zeit können Sie die entsprechende Seite auch in auch das Bookmark-Menü einfügen, damit Sie sie zu einem späteren Zeitpunkt leichter wiederfinden. Einige Browser erlauben auch, die Grafiken, die mit einem Dokument verbunden sind, auf Platte zu speichern. Bevor Sie jedoch die Arbeit von Dritten auf Ihren Seiten publizieren, achten Sie bitte auf die Urheberrechte (wenn Sie nicht genau wissen, daß Sie anderer Leute Grafiken oder Texte verwenden dürfen, lassen Sie sicherheitshalber die Finger davon).

Ausleihen kann Probleme verursachen

Das Nachahmen mag möglicherweise die aufrichtigste Art der Schmeichelei sein, aber das Stehlen der Arbeiten anderer Autoren und die Veröffentlichung von Arbeiten Dritter auf den eigenen Seiten ist in den meisten Ländern gegen das Gesetz. Es spricht jedoch nichts dagegen, aus dem HTML-Code der anderen zu lernen und es dann womöglich besser zu machen.

Verwenden Sie die Techniken, die Sie bei anderen gelernt haben, auf Ihre ganz eigene Art und Weise. Sie können jederzeit einen anderen Web-Autor per E-Mail ansprechen und um die Erlaubnis fragen, ob Sie die Dinge von dessen Web-Seite auch auf Ihrer Seite verwenden zu dürfen. Die meisten Web-Autoren freuen sich, wenn sie anderen mit ihrer Arbeit helfen können.

Faszinierend: Logos, Symbole und andere Kleinode

Grafiken verleihen Ihren Web-Seiten Wirkung und Attraktivität – wenn der Benutzer einen GUI-Browser einsetzt. Ist das Hauptthema Ihres Bereichs nicht Computergrafik, so sollten Sie nur kleine Grafiken verwenden und die auch nur dann, wenn sie dadurch auch eine positivere Wirkung erzielen können. Nochmals, denken Sie immer daran, daß die einzig akzeptable Geschwindigkeit für Computeranwender erreicht ist, wenn alles sofort passiert. Je größer die Grafik, desto langsamer der Aufbau einer Seite.

Nachdem wir schon von kleinen, schnell ladbaren Grafiken sprechen, ist es an der Zeit, Ihren Seiten einige solcher Glitzerdinger zu verpassen. Bisher haben Sie eine Homepage, die ein ausgewogenes Layout besitzt, über ansprechende Überschriften verfügt und ein paar hübsche Kügelchen in den Aufzählungslisten hat (siehe Abbildung 9.7). Das Basisdesign Ihrer Seite steht bereits, alles, was Sie nun brauchen, sind ein paar Spritzer Farbe an den richtigen Stellen, um dem Ganzen die richtige Würze zu geben.

Um in ein HTML-Dokument eine Grafik einzubinden, verwenden Sie bitte die HTML-Markierung <IMG>:

```
<IMG SRC="ballred.gif">
```

Diese Zeile enthält den erforderlichen Verweis auf die Quelle (URL), eine GIF-Datei mit dem Namen »ballred«. Es handelt sich um einen relativen Verweis auf eine Datei d.h., der WWW-Server erwartet diese in dem aktuellen Verzeichnis. Ein Beispiel: Wenn der URL des Dokuments, in dem sich der relative Verweis auf die GIF-Datei befindet, wie folgt lautet:

```
http://www.mysite.net/jtspider/index.html
```

dann wird durch den relativen URL, wie oben verwendet, der Server veranlaßt, die folgende Datei zu laden:

```
http://www.mysite.net/jtspider/redball.gif
```

Alternativ können Sie daher auch den folgenden URL in der HTML-Markierung in Ihrem Dokument verwenden, um die Grafik einzubinden:

```
<IMG SRC="http://www.mysite.net/jtspider/redball.gif">
```

Wenn Sie eine Grafik in einem anderen Web-Bereich wählen möchten, dann könnten Sie beispielsweise die folgende Markierung in Ihr Dokument einfügen:

```
<IMG SRC="http://www.einandererbereich.net/icons/redball.gif">
```

Die Verwendung eines vollständigen URLs bedeutet, daß der Browser, jedesmal wenn er die Grafik lädt, zu einem anderen Bereich verbindet. Dies hat zur Folge, daß die Gesamtladezeit eines Dokuments erhöht wird. Ist der entfernte Bereich nicht online, kann die Grafik nicht geladen werden. Daher ist es sinnvoll, Grafiken auf Ihrem eigenen Server zu speichern.

Eine Ausnahme gibt es dann, wenn Sie eine Grafik von einem anderen Server laden möchten, die sich regelmäßig verändert (Wetterkarten, Uhren etc.) oder wenn es sich um eine extrem große Grafik handelt. Im ersten Fall wird die entsprechende Datei von dem entfernten Server verändert und der Benutzer sieht immer die aktuellste Version direkt aus diesem Bereich, aber auf Ihrer Seite. Im zweiten Fall sparen Sie sich Platz auf Ihrer Festplatte, wenn Sie eine 10-MB-Grafik von einem anderen Server linken.

Im Rest dieses Abschnitts werden wir die verschiedenen kleinen Grafikelemente besprechen, die in dem folgenden HTML-Dokument verwendet werden und in Abbildung 10.1 zu sehen sind. Nur sechs unterschiedliche kleine Grafiken werden in diesem Dokument verwendet, jedoch an elf unterschiedlichen Stellen in dem Dokument dargestellt. Die Größe variiert von 153 Bytes bis zu 1177 Bytes für die Grafik opendoor.gif.

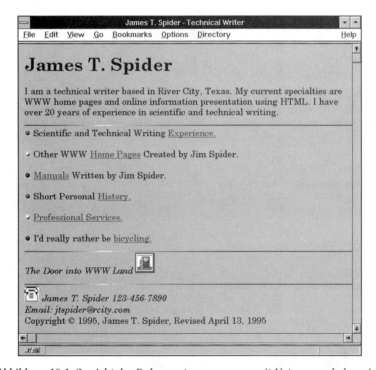

Abbildung 10.1: So sieht das Dokument aus, wenn es mit Netscape geladen wird.

Ist bei einem Browser die Pufferung (Cache) aktiviert, und man nutzt innerhalb einer Web-Seite nur eine Grafik, diese jedoch mehrmals, wird weder der n-fache Speicher auf der Festplatte benötigt, noch erfordert das Laden der Grafik zusätzliche Zeit. Daher reduziert die Verwendung einer regenbogenfarbenen Linie an drei verschiedenen Stellen oder die Anzeige von mehreren bunten Listenmarkierungen in einem Dokument die Ladezeit auf ein Minimum. Das Recycling von Grafiken in Web-Seiten macht nicht weniger Sinn als Recycling in bezug auf unsere Umwelt.

```
<HTML>
<HEAD><TITLE>James T. Spider - Technical Writer </TITLE></HEAD>
<BODY>
<H1> James T. Spider </H1>
<P> I am a technical writer based in River City, Texas. My current
specialties are WWW home pages and online information presentation using
HTML. I have over 20 years of experience in scientific and technical
writing.

<IMG SRC="rainbolg.gif">     <!- Rainbow  line  graphic  >

<IMG SRC="ballred.gif"> Scientific and Technical Writing
<A HREF="writ_gen.html"> Experience.</A>
<P>
<IMG SRC "ballwhit.gif"> Other WWW <A HREF "hps.html">Home Pages</A>
Created by Jim Spider.
<P>
<IMG SRC="ballblue.gif"> <A HREF="manuals.html">Manuals</A> Written
by Jim Spider.
<P>
<IMG SRC-"ballred.gif"> Short Personal
<A HREF "history.html">History.</A>
<P>
<IMG SRC "ballwhit.gif"> <A HREF "proservs.html"> Professional
Services.</A>
<P>
<IMG SRC="ballblue.gif"> I'd really rather be
<A HREF="history.html#Bicycle">bicycling.</A>

<IMG SRC="rainbolg.gif">     <!- Rainbow  line  graphic  ->

<EM> The Door into WWW Land</EM> <A HREF="amaze.html">
<IMG SRC="opendoor.gif" ALT=" WWW Land"></A>
<BR>
<IMG SRC="rainbolg.gif">     <!- Rainbow line  graphic  ->

<ADDRESS><IMG SRC="phone.gif"> James T. Spider 123 456 7890<BR>
E mail: jtspider@rcity.com
</ADDRESS>
Copyright &copy: 1995, James T. Spider, Revised April 3, 1995
</BODY>
</HTML>
```

Horizontale Linien sind schön – regenbogenfarbene Linien sind schöner

Die Trennung des Textbereichs von der großen Überschrift mit Mr. Spiders Namen und Beruf durch eine regenbogenfarbene Grafik in Form einer Linie bringt bereits den ersten farbigen Tupfer auf unsere Seite. Diese Teilung könnte auch mit der einfachen HTML-Markierung <HR> erreicht werden.

Die 3-D-Linie (grau, schwarz und weiß für den 3-D-Effekt), die mit <HR> nur dargestellt wird, hat nicht den gleichen wirkungsvollen Effekt wie eine bunte regenbogenfarbene Linie. Dieses süße Baby beginnt an beiden Enden mit Blau und endet über Rot und Orange mit Gelb in der Mitte, wirklich sehr hübsch.

Verwenden Sie die Regenbogenlinie, um das Tor in das WWW-Land entsprechend einzurahmen, indem Sie auch die Informationen am Ende des Dokuments mit der gleichen Linie vom Text in der Mitte abgrenzen. Beachten Sie bitte besonders, das Tor in das WWW-Land ist nicht länger ein helleuchtender Hyperlink.

Farbige Linien sind hervorragend geeignet, um Seiten in ansprechende Informationsblöcke aufzuteilen. Sie können diese mit den meisten Malprogrammen in jeder Länge, Dicke und Farbkombination erstellen, die Sie sich vorstellen können. Wenn Sie dazu keine Lust haben, dann finden Sie in vielen Web-Bereichen die verschiedensten Grafiken, die Sie für Ihre eigenen Seiten verwenden dürfen.

Hier einige Quellen, bei denen Sie Grafiken finden:

```
http://www.cs.cmu.edu:8001/afs/cs/usr/mwm/www/tutorial/
images.html
http://www.bsdi.com/icons
http://www.netscape.org/~dwb/www~authoring.html
http://www.di.unpi.it/iconbrowser/icons.html
http://www.uncg.edu/~rdralph/icons
http://www.cs.yale.edu/HTML/YALE/CS/HyPlans/loosemore-sandra/
clipart.html
```

Noch ein paar Überlegungen zur Nutzung von bunten Liniengrafiken anstelle der <HR>-Markierung. Es ist schneller und einfacher, auf eine Schaltfläche im HTML-Editor zu klicken und eine Linie einzufügen, als eine Grafik in das Dokument einzubinden. Dies trifft besonders dann zu, wenn Sie auf mehreren Seiten mehrere Linien verwenden. Weiterhin werden vielleicht künftige Web-Suchprogramme (Spider und Crawler) Textabschnitte an der <HR>-Markierung erkennen, nicht jedoch anhand der Grafik, die diese Linie ersetzen soll.

Bunte Bälle schlagen Listenmarkierungen

In der ungeordneten Liste, die in der vorhergehenden Version unserer Beispielseite verwendet wurde, befindet sich vor jedem Element eine kleine schwarze Kugel. In der letzen Version wurden die schwarzen Kugeln durch rote, weiße und blaue Ballgrafiken ersetzt. Dies sind nicht einfach bunte Kugeln anstelle von schwarzen. Nein, die Grafiken stellen Bälle dar, die durch helle und dunkle Stellen ein dreidimensionales Aussehen bekommen. Die Verwendung der verschiedenen Farben erhöht den Aufmerksamkeitseffekt und hebt die einzelnen Zeilen besser von einander ab.

Eine Mahnung zur Vorsicht, wenn man Listen durch einzelne Zeilen mit Ballgrafiken ersetzen möchte: Daß im HTML-Standard seit der Version 2.0 ungeordnete Listen definiert sind, hat schon seinen Grund. Sie dienen dazu, Listenelemente in einer ungeordneten Reihenfolge, jedes mit einem Aufzählungszeichen, darzustellen. Jeder Browser stellt die Kugeln in bestimmter Art dar. Einige Browser verwenden sogar dreidimensionale und bunte Bälle anstelle schwarzer Kugeln.

Wie auch bei den bereits besprochenen regenbogenfarbenen Linien, ist ein Spider oder ein ähnliches Programm nicht in der Lage festzustellen, daß es sich bei den separaten Zeilen mit den hübschen Bällchen um eine Liste handelt. Erst an der HTML-Markierung <LI> kann ein Web-Roboter die Listenelemente erkennen. Wenn Sie also eine echte Liste verwenden möchten, dann müssen Sie die dafür vorgesehenen HTML-Markierungen verwenden; wenn Sie Ihrer Seite jedoch mehr Leben geben möchten, dann arbeiten Sie mit bunten Ballgrafiken.

Bunte Bälle sind wie Kugeln am Weihnachtsbaum: Man kann durch sie dem Ganzen ein ansprechendes Aussehen geben, aber nur, wenn man sie nicht zuviel einsetzt. Auch diese bunten Bälle können Sie mit einem Zeichenprogramm selbst herstellen oder von den bereits erwähnten Quellen abholen.

Die Verwendung bunter Bälle, Linien und anderer Symbole ist so einfach wie das Einfügen einer anderen x-beliebigen HTML-Markierung. In dem nachfolgenden Beispiel wird ein blauer Ball mit der Markierung <IMG SRC="ballblue.gif"> in ein Dokument so eingefügt, daß er vor dem *Ich* dargestellt wird. Beachten Sie bitte den Leerraum zwischen »>« und »I«. Während andere Browser grundsätzlich Leerräume ignorieren, wird von Netscape und Mosaic ein Leerzeichen vor und nach Text erkannt und dargestellt, um Ihnen die Formatierung zu erleichtern und zu ermöglichen, daß Grafiken nicht am Text kleben.

```
<IMG SRC="ballblue.gif"> Ich liebe <A HREF
="history.htm#Bicycle">Radfahren.</A>
```

Wie bereits festgestellt, befindet sich ein Leerzeichen nach dem Wort »liebe«, aber es befindet sich kein Leerzeichen vor dem Wort »Radfahren«. Dies sorgt dafür, daß die Zeile korrekt formatiert wird, denn ein Leerzeichen genügt ja. Sie können sich diesen Satz vielleicht besser vorstellen, wenn Sie sich die Markierung <A HREF="history.htm#Bicycle"> wegdenken.

Sie müssen vorsichtig damit sein, wohin Sie das Leerzeichen setzen. Denn denken Sie daran, es sollte sich außerhalb des Ankertextes befinden (nicht zwischen den Markierungen <A und

</A>). Wenn Sie ein Leerzeichen zwischen »>« und »Radfahren« setzen, wird dies als Teil des Links verstanden und deshalb von den meisten Browsern unterstrichen. Das ist schlechter HTML-Stil und sieht zudem schlecht aus.

Symbole

Das Wort Symbol wird hier verwendet, um kleine Grafiken zu beschreiben, die bestimmte Textteile substituieren. Gut gestaltete und sinnvoll eingesetzte Symbole helfen dem Benutzer, schnell seinen Weg in Ihren Seiten zu finden.

Symbole werden als .gif-Datei abgelegt und sind in der Regel relativ klein und werden daher auch sehr schnell geladen. In den meisten Fällen kann ein Symbol problemlos an jeder gewünschten Stelle eines Dokuments dargestellt werden.

Die meisten Symbole sind so klein, daß es nicht notwendig ist, den danebenstehenden Text besonders auszurichten, bei größeren Grafiken ist dies allerdings sehr wohl erforderlich, doch dieses Thema wird im nächsten Kapitel eingehend besprochen. Bei den meisten Browsern wird Text standardmäßig an dem unteren Teil einer Grafik ausgerichtet.

Das Telefonsymbol in Mr. Spider's Homepage wird verwendet, um den Benutzer auf die Telefonnummer aufmerksam zu machen, damit möglichst viele Kunden anrufen. Dieses Symbol wurde mit der nachfolgend dargestellten Zeile in das Dokument eingefügt:

```
<ADDRESS><IMG SRC="phone.gif"> James T. Spider 123-456-7890
```

Grafiken als Hyperlink

Das kleine Symbol in Mr. Spider's Homepage, das eine geöffnete Türe zeigt, ist ein gutes Beispiel für die Verwendung einer Grafik als Hyperlink. Netscape zeichnet einen bunten Rahmen um das Symbol, damit die Grafik als Hyperlink erkennbar ist. In der folgenden Zeile, die aus diesem HTML-Dokument stammt, sehen Sie, wie die Grafik in die Hyperlink-Markierung eingebunden ist:

```
<H2> The Door into WWW Land </H2><A HREF="amaze.html">
<IMG SRC="opendor.gif" ALT=" WWW Land"></A>
```

Beachten Sie bitte das alternative Textattribut ALT="WWW Land", das in dieser Markierung verwendet wird. Bei Nur-Text-Browsern wird dieser Text anstelle der Grafik dargestellt. Einige grafische Browser zeigen ebenfalls diesen Text an, nämlich dann, wenn das automatische Laden von Grafiken nicht aktiviert ist.

Diese kreative Anwendung des Symbols mit der offenen Türe, als Hyperlink zu einer Seite mit WWW-Links, fügt der Homepage visuelles Interesse hinzu. Es macht den Benutzer neugierig auf das, was sich hinter dieser sehr einladend offenstehenden Türe befindet. Wenn Sie einige solcher Symbole möglichst gut verteilt in Ihrer Homepage verwenden, wird Ihre Web-Seite etwas Besonderes und bleibt den Besuchern in Erinnerung.

Logos

Logos sind Grafiken, die eingesetzt werden, um Ihre Firma oder Ihre Organisation in ansprechender Form zu repräsentieren. Achten Sie darauf, daß Sie Ihre Seite nicht mit einem zu großen Logo überladen und der Benutzer dadurch irritiert wird. Ein gut gestaltetes Logo in angepaßter Größe am Anfang eines Dokuments hingegen tut stets seine Wirkung. Auch die Verwendung von Logos, die auf Symbolgröße verkleinert, am Ende einer Seite untergebracht werden, tragen positiv zur Gestaltung eines Dokuments bei. Denken Sie daran, daß zeichenorientierte Browser und GUI-Browser, bei denen das automatische Laden von Grafiken abgeschaltet ist (um Web-Seiten schneller zu laden), Ihr phantastisches Logo nicht anzeigen.

Abbildung 10.2 und 10.3 illustrieren die Verwendung eines Logos auf einer Web-Seite. Die Logo-Datei hat nur eine Größe von 4386 Bytes, so dauert der Ladevorgang in der Regel nur einige Sekunden. Das Logo hat eine Größe von 473x116 Pixel, daher paßt es auch leicht auf einen Bildschirm mit der geringsten VGA-Auflösung (640x480 Pixel). Die erste Abbildung (10.2) zeigt, wie ein Browser die Seite darstellt, wenn das automatische Laden von Grafiken deaktiviert ist.

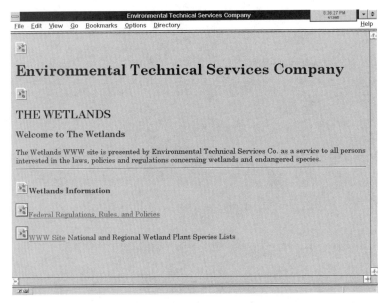

Abbildung 10.2: So wird das Dokument von Netscape dargestellt, wenn keine Grafiken geladen sind.

10 ➤ Die Basis steht: Verleihen Sie Ihren Web-Seiten Wirkung

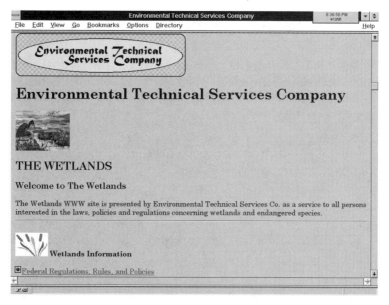

Abbildung 10.3: So wird das Dokument von Netscape dargestellt, wenn Grafiken geladen wurden.

Hier ist der HTML-Code, mit dem diese beiden Abbildungen produziert wurden:

```
<IMG SRC="etslogo2.gif"><H1> Environmental Technical Services Company</H1>
<P>

<IMG SRC "jnc lin.gif"><H2>   THE WETLANDS</H2>

<H3>Welcome to The Wetlands</H3>
The Wetlands WWW site is presented by Envirormental Technical
Services Co. as a service to all persons interested in the laws,
policies, and regulations concerning wetlands and endangered species.
<Bk>
<HR>
<P>

<IMG ALIGN=BOTTOM SRC="cattail.gif"><B>   Wetlands Information</B>
<P>
<A HREF="fedwetrg.htm"><IMG SRC="dotblue.gif">Federal Regulations,
Rules, and Policies</A>
<P>
<A HREF="http://www.nwi.fws.gov/Ecology.html">
<IMG SRC="dotgreen.gif">WWW Site</A>
National and Regional Wetland Plant Species Lists
<P>
```

Aufbau eines grafischen Seitenlayouts

Wie Sie nun sicherlich verstanden haben, entstand das grafische Layout der Web-Seiten, die Sie in diesem Kapitel kennenlernten, nicht durch Zufall. Die Gestaltung der Seiten ist wohl überlegt, und die Grafiken wurden an den bestmöglichen Stellen des Dokuments untergebracht. Die Grafiken wurden auch sehr sorgsam ausgewählt und in der Größe dem Layout und dem Zweck entsprechend angepaßt.

Wie Sie in Abbildung 10.1 sehen, wurden Grafiken nur sehr spärlich eingesetzt, um den visuellen Kontrast innerhalb der Seite zu verbessern. Beim ersten Anblick dieser Seite sieht der Benutzer zunächst den großen Namen. Das ist gut, denn der Hauptzweck dieser Seite ist der, über die Person und ihre Fertigkeiten zu informieren.

Wenn der Benutzer mit seinem Blick etwas weiter nach unten schweift, wird seine Aufmerksamkeit durch die roten, weißen und blauen Bälle der dadurch hervorgehobenen Hyperlinks geweckt. Am Schluß sieht der Besucher das Symbol für das Telefon und die geöffnete Türe, die abschließenden Schlüsselelemente auf dieser Seite. Der Gesamteindruck, der vermittelt wird, ist etwas konservativ, doch interessant; das ist es, womit Mr. Spider seine Kunden im Web anlocken will.

Der obere Teil dieser Homepage, den Sie in Abbildung 10.2 und 10.3 sehen, illustriert die weiteren Überlegungen, die angestellt werden sollten, wenn zur Gestaltung des Layouts und des Designs größere Grafiken eingesetzt werden müssen. Die Firma benötigte eine Seite, die auch mit zeichenorientierten Browsern noch gut aussieht, jedoch für GUI-Browser das geschmackvolle Logo und einige kleine Grafiken enthält. Die Designer dieser Seite konstruierten das Layout mit und ohne Grafiken und verwendeten die passenden HTML-Möglichkeiten, um das gesetzte Ziel des Auftraggebers zu erreichen. Wenn Sie mit den verschiedenen Formatierungsmarkierungen, die bei HTML zur Verfügung stehen, experimentieren und den Empfehlungen in diesem Buch folgen, können Sie auch dasselbe für Ihre Web-Seiten erreichen.

Arbeiten mit Grafikdateien

Bei der Arbeit mit Grafiken müssen Sie auf zwei deutlich voneinander getrennten Ebenen denken, um ein gutes Layout und zugleich ein Optimum an Funktionalität zu erreichen. Sie müssen sich nicht nur um deren Größe und Komplexität kümmern, sondern auch um den Umfang der Grafikdatei und wie lange es dauert, bis eine Grafik vom Browser geladen ist.

Die Originaldatei des Wetland-Bildes in Abbildung 10.3 war 1 MB groß und füllte den ganzen Bildschirm. Nur durch vorsichtiges Schneiden, Verändern der Größe und der Auflösung konnte der Dateiumfang auf 6923 KB verringert werden. Daraus resultierte eine dramatische Beschleunigung beim Laden des Bildes in den Browser – es ist nicht ungewöhnlich, daß 1 MB Daten mehrere Minuten erfordern, bis sie über eine langsame Verbindung geladen sind, doch eine 6923 KB große Datei ist beinahe in Sekunden auf dem Bildschirm, sogar über langsame Telefonverbindungen.

Sie müssen kein Experte werden, um Grafikprogramme wie PaintShop PRO, Graphics Workshop oder Lview Pro einzusetzen, mit denen Sie Grafiken von ausgezeichneter Qualität erstellen können. Wenn Sie jedoch sehr viel mit Grafiken arbeiten, sollten Sie sich in eines der genannten Shareware-Programme oder ein anderes kommerzielles Produkt einarbeiten.

Die Dateiformate GIF und JPEG

Obwohl Sie viele unterschiedliche Arten von Grafikdateien im Web nutzen können, bieten die meisten Browser nur Möglichkeiten zum Lesen und Darstellen von GIF- und JPEG-Dateien. Zur Darstellung anderer Grafikdateien werden externe Hilfsprogramme benötigt. Da komprimierte GIF- und JPEG-Dateien im Verhältnis zu anderen Grafikdateien am wenigsten Platz benötigen, werden sie auch am schnellsten geladen.

Die meisten guten Sharware-Bildbearbeitungsprogramme, wie beispielsweise die vorstehend genannten, sind problemlos in der Lage, GIF- und JPEG-Dateien zu laden, zu bearbeiten und zu speichern. Diese Programme unterstützen auch die Formate GIF87 und interlaced GIF89. Wenn Sie mit einem Macintosh arbeiten, ist GifConverter das richtige Programm für Sie.

Durchsichtige Grafiken

Das Format GIF89 erlaubt Grafiken, die durchsichtig sind, also Farbe und Struktur des Hintergrunds, auf dem sie abgebildet werden, durchscheinen lassen. Dem Benutzer bietet sich dadurch der Anblick einer Grafik, die mit dem Hintergrund des Browsers verbunden ist, anstelle einer rechteckigen Fläche, in der die Grafik sonst abgebildet ist. Diese Möglichkeit verbessert die optische Wirkung einer Web-Seite erheblich.

Scheibchenweise Grafiken für bessere Ladezeiten

Was bedeutet »interlaced GIF«, fragen Sie? Es handelt sich hierbei um eine spezielle Methode, eine Datei zu speichern, die es einem Browser erlaubt, beim ersten von vier Durchläufen eine Grafik bereits in geringer Auflösung darzustellen. Darauf folgen drei weitere Durchläufe, bis die Grafik vollständig in normaler Auflösung abgebildet ist. Das hat den Vorteil, daß die Grafik bereits nach dem ersten Durchlauf vom Benutzer einigermaßen, aber immerhin erkennbar ist. Durch die Anwendung dieser Methode wird zwar nicht die Ladezeit verkürzt, doch Browser, wie beispielsweise Netscape, laden im ersten Durchlauf auch den Text und stellen die Grafik dar. Somit wird in wesentlich kürzerer Zeit als sonst möglich, das vollständige Dokument zu sehen sein.

Legalisierung: GIF vs. JPEG

Obwohl das GIF-Format am weitesten verbreitet ist, gibt es rechtliche Probleme, die viele immer mehr dazu tendieren lassen, sich in Zukunft für das JPEG-Format zu entscheiden. Es ist angeraten, wenn Sie eine Vielzahl von Grafiken einsetzen, diese Probleme mit Ihrem Rechtsberater zu klären.

Eine andere Auflösung

Ein letzter technischer Aspekt, mit dem Sie sich im Zusammenhang mit Grafik befassen sollten, ist die Anzahl der Bits pro Pixel in einer Bilddatei. Obwohl dies die Auflösung negativ beeinflußt, läßt sich aus Gründen einer schnelleren Ladezeit eine Grafik mit 7 oder sogar 5 Bits pro Pixel abspeichern. Prüfen Sie die Möglichkeiten Ihres Grafikprogramms, um dort mehr über diese Technik zu erfahren.

Regeln für grafische Markierungen

Beachten Sie beim Gestalten Ihre Web-Seiten immer die folgenden Regeln:

- ✔ Entwerfen Sie Ihr Layout mit und ohne Grafiken.
- ✔ Achten Sie auf den Gesamteindruck von Darstellung und Inhalt.
- ✔ Denken Sie an KISS (nur nicht zu kompliziert).
- ✔ Verwenden Sie keine komprimierten GIFs und JPEGs.
- ✔ Verwenden Sie Mini-Abbildungen als Link zu großen Grafiken.
- ✔ Informieren Sie den Benutzer bei großen Bildern im begleitenden Text über die Dateigröße.
- ✔ Verwenden Sie Grafiken möglichst spärlich, um den größtmöglichen Effekt zu erzielen.
- ✔ Grafiken sollten zur Verbesserung der textlichen Information beitragen.

Fußzeilen vervollständigen Ihre Seite

In dem Handbuch *Schnittstellendesign* von Yale C/AIM WWW finden Sie eine wunderbare Begründung für die Verwendung von Fußzeilen in Web-Seiten:

Nennen Sie den Titel, den Autor, das Datum, und bieten Sie zuletzt noch einen Link zu einer lokalen Homepage auf jeder WWW-Seite in Ihrem System an, und Sie haben bereits 90% dazu beigetragen, Ihren Lesern eine verständliche WWW-Schnittstelle zur Verfügung zu stellen.

(http://info.med.yale.edu/caim/StyleManual_Top.HTML)

Alle der aufgezählten Elemente, ausgenommen der Titel, sind in jeder Fußzeile einer Web-Seite enthalten. Anders als Kopf- und Hauptteil eines Dokuments, für die es die entsprechenden HTML-Markierungen gibt, wird eine Fußzeile bei HTML nicht gekennzeichnet. Entsprechend den Konventionen ist die Fußzeile einfach der untere Teil eines Dokuments.

Fußzeilen sind sehr gut dafür geeignet, um die Autorenschaft, Kontaktinformationen, Urheberrechte, Versions-/Revisionsinformationen und einen Link zu Ihrer Homepage anzuzeigen. In Tabelle 10.1 finden Sie alle Elemente, die Fußzeilen enthalten sollten:

Name des Autors

Firma oder Institution des Autors

Telefonnummer des Autors

E-Mail-Adresse des Autors

Postadresse des Autors

Name des Anbieters der Seite

Firma oder Institution des Anbieters

Telefonnummer des Anbieters

E-Mail-Adresse des Anbieters

Presserechtliche Informationen (Verantwortlichkeit für die Seite)

Datum der letzten Revision

Offizielles Logo der Firma oder Organisation

Urheberrechtliche Hinweise

URL der Seite

Hyperlink(s) zur Homepage oder anderen Seiten

Hyperlink(s) zu anderen Bereichen der Seite

Tabelle 10.1: Elemente in Fußzeilen

Ihre Basis-Homepage, die wir in Kapitel 9 besprachen, enthält in der Fußzeile bereits das Minimum an Informationen:

```
<ADDRESS>
Ihr Name<BR>
Telefonnummer<BR>
Hausadresse<BR>
E-Mail-Adresse
</ADDRESS>
<P>
Copyright &copy; 1995, Ihr Name, Revision - (Überarbeitungsdatum)
```

Da es sich um die Homepage handelt, enthält sie keinen Verweis auf sich selbst. Alle anderen lokalen Seiten Ihres Bereichs sollten jedoch in der Fußzeile einen Link mit der vollständigen URL Ihrer Homepage enthalten, so wie bei Mr. Spider:

`<A HREF="http://www.rcity.net/jtspider/Homepage.html">Spider's Homepage</A>`

oder einen äquivalenten Link zu Ihrer Homepage:

`<A HREF="/jtspider/Homepage.html">Spider's Homepage</A>`

Der Name der Datei für Ihre Homepage hängt von den Erfordernissen des eingesetzten WWW-Servers ab. Einige benötigen einen speziellen Namen und eine besondere Dateiendung wie beispielsweise index.html, wobei die Extension vollständig ist und alle vier Buchstaben, also »html«, enthält. Das ist UNIX. Keine Angst, Sie werden damit keine Probleme haben. Auf einem NCSA-WWW-Server in der Standardkonfiguration muß der Name der Homepage »index.html« lauten, daher sind die folgenden URLs gleichwertig:

```
<A HREF="http://www.foo.net/goo"> <!- am wenigsten zu empfehlen ->
<A HREF="http://www.foo.net/goo/"> <!- besser ->
<A HREF="http://www.foo.net/goo/index.html"> <!- am besten ->
```

Firmen und Institutionen haben möglicherweise besondere Erfordernisse im Hinblick auf die Informationen in der Fußzeile. In der Regel ist der Autor einer solchen Seite nicht gleichzeitig der Anbieter. Der Anbieter könnte eine Firma sein und der Autor ein Angestellter dieses Unternehmens. Abhängig vom Zweck einer Seite können in der Fußzeile die Kontaktadressen von beiden enthalten sein.

Staatliche Stellen und andere öffentliche Institutionen schreiben vielleicht den Namen ihres Personalchefs oder die Namen der Abteilungsmitarbeiter in die Fußzeile. Dann werden sie wenigstens am Ende des Dokuments genannt. Wenn Sie mehrere Fußzeilen haben, dann sollten Sie unbedingt einen Link zum Anfang des Dokuments einbauen, damit ein Benutzer nicht soviel blättern muß.

Abbildung 10.4 zeigt die optisch gut ausgewogene Fußzeile eines Lehrinstituts. Sie enthält alle wichtigen Elemente in einer ansprechenden Darstellung. Beachten Sie, wie die kleine Grafik als Hyperlink eingesetzt wird, um zum Anfang des Dokuments zu gelangen. Dies funktioniert für GUI-Browser sehr gut, doch Benutzer von zeichenorientierten Browsern werden frustriert sein, da Herr Lynch kein ALT-Attribut verwendet hat.

Nehmen Sie sich die Zeit, und tun Sie es in Ihren Dokumenten. Es ist eine nette Geste, auf die Sie in Ihren Dokumenten nicht verzichten sollten. Es ist kein Problem, das Attribut ALT="Text" nach der Pfadangabe der Datei einzufügen:

```
<A HREF="ManlTop.html"><IMG SRC="PrevPage.GIF" ALT="Vorherige Seite "></A>
<A HREF="M1.html"><IMG SRC="NextPage.GIF" ALT="Nächste Seite "></A>
<A HREF="ManlTop.html"><IMG SRC="ManlTop.GIF" ALT="Handbuch"></A>
<A HREF="HOME.html"><IMG SRC="Homepage.GIF" ALT="Homepage"></A>
```

10 ➤ Die Basis steht: Verleihen Sie Ihren Web-Seiten Wirkung

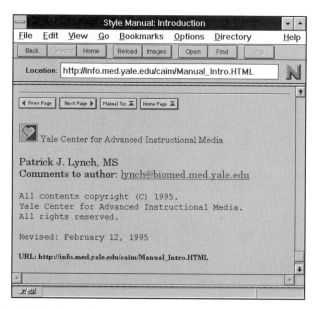

Abbildung 10.4: Die Fußzeileninformationen des Yale Center for Advanced Instructional Media

Eine URL-Zeile als Teil Ihres Dokuments

Beachten Sie bitte, daß der URL in der vorstehenden Abbildung sichtbar ist. Es ist eine gute Idee, den URL einer Seite in kleiner Schrift am Ende des Dokuments im Klartext anzuzeigen. Dies hilft beispielsweise den Benutzern, die Ihre Seite ausdrucken und den URL nicht in ihrer Hotlist haben. Fügen auch Sie Ihre URL am Ende Ihrer Web-Seiten ein, es zeigt den Anwendern, daß Sie um sie bemüht sind.

 Anstatt alle Fußinformationen auf jeder einzelnen Seite unterzubringen, können Sie auch einige davon als separates Dokument abspeichern und jeweils in jeder Fußzeile einen Link dahin einfügen.

Urheberrecht

Leider treten immer wieder Probleme mit dem Urheberrecht auf, da die Gesetze nicht mit der schnellen Entwicklung elektronischer Publikationen und Medien mithalten konnten. Es tut Ihnen oder Ihrer Firma jedoch nicht weh, wenn Sie einen Copyrighthinweis am Ende der Web-Seite unterbringen, von denen Sie nicht wünschen, daß sie frei kopiert und weitergeben werden dürfen.

Der Copyrighthinweis, wie in Abbildung 10.4 zu sehen, ist der einfache Standardtext mit dem durch (C) simulierten Copyrightsymbol. Die meisten Browser können das richtige Symbol © darstellen, wenn Sie in Ihrem Dokument die Zeichenentität &copy verwenden.

Aktualität: Version, Datum und Uhrzeit

Ganze Scharen von Programmieren haben schon versucht, den Überblick über die Änderungen in ihren Programmen zu behalten. Mittlerweile gibt es eine Reihe von Instrumenten zur Versionskontrolle für verschiedene Programmiersysteme, doch leider nicht für Ihre Web-Seite. Dennoch sollten Sie darauf achten, nie die Kontrolle über die Versionen Ihrer Web-Seiten zu verlieren und auch den Benutzer darüber auf dem laufenden halten.

Weshalb sollen Sie dem Benutzer mitteilen, wann Sie Ihre Seiten geändert haben? Ganz einfach! Einer der größten Vorteile bei der Publikation im Web ist der, daß man Informationen in Sekundenschnelle auf den neuesten Stand bringen kann. Ihre Benutzer sollten wissen, wann dies der Fall ist. Besonders wenn Sie in Ihrem Web-Bereich viele Seiten haben, wissen Sie dadurch selbst viel schneller, was noch geändert werden muß und was nicht.

Versionsnummern

Versionsnummern sind sehr nützlich, wenn beispielsweise auf bestimmte Informationen früherer Dokumente verwiesen wird.

Datum der Überarbeitung

Achten Sie bei einer Datumsangabe in Ihrem Dokument auf das Format. In den USA ist die Form MM/TT/JJ üblich, anders als bei uns in Europa, wo bekanntermeißen erst der Tag und dann der Monat genannt wird. Eine eindeutige Lösung haben Sie dann, wenn Sie das Datum ausschreiben, beispielsweise: 11. November 1995.

Zeitangaben

Im Normalfall ist die Angabe der Uhrzeit der Änderung nicht erforderlich. Bei bestimmten Daten, beispielsweise bei Wetterinformationen oder Nachrichten, kann die Uhrzeit jedoch eine wichtige Rolle spielen.

Neu

Wenn sich verschiedene Informationen auf Ihrer Seiten häufig jedoch nicht in festen Intervallen ändern, können Sie Ihre Leser durch eine kleine Grafik oder dem Hinweis »*** Neu ***« zusammen mit dem Datum und/oder der Versionsnummer darauf aufmerksam machen. Diese Kennzeichnung sollte jedoch nicht zu lange stehenbleiben, denn Hinweise, die monatelang nicht entfernt werden, sind wertlos und machen einen schlechten Eindruck.

Verweise auf andere Autoren oder andere Anbieter

Sie können wählen, ob Sie einen E-Mail-Link oder ein Formular verwenden, um vom Benutzer Kommentare, Hinweise, Mitteilungen etc. zu bekommen. Ihre Wahl hängt vielleicht auch davon ab, was Ihr Web-Anbieter zur Verfügung stellt. E-Mail ist die einfachste Lösung und in der Regel immer möglich. Kommerzielle Bereiche tendieren jedoch immer mehr dazu, ihren Kunden Formulare anzubieten, um mehr spezifische Informationen von ihren Anwendern zu bekommen. Die Verwendung von Formularen ist jedoch wesentlich aufwendiger und erfordert bestimmte Voraussetzungen.

Der E-Mail-Link für Benutzerantworten

Der »mailto:«-Link ist ein besonderer Link, der ein E-Mail-Programm auf dem Server startet und es dem Benutzer ermöglicht, eine E-Mail-Nachricht an den Anbieter der Seite zu versenden. Jede gut aufgebaute Homepage bietet verschiedene Möglichkeiten, die es dem Benutzer erlauben, mit dem Eigentümer oder Autor einer Seite elektronisch in Kontakt zu treten. Die übliche Methode ist es, seine E-Mail-Adresse zwischen den Markierungen <ADDRESS>...</ADDRESS> in einem Dokument unterzubringen. Obwohl nicht alle Web-Server und sogar nicht einmal alle Browser diese Möglichkeit unterstützen, ist ein E-Mail-Link die am häufigsten verwendete Methode im Web. Wenn auch Sie diese Methode trotz der vorher besprochenen Beschränkungen nutzen möchten, dann finden Sie nachfolgend ein Beispiel hierfür:

```
<A HREF"mailto:mtspider@rcity.com">E-Mail</A> to Jim
```

Bei diesem Beispiel ist der Hyperlink »E-Mail«, »Jim« wurde hinzugefügt, um das etwas freundlicher zu gestalten. Außerhalb des Adreßteils <A HREF="mailto:mtspider@rcity.com"> E-Mail</A> können Sie noch dazuschreiben, was immer Sie möchten. Ganz nett wäre auch die folgende Form:

```
Jim is waiting for your <A HREF="mailto:mtspider@rcity.com">E-Mail</A>
```

Beachten Sie bitte, daß »E-Mail« immer noch der Hyperlink ist, da der Zweck durch dieses kurze Wort schneller erfaßt werden kann. Die E-Mail-Zeilen aus den beiden Beispielen sehen Sie in Abbildung 10.5.

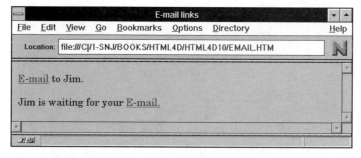

Abbildung 10.5: Eine E-Mail-Aufforderung per Hyperlink

Formulare für Benutzerantworten

 Anstatt den Benutzer aufzufordern, eine E-Mail-Nachricht an sie zu senden, verwenden einige Autoren in ihrer Homepage auch Formulare, in denen der Benutzer seinen Namen, seine Adresse und andere Daten neben der eigentlichen Nachricht angeben kann. Formulare bieten eine professionelle Möglichkeit, Informationen abzufragen, doch sie erfordern bestimmte Voraussetzungen vom Server (das Programm CGI unter UNIX) und vom Browser. In Kapitel 12 bekommen Sie detaillierte Auskunft darüber, wie Formulare erstellt und genutzt werden.

Kommentieren Sie Ihre HTML-Dokumente für die Nachwelt

Tun Sie sich selbst einen großen Gefallen, und versehen Sie Ihre HTML-Dokumente mit Kommentaren. Sie werden dafür noch oft dankbar sein, wenn Sie beispielsweise kleine Bemerkungen zu Links hinzufügen, die diese ausführlicher beschreiben, oder notieren, wann sie möglicherweise aktualisiert werden müssen.

Kommentare werden wie die nachfolgende Zeile formatiert:

```
<!- Kommentar ->
```

Ein Kommentar beginnt mit <!- und endet mit ->. Alles innerhalb dieser Markierungen wird von den meisten neueren Browsern ignoriert. Als allgemeine Regel kann gesagt werden: setzen Sie einen Kommentar immer in eine separate Zeile, und verwenden Sie keine Sonderzeichen (<, >, &, !).

Wenn Sie alles bis hierher geschafft haben, dann kann man Ihnen nur gratulieren, Sie sind nicht länger ein kompletter HTML-Ignorant. Sie haben nun genug über Design und das Erstellen ausgewogener, attraktiver und benutzerfreundlicher Web-Seiten gelernt. Sie sind auf dem richtigen Weg, bleiben Sie dabei, und lernen Sie noch mehr schöne Dinge, die Sie Ihren Web-Seiten hinzufügen können.

Teil IV

HTML für Fortgeschrittene

In diesem Teil...

Nachdem Sie nun die Grundlagen von HTML gemeistert haben, werden Sie es bestimmt zu schätzen wissen, was für wunderbare Dinge Ihr Dokument im Web für Sie tun kann. In diesem Teil des Buches bekommen Sie das Rüstzeug, um komplexe Seiten zu gestalten, und Sie werden die erweiterten Möglichkeiten von HTML kennenlernen, um spezifische Benutzereingaben zu ermöglichen und Grafiken als Menüs einzusetzen.

Wir hoffen, daß Sie auf diesem Weg auch das Verständnis entwickeln, um eine gut lesbare Seite zu entwerfen, und daß Sie die Ideen, Hilfsmittel und Techniken, die wir Ihnen bis hierher vorgestellt haben, auch nutzen werden. Sie kennen nun alles, was Sie benötigen, um Ihre Web-Seiten ansprechend und spannend zu gestalten. Wir hoffen, daß Sie viel Erfolg mit dem haben, was Sie lernen.

Andererseits sollte Sie keines dieser Glöckchen und des HTML-Zierats davon ablenken, auch an den Inhalt Ihrer Seiten zu denken. Benutzer, die durch Ihre Seiten wandern, werden von Ihren sexy Grafiken und dem tollen Layout begeistert sein, doch was Ihnen im Gedächtnis haften bleibt, ist die Qualität und die Lesbarkeit Ihrer Informationen. Also lassen Sie nicht zu, daß sich all die schönen Dinge und die wundervollen Formulare, die Sie noch kennenlernen, in dieser Weise auf Ihren Seiten breitmachen – die Idee, die dahintersteckt, ist, den Inhalt Ihrer Seiten zu verbessern, nicht ihn zu eliminieren.

Hoch hinaus: Aufbau komplexer Seiten

In diesem Kapitel

▶ Machen Sie aus Ihrer Homepage einen ganzen Bereich
▶ Lokale Verbindungen: Dokumente in Ihrem Bereich
▶ In entfernte Bereiche springen
▶ Beispiele und Analysen »professioneller« Seiten

Sie sind sicherlich mit Ihrer netten, einfachen einseitigen Homepage nicht zufrieden. Da all das wunderbare Zeug, das Sie bisher so gesehen haben, Sie dazu verlockt, selbst viele Web-Seiten aufzubauen, in denen Sie alle Arten toller Informationen anbieten möchten, stimmt's? Das ist ganz normal und schadet auch nicht dem KISS-Prinzip.

Wenn Sie sich erinnern, haben wir bereits vorausgesagt, daß Sie immer mehr Seiten erstellen und Ihren Bereich erweitern werden wollen. Aber je mehr Seiten Sie hinzufügen, desto schwieriger haben es Ihre Benutzer, sich zurechtzufinden. Wenn Sie Ihren Bereich vergrößern, muß es gleichzeitig Ihre Aufgabe sein, die Reise in ihrem Web so unterhaltsam wie möglich zu machen. Sie haben in den vorhergehenden Kapiteln alle dazu notwendigen Techniken und Methoden kennengelernt; jetzt ist es an der Zeit, sie einzusetzen.

Dieses Kapitel deckt einige der wichtigsten Aspekte bei der Erstellung komplexer Web-Bereiche auf. Nach dieser Diskussion finden Sie verschiedene Beispiele von Profis gestalteter Web-Seiten mit Kommentaren über deren Elemente und Layout.

Nirgends ist's so schön wie zu Hause

Ihr Zuhause ist nicht nur Ihre Homepage; es ist Ihr eigenes Web, die lokale Konstellation von Planeten, die sich im Orbit Ihrer Homepage befinden. Es ist Ihr lokaler Rasen im Cyberspace, wo Web-Surfer die Informationen finden, die sie für wichtig halten. Aber selbst wenn Ihr Bereich noch so phantastisch und wundervoll ist, werden die Benutzer aufgeben, wenn sie Probleme beim Navigieren in Ihrem Web bekommen. Das ist der Grund, weshalb Sie sich ein klares Bild der gesamten Organisation Ihres Bereichs machen müssen, bevor Sie mit Erweiterungen beginnen.

Organisation

Wenn Sie Ihrem Inhalt genau zuhören, wird er Ihnen sagen, welche Struktur er benötigt – oder sogar fordert. Hierarchisch, lineare und willkürlich miteinander verbundene Kombinationen zweier Stilarten – was wir als Web-Struktur bezeichnen – sind die Standard-Organisationsstrukturen, die im Web sehr oft verwendet werden. Diese Strukturen sehen Sie in Abbildung 11.1, 11.2 und 11.3.

Bitte beachten: Es ist einfach, ein lineares Dokument zu Web-isieren, nicht jedoch umgekehrt; die Organisation von willkürlichen Ideensammlungen und Konzepten in einem linearen Dokument ist sehr schwierig, wenn nicht unmöglich. Wenn Sie Links in oder um Ihre Web-Dokumente herstellen, müssen Sie sich über die Organisation und über die Verbindungen zu deren Inhalten im klaren sein.

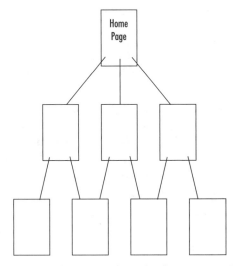

Abbildung 11.1: Die hierarchische Struktur ähnelt einem Familienstammbaum.

Diese hierarchische Baumstruktur findet man sehr oft als Organisationsform vieler Web-Bereiche. Sie ist logisch und bietet für die meisten Computerbenutzer einen sehr vertrauten Anblick (Hinweis: DOS-Dateistruktur und GUI-Hilfssysteme). Dieses System macht es dem Benutzer leicht zu navigieren, besonders dann, wenn Sie auf jeder Seite einen Link zurück zur Homepage integrieren.

Verwendet man eine Hierarchie als Organisationsform, so sollte auch die Information von allgemeinen Dingen oder einem Inhaltsverzeichnis in Ihrer Homepage beginnen und bis ins letzte Blatt dieses Baumes immer detaillierter werden. Der Inhalt Ihrer Seiten diktiert Ihnen die Bereiche, in die der Baum aufgeteilt ist. Aber Sie können auch interessante Links zwischen scheinbar nicht verwandten Bereichen herstellen, um den Benutzer besser zu informieren. Sie können auch Links zu individuellen Seiten einfügen.

Denken Sie daran, daß der Leser eine Ihrer Web-Seiten auch von ganz woanders als von Ihrer Homepage erreichen kann. Aus diesem Grund ist es besonders wichtig, daß Sie für solche Seiteneinsteiger die Möglichkeit bieten, mit einem Klick in Ihre Homepage zu kommen. Es ist frustrierend, auf einer Seite zu landen, deren URL einem jemand per E-Mail zugesandt hat, weil er diese besonders toll fand, und man auch die anderen Seiten ansehen möchte, doch nicht weiß, wo sich die Homepage befindet!

 Denken Sie bitte daran, ein Benutzer, der sich im HyperSpace verloren vorkommt, gibt schnell auf. Dies ist einer der wichtigen Gründe, weshalb man nie auf Navigationshilfen am Anfang und am Ende jeder seiner Web-Seiten verzichten sollte. Für ein Beispiel guten Stils sollten Sie sich die Seite an der nachfolgend genannten Adresse ansehen:

```
http://www.hal.com/products/sw/olias/Build-html0194-10-17/
CGOLOZBEfmg24K.html
```

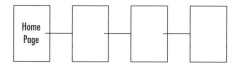

Abbildung 11.2: Eine lineare Struktur

»Einfach«, »wie ein Buch« aber auch »starr und begrenzt« sind die allgemeinen Beschreibungen einer linearen Struktur. Wenn Ihre Informationen eine Folge von Schritten sind, um einen Prozeß vom Anfang bis zum Ende zu beschreiben, bietet sich die lineare Struktur als ideale Lösung an, Ihre Dokumente zu organisieren. Dadurch verliert der Benutzer nicht die Kontrolle und muß sich nicht ärgern. Bei dieser Organisationsform drängen sich auch Links wie »vorhergehende Seite« und »nächste Seite« förmlich auf.

Vergessen Sie aber auch hier nicht, einen Link zu Ihrer Homepage an den Anfang jeder Seite in dieser linearen Struktur einzubauen. Ohne diesen kann sich ein Benutzer nur mit Hilfe des Browsers befreien, wenn er sich im mittleren Dokument befindet und zum ersten gelangen möchte. Wenn ein Benutzer so gefangen wird, wird er im Netz über Sie und Ihren Bereich sprechen, möglicherweise nicht immer schmeichelhaft.

Das WWW selbst ist, wie der Name bereits sagt, eine Netzstruktur. Ein großartiges Beispiel für die Freiheit der Entwicklung eines natürlich gewachsenen Designs. Die Netzstruktur kann aber auch sehr leicht zeigen, wie schnell man verlorengeht.

Im Web die Orientierung zu verlieren ist im Prinzip das gleiche, wie in einer großen Stadt den Weg zu verlieren. Der Benutzer im Web kann jedoch immer die Hilfe seines Browsers in Anspruch nehmen und zu einem bestimmten Ausgangspunkt zurückgehen oder über die Hotlist einen anderen URL anspringen. Wenn Sie möchten, daß ein Benutzer möglichst viel von Ihrem Web hat, dann bieten Sie ihm leicht erkennbare Hyperlinks auf jeder Ihrer Seiten an, um innerhalb Ihres Bereichs umherzuwandern oder schnell an andere interessante Plätze zu gelangen.

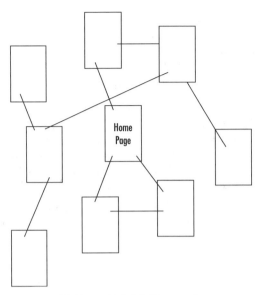

Abbildung 11.3: Die Netzstruktur

 Eine Organisation anzubieten, die nicht die Freiheit einschränkt, Ihren Bereich zu erforschen, sollte das Ziel jeder gut gestalteten Web-Struktur sein. Wenn Ihre Informationen über verwandte Bereiche zu umfangreich sind, verwenden Sie Hyperlinks innerhalb des Textes, womit Bereiche in anderen Seiten angesteuert werden können, in denen der Benutzer detailliertere Informationen findet. Seien Sie vorsichtig damit, wie Sie dies tun; denken Sie daran, wie in Kapitel 9 bereits besprochen, daß sich zu viele wie auch zu wenige Links nachteilig auswirken können!

Das Einfügen von guten Hyperlinks ist die zeitraubendste Arbeit bei der HTML-Programmierung. Nehmen Sie sich die Zeit, und machen Sie es gut, und Ihre Benutzer werden Sie immer lieben. Dies wird in diesem Kapitel übrigens noch zu einem späteren Zeitpunkt detaillierter diskutiert.

Wenn Sie eine komplexe Web-Struktur aufbauen, immer, immer, immer auf jeder Seite einen Link zu Ihrer Homepage einfügen. Es ist ebenfalls sinnvoll, den URL jeder Seite in kleinen Buchstaben am Ende der entsprechenden Seite unterzubringen. Damit geben Sie dem Benutzer die Möglichkeit, direkt zu jeder Ihrer Seiten zu springen, auch wenn er den URL nicht in seiner Hotlist hat.

Liebe Jungen und Mädchen, es ist Märchenzeit

Erinnern Sie sich an die Skizze für Ihre Homepage in Kapitel 9? Die Zeit ist gekommen, Papier und Bleistift erneut in die Hand zu nehmen. Jetzt müssen Sie Ihre Web-Struktur aufzeichnen. Für ein persönliches Web sind Bleistift und Papier mehr als ausreichend.

Das Erste zuerst: Verwenden Sie Listen

Machen Sie eine Liste der wichtigsten Bestandteile Ihrer Information, die Sie auf Ihren Seiten anbieten möchten. Dies werden vermutlich die Links in Ihrer Homepage werden. Nachfolgend sehen Sie die wichtigsten Punkte von Mr. Spider's Homepage:

- ✔ Erfahrung
- ✔ Homepage erstellt von Jim Spider
- ✔ Handbücher von Jim Spider geschrieben
- ✔ Lebenslauf von Jim Spider
- ✔ Kommerzielle Dienste
- ✔ Radfahren
- ✔ WWW-Land

Zeichnen Sie den Bereich

In diesem Beispiel gibt es keine anderen Themen, die berücksichtigt werden müssen, daher scheint eine hierarchische Struktur hier passend. Die einfache Skizze dieser Struktur (zu sehen in Abbildung 11.4) sieht bekannt aus.

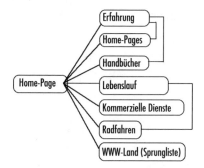

Abbildung 11.4: Die Struktur des Web-Bereichs von Jim Spider

Verwenden Sie diese Skizze, um die Homepage von Jim Spider zu analysieren. Sie sehen dort einige Links, die im Dokument selbst nicht sofort ins Auge fallen. Diese Links befinden sich zwischen den Seiten »Erfahrungen«, »Homepages« und »Handbücher«.

Der Link zwischen der Zeile »Radfahren« in der Homepage und der Seite »Lebenslauf« wird durch die folgende Zeile definiert:

```
<A HREF="history.html#Bicycle">
```

Der Anker für diesen Verweis ist das Attribut NAME="Bicycle" in der Datei history.html:

```
<A NAME="Bicycle"><H5>Bicycling</H5></A>
```

Wir werden auf diese Art von HTML-Textmarken zu einem späteren Zeitpunkt in diesem Kapitel noch einmal zu sprechen kommen.

Die ganze Geschichte bitte

Diese einfache Skizze bietet Ihnen nicht genug Informationen, um sich den Web-Bereich von Jim Spider richtig vorstellen zu können. Was Sie jetzt wirklich tun müssen, ist, sich ein Storyboard vorzubereiten. Der Begriff Storyboard kommt aus der Filmwelt. Man bezeichnet damit eine Tafel oder ein großes Brett, auf dem die einzelnen Szenen in der Reihenfolge angebracht sind, in der sie gedreht werden sollen. Damit bekommt man schnell einen Überblick, und man kann ganz einfach die Reihenfolge der einzelnen Szenen verändern, so lange, bis man damit zufrieden ist.

Basteln Sie sich jetzt ein solches Storyboard für Ihren Web-Bereich. Für kleinere Bereiche genügt es, wenn Sie auf ein größeres Stück Papier alle Seiten aufzeichnen und die Links wie in den Abbildungen durch Striche markieren.

Bei komplexeren Bereichen gehen Sie so vor, daß Sie das Layout jeder einzelnen Seite auf ein einzelnes Blatt Papier zeichnen und so die Reihenfolge und die Struktur leicht verändern können, so lange, bis Sie damit zufrieden sind. Noch ein Tip: Zeichnen Sie die verschiedenen Arten von Links in verschiedenen Farben.

Die Verwendung eines Storyboards für einen Bereich mit fünf Seiten scheint Ihnen vielleicht im Moment, wie mit Kanonen auf Spatzen zu schießen, wenn Sie es jedoch einmal versucht haben, dann werden Sie dessen Wert zu schätzen wissen.

Weg mit den Ankern: Umherspringen in Ihrem Dokument

Wir sagten nicht, daß es schrecklich wäre, wenn Sie Web-Seiten programmieren, die bis zu drei Bildschirme umfassen, wenn Ihre Informationen diesen zusätzlichen Platz benötigen. Ihre Homepage kann ruhig mehr als eine Bildschirmseite umfassen, wenn Sie Anker (Sprungmarken innerhalb des Dokuments) sinnvoll einsetzen und die Seite nicht mit Grafiken überladen.

Sie können zwei unterschiedliche Anker-Markierungsattribute verwenden. Um dem Besucher Ihrer Seite die Möglichkeit zu geben, direkt an bestimmte Stellen des Dokuments zu springen (mit sog. Intra-Dokument-Links), verwenden Sie NAME="Text", um am Sprungziel die Markierung HREF="#Label" benutzen zu können. Verwenden Sie HREF="URL" (ein sog. Inter-Dokument-Link), um dem Benutzer die Möglichkeit zu geben, von einer Seite zu einer anderen zu springen. Sie können beide Formen auch miteinander kombinieren, indem Sie die folgende Anweisung verwenden HREF="URL#Label".

Links zu Text in einer anderen Seite

Die Homepage von Jim Spider bietet ein gutes Beispiel, wie das Attribut NAME="Text" in einer Ankermarkierung eingesetzt wird. Die HTML-Zeile in dem Dokument:

```
<IMG SRC="ballblue.gif">I´d really rather be
<A HREF="history.html#Bicycle">bicycling.</A>
```

spezifiziert eine Hypertextbeziehung zwischen dem Wort »bicycling« in dem aktuellen Dokument, das in der Datei »history.html« gespeichert ist. Das Zeichen # zeigt an, daß der Browser die Datei nicht von Anfang an darstellen soll, sondern erst von der Stelle an, an der sich der Anker befindet. Wird der Anker nicht gefunden, so wird das Dokument standardmäßig von Anfang an dargestellt.

Der Browser zeigt die Informationen beginnend mit der Überschrift »Bicycling« an. Dies erscheint Ihnen möglicherweise sehr abstrakt, aber Sie werden es besser verstehen, wenn Sie sich folgendes vor Augen halten: Der Anker mit dem Attribut NAME="Text" ist das Ziel für mehrere Links. Als Autor haben Sie die Kontrolle darüber, wie die Information angezeigt wird. Wenn Sie glauben, Anwendungen oder andere Seiten finden wertvolle Informationen innerhalb einer Seite nützlich und wichtig, dann definieren Sie für diese mittels dem Attribut NAME einen Namen und generieren einen Link darauf.

Verweise auf Text innerhalb einer Seite: Links im Inhaltsverzeichnis

Verwenden Sie das Attribut NAME="Text", um aus dem Inhaltsverzeichnis eine echte Sprungtabelle zu machen. Ein Inhaltsverzeichnis zu erstellen, das Links zu verschiedenen Stellen in einem Dokument hat, nimmt zwar etwas Zeit in Anspruch, aber es bietet Ihnen eine gute Möglichkeit, Ihre Benutzer zu beeindrucken. Denken Sie daran, nach der entsprechenden Informationseinheit einen Link zurück zum Inhaltsverzeichnis einzubinden.

Der folgende HTML-Code zeigt, wie in einem großen Dokument das Inhaltsverzeichnis genutzt werden kann, um mittels Links zu verschiedenen Abschnitten einer Seite zu springen:

```
<!- Make this an anchor for return jumps.->
<A NAME="TOC">Table of Contents</A>
<P>
<!- This is the link to the section 1. below.->
<A HREF="#SEC1">Section 1.</A><BR>
<A HREF="#SEC2">Section 2.</A><BR>
<A HREF="#SEC3">Section 3.</A><BR>
```

```
<!- This is a named anchor called "SEC1".->
<A NAME="SEC1"><H2> CFR Section 1.</H2></A>
<P> Text of section 1 is here.
<BR>
<!- This is a link back to the TOC at the top of the page->
<A HREF "#TOC">(TOC)</A>
<P>
<A NAME="SEC2"><H2> CFR Section 2.<IH2><IA>
<P> Text of section 2 is here.
<BR>
<A HREF="TOC">(TOC)</A>
<P>
<A NAME="SEC3"><H2> CFR Section 3.</H2></A>
<P> Text of section 3 is here.
<BR>
<A HREF="TOC">(TOC)</A>
<P>
```

Abbildung 11.5 zeigt, wie der vorstehende HTML-Code mit Netscape umgesetzt wird.

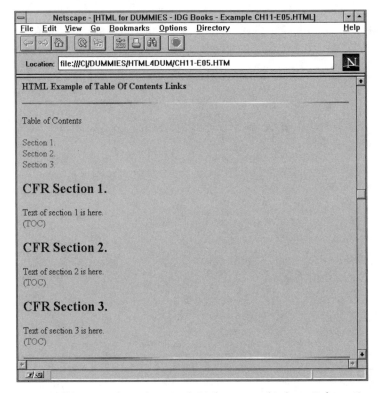

Abbildung 11.5: Ein Inhaltsverzeichnis, das mittels Links zu verschiedenen Informationseinheiten im lokalen Dokument verzweigt werden kann

Die Darstellung des Inhaltsverzeichnisses mag auf den ersten Blick etwas merkwürdig erscheinen, doch der Benutzer wird sich schnell daran gewöhnen, den Link so angeboten zu bekommen. Wir empfehlen Ihnen die Nutzung dieser Möglichkeit besonders bei komplexeren Dokumenten oder für eine Sammlung zusammenhängender Dokumente, nicht jedoch bei kleineren Seiten. Ein solch auffälliges Inhaltsverzeichnis in einem kurzen Dokument könnte Ihren Lesern sonst zu aufdringlich erscheinen.

Sie können prinzipiell für Links irgendwo innerhalb eines Dokuments die gleiche Methode anwenden. Es mag möglicherweise etwas seltsam aussehen, aber es ist eine Möglichkeit, HyperText-Links innerhalb eines Textabschnitts zu erstellen. Verwenden Sie bitte den »Text« in jedem NAME="Text" nur einmal innerhalb eines Dokuments, um zu verhindern, daß der Browser irritiert wird. Andernfalls läßt sich nicht voraussagen, wo Ihre Benutzer landen werden.

Die Namen für die Anker sollten immer mit einem Buchestaben (a-z, A-Z) beginnen. Verwenden Sie niemals ausschließlich numerische Bezeichner wie beispielsweise <A NAME="12">blah</A>. Achten Sie außerdem darauf, daß Sie immer eindeutige Namen verwenden und jeden pro Dokument nur einmal. Bei den Namen wird Groß- und Kleinschreibung berücksichtigt, damit sind NAME="foo" und NAME="FOO" unterschiedlich. Auch der NAME="kleiner Martin", ist nicht das gleiche wie NAME="kleinerMartin" und das ist nicht das gleiche wie NAME="KLEINERMARTIN". Wir hoffen, Sie haben jetzt eine Vorstellung...

Der Sprung in entfernte Seiten

Hypermedialinks aus dem Text Ihrer Seite direkt in andere Web-Bereiche erstaunt und erfreut den Benutzer. Sie können in dem entfernten Bereich zwar nicht selbst eine Anker-Markierung einfügen, doch Sie können sehr wohl die dort vorhandenen Anker-Markierungen verwenden. Wenn Sie in einem anderen Bereich ein mit Links verknüpftes Inhaltsverzeichnis finden, können Sie von Ihrem Bereich aus die gleichen Anker verwenden. Denken Sie daran, Sie können sich dahin verbinden lassen, den URL aus dem fremden Code in die Zwischenablage kopieren und dann von der Zwischenablage in Ihren eigenen Code einfügen. So stellen Sie sicher, daß Ihnen kein Fehler unterläuft und der URL vollständig und richtig eingesetzt wird.

HyperText-Links zu entfernten Ressourcen

Links zu Web-Bereichen außerhalb Ihres Web erfordern einen vollständigen URL wie beispielsweise:

```
<A HREF="http://www.nps.gov/nbs/"> National Biological Service</A>
```

Dieser Link verbindet zur Homepage des National Biological Service auf dem National-Park-Server. Der Hypertextlink in dem HTML-Dokument ist »National Biological Service«. Dies könnte beispielsweise mitten in dem folgenden Satz verwendet werden:

Wenn Sie an Details über die Wanderung der Wildgänse innerhalb der USA
interessiert sind, dann finden Sie diesbezügliche Informationen beim <A
HREF="http://www.nps.gov/nbs/"> National Biological Service</A>.

Im HTML-Quellcode läßt sich das ganze etwas schwer lesen. In Abbildung 11.6 sehen Sie, wie dieser Teil des Dokuments mit einem Browser dargestellt wird, die HyperText-Links werden in einer anderen Farbe und je nach Einstellung auch unterstrichen dargestellt, so daß sich die Links optisch sehr gut vom Rest des Textes abheben.

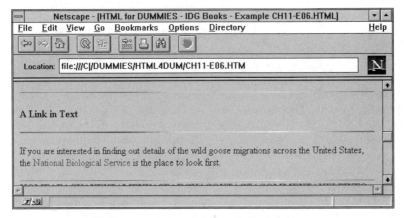

Abbildung 11.6: Ein Link innerhalb eines Textes

Sprungseiten

Die Bezeichnung »Sprungseite« bezeichnet eine Web-Seite, die eine Liste mit Links zu anderen Web-Bereichen enthält. Solche Sprungseiten sind manchmal von unschätzbarem Wert und außerdem bequem zu nutzen, da man sehr schnell den Überblick gewinnt. Sprungseiten unterscheiden sich von normalen Web-Seiten nur darin, daß der Benutzer überwiegend optisch hervorgehobene Hyperlinks vorfindet.

Sie können kleine Grafiken für Symbole und Leerzeilen verwenden, um die einzelnen Bereiche der Liste voneinander zu trennen. Sie sollten die Worte, die Sie für die Hyperlinks verwenden, gut wählen, denn denken Sie daran, das ist die einzige Information, die über das, was den Benutzer auf der anderen Seite erwartet, Auskunft gibt. Abbildung 11.7 zeigt einen Teil einer sehr gut gestalteten Sprungseite.

 Bevor Sie in Ihrem Dokument Links einfügen, empfehlen wir dringend, sich vorher mit Ihrem Browser zu dem entsprechenden Dokument zu verbinden, dann den URL in die Zwischenablage zu kopieren und aus der Zwischenablage in Ihr HTML-Dokument einzufügen, um so Fehlern, die beim Abschreiben entstehen können, vorzubeugen.

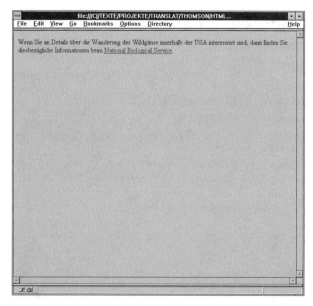

Abbildung 11.7: Ein Teil der Federal Government Sprungseite

Ein Spezial-<LINK>

Die Markierung <LINK> bietet Informationen für Links aus anderen Seiten oder anderen URL-Ressourcen. Wenn Sie erreichen möchten, daß Ihre Web-Seite dem Browser und anderer WWW-Software Informationen über sich selbst geben kann, dann fügen Sie die Markierung <LINK> zwischen <HEAD> und </HEAD> ein. Kapitel 7 zeigt an verschiedenen Beispielen einige Attribute, die in der Markierung <LINK> verwendet werden können. Wenn Sie eines der ausgefeilten HTML-Generierungsprogramme nutzen, wird dies ganz automatisch mehrere <LINK>-Markierungen verschiedener Art in das Dokument einfügen.

Vielleicht ist die gebräuchlichste Anwendung NAME="Text", um einen Anker für Links aus anderen Bereichen bereitzustellen. Der Code in Ihrem Dokument könnte wie folgt aussehen:

```
<HTML>
<HEAD>
<TITLE> Der Titel Ihrer Seite </TITLE>
<LINK NAME="Web Weavers´s Homepage">
</HEAD>
<BODY>
<H1> Die Überschrift Ihrer Seite, die der Benutzer sehen kann</H1>
und so weiter…
</BODY></HTML>
```

Der Verschachtelungsinstinkt: Listen innerhalb von Listen

Wenn Sie größere Listen erstellen, werden Sie die visuelle Vielfalt verbessern wollen, indem Sie den Text entsprechend formatieren. Da Sie jedoch nur mit Text arbeiten, bieten sich nicht viele Möglichkeiten zur optischen Gestaltung. Ihnen stehen Überschriften, Textauszeichnungen (Fettschrift und Zeichengröße) und Listen zur Verfügung. Listen innerhalb von Listen werden von den meisten Browsern in der bereits bekannten Gliederungsform dargestellt.

Die Browseransicht wie in Abbildung 11.7 ist das Ergebnis des folgenden HTML-Codes. Was Sie in dieser Abbildung sehen, ist nur ein Fragment des Originals, das sich über mehrere Seiten erstreckt:

```
<H2>Federal Government Sites</H2>
<UL>
<LI> <A HREF="http://www.whitehouse.gov">White House Web</A>
<LI> <A HREF="http://thomas.loc.gov">Congressional Web (Thomas)</A>
<LI> <A HREF "gopher://gopher.house.gov">House of Representatives Gopher</A>
<LI> <A HREF="gopher://gopher.senate.gov">Senate Gopher</A>
</UL>
<BR>
<H2>Department of Defense WWW Servers</H2>
<UL>
<LI> <A HREF="http://www.whitehouse.gov/White-House/Cabinet/html/
Department-of Defense.html">Department of Defense
(White House)</A>
<LI> <A HREF="http://enterprise.osd.mil/">Office of the Secretary of
Defense</A>
<LI>Department of the Army
   <UL>
   <LI><A HREF="http://bbsun.usace.army.mil/">US Army Corps of Engineers
HO</A>
     <UL>
     <LI><A HREF="http://www.mrd wc.usace.army.mil">USACE Missouri River
         Division</A>
     <LI><A HREF="http://npd41.npd.usace.army.mil/">North Pacific
         Division</A>
     <LI><A HREF="http://www.usace.mil/cespd.html">South Pacifc
         Division</A>
     <LI><A HREF="http://www.usace.mil">USACE Sacramento District</A>
     <LI><A HREF="http://www.nps.usace.army.mil/">Seattle District</A>
     <LI><A HREF="http://www.cecer.army.mil/welcome.html">Construction
         Engineering Research Laboratory</A>
     <LI><A HREF="http://bbsun.usace.army.Mil/inside/crrel w3/crrel-
         text/">Cold Regions Research and Engineering Laboratory</A>
```

```
     <LI> <A HREF="http://cat.tec.army.mil/tec-home.html">Topographic
          Engineering Center (TEC)</A>
</UL>
```

Sehen Sie sich die Liste einmal genau an, sie beginnt mit <UL> und endet mit der Markierung </UL>. Dies sorgt dafür, daß die Elemente eingerückt und mit Aufzählungszeichen versehen werden, eine normale ungeordnete Liste.

Auf dem WWW-Server des Departement of Defense findet man drei Listenstartmarkierungen vor der Listenendemarkierung. Der Text nach der ersten Startmarkierung, der mit <LI> gekennzeichnet ist, wird als normales Listenelement dargestellt. Die <LI>-Zeile nach der dritten Startmarkierung ist noch mehr eingerückt und ebenfalls mit einem Aufzählungssymbol versehen, in diesem Fall jedoch mit einem kleinen schwarzen Rechteck (bei Netscape). Einige Browser merken, daß die Listen ineinander verschachtelt sind, und verwenden für die Elemente jeder Ebene ein anderes Aufzählungssymbol.

Die Listenendemarkierung </UL> am Ende des vorstehenden Listings gehört zu der dritten Startmarkierung. Dieses Markierungspaar umschließt die dritte Ebene der verschachtelten Listen. Die Endemarkierung für die zweite und erste Ebene erscheinen in diesem Listing etwas weiter unten. Dieser Teil ist jedoch nicht mehr abgedruckt, da das gesamte Listing mehrere Seiten umfaßt. Noch deutlicher wird alles, wenn man verschachtelte Listen ohne <LI>-Zeilen darstellt:

```
<UL> Start Ebene 1.
   <UL> Start Ebene 2.
      <UL> Start Ebene 3.
      </UL> Ende Ebene 3.
   </UL> Ende Ebene 2.
</UL> Ende Ebene 2.
```

Verschachtelte Listen bieten eine gute Möglichkeit, einen Browser zu instruieren, verschiedene Textzeilen einzurücken, ohne die Markierungen <PRE>...</PRE> oder <BLOCKQUOTE>...</BLOCKQUOTE> verwenden zu müssen. Zusammen mit den Einrückungen muß Ihr Leser noch mit den verschiedenen Arten von Aufzählungssymbolen fertig werden; wie die vorhergehenden Beispiele jedoch gezeigt haben, hat sich dies für Listen gut bewährt.

Die Entwickler der Browser arbeiten daran, Ihrer Software die Fähigkeit zu verleihen, auch andere Symbole als nur Kugeln und Rechtecke als Aufzählungssymbol zu verwenden. Wer weiß, was die sich einfallen lassen?

Beispiele »professionell« gestalteter Seiten

Jetzt ist es Zeit für etwas komplexere Web-Seiten. Wir möchten Sie auch dazu ermutigen, im Web zu surfen und sich Web-Seiten anzusehen, die Ihnen gut gefallen. Wenn Sie eine finden, sehen Sie sich den Quellcode an, um zu verstehen, wie der Autor seinen Seiten diese Magie eingehaucht hat. Das Web ist einer der wenigen Plätze, bei dem Sie problemlos hinter die Kulissen sehen können, scheuen Sie sich nicht, diese Möglichkeit zu nutzen.

Im Rest dieses Kapitels werden wir Ihnen einige Beispiele komplexer Web-Seiten zeigen. Sie sehen einmal die Bildschirmseite (oder auch mal zwei), den Anblick der Web-Seite mit dem Browser, gefolgt von dem HTML-Code dieser Seite. Zu jedem Beispiel finden Sie einen Kommentar, der Ihnen die verwendeten Techniken erklärt. Es handelt sich grundsätzlich um gut aufgebaute Web-Seiten, doch jede von ihnen beinhaltet auch einige fragwürdige Aspekte, die wir jedoch ausführlich besprechen.

National Biological Service

Die Homepage des NBS paßt mit oder ohne Grafik gut auf eine Bildschirmseite. Die Seite wurde etwas nach unten geschoben, so daß das Logo nicht sichtbar ist. Es befindet sich am Anfang des Dokuments, nimmt nur Platz weg und kostet Zeit beim Laden. Es ist eigentlich überflüssig, doch da es sich um eine Seite des NBS handelt, besteht die Verpflichtung, dieses Logo irgendwo auf der Seite unterzubringen. Es wäre sinnvoller, es am Ende der Seite zu plazieren, da es dann nicht so störend wirkt.

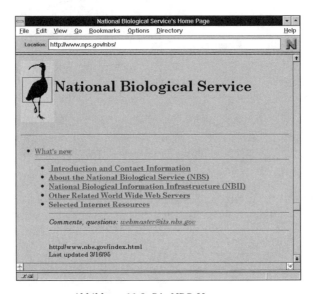

Abbildung 11.8: Die NBS-Homepage

Die geschmackvolle Grafik des Vogels, links von der Überschrift der Seite, zusammen mit der kurzen verschachtelten Liste und den <HR>-Zwischenräumen geben der Seite ein klares Design. Der Abschnitt für Kommentare und Fragen an den WebMaster ist optisch ansprechend ausgeführt. Zu guter Letzt, die Wiedergabe der URL dieses Dokuments und das Datum der letzten Überarbeitung am Ende der Seite, vervollständigen das Bild. Wir haben uns jedoch die Freiheit genommen, das Listing, das diesem Absatz folgt, etwas zu säubern, damit wir nicht beschuldigt werden können, schlechte HTML zu zeigen – auch wenn sie nicht von uns stammt.

```
<HEAD>
<TITLE>National Biological Service's Home Page</TITLE>
</HEAD>
<BODY>
<A NAME="NBS0">

<H2>
<IMG ALIGN="middle" SRC="/nbs2/DOI.GIF"><A HREF="http://jnfo.er.Usgs.gov/
          doi/doi.html"> Department of the Interior</A><P>
</H2>
<H1>
<IMG ALIGN="middle" SRC="/graphics/nbs-logo.gif">National Biological
          Service</A>

</H1>
<HR>

<UL>
<LI><A HREF="/nbs/whatsnew.html">What's new</A>
<!- This is where we removed the extraneous end anchor ->
<HR>
<UL>
<LI><A HREF="/nbs2/nbshp1.html">Introduction and Contact Information</A>
<LI><A HREF "/nbs2/nbshp2.html">About the National Biological Service
          (NBS) </A>
<LI><A HREF="/nbii/">National Biological Information Infrastructure
          (NBII) </A>
<LI><A HREF="/nbs2/nbshp4.html">Other Related World Wide Web Servers</A>
<LI><A HREF="/nbs2/nbshp5.html">Selected Internet Resources</A>
<!- this is where the missing end unordered list tags go ->
</UL>
</UL>
<!- so we added them anyway ->
<HR>
<ADDRESS> Comments, questions: <A HREF="http://www.nbs.gov/
Webmaster.html">Webmaster@jts.nbs.gov</A>
</ADDRESS>
<HR>
<P>
<EM> http://www.nbs.gov/index.html<BR>
Last updated 3/16/95
</EM>
</BODY>
</HTML>
```

Der HTML-Code für die NBS-Homepage ist gut gegliedert und enthält alle notwendigen Bestandteile. Sie können erkennen, daß die verschachtelten Listen ursprünglich nicht mit </UL> endeten, wir haben uns erlaubt, dies zu vervollständigen. Dies verursacht zwar bei den wenigsten Browsern Probleme, doch es ist kein guter Stil. Jede <LI>-Markierung nach der zweiten <UL>-Markierung wird im Verhältnis zu den darüber befindlichen Zeilen doppelt eingerückt. Wenn Sie beabsichtigen, die Zeilen nur einfach einzurücken, müssen Sie mit der Markierung </UL> die zweite Ebene der Verschachtelung beenden. In dem Dokument befand sich auch noch die völlig überflüssige Markierung </A>. Auch die haben wir entfernt. Glück gehabt, diese wird von den meisten Browsern einfach ignoriert.

Homepage des U.S. Geological Survey

Die USGS-Homepage umfaßt drei Bildschirmseiten, auch wenn Sie die Grafiken nicht laden. Sie ist vernünftig gestaltet, aber sie leidet durch die zu vielen Grafiken am Anfang des Dokuments. Selbst mit den Grafik-Ersatzsymbolen des Browsers (die Sie in der Abbildung sehen) erscheint die Seite vollgepfropft. Es ist nicht klar, was man wählen soll und wo man überhaupt etwas auswählen kann. Die Verwendung der Verweise als Hyperlinks ist verwirrend. Selbst wenn die Bilder sichtbar sind, ist die Navigation nicht einfach. Das Logo am Anfang der Seite, mit den etwas unklaren und zweideutigen anklickbaren Wörtern: Network, Search und Help, ist auch nicht sehr ergiebig. Die drei großen Grafiken fallen auf, sind aber wenig informativ, und der Text daneben ist nicht ordentlich angeordnet. Die Grafiken würden wesentlich wirkungsvoller sein, wenn sie in Symbolgröße horizontal ausgerichtet wären und der dazugehörige Text sich darunter befände. Auch hier haben wie uns erlaubt, den HTML-Quellcode etwas zu bereinigen.

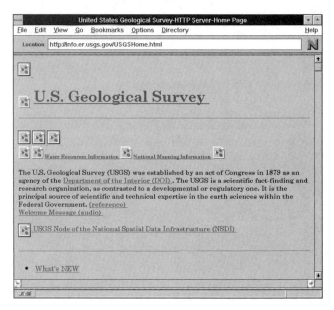

Abbildung 11.9: Die U.S. Geological Survey Homepage ohne Grafiken

11 ➤ Hoch hinaus: Aufbau komplexer Seiten

```
<TITLE>United States Geological Survey HTTP Server Home Page</TITLE>
<A HREF="http://www.usgs.gov/cgi bin/imagemap/doi bar"><IMG
          SRC "http://www.usgs.gov/icons/doi bar.gif" ISMAP></A>
<H1>
<IMG ALIGN="middle" SRC="http://www.usgs.gov/images/usgs-t.gif">
<A HREF="http://www.usgs.gov/">  U.S. Geological Survey </A>
</H1>
<P>
<HR>
<H6>
<A HREF="http://www.usgs.gov/fact sheets/earth/title.html">
<IMG SRC="http://www.usgs.gov/images/logo-page-s.gif"></A>

<A HREF="http://h2o.usgs.gov/">
<IMG SRC="http://www.usgs.gov/images/nawqamap-S.gif"></A>

<A HREF="http://www nmd.usgs.gov/">
<IMG SRC="http://www.usgs.gov/images/grand canyons.gif"></A>

<BR>
<IMG SRC="http://www.usgs.gov/images/place75-s.gif">
<IMG SRC="http://www.usgs.gov/images/place75-s.gif">
<A HREF "http://h2o.usgs.gov/"> Water Resources Information</A>
<IMG SRC="http://www.usgs.gov/images/place75-s.gif">
<A HREF="http://www nmd.usgs.gov/"> National Mapping Information</A>
<IMG SRC="http://www.usgs.gov/images/place75-s.gif"> </H6>
<P>
<H5>
The U.S. Geological Survey (USGS) was established by an act of Congress in
1879 as an agency of the <A HREF="http://www.usgs.gov/doi/doi.html">
Department of the Interior (DOI) </A>.  The USGS is a scientific fact-
finding and research organization, as contrasted to a developmental or
regulatory one. It is the principal source of scientific and technical
expertise in the earth sciences within the Federal Government.
<A HREF "http://www.usgs.gov/reports/circulars/c1000//Introduction.html">
(reference) </A>
<BR>
<A HREF "http://www.usgs.gov/audio/intro.au"> Welcome Message (audio)</A>
</H5>
<P>
```

Das HTML-Dokument der USGS läßt die Markierungen <HTML>, <HEAD> und <BODY> vermissen, was bei Browsern, die eine strenge Syntaxprüfung durchführen, Probleme verursachen kann. Es scheint auch so, als hätte man versucht, eine Grafik mit der Hintergrundfarbe des Browsers zu verwenden, um so den Text ordentlich unter den Bildern anzuordnen. Diese Technik funktioniert jedoch nicht sehr gut, denn das Ergebnis ist immer abhängig von der verwendeten Schriftart und Schriftgröße, die vom Browser benutzt wird. Denken Sie an KISS?

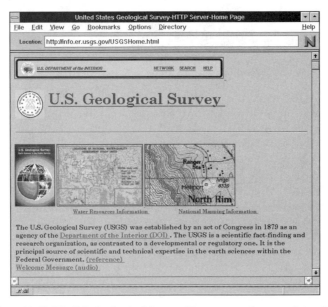

Abbildung 11.10: Die U.S. Geological Survey Homepage mit angezeigten Grafiken

Homepage des FedWorld Information Network

Das Layout des FedWorld Information Network sieht ganz gut aus, wenn keine Grafiken dargestellt werden. Problematisch ist in diesem Fall jedoch, daß die ersten beiden Hyperlinks Grafiken ohne zusätzlichem Text sind. Der nächste Hyperlink ist ebenfalls eine Grafik, diesmal mit einer erklärenden Textzeile, der Text ist kein Hyperlink, was jedoch erforderlich wäre. Die HyperText-Links in dem Abschnitt sind gut integriert.

Die Homepage des FedWorld Information Network mit Grafiken ist optisch ansprechend, doch das Logo ist viel zu groß. Es dauert ziemlich lange, bis es geladen ist. Der erste Bildschirm, den der Benutzer zu sehen bekommt, ist zu überladen. Man wird außerdem dazu gezwungen, erst einmal nach unten zu blättern, wenn man wissen möchte, was hier angeboten wird. Selbst die Information über das Datum der letzten Überarbeitung ist mit Worten überladen – »Überarbeitet 20. März 1995« wäre völlig ausreichend. Vermeiden Sie überflüssige Worte.

Die beiden Hyperlink-Grafiken bieten ein perfektes Beispiel, wie man solche Schaltflächen nicht beschriften sollte. Die ersten fünf der sieben Wörter in jeder Schaltfläche sind identisch. Dies zwingt den Benutzer, den Text genau zu lesen, um den Unterschied zu erkennen.

Unser Tip ist: Setzen Sie die wichtigen Worte an den Anfang. Da es sich außerdem um die FedWorld-Seite handelt, kann man FedWorld einfach weglassen. Die Schaltflächen wären wesentlich nützlicher, wenn sie nur mit »Telnet News« und »Web Server News« beschriftet wären. Ein noch besserer Weg wäre ein kurzer Satz wie »Neues im dem FedWorld Telnet-Bereich und auf dem Web-Server«, wobei Telnet-Bereich und Web-Server Hyperlinks sein könnten.

11 ➤ Hoch hinaus: Aufbau komplexer Seiten

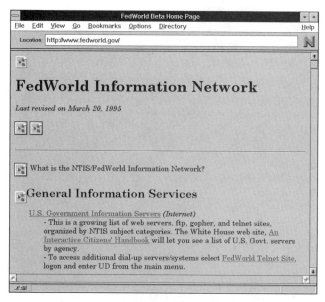

Abbildung 11.11: Die Homepage des FedWorld Information Network ohne Grafiken

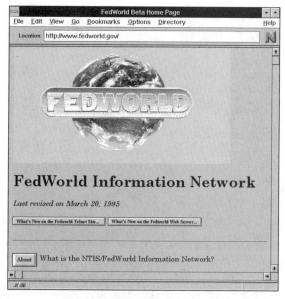

Abbildung 11.12: Die Homepage des FedWorld Information Network mit Grafiken

277

```
<HEAD>
<TITLE>FedWorld Beta Horne Page</TITLE>
</HEAD>
<BODY>
<A NAME="top"><IMG ALT="FedWorld" SRC="graphics/fwhome.gif"></A><P>

<H1> FedWorld Information Network</H1>
<P>
<I>Last revised or March 20, 1995</I><P>
<A HREF="wnewtel.html"><IMG ALT="What's New on the Telnet Site" SRC="graphics/telntbtn.gif"></A>
<A HREF="wneWeb.html"><IMG ALT="What's New on the Web Site" SRC "graphics/wbsvrbtn.gif"></A>
<P>
<HR>
<P>
<A HREF="about.html"><IMG ALT="About" ALIGN="MIDDLE" SRC="icons/about.gif"></A>
What is the NTIS/FedWorld Information Network?
<P>
<DL>
<DT>
<H2><IMG ALT="*" ALIGN="MIDDLE" SRC="graphics/bullet.gif">General Information Services</H2>
<P>
<P>
<DL>
<DT><A HREF="#usgovt">U.S. Government Information Servers</A><I>(Internet)</I>
<DD> This is a growing list of Web servers, ftp, gopher, and telnet
            sites, organized by NTIS subject categories. The White
            House Web site, <A HREF="http://www.whitehouse.gov">
An Interactive Citizens' Handbook</A> will let you see a list of U.S.
Govt. servers by agency.
<DD>  To access additional dial up servers/systems select
<A HREF "telnet://fedworld.gov">
FedWorld Telnet Site</A>, logon and enter UD from the main menu.
</DL>
```

Das Original dieses HTML-Dokuments sah sehr fragwürdig aus; selbst jetzt ist es immer noch recht gefährlich. Es wird kein konsistenter Gebrauch der Markierungen gemacht, Groß- und Kleinschreibung wird gemischt verwendet. Außerdem gibt keine abschließenden Markierungen für </HTML> und </BODY>. Positiv ist die Verwendung des Attributs ALT="Text" bei Grafiken; dies hilft auch Benutzern zeichenorientierter Browser, sich auf dieser Seite zurechtzufinden.

11 ➤ Hoch hinaus: Aufbau komplexer Seiten

Haben Sie es gemerkt? Es gibt einen großen Unterschied zwischen komplexen und guten Seiten. Eine Web-Seite kann elegant und kunstvoll sein, ohne gleichzeitig kompliziert nutzbar sein zu müssen. KISS und Ihre Benutzer werden Ihr Web lieben. Was immer Sie tun, imitieren Sie nicht die letzten Beispiele, es sei denn, Sie behandeln sie als Beispiele, wie man es NICHT machen soll.

Gratulation! Sie sind jetzt weit genug in HTML eingestiegen, um zu wissen, wo Ihr »Home« ist. Jetzt, wo Sie wissen, wie es funktioniert, sind Sie bereit, das Reich der HTML-Formulare zu betreten, in das auch die Benutzer kommen, um mit Ihnen zu kommunizieren.

Streng pro forma: Formulare für Anmerkungen

In diesem Kapitel

- Wozu dienen Formulare?
- Bewältigung der Browser- und Server-Einschränkungen
- Was sind Formularmarkierungen?
- Verwenden von Formularmarkierungen
- Einen guten Eindruck machen
- Ein ansprechendes Layout erstellen

Wenn alles richtig zusammenpaßt, ist es einfach zu sehen, wie das Web Menschen und Organisationen zueinander bringt. Auf den ersten Blick erscheint das Web wie eine Einbahnstraße – d.h. eine Umgebung, in der WebMaster mit zahlreichen Web-Benutzern kommunizieren ohne viel Informationsaustausch zwischen beiden Seiten. Dies muß nicht so sein.

Wozu dienen HTML-Formulare?

Die wesentlichen Merkmale, weshalb Gebrauchsinformationen vom Server abgerufen werden, sind Relevanz und Unverzüglichkeit. Der beste Richter über die Qualität der von Ihnen angebotenen Informationen ist Ihr Publikum. Wäre es nicht gut, wenn sich die Benutzer über Ihre Web-Seiten äußern würden? Sie könnten Ihnen mitteilen, was sie als gut empfinden, was ihnen mißfällt und was sie noch vermissen.

Hier können die HTML-Formulare zu Hilfe kommen. Bisher bekamen Sie die Grundlagen – und sogar einige fortgeschrittenen Techniken – für die Kommunikation mit Ihrem Publikum. In diesem Kapitel werden wir das Blatt wenden und HTML-Texte erstellen, damit das Publikum mit Ihnen kommunizieren kann!

Wie sich herausstellt, unterstützt HTML viele verschiedene Eingabemöglichkeiten, um das Publikum um Anregungen und Kommentare zu bitten. In den folgenden Seiten erfahren Sie, welche Markierungen Sie verwenden können und welche Steuerung und Eingabemöglichkeit diese auslösen, außerdem bekommen Sie einige Hinweise zur Gestaltung Ihrer Formulare. Sie werden auch einige interessante Beispiele kennenlernen, die Ihnen zeigen, wie HTML-Formulare aussehen und wie sie sich verhalten.

Leben mit den Formulareinschränkungen

Bevor Sie zu enthusiastisch über HTML-Formulare werden, möchten wir Sie warnen, daß die Formularunterstützung relativ ist.

Vorsicht: Browser!

Obwohl die meisten Browser – Mosaic in allen Varianten, Netscape, Microsoft Internet Explorer, WinWeb und MacWeb usw. – Formularunterstützung enthalten, ist dies nicht bei allen der Fall. Eigentlich können Sie erst dann feststellen, ob Ihr Lieblingsbrowser Formulare verarbeiten kann, wenn Sie beginnen, die Markierungen mit ihm zu testen. Wenn Sie unseren Ratschlag befolgen und Ihre Seiten mit mehreren Browsern testen, werden Sie, was die Implementation von Formularen betrifft. die Unterschiede in Stabilität und Leistung unmittelbar beobachten.

Es gibt noch zu vermerken, daß nicht alle Browser Formulare im gleichen Umfang unterstützen, aber die Unterstützung wird ständig größer. Wenn Sie dieses Buch lesen, wird es möglicherweise keine Probleme mehr geben – zumindest für Benutzer der aktuellen Versionen. Bei neueren Browsern gibt es glücklicherweise keine Probleme mehr – zumindest für Benutzer der aktuellen Versionen. Bei älteren Browsern werden Sie Ihre Formulare überhaupt nicht angezeigt bekommen. Auf dieser Weise bleibt niemand ausgeschlossen!

Bedaure, Server ...

Sollte Ihr Browser die Erstellung von Formularen unterstützen, bedeutet dies noch lange nicht, daß Ihr Server diese auch verarbeiten kann. Schließlich stellt das Web eine Client/Server-Umgebung dar. Unglücklicherweise erfordert das Mithalten mit der HTML-Entwicklung, daß sich Web-Server gleichzeitig mit den Clients ändern. Dies bedeutet, daß möglicherweise Ihr Server nicht die Programme unterstützt, die für die Bearbeitung der Formulareingaben erforderlich sind.

In dieser dunklen Wolke schimmert jedoch ein Silberstreifen: Die geläufigsten HTTPD-Server-Implementationen kommen von NCSA- und CERN und können in UNIX-Umgebung ausgeführt werden. Diese beiden Gruppen haben die Formularbearbeitungstechnik bereits standardisiert und bieten eine funktionierende und stabile Leistung bei der Formularbearbeitung.

Diese Implementationen sind eigentlich so geläufig, daß wir annehmen, daß Ihr Web-Server auf die gleiche Art und Weise funktioniert. Dies bedeutet, daß Sie bei der Erstellung von CGI-Befehlsdateien und beim Programmieren kleine Änderungen durchführen müssen, um Formulare auf Ihrem Server bearbeiten zu können. Falls Sie nicht UNIX und die NCSA oder CERN-Implementationen von HTTPD verwenden, müssen Sie die Besonderheiten Ihrer Server-Implementation herausfinden und unsere Anweisungen entsprechend ändern.

Woraus besteht ein Formular?

Wenn Sie einer Web-Seite eine Formularunterstützung geben, werden Sie spezielle Markierungen einfügen, durch deren Hilfe die Benutzereingaben möglich werden. Die Markierungen werden von Text umgeben, mit dem man die Benutzerantworten anfordert. Weitere Markierungen sammeln die Eingaben und versenden sie an Ihren Web-Server oder an andere Server – wie Gopher oder Archie –, wo Ihr Formular Abfragen ausführen kann. So funktioniert das Ganze:

- ✔ Sie fügen in eine bestimmte Web-Seite Markierungen ein, um ein Formular einzurichten, mit dem Sie verschiedene Auskünfte von den Benutzern verlangen. Einige Benutzer werden sich durch dieses Material durcharbeiten und Ihnen die gewünschte Information liefern. Im wesentlichen besteht die Arbeit darin, das gelieferte Formular auszufüllen.

- ✔ Nachdem das Formular ausgefüllt ist, können die Benutzer ihre Eingabe an ein Programm übergeben, das auf dem Web-Server ausgeführt wird, der das Formular geliefert hat. In der Regel geschieht dies durch das Wählen einer bestimmten Schaltfläche, genannt SUBMIT. Dadurch wird die Information gesammelt und an die richtige Stelle in Ihrem Web-Server gesandt.

- ✔ Wenn das Programm verfügbar ist (d.h, es ist installiert und läuft), wird es die eingegebene Information annehmen. Dann wird der Inhalt dekodiert und interpretiert und weitere Aktionen veranlaßt.

- ✔ Nachdem die Eingaben empfangen und interpretiert sind, kann das Programm ziemlich viel damit anstellen. Das führt dazu, daß Schlüsselelemente in einem Formular erkannt werden und als Antwort ein benutzerdefiniertes HTML-Dokument erstellt wird. Das Erstellen eines Dokuments ist nicht erforderlich, aber bei Formularbearbeitungsprogrammen durchaus üblich.

- ✔ Das erstellte benutzerdefinierte Dokument wird dem Benutzer als Antwort zugesandt. An dieser Stelle ist ein weiterer Informationsaustausch möglich (wenn die zurückgegebene Seite ein neues Formular enthält), oder die angeforderte Information wird geliefert (als Antwort zu Formularanfragen) usw.

Die aus einem Formular gesammelte Information kann 1) in eine Datei geschrieben, 2) an eine Datenbank wie z.B. Informix oder Oracle übertragen oder 3) per E-Mail an eine bestimmte Person gesendet werden. Formulare bieten den Benutzern auch die Möglichkeit, am Aufbau eines Web-Dokuments teilzunehmen, wie in dem Web-Bereich, in dem Benutzer sagen können, wie eine Geschichte enden soll: In diesem Fall bestimmen die Benutzer gemeinsam den Ausgang.

Formulare bieten nicht nur dem Benutzer die Möglichkeit, mit dem Server zu kommunizieren, sondern ermöglichen auch den Informationsaustausch zwischen Benutzern und Servern. Dies ist eine großartige Leistung, die den Wert Ihrer Web-Seiten erhöht.

Formulare ermöglichen Zweiweg-Kommunikation

Die Programme, die die Eingabe auffangen, bauen auf der Schnittstelle zwischen Web-Browsern und Servern auf und werden Common Gateway Interface (CGI) genannt. In dieser Schnittstelle ist festgelegt, wie die Browser Informationen an die Server zurücksenden können. Die Schnittstelle setzt das Format für die vom Benutzer eingegebene Information fest, so daß das Formularbearbeitungsprogramm erkennt, was kommt und wie es zu behandeln ist.

Das Attribut ACTION in der Markierung <FORM> gibt einen URL an, der auf eine bestimmte CGI-Befehlsdatei oder auf ein Programm zeigt, das die vom Benutzer eingegebenen Formulardaten sammelt und verwaltet.

Die METHOD-Markierung beschreibt den Weg, auf dem die eingegebenen Daten an das Formularbearbeitungsprogramm übertragen werden.

In diesem Kapitel werden wir uns auf die Eingabeseite der HTML-Formulare konzentrieren – d.h., Sie lernen, wie Formulare aufzubauen sind. Sie werden üben, die Vorderseite eines Formulars zu erstellen – d.h., den Teil, der den Benutzern angezeigt wird. Es wird nicht besprochen, wie die Rückseite aufzubauen ist – d.h., wie CGI- und ähnliche Programme erstellt werden, damit Ihr Server die Formulareingaben bearbeiten kann. Das geschieht dann in Kapitel 14. Keine Sorge – Sie bekommen genug interessantes Material für die Vorderseite, das Sie zunächst bewältigen müssen!

Markierung! Du bist ein Formular ...

HTML enthält verschiedene Klassen von Formularmarkierungen (Einzelheiten zu Syntax und Verwendung finden Sie im Kapitel 7). Alle HTML-Formulare sind zwischen den Markierungen <FORM> .... </FORM> eingeschlossen. Die <FORM>-Markierung enthält Attribute, die bestimmen, wohin und wie die Eingabe an den entsprechenden Web-Server zu liefern ist.

- ✔ Erstellen von Texteingabefeldern, in denen die Benutzer einen beliebigen Text eingeben können.

- ✔ Erstellen von beschrifteten Kontrollkästchen oder Optionsknöpfen, durch die die Benutzer ihre Wahl treffen können. Kontrollkästchen erlauben die gleichzeitige Wahl mehrerer Optionen, während Optionsknöpfe nur eine Wahl zulassen.

Dies mag auf den ersten Blick nicht viel erscheinen, aber kombiniert mit der Möglichkeit, den Benutzer mit umliegendem Text zur Eingabe aufzufordern, ergibt sich ein überraschend wirksamer Weg, direkt auf einer Web-Seite Informationen zu erfragen. Also, die richtige Antwort auf die Titelfrage dieses Abschnitts »Woraus besteht ein Formular?« lautet: »Aus allem, was Sie hineingeben!«

Im weiteren Verlauf dieses Kapitels werden Sie schrittweise durch die Einzelheiten der Formularerstellung geführt, so daß die bisher beschriebenen Möglichkeiten genutzt werden können.

So verwenden Sie Formularmarkierungen

Sie wollen als Anfang Ihre <FORM>-Umgebung einrichten, um ein Formular innerhalb einer Web-Seite zu erstellen. Sie können das Formular in eine bestehende HTML-Datei einfügen oder eine separate Datei erstellen, die nur das Formular enthält. Wir empfehlen Ihnen kürzere Formulare (kleiner als eine halbe Bildschirmseite) in bestehende Dateien einzufügen, jedoch neue Dateien für Formulare zu erstellen, die länger als eine halbe Bildschirmseite sind.

Einrichten der <FORM>-Umgebung

Die zwei Schlüsselattribute innerhalb der <FORM>-Markierung sind METHOD und ACTION. Diese beiden Attribute kontrollieren gemeinsam, wie die Informationen an den Web-Server gesendet werden und welches Eingabebearbeitungsprogramm den Formularinhalt erhalten soll.

Kein Rhythmus paßt zu METHOD

Das Attribut METHOD definiert, wie die Informationen an den Server gesendet werden, nachdem das Formular freigegeben wird. METHOD kann einen der folgenden zwei Werte annehmen: POST oder GET.

Von diesen zwei Methoden ist POST vorzuziehen, da hierdurch der Formularinhalt elementweise analysiert wird. GET verkettet alle Feldnamen und die damit verbundenen Werte in eine lange Zeichenkette. Da bei UNIX (wie bei den meisten Systemen) die Länge einer Zeichenkette eingeschränkt ist (bei UNIX darf sie maximal 255 Zeichen enthalten), wäre es denkbar, daß Information verlorengehen kann, wenn der Inhalt zu groß ist.

Aus diesem Grund wird in diesem Buch ausschließlich der Wert POST für das Attribut METHOD verwendet. Wir empfehlen Ihnen, dasselbe zu tun, außer wenn Sie todsicher sind, daß Ihr Formular niemals mehr als 255 Zeichen enthalten kann.

Licht, Kamera ... ACTION

Das Attribut ACTION gibt den URL für die CGI-Befehlsdatei oder für das Eingabebearbeitungsprogramm auf dem Server an, das die Formulareingabe empfängt. Beim URL kann es sich um eine vollständige Spezifikation oder einfach um eine Referenz handeln. In beiden Fällen müssen Sie sicherstellen, daß er auf das richtige Programm zeigt, das sich an der richtigen Stelle befindet und den Auftrag erwartungsgemäß erfüllt. Ferner müssen Sie sicherstellen, daß die CGI-Datei oder das Programm ausführbar ist und richtig abläuft. Zu diesem Thema erfahren Sie mehr im Kapitel 17, das sich mit allen Einzelheiten des Testens Ihrer HTML-Dokumente und den damit verbundenen CGI-Programmen beschäftigt.

Nehmen wir an ...

Da Sie sich erst im Kapitel 14 mit der Eingabebearbeitung auseinandersetzen, werden wir uns in diesem Kapitel an zwei Syntax-Konventionen halten:

1. Bei jeder <FORM>-Markierung lautet der Wert des Attributes METHOD »post«.

2. Für jedes ACTION, URL="/cgi/form-name", wobei der Platzhalter »form-name« durch den jeweiligen Formularnamen ersetzt wird (z.B. für das Formular mit der Bezeichnung "get-inf.html") ist der URL="cgi/get-inf".

Auf diese Weise ist es einfach, die Formulare dieses Kapitels in Ihre Seiten zu implementieren (die Beispiele finden Sie auch auf der CD-ROM, die Sie zusammen mit dem Buch erhalten).

Wissen, was (rein)kommt: die <INPUT>-Markierungen

Die Markierung <INPUT> definiert ein Grundelement eines Formulars. Diese Markierung hat mindestens zwei Attribute – TYPE und NAME. TYPE gibt die Art des Elements an, das im Formular angezeigt werden soll. Mit dem Attribut NAME wird das Eingabefeld oder der Wert der <INPUT>-Markierung bezeichnet.

NAME wird verwendet, um den Inhalt eines Formularfeldes zu identifizieren, das anschließend auf dem Web-Server geladen wird, der die Eingabe bearbeitet. Das, was der Server enthält, ist eigentlich eine Serie von Name/Wert-Paaren. Der Name, mit dem der Wert identifiziert wird, ist die Zeichenkette, die in dem Attribut NAME="string" enthalten ist. Der Wert ist das, was der Benutzer in dieses bestimmte Feld eingibt oder wählt. Lesen Sie weiter – im nächsten Abschnitt finden Sie ein Beispiel, das alles erklärt!

TYPE-Rollenverteilung

Das Attribut TYPE kann folgende Werte annehmen:

- ✔ **CHECKBOX** –Es wird ein Kontrollkästchen erstellt, womit die Benutzer mehrere Möglichkeiten wählen können.

- ✔ **HIDDEN** – Es wird ein unsichtbarer Eingabebereich erstellt. Dieser kann verwendet werden, um Daten mit dem Formular zu übergeben, die für andere Zwecke notwendig sind. Dies kann beispielsweise eine laufende Serie von Formularen sein, die auf einem vorhergehenden Formularaustausch basiert, bei dem sich der Benutzer zu erkennen gibt – ein HIDDEN-Feld enthält das Name/Wert-Paar für die Daten, zeigt dieses jedoch nicht auf dem aktuellen Formular (manche Browser zeigen diese Felder in der untersten Zeile eines Formulars an, und kein Feld ist beschriftet, wie bei dem Browser NetManage's WebSurfer).

- ✔ **IMAGE** – Damit werden Grafiken bezeichnet, die im Formular gewählt werden können. Sie können diesen Typ bei Icons und anderen grafischen Symbolen verwenden.

✔ **RADIO** – Es wird ein Optionsknopf erstellt. Der Benutzer kann aus einem Bereich nur eine Möglichkeit wählen.

✔ **RESET** – In Ihrem Formular wird eine Schaltfläche mit der Beschriftung »RESET« (Zurücksetzen) erstellt. Mit dieser Schaltfläche geben Sie den Benutzern die Möglichkeit, das Formular in den Ursprungszustand zurück zu versetzen und die Eingabe neu zu starten. Positionieren Sie diese Schaltfläche weit von den anderen Steuerflächen, damit niemand das Formular versehentlich löscht!

✔ **SUBMIT** – In Ihrem Formular wird eine Schaltfläche mit der Beschriftung »SUBMIT« (Übertragen) erstellt (»submit« ist die Standardbeschriftung, Sie können bei dem Attribut VALUE einen anderen Wert für SUBMIT eingeben). Der Typ SUBMIT zeigt dem Browser, daß die Formulardaten gepackt und an die im Attribut ACTION angegebene CGI-Befehlsdatei übertragen werden sollen. Einfach ausgedrückt, SUBMIT ist der Knopf, mit dem das ausgefüllte Formular gesendet wird, so daß ein Formular ohne ein <INPUT>-Feld vom Typ SUBMIT nutzlos ist.

✔ **TEXT** – Es wird ein Bereich erstellt, in dem eine Zeile Text eingegeben werden kann. Verwenden Sie diesen Typ nur für kurze Felder (wie in dem Beispiel, das folgt). Für längere Textfelder empfiehlt es sich, die Markierungen <TEXTAREA> ... </TEXTAREA> zu verwenden.

Hiermit werden viele Möglichkeiten für die Anzeige und den Typ der Formulareingaben zur Verfügung gestellt. Wenn Sie sich die HTML-Formulare im Web und in diesem Buch mit einem neuen (erfahrenen) Blick ansehen, werden Sie feststellen, wie effizient diese Typen eingesetzt werden können.

Weitere <INPUT>-Attribute

Die Funktion der meisten verbliebenen Attribute ist zu modifizieren und zu bestimmen, es handelt sich um <INPUT>-Felder, die standardmäßig vom Typ TEXT sind. Ein kurzer Überblick erinnert Sie an das, was im Kapitel 7 bereits besprochen wurde:

✔ **VALUE="text"** – Gibt einen Standardwert für ein Element vom Typ TEXT oder HIDDEN an oder den entsprechenden Wert für das, was in einem Optionsknopf oder einem Kontrollkästchen gewählt wurde. Dieses Attribut kann verwendet werden, um die Beschriftung der Steuerflächen vom Typ SUBMIT oder RESET zu definieren, z.B. VALUE="Übertragen" anstatt »submit« oder VALUE="Inhalt löschen" anstatt »reset«.

✔ **SRC="URL"** – Gibt einen Zeiger zu der Grafik bei Feldern vom Typ IMAGE.

✔ **CHECKED** – Dieses Attribut gewährleistet, daß bestimmte Optionsknöpfe oder Kontrollkästchen standardmäßig markiert sind, wenn ein Formular zum ersten Mal aufgerufen wird oder nachdem der Inhalt eines Formulars gelöscht wurde. Mit dem Attribut CHECKED können Sie Standardeinstellungen steuern.

- ✔ **SIZE="zahl"** – Die Anzahl der Zeichen, die in einem Element von Typ TEXT ohne Blättern angezeigt werden können.
- ✔ **MAXLENGTH="zahl"** – Die maximale Anzahl Zeichen, die ein Element von Typ TEXT enthalten kann.
- ✔ **ALIGN=("TOP"|"MIDDLE"|"BOTTOM")** – Für Elemente von Typ IMAGE: Gibt an, wie die Grafik an dem Formular ausgerichtet wird, im Verhältnis zum begleitenden Text.

Ein textorientiertes <INPUT>-Beispiel

Das war alles für die <INPUT>-Markierung. Lassen Sie uns nun ein relativ einfaches Beispiel für einen Fragebogen ansehen:

```
<HTML>
<HEAD>
<TITLE>Leser-Kontakinformation</TITLE>
<!- dieses Formular heißt usr-inf.html ->
</HEAD>
<BODY>
<H3> Leser-Kontakinformation </H3>
<P>Bitte füllen Sie dieses Formular aus, damit wir wissen, wie wir mit
Ihnen in Kontakt treten können. Danke!
<FORM METHOD="POST" ACTION="/cgi/usr-inf">
<P>Bitte geben Sie Ihren Namen ein:
<P>Vorname: <INPUT NAME="first" TYPE="TEXT" SIZE="12" MAXLENGTH="20">
MI: <INPUT NAME="MI" TYPE="TEXT" SIZE="1" MAXLENGTH="1">
Nachname: <INPUT NAME="surname" TYPE="TEXT" SIZE="15" MAXLENGTH="25">
<P>
<P>Bitte teilen Sie uns Ihre Adresse mit:
<P>Adresse 1: <INPUT NAME="adr1" TYPE="TEXT" SIZE="30" MAXLENGTH="45">
<P>Adresse 2: <INPUT NAME="adr2" TYPE="TEXT" SIZE="30" MAXLENGTH="45">
<P>Stadt: <INPUT NAME="city" TYPE="TEXT" SIZE="15" MAXLENGTH="30">
 Plz: <INPUT NAME="zip" TYPE="TEXT" SIZE="5" MAXLENGTH="5">
<P>Land: <INPUT NAME="state" TYPE="TEXT" SIZE="15" MAXLENGTH="15">
<P>
<P>Vielen Dank!
<BR>
<INPUT TYPE="SUBMIT"> <INPUT TYPE="RESET">
</FORM>
<ADDRESS>
Ein Beispiel für <I>HTML für Dummies</I> Version 2.2
10/10/97 http://www.noplace.com/HTML4D/usr-inf.html
</ADDRESS>
</BODY> </HTML>
```

Abbildung 12.1 zeigt dieses HTML-Formular mit Netscape. Beachten Sie die Positionen der Online-Textfelder direkt nach den Feldnamen und die Fähigkeit, diese Felder auf unterschiedliche Zeilen (wie bei Address 1 und Address 2) oder zusammen auf eine Zeile (wie bei First Name, MI und Surname) zu setzen. So kann man ganz leicht einfache, gebrauchsfertige Formulare erstellen.

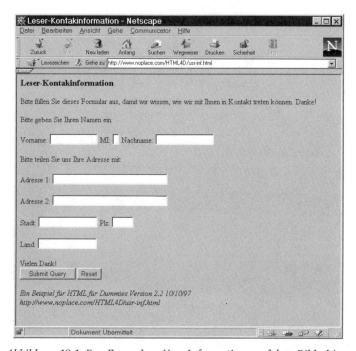

Abbildung 12.1: Das Formular »User Information« auf dem Bildschirm

<SELECT>iv sein

Die Markierungen <SELECT>...</SELECT> funktionieren genauso wie eine Liste, abgesehen davon, daß sie eine Auswahlliste von <OPTION>-Elementen statt den <LI>-Listenelementen erstellen. Innerhalb der <SELECT>-Markierungen können die folgenden Attribute vorkommen:

- ✔ **NAME="text"** – Liefert den Namen, der als Identifikationsbestandteil des Name/Wert-Paars für dieses Element an den Server weitergegeben wird.

- ✔ **SIZE="zahl"** – Steuert die Anzahl der Elemente, die die Auswahlliste anzeigt; Sie können zwar noch mehr Elemente definieren, aber so ist die Größe der Liste auf dem Bildschirm leichter zu handhaben.

- ✔ **MULTIPLE** – zeigt an daß eine Mehrfachauswahl aus der Liste möglich ist; wenn dieses Attribut nicht vorhanden ist, können Ihre Benutzer nur ein einziges Element aus der Auswahlliste auswählen.

Es macht wirklich nicht viel Arbeit, ein <SELECT>-Feld für Ihr Formular aufzubauen. Im folgenden Beispiel sehen Sie, wie einfach es ist, eine Gewürzliste zu erstellen, aus der ein Benutzer auswählen und bestellen kann:

```
<HTML>
<HEAD>
<TITLE>&lt;SELECT&gt; Spices</TITLE>
<!- dieses Formular heißt sel-spi.html ->
</HEAD>
<BODY>
<H3>Das Gewürzangebot des Monats!</H3>
<P>Bringen Sie Würze in Ihr Leben. Bestellen Sie aus unserem Angebot des Monats.
<HR>
<FORM METHOD="POST" ACTION="/cgi/sel-spi">
<P>Pfefferauswahl:
<SELECT NAME="pepper" SIZE="4" MULTIPLE>
<OPTION>schwarz
<OPTION>Malabar
<OPTION>grün (getrocknet)
<OPTION>grün (eingelegt)
<OPTION>rot
<OPTION>weiß
</SELECT>
<P>
Bitte wählen Sie die gewünschte Art:<BR>
<BR>
Gemahlen <INPUT TYPE="RADIO" NAME="grind" VALUE="ground"><BR>
Körner   <INPUT TYPE="RADIO" NAME="grind" VALUE"whole"><BR>
<P>
<HR>
<P>Importierter und heimischer Oregano:
<SELECT NAME="oregano" SIZE="4" MULTIPLE>
<OPTION>italienisch (ganze Blätter)
<OPTION>italienisch (in Stücken)
<OPTION>griechisch (ganze Blätter)
<OPTION>indisch
<OPTION>mexikanisch
<OPTION>kalifornisch
</SELECT>
<P>
<P>Vielen Dank für Ihre Bestellung! <INPUT TYPE="SUBMIT" VALUE="Bestellen">
<INPUT TYPE="RESET">
</FORM>
<ADDRESS>
```

```
Beispielformular für<I>HTML für Dummies</I> Version 2.1
3/23/95 http://www.noplace.com/HTML4D/usr-inf.html
</ADDRESS>
</BODY> </HTML>
```

Abbildung 12.2 zeigt, welch hübsche Ergebnisse Sie erhalten können, wenn Sie Ihren Benutzern mit den <SELECT>-Elementen Auswahloptionen zur Verfügung stellen. Beachten Sie auch die Radio-Schaltflächen, mit denen man angeben kann, ob man ganzen oder gemahlenen Pfeffer möchte. Dadurch, daß wir beide Radio-Schaltflächen mit demselben NAMEn belegt haben, zeigen wir an, daß nur eine Option ausgewählt werden kann.

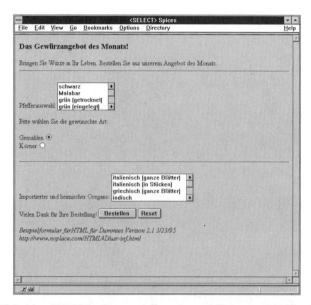

Abbildung 12.2: Die <SELECT>-Tags erstellen »Auswahllisten« mit Bildlauf, aus denen die Benutzer auswählen können

<TEXTAREA> läßt die Benutzer eloquent werden ... oder profan!

Mit den Tags <TEXTAREA>...</TEXTAREA> können Sie Eingabeelemente einer mehr oder weniger willkürlichen Größe auf einem Formular erstellen. Der ganze Text, der zwischen den Öffnungs- und Abschlußmarkierungen erscheint, wird innerhalb des Textbereichs auf dem Bildschirm angezeigt (und liefert den vom Formular voreingestellten Wert, wenn er nicht geändert wird).

<TEXTAREA> nimmt drei wichtige Attribute an:

✔ **NAME="text"** – liefert den Identifikationsbestandteil des allseits wichtigen Name/Wert-Paars, der an den Server geliefert wird.

- ✔ **ROWS="zahl"** – gibt die Anzahl der Textzeilen an, die im Textbereich enthalten sein werden.

- ✔ **COLS="zahl"** – Gibt die Anzahl der Zeichen an, die in eine Reihe im Textbereich passen; dieser Wert kann auch mit der Breite des Textbereichs auf dem Bildschirm eingestellt werden.

Das folgende Beispiel zeigt, wie man mit einem Textbereich in einem Fragebogen einen Platz für formlose Rückmeldungen oder Informationen schafft:

```
<HTML>
<HEAD>
<TITLE>&lt;TEXTAREA&gt; On Display</TITLE>
<!- dieses Formular heißt txt-ara.html ->
</HEAD>
<BODY>
<H3>Waffeleisenuntersuchung</H3>
<P>Bitte beantworten Sie die folgenden Fragen, um Ihr neu erworbenes
Waffeleisen zu registrieren.
<HR>
<FORM METHOD="POST" ACTION="/cgi/txt-ara">
<P>Modellnummer
<SELECT NAME="mod-num" SIZE="3">
<OPTION>102 (Single Belgian)
<OPTION>103 (Double Belgian)
<OPTION>104 (Single Heart-shaped)
<OPTION>105 Double Heart-shaped)
<OPTION>204 (Restaurant Waffler)
<OPTION>(Cone Waffler)
</SELECT>
<HR>
<B>Bitte vervollstaendigen Sie die folgenden Angaben:</B><BR>
<P>Seriennummer: <INPUT NAME="snum" TYPE="TEXT" SIZE="6" MAXLENGHT="10">
<P>Verkaufspreis: <INPUT NAME="price" TYPE="TEXT" SIZE="6" MAXLENGHT="10">
<P>Ort: <INPUT NAME="location" TYPE="TEXT" SIZE="15" MAXLENGHT="30">
<HR>
<B>Bitte machen Sie auch noch ein paar Angaben zu sich:</B>
<P>Geschlecht:
maennlich <INPUT NAME="sex" TYPE="CHECKBOX" VALUE="male">
weiblich <INPUT NAME="sex" TYPE="CHECKBOX" VALUE="female">
<P>Alter:
unter 25 <INPUT NAME="age" TYPE="CHECKBOX" VALUE="lo">
25 - 50 <INPUT NAME="age" TYPE="CHECKBOX" VALUE="med">
ueber 50 <INPUT NAME="age" TYPE="CHECKBOX" VALUE="hi">
<P>
<HR>
Bitte teilen Sie Ihr Liebelingswaffelrezept mit uns. Nachfolgend ein
Beispiel, das Sie inspirieren soll.
```

```
<P><TEXTAREA NAME="recipe" ROWS="10" COLS="65">
Bananenwaffeln
Zutaten:
300g Waffelteig (siehe Waffelkochbuch fuer das Rezept)
2 reife Bananen, geschaelt, in Scheiben ca. 1 cm dick
1 Teeloeffel Zimt
Zubereitung:
Vermischen Sie alle Zutaten.
Waffeleisen vorheizen (warten Sie bis das Kontrolllicht erlischt).
Servieren Sie die Waffeln warm.
</TEXTAREA>
<P>Vielen Dank! <INPUT TYPE="SUBMIT" VALUE="Jetzt registrieren">
<INPUT TYPE="RESET">
</FORM>
<ADDRESS>
Beispiel für <I>HTML für Dummies</I> Version 2.1
3/23/95 http://www.noplace.com/HTML4D/usr-inf.html
</ADDRESS>
</BODY> </HTML>
```

Der Bildschirm, der sich aus diesem HTML-Dokument ergibt, ist teilweise in Abbildung 12.3 dargestellt. Beachten Sie die Verwendung der Auswahlkästchen für die Umfrageinformation und den Texteingabebereich für Rezepte. Wir fragen uns nur noch: »Wann gibt's Frühstück?«

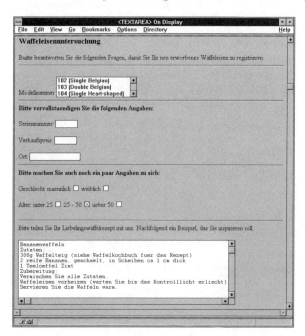

Abbildung 12.3: Beachten Sie, wie Sie Beispielinformationen für den Textbereich in einem Formular vorgeben können

Nun haben wir Ihnen die ganzen lausigen kleinen Tricks – wir nennen sie gerne Widgets – gezeigt, mit denen man in Formularen arbeiten kann; Sie wissen aber gar nicht, was Formulare alles bewirken können, bis Sie sich im Web draußen die vielen Beispiele angesehen haben. Unsere Beispiele kratzen kaum die Oberfläche an, es gibt also noch viel zu sehen!

Formulierung einer guten Einstellung

Immer wenn Sie ein HTML-Formular erstellen, ist es besonders wichtig, es mit so vielen Browsern wie möglich zu testen. Arbeiten Sie sowohl mit zeichenorientierten Browsern wie Lynx als auch mit grafischen Browsern. Denken Sie immer daran, daß alles, was Sie für Browser programmieren, die viele Erweiterungen unterstützen, bei denjenigen Leser verschwendet ist, die mit älteren Browsern arbeiten.

Schließlich und endlich treffen die HTML-Regeln in bezug auf Layout kontra Inhalt auch auf Formulare zu: Wenn Sie ein klares, lesbares Layout erstellen und das Formular für Ihre Benutzer interessant gestalten können, werden Sie mit der Rücklaufinformation wahrscheinlich wesentlich glücklicher, als wenn Sie stundenlang an Grafikelementen und der exakten Plazierung der Schrift, Fenster und Felder herumbasteln. Denken Sie auch daran, daß das Formular nur die Vorderseite Ihrer Benutzerinteraktion oder Datensammlung darstellt. In Kapitel 14 zeigen wir Ihnen die Rückseite des Formulargeschäfts; dort schlagen Sie sich mit der anspruchsvollen, aber lohnenswerten Aufgabe herum, CGI-Skripts und andere eingabeverarbeitende Programme für Ihren Server zu erstellen.

Im nächsten Kapitel lernen Sie, wie man Grafiken in adressierbare Selektoren auf dem Bildschirm umwandelt; man nennt dies anklickbare Karten. Dadurch werden Formulare und andere HTML-Dokumente wesentlich aufregender, da die Benutzer an verschiedenen Punkten in einer Grafik Links auswählen dürfen.

Hier geht's um Karten!

In diesem Kapitel

▶ Verwendung anklickbarer Karten

▶ Was man braucht, um Karten darzustellen

▶ Zurechtbasteln gebrauchsfertiger Karten

▶ Beschränkungen bei der Kartennutzung erkennen

▶ Perfektes »Karteln«

Sie haben bereits gelernt, wie man mit dem <IMG>-Tag Grafiken in HTML-Dokumente einfügt. Sie haben Beispiele gesehen, wie man Grafiken als HyperText-Links in Anker-Markierungen (<A HREF=...> <IMG SRC=...> </A>) verwendet. In diesem Kapitel erlernen Sie den nächsten logischen Schritt; wir zeigen Ihnen, wie Sie eine Grafik als Zusammenstellung auswählbarer Bereiche behandeln, von denen jede auf irgendeinen Hypertext-Link oder eine Ressource deutet.

Wo sind Sie? (Verwendung anklickbarer Karten)

Geografisch gesehen geht eine Karte von einer Landmasse aus und unterteilt diese entlang Grenzlinien in benannte Regionen: Typischerweise könnten das Länder, Grafschaften oder andere Herrschaftsgebiete sein. Wenn man Karten im Web verwendet, sind die Grenzen in der angezeigten Grafik offensichtlich, und die Benutzer wählen einfach den Teil der Grafik aus, der ihr Interesse erweckt. Die Benutzer, die sich mit grafischen Oberflächen auskennen, haben keine Schwierigkeiten mit den Schaltflächen auf dem Bildschirm, den Icons oder den anderen Oberflächensteuerungen. Mit grafischen Karten können Sie ein einzelnes Bild, das auf einer Web-Seite angezeigt wird, mit diesen Fähigkeiten versehen.

In der Web-Sprache nennt man solche grafischen Karten üblicherweise »Bildkarten« oder »anklickbare Karten«. Wir ziehen letzteres vor, da es die wichtigen Aspekte dieses grafischen Elements betont:

1. Es unterteilt eine Grafik in getrennte Bereiche, die als Karte individueller Hyperlinks fungieren.

2. Bereiche werden ausgewählt, indem man mit dem Cursor hineingeht und auf die Maustaste klickt.

Dies sollte Sie auch auf die grundlegende Beschränkung hinweisen, die einer anklickbaren Karte innewohnt: Man braucht unbedingt einen grafischen Browser. Das Bild, das die Karte darstellt, über die der Auswahlprozeß läuft, erscheint in keinem Browser im Textmodus, Punkt. Dies bedeutet, daß für Benutzer zeichenorientierter Browser immer alternative Methoden eingerichtet werden müssen.

Ein Beispiel einer anklickbaren Karte sollte diesem Konzept ein bißchen Realität verleihen. Abbildung 13.1 zeigt eine Schaltflächenleiste, bei der jede Schaltfläche den Namen einer bestimmten Programmiersprache enthält. Dies ist Bestandteil einer Web-Seiten-Sammlung zu einer Programmiererbibliothek und dient als Gateway zu der entsprechenen Bibliothek.

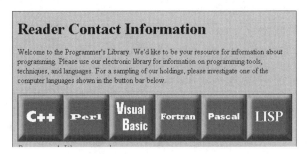

Abbildung 13.1: Eine schön etikettierte Schaltflächenleiste, die geradezu danach schreit, als anklickbare Karte verwendet zu werden

In diesem Kapitel erfahren Sie, wie man so ein Bild als anklickbare Karte verwendet und damit eine Auswahlsteuerung anbietet. Spaßeshalber haben wir die Schaltflächenleisten auf der Home-Page unserer hypothetischen Programmiererbibliothek abgebildet.

Kosmische Kartographie: Was man zur Darstellung von Karten im Web braucht

Zum Aufbau einer anklickbaren Karte braucht man drei Zutaten:

1. Erstellung (oder Auswahl) eines gebrauchsfertigen Bildes – dies könnte eine bestehende oder selbstangepaßte Grafik sein.

    Unsere Schaltflächenleiste geht von einer einfachen 3-D-Schaltfläche aus, die dann in einem Grafikprogramm sechsmal in gerader Linie dupliziert wird. Dann haben wir mit demselben Programm die Namen unserer sechs gewählten Programme eingegeben; die Namen der Programmiersprachen auf den Schaltflächen haben wir in Weiß in unterschiedlichen Schriftarten erstellt.

2. Erstellung der »Kartendatei« – dies erfordert eine schrittweise Untersuchung der Bilddatei in einem Grafikprogramm, wodurch Sie die Pixeladressen (Koordinaten) eines jeden Punkts auf den Bereichsgrenzen erhalten, die Sie erstellen wollen.

Unsere Schaltflächenleiste hat eine relativ gebräuchliche Form, also ist dies sehr leicht zu erarbeiten: Das Bild fängt in der oberen linken Ecke des Rahmens an und ist durchgehend 94 Pixel hoch. Die verschiedenen Schaltflächen variieren leicht in der Breite; daraus ergibt sich die folgende Koordinatenzusammenstellung:

```
( 0, 0)—( 94, 0)-(188, 0)-(284, 0)-(380, 0)-(474, 0)-(570, 0)
|          |        |        |        |        |        |
| Schaltfl. 1 |Schaltf. 2|Schaltf. 3|Schaltf. 4|Schaltf. 5| Schaltfl. 6 |
|          |        |        |        |        |        |
( 0, 94)-( 94, 94)-(188, 94)-(284, 94)-(380, 94)-(474, 94)-(570, 94)
```

Leider besteht die einzige Möglichkeit, diese Zahlen zu ermitteln, darin, sich die Grafik mit einem Grafikprogramm anzusehen (wir haben PaintShop PRO verwendet, ein weitgehend verfügbares Shareware-Programm für Windows).

Um die Koordinaten einzurichten, müssen Sie den Cursor auf jedem Grenzpunkt positionieren und dann die zugehörigen x- und y-Werte notieren. Genau das stellt unser kleines Diagramm oben dar: Es ist die Karteninformation für unsere Schaltflächenleiste.

3. Einrichtung der richtigen HTML-Information auf Ihrer Seite, um das Bild, die Kartendatei und ein CGI-Script zu verbinden, das die Entschlüsselung der Kartenkoordinaten durchführt, und die Verwendung dieser Information, um das richtige Link auszuwählen, dem gefolgt werden soll.

Hier zeigen wir Ihnen ganz allgemein, wie Sie dies in Ihrem HTML-Dokument zum Funktionieren bringen. Später zeigen wir Ihnen, wie Sie ein vollständiges Backend-CGI-Script erstellen, das die Pixelkoordinaten für die Kartenauswahl eines Benutzers in ein zugehöriges HTML-Link übersetzt. In diesem Kapitel behandeln wir die Techniken und das Allgemeinwissen, das man zum Aufbau einer Bildkarte und zur Erstellung von Links zwischen Kartenbereichen und HyperText-Dokumenten oder Ressourcen braucht.

Wenn Sie sich die Informationen für die Schritte 1 und 2 beschafft und eine Konvention zum Aufruf des Skripts erstellt haben, das die Koordinaten in ein Link übersetzt, wissen Sie schon das wichtigste, das Sie zum Einrichten einer anklickbaren Karte wissen müssen.

Wir schlagen vor, wie in Kapitel 12, den Namen der Bilddatei für den Namen der dazugehörigen Skriptdatei zu verwenden: Wenn das Bild also »langbar.gif« heißt, würde der Name des Skripts »langbar.exe« oder einfach »langbar« lauten. Wenn sich Ihre Skripte in einem CGI-Verzeichnis eine Ebene unter Ihren HTML-Dateien befinden, würde der zugehörige URL für dieses Script dann »/cgi/langbar« lauten.

Warnung: unterschiedliche Karten für unterschiedliche Server

Leider sind anklickbare Karten ein Thema, bei dem sich selbst die verbreitetsten *httpd*-Server – NCSA und CERN – voneinander unterscheiden. Bei der Definition von Bildkarten treten zwischen diesen Servern Unterschiede auf.

Um Ihre anklickbare Karte zum Funktionieren zu bringen, müssen Sie die Anforderungen des Servers, auf dem sich die Karte befindet, berücksichtigen. Wenn Sie diese Anforderungen nicht kennen, empfehlen wir Ihnen dringend, bei Ihrem lokalen Web-Master nachzufragen – oder wenigstens bei dem Systemverwalter für Ihren Web-Server.

Er sollte in der Lage sein, Sie mit den richtigen Informationen zu versorgen, und kann Ihnen wahrscheinlich sogar dabei helfen, nützliche Informationen über den Aufbau anklickbarer Karten in Ihrem System zu finden, die über das hinausgehen, was wir Ihnen hier mitteilen.

Außerdem können Sie sich unter dem folgenden URL an Dr. Web wenden:

http://www.stars.com/Dr.Web/

Im Rest des Kapitels gehen wir auf die Unterschiede zwischen den CERN- und NCSA-Anforderungen ein. Wenn Sie keinen dieser beiden *httpd*-Server verwenden, sollten Sie sich sofort um die Anforderungen Ihres Servers kümmern, und unsere Beispiele und Empfehlungen an die Anforderungen Ihres Servers anpassen!

Wie man in Karten mit Formen umgeht

Wenn man sich die Koordinaten zum Aufbau einer anklickbaren Karte zusammensucht, gibt es verschiedene Möglichkeiten, die Grenzen zu bestimmen. Sowohl die CERN- als auch die NCSA-Bildkartendefinitionen erkennen die folgenden Bereiche:

- Kreis (circle), wird durch die Koordinaten eines Punktes in der Mitte und der Pixelanzahl des Radius angegeben. Wählen Sie hiermit einen kreisförmigen (oder nahezu kreisförmigen) Bereich in einem Bild aus.

- Rechteck (rectangle), wird durch die Koordinaten für die obere rechte und die untere linke Ecke angegeben. Wählen Sie hiermit jeden quadratischen oder rechteckigen Bereich in Ihrem Bild aus (in unserer Karte für die Schaltflächenleiste arbeiten wir damit).

- Vieleck (polygon), wird durch die Koordinaten des höchsten Punkts einer jeden Kante angegeben. Skizzieren Sie hiermit die Grenzen regelmäßig oder unregelmäßig geformter Bereiche, die weder kreisförmig noch rechteckig sind. Es ist zwar aufwendiger, aber je mehr Punkte Sie angeben, um den Umriß zu definieren, desto mehr wird sich der Bereich beim Anklicken gemäß den Benutzererwartungen verhalten.

- Punkt (point), wird durch seine x- und y-Koordinaten angegeben. Verwenden Sie dies nur, wenn der Benutzer leicht einen bestimmten Punkt auswählen kann. Normalerweise ist dieser Bereich auf dem Bildschirm zu klein, und man braucht zur Auswahl exakte Steuerungen – wir empfehlen, einen Punkt mit einem kleinen Kreis oder Rechteck zu umgeben, damit die Benutzer ein bißchen schlampig sein dürfen.

Die Grenzenauswahl der Kartenbereiche bestimmt die Auswahl der zugehörigen Links. Auch wenn die Benutzer eine hübsch geformte anklickbare Grafik sehen, sind beim Auswahlprozeß die Bereiche entscheidend, die Sie auf der Oberfläche der Grafik skizziert haben.

Je besser die Bereiche in das Layout der Abbildung passen, desto mehr wird sich die Karte gemäß den Erwartungen der Benutzer verhalten! Und die Moral von der Geschichte ist: Nehmen Sie sich Zeit, und verwenden Sie im Zweifelsfall eher mehr als weniger Punkte, um etwas zu skizzieren!

Aufbau von und Verbindung zu CERN-Kartendateien

Kartendateien für CERN-*httpd*-Server sehen im allgemeinen irgendwie so aus:

default URL
circle (x,y) r URL
rectangle (x1,y1) (x2,y2) URL
polygon (x1,y1) (x1,y2) (x3,y3) ... (xn,yn) URL
```
point (x,y) URL
```

Die Formen sind ziemlich selbsterklärend, abgesehen vom Vieleck, das einen Versuch darstellt, den Umriß eines Bereichs durch die Verbindung mehrerer Punkte zu skizzieren. Wenn das für Sie wie »Malen nach Zahlen« klingt, haben Sie das Prinzip verstanden! HINWEIS: Denken Sie daran, Ihre Vielecke zu schließen; vergewissern Sie sich, daß das letzte Segment die Lücke zwischen Ihrem ersten und letzten Punkt füllt.

Ein weiterer geheimnisvoll erscheinender Eintrag ist die Voreinstellung (default) mit ihrem dazugehörigen URL: Sie muß so definiert werden, daß immer noch eine absturzsichere Verbindung ausgewählt werden kann, auch wenn der Benutzer auf einen in der Karte nicht definierten Standort klickt. Dies könnte ein Script sein, das eine der folgenden Meldungen an den Benutzer zurücksendet: »Klicken Sie innerhalb der Linien!« oder »Sie haben einen nicht definierten Bildbereich ausgewählt. Versuchen Sie es noch mal!«

Die Kartendatei für die Schaltflächenleiste

Für unser Beispiel mit der Schaltflächenleiste würde also die CERN-Karte so aussehen:

```
rectangle (0,0) (94,94) HTML4D/examples/cplus.html
rectangle (94,0) (188,94) HTML4D/examples/perl.html
rectangle (188,0) (284,94) HTML4D/examples/vb.html
rectangle (284,0) (380,94) HTML4D/examples/fortran.html
rectangle (380,0) (474,94) HTML4D/examples/pascal.html
rectangle (474,0) (570,94) HTML4D/examples/lisp.html
default HTML4D/examples/nolang.html
```

Da die Schaltflächenleiste eine Zusammenstellung von Rechtecken darstellt, kann man die Koordinaten ganz leicht ausfüllen (warum glauben Sie denn, daß wir dieses Beispiel gewählt haben?). Dann bieten wir einen vorangestellten Link zur »nolang«-Seite an, falls jemand unbedingt außerhalb der hübschen kleinen Kästchen bleiben will, die wir zum Spielen aufgestellt haben! Beachten Sie bitte auch, daß wir hier URLs in Relation zum Standort des aktuellen Dokuments im Dateisystem des Servers verwendet haben. In absoluten URLs findet man zwar leichter Fehler, und sie sind einfacher wiederzufinden, aber relative URLs sind in der Eingabe weniger aufwendig. Hauen Sie in die Tasten, und nehmen Sie Ihre Chancen wahr!

Erstellung und Speicherung von Kartendateien

Die Kartendatei kann mit jedem einfachen Texteditor erstellt werden, sie sollte aber in einem speziellen Verzeichnis für Ihre Kartendefinitionsdateien auf dem Server gespeichert werden. In diesem Beispiel nennen wir die Datei »langbar.map« und speichern sie, zusammen mit unseren ganzen anderen Karten, im Verzeichnis /HTML4D/maps.

Sowohl bei CERN- als auch bei NCSA-Servern müssen Bildkarten in einem bestimmten Teil des Dateisystems gespeichert werden. Lassen Sie sich von Ihrem Verwalter oder Web-Master sagen, wo das ist und ob Sie Schreibrechte besitzen.

Die Verwendung von Kartendateien

Um eine Kartendatei mit dem CERN-*httpd* zu verwenden, muß auf Ihrem System bereits ein Programm vorliegen, das Bildkarten verarbeitet. Dieses Programm heißt »htimage«; es liegt den Materialien bei, die mit dem CERN-*httpd* ausgeliefert werden. Wenn es nicht installiert wurde, müssen Sie das nachholen, um auf Ihrem System mit Bildkarten arbeiten zu können. Sobald es zur Verfügung steht, müssen Sie auch wissen, wie man das Programm auf dem Server aufruft. In diesem Beispiel gehen wir davon aus, daß es sich auf dem Verzeichnispfad »/bin/cgi/« befindet.

Definieren einer anklickbaren Karte in Ihrem HTML-Dokument

Sobald die Karte definiert und am richtigen Standort gespeichert wurde, ist es an der Zeit, alle drei Elemente in Ihrer HTML-Datei zusammenzubinden. Und das geht so:

```
<A HREF="/bin/cgi/htimage/HTML4D/maps/langbar.map">
<IMG SRC="HTML4D/gifs/langbar.gif" ISMAP>
</A>
```

In dieser Reihe von Anweisungen passiert folgendes:

1. Der Öffnungs-Anker-Tag kombiniert den Standort »htimage«, der die Koordinaten in den URL übersetzt, mit der vollständigen Spezifikation der Kartendatei. Obwohl es keinen Leerraum zwischen dem Programmnamen (»htimage«) und der Spezifikation der Kartendatei gibt, weiß der Server trotzdem, was er tun muß.

2. Der IMG-Tag zeigt auf die Grafik der Schaltflächenleiste, fügt aber das Attribut ISMAP hinzu und zeigt so an, daß es sich um eine anklickbare Karte handelt.

3. Der Abschluß-Anker-Markierung </A> zeigt an, daß die von IMG angegebene Grafik das Ziel der Kartendatei ist, die in der Öffnungs-Anker-Markierung angegeben wurde.

Das war's! Wenn Sie sich vergewissert haben, daß alle richtigen Teile auf Ihrem CERN-Server vorhanden sind, können Sie es selbst versuchen.

Aufbau von und Verbindung zu NCSA-Kartendateien

Kartendateien für NCSA-Httpd-Server sehen denen für CERN-Server furchtbar ähnlich, aber trotzdem gibt es ein paar Unterschiede. Im allgemeinen sehen sie irgendwie so aus:

```
default URL
circle URL x,y r
rect URL x1,y1 x2,y2
poly URL x1,y1 x1,y2 x3,y3 ... xn,yn
point URL x,y
```

Die Formen sind dieselben wie bei der CERN-Ausprägung und werden auch durch dieselbe Koordinatenart definiert, aber die Namen sind kürzer, und die URLs tauchen in der Attributliste zuerst und nicht zuletzt auf. Auch die Voreinstellung funktioniert hier genauso: Sie soll die Leute führen, die außerhalb des Bildrahmens anklicken.

Die Kartendatei für die Schaltflächenleiste

Für unser Beispiel mit der Schaltflächenleiste würde die NCSA-Karte so aussehen:

```
rect HTML4D/examples/cplus.html (0,0) (94,94)
rect HTML4D/examples/perl.html (94,0) (188,94)
rect HTML4D/examples/vb.html (188,0) (284,94)
rect HTML4D/examples/fortran.html (284,0) (380,94)
rect HTML4D/examples/pascal.html (380,0) (474,94)
rect HTML4D/examples/lisp.html (474,0) (570,94)
default HTML4D/examples/nolang.html
```

Abgesehen von einer geringfügigen Änderung im Formnamen (rect statt rectangle) und einer Neuordnung der Argumente (zuerst der URL und dann die Koordinaten) sieht es fast genauso aus wie die CERN-Variante.

Erstellung und Speicherung von Kartendateien

Die NCSA-Kartendatei kann, ebenso wie die CERN-Variante, mit jedem einfachen Texteditor erstellt werden. Sie sollte ebenfalls in einem speziellen Verzeichnis für Ihre Kartendefinitionsdateien auf dem Server gespeichert werden. In diesem Beispiel verwenden wir ebenfalls den Dateinamen »langbar.map« und speichern diese Datei, zusammen mit unseren ganzen anderen Karten, im selben Verzeichnis /HTML4D/maps.

Die Verwendung von Kartendateien

Um eine Kartendatei mit dem NCSA-*httpd* zu verwenden, muß genauso wie bei CERN auf Ihrem System bereits ein Programm vorliegen, das Bildkarten verarbeitet. Dieses Programm heißt »imagemap«; es liegt den Materialien bei, die mit dem NCSA-*httpd* ausgeliefert werden. Wenn es nicht installiert wurde, müssen Sie das nachholen, um auf Ihrem System mit Bildkarten arbeiten zu können. Außerdem sollten Sie überprüfen, ob Sie die neueste Version haben; vergleichen Sie die Information auf

http://hoohoo.ncsa.uiuc.edu/docs/setup/admin/imagemap.txt

mit den Informationen über die Installation auf Ihrem Server. Falls die Daten auf dem NCSA-Server aktueller sind, holen Sie sich die Datei, benennen Sie sie um in »imagemap.c«, und kompilieren Sie sie neu. Werfen Sie dann die alte Version weg, und arbeiten Sie statt dessen mit der neuen.

Sobald »imagemap« zur Verfügung steht, müssen Sie auch wissen, wie man das Programm auf dem Server aufruft. In diesem Beispiel gehen wir davon aus, daß es sich auf dem Verzeichnispfad »/bin/cgi/« befindet.

Definieren der anklickbaren Karte in Ihrem HTML-Dokument

Sobald die Karte definiert und am richtigen Standort gespeichert wurde, ist es wieder an der Zeit, alle drei Elemente in Ihrer HTML-Datei zusammenzubinden, diesmal allerdings auf dem NCSA-Weg. Und das geht so:

```
<A HREF="/bin/cgi/imagemap/HTML4D/maps/langbar.map">
<IMG SRC="HTML4D/gifs/langbar.gif" ISMAP>
</A>
```

In dieser Reihe von Anweisungen passiert folgendes:

1. Die Öffnungsmarkierung kombiniert den Standort »imagemap«, der die Koordinaten in den URL übersetzt, mit der vollständigen Spezifikation der Kartendatei. Obwohl es keinen Leerraum zwischen dem Programmnamen (»imagemap«) und der Spezifikation der Kartendatei gibt, weiß der Server trotzdem, was er tun muß.

2. Die IMG-Markierung zeigt auf die Grafik der Schaltflächenleiste, fügt aber das Attribut ISMAP hinzu und zeigt so an, daß es sich um eine anklickbare Karte handelt.

3. Die Endmarkierung </A> zeigt an, daß die von IMG angegebene Grafik das Ziel der Kartendatei ist, die in der Öffnungsmarkierung angegeben wurde.

Das war's! Wenn Sie sich vergewissert haben, daß alle notwendigen Bestandteile auf Ihrem NCSA-Server vorhanden sind, können Sie es auch versuchen.

Obwohl die Unterschiede zwischen beiden httpd-Versionen vielleicht trivial erscheinen – dieser Ansicht sind übrigens auch wir –, sind sie trotzdem entscheidend für die Erstellung anklickbarer Karten, die dann auch tatsächlich funktionieren. Wenn es ganz allgemein um Computer und um das Web im besonderen geht, liegt der Teufel im Detail. Wenn Sie Ihre Details nicht auf die Reihe kriegen, erscheint Ihnen alles wie verhext!

»Die Karte zu besitzen, heißt nicht, das Gebiet eingenommen zu haben«

Obwohl Alfred Korzybski nicht an anklickbare Karten dachte, als er den Satz aus der Überschrift dieses Abschnitts ausrief, sollte man dennoch darüber nachdenken. Da nicht alle Ihre Benutzer eine Bildkarte sehen können, sollten Sie ihnen dieselben Auswahlmöglichkeiten zur Verfügung stellen, die auch Ihre grafikfähigen Benutzer in visueller Form erhalten. Aber wie stellen Sie das am besten an?

Da Sie in der Bildkarte ein Feld mit Auswahlmöglichkeiten anbieten, können Sie genauso unter dem Bild gleichartige Links auf Textbasis einbauen. Die HTML dafür würde dann so aussehen:

```
<HTML>
<HEAD>
<TITLE> Programmer's Library </TITLE>
<!- dieses Dokument heißt plb-home.html ->
</HEAD>
<BODY>
<H1>Leser-Kontaktinformation</H1>
Willkommen zur Programmer's Library. Wir wären gerne Ihre Quelle für
Informationen über Programmierung. Bitte verwenden Sie unsere Bibliothek
mit Informationen über Programmierwerkzeuge, Techniken und Sprachen.
Wählen Sie eine der nachfolgend aufgeführten Programmiersprachen:
<P>
<!- wir gehen davon aus, daß ein CERN-httpd-Server in Betrieb ist ->
<A HREF="bin/cgi/htimage/HTML4D/maps/langbar.map">
<IMG SRC="langbar.gif" ISMAP>
</A>
<P>
<A HREF="cplus.html">C++</A>|
<A HREF="perl.html">Perl</A>|
<A HREF="vb.html">Visual Basic</A>|
<A HREF="fortran.html">FORTRAN</A>|
<A HREF="pascal.html">Pascal</A>|
<A HREF="lisp.html">LISP</A>
<P>
<ADDRESS>
Programmer's Library-Beispiel<BR>
<I>HTML für Dummies</I> Chapter 13-1 3/23/95<BR>
http://www.noplace.com/HTML4D/usr-inf.html
</ADDRESS>
</BODY></HTML>
```

Wie Abbildung 12.3 zeigt, ist das Ergebnis eine Textleiste direkt unter der Grafik, die dieselben Auswahlmöglichkeiten anbietet wie die Grafik. Benutzer mit grafischen Browsern werden sich durch diese Redundanz nicht gestört fühlen, und Browser im Zeichenmodus sehen ein vernünftiges Faksimile dessen, was ihre grafisch bevorzugten Brüder etwas bunter sehen. Wir nennen dies die Kunst des Kompromisses in Vollendung!

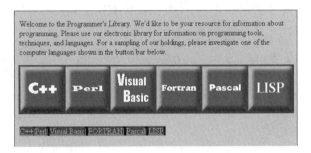

Abbildung 13.2: Eine Alternative auf Textbasis in Kombination mit der Schaltflächenleiste läßt allen dieselben Informationen zukommen.

Über anklickbare Karten und URLs

Grafische Links können manchmal mit relativen URL-Angaben in HTML-Dokumenten Unfug treiben. Eine unvorhergesehene Nebenwirkung der Link-Verfolgung durch ein kartenlesendes Script – zur Karte und zurück zur Zielseite – kann eine völlige Verstümmelung des Kontextes sein, in dem die URLs angesprochen werden. Auf deutsch heißt das, daß es ungemein sinnvoll ist, in HTML-Dokumenten, die auch anklickbare Karten enthalten, mit vollständigen URLs statt mit relativen Verweisen zu arbeiten.

Eine andere Lösung wäre eine <BASE>-Markierung innerhalb der Markierung <HEAD>...</HEAD> einzubinden, die den URL des Dokuments beinhaltet, in dem er enthalten ist. Dies zwingt den Server, das Verzeichnis, in dem sich das aktuelle Dokument befindet, als voreingestellten Kontext für relative Verweise zu behandeln, sogar dann, wenn mit Verweisen in anklickbaren Karten gearbeitet wird.

So oder so, man läßt bei der Verwendung relativer URL-Verweise in Dokumenten mit anklickbaren Karten aber besser Vorsicht walten. Sie sollten es entweder ganz sein lassen oder unbedingt mit dem <BASE>-Tag arbeiten. Eine »Relative Verweise«-Depression heilt man am besten dadurch, daß man dem Ärger von vornherein aus dem Weg geht!

Machen Sie sich fertig, im nächsten Kapitel ist echte Action angesagt; dort müssen Sie endlich die Ärmel hochkrempeln und Hand an die Back-End-Seite der Web-Umgebung legen. Hier gibt es die Informationen darüber, was bei CGI-Skripts, eingabeverarbeitenden Programmen für Formulare, Suchmaschinen und anderen Tools geschieht, die die Funktionalität des Web erweitern. Ziehen Sie sich lieber warm an!

Es geht aber auch anders!

Mit der Einführung von HTML 3.2 wurde die »Usemap« eingeführt, die uns den lästigen Umweg über eine CGI-Kartendatei erspart.

Hierzu wurde der Befehl »MAP« eingeführt. Die Vorgehensweise ist zwar vergleichbar mit dem Erstellen einer Imagemap, die mit einem CGI-Skript verknüpft wird, in der Praxis bleibt Ihnen jedoch erspart das entsprechende Skript zu erstellen.

Darüber hinaus untersagen die meisten Provider - zumindest Ihren privaten Nutzern - die Möglichkeit eigene CGI-Skripte auf dem Server zu installieren.

Wie wird nun so eine »Usemap« erstellt?

Sie müssen, wie in den vorherigen Beispielen, die Koordinaten der anzuklickenden Bereiche herausschreiben. Danach weisen Sie der »Usemap« einen Namen zu, den Sie sowohl innerhalb des Befehls »MAP«, der die Koordinaten und die zugehörigen Links verwaltet, als auch bei der Definition der Grafik in »IMG« verwenden.

Hier wird der Name der »Usemap« mit dem gleichnamigen Attribut angegeben. Im Gegensatz zum »MAP«-Befehl, wird dem Namen beim »USEMAP«-Attribut des »IMG«-Befehls eine Raute (#) vorangestellt.

Zur Definition der klicksensitiven Bereiche stehen Ihnen folgende Formen zur Verfügung:

- ✔ circle (=Kreis): Um einen Kreis als Sprungmarke innerhalb einer Usemap zu definieren, ermitteln Sie die Koordinaten seines Mittelpunktes (x,y) und den zugehörigen Radius (r). Die jeweiligen Zahlen werden durch Kommata voneinander getrennt.

- ✔ polygon (= Vieleck): Für die Definition eines Vielecks beliebiger Form werden die Koordinaten der jeweiligen Eckpunkte angegeben, wobei zu beachten ist, daß die Angaben in der richtigen Reihenfolge gemacht werden.

- ✔ rect (= Rechteck): Ein Rechteck definieren Sie einfach durch die Angabe der beiden Eckpunkte links oben und rechts unten.

Bei der Definition der Koordinaten ist zu beachten, daß einige Browser keine Leerzeichen zwischen den einzelnen Zahlen bzw. Kommata akzeptieren!

Die Beschreibung der Form erfolgt mit Hilfe des Attributes SHAPE innerhalb des AREA-Befehls. Zusätzlich zur Form müssen Sie dem Browser die Koordinaten und den URL des Zieldokumentes mitteilen.

Sehen Sie im folgenden Abschnitt ein Beispiel für eine »USEMAP«, sowohl als HTML-Code als auch als Screenshot.

```
<HTML>
<HEAD><TITLE>USEMAP-TEST</TITLE></HEAD>
<BODY>
<MAP NAME = "usemap-test">
```

```
<AREA SHAPE = rect coords = 17,40,100,111   HREF = "rechteck.htm">
<AREA SHAPE = polygon coords = 181,28,243,28,213,90  HREF = "dreieck.htm">
<AREA SHAPE = circle coords = 157,141,36 HREF = "kreis.htm">
</MAP>
<IMG SRC="map-gif.gif" USEMAP = "#usemap-test"><BR>
Klicken Sie eine der drei Formen an, um dieses Dokument zu verlassen!
</BODY></HTML>
```

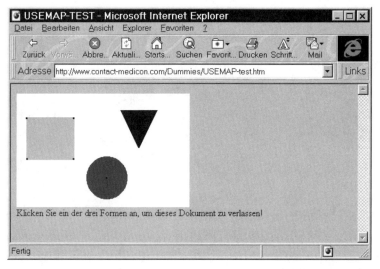

Abbildung 13.3: Eine »USEMAP« in Aktion – kein CGI-Skript und keine langen Ladezeiten!

Verrenken Sie sich den Hals! HTML-Erweiterungen

14

In diesem Kapitel

- Erkennen, was nicht effektiv ist
- Erweiterungen der Standardprozesse
- Kommende HTML-Attraktionen
- Herstellerbedingt: Erweiterungen
- HTML nach den Regeln spielen ... oder doch nicht?

Mittlerweile haben Sie wahrscheinlich genug HTML gesehen oder selbst geschrieben, um zu wissen, daß man ab und zu leicht mal einen Fehler macht. Falls es Ihnen noch nicht aufgefallen sein sollte, die meisten Browser sind in dieser Hinsicht glücklicherweise sehr nachsichtig. Vielleicht haben Sie ja geglaubt, Sie hätten eine besonders aufgeschlossene Software erwischt, aber das gehört eigentlich zur Funktionsweise der HTML-Verarbeitung: Die Spezifikationen erfordern, daß alle HTML-Markierungen, die nicht erkannt werden, einfach ignoriert werden.

Natürlich gehen viele Browser noch weiter. Die neueren können sogar die Fehlbarkeit der nur zu menschlichen Autoren berücksichtigen, die HTML-Dokumente schreiben. Das bedeutet unter anderem, daß einige Browser wohlbegründete Vermutungen darüber anstellen, wo fehlende Abschlußmarkierungen hingehören – sie vermuten beispielsweise, daß die Abschluß-Anker-Markierungen </A> an das Ende des nächsten Wortes oder Zeilenumbruchs nach der Öffnungs-Anker-Markierung <A> gehört.

Allerdings kann man nicht alle Browser über einen Kamm scheren – manche erkennen Markup-Tags, andere nicht. In manchen Fällen kann das daran liegen, daß der eine Browser den aktuellen Zusätzen zu einer HTML-Spezifikation genauer gefolgt ist als ein zweiter. In anderen Fällen – wie Sie weiter hinten in diesem Kapitel noch erfahren werden – bedeutet das, daß ein Browser vielleicht seine eigenen, einmaligen HTML-»Verbesserungen« zusätzlich zum Standard-Markup erkennt.

Wenn Ihr Browser es nicht sehen kann, ist es dann wirklich vorhanden?

Ihr Browser erkennt HTML-Markup und zeigt es am Bildschirm an, oder er erkennt etwas nicht und übergeht diese Markierungen vollständig. Das führt zu der interessanten Frage, mit der dieser Abschnitt betitelt ist. Außerdem erklärt es, weshalb manche Browser beliebter sind als andere. Unterm Strich läuft es jedoch auf dasselbe hinaus. Wenn Ihr Browser eine Markierung nicht erkennen kann, tut er so, als ob sie nicht da wäre.

Dieses Verhalten läßt die Browser den Inhalt auf ihre eigene Weise abbilden, anstatt einfach auszulassen was in den Tags steht, die nicht dem Standard entsprechen. Es führt allerdings zu ein paar Inkonsistenzen unter den Browsern, so daß Sie nie wissen, wie eine Seite aussehen wird, bis Sie sie auf dem Bildschirm sehen. Diese Unterschiede zwischen Browsern können manchmal subtil sein – Netscape läßt beispielsweise auf den Seiten mehr Leerraum als Mosaic. Falls wir immer noch nicht genug gesagt haben, sollten Sie Ihre Web-Seiten mit so vielen Browsern wie möglich testen und immer einen reinen Text-Browser in Ihren Test mit aufnehmen.

Der Stand der HTML-Kunst

HTML wird von einer Standardspezifikation für jede Version geregelt: Wir haben diese bereits in Kapitel 6 als Dokumententyp-Definitionen (DTDs) für die HTML-Versionen 1.0, 2.0 und 3.0 besprochen. Die derzeit aktuelle Versionsnummer ist 4.0. An diesem Punkt müssen Sie jedoch verstehen, wie der Prozeß der Standardisierung funktioniert, um zu begreifen, weshalb Browser aus sehr guten Gründen Unterschiede aufweisen können, obwohl sie angeblich den(die)selben HTML-Standard(s) unterstützen.

Eine »einfache Erklärung« für die Browser-Vielfalt

Die einfache Erklärung für die Unterschiede bei den Browsern liegt darin, daß alle Browser den Standards auf verschiedene Arten folgen. Wenn Ihnen solche Dinge wichtig sind, lesen Sie bitte den Absatz »Warum haben Computerstandards Ähnlichkeit mit Muscheln?«. Wenn Sie das weniger interessant finden, können Sie diesen Absatz übergehen und bei »Was hat HTML auf Lager?« weiterlesen.

Wenn man mit sich fortentwickelnden Standards arbeitet, führt das in bezug auf Computerprogramme, wie beispielsweise Web-Browser, zu den folgenden Annahmen:

✔ Normalerweise kann man sicher davon ausgehen, daß jede neue Implementierung den aktuellen offiziellen (eingefrorenen) Standard vollständig ersetzt.

✔ Entwickler übernehmen Leistungsmerkmale und Funktionen, die bei in der Entwicklung befindlichen Standards bereits vorhanden sind. Das trifft aus einer Vielzahl von Gründen zu, ausgehend vom persönlichen Geschmack bis hin zum festen Glauben, daß bestimmte Leistungsmerkmale mehr oder weniger garantiert im »neu herauskommenden Standard« sind, wenn er schließlich offiziell wird. Daß das nicht immer klappt, zeigt das Beispiel der »Layertechnik«, mit der sich Netscape etwas zu weit aus dem Fenster gelehnt hat.

✔ Einige Entwickler fügen sogar Leistungsmerkmale und Fähigkeiten außerhalb des Standards hinzu. Dies kann von Verhaltensweisen, die Teile eines bestehenden Standards abändern, bis hin zu Verhaltensweisen reichen, die neue Funktionen oder Steuerungen einbringen, die noch nie Bestandteil eines Standards waren.

Dieses Vorgehensmuster kommt häufig bei industrieller Software vor, beispielsweise bei Netzwerkprotokollen wie TCP/IP, das das Web zur Netzwerkkommunikation nutzt, bis hin zu Compilerimplementierungen für Programmiersprachen wie FORTRAN und C, die ebenfalls von Standards geregelt werden. Das kann ziemlich verwirrend werden, es spiegelt aber wider, wie der »Stand der Kunst« bei allen Computeraktivitäten lebt und atmet.

Es lebe der Unterschied: Wertzuwachs ... oder mehr Durcheinander?

Es gibt sogar einige Zyniker, die glauben, daß die Hersteller die Standards »aufpeppen«, um damit die zukünftige Entwicklung der Standards zu beeinflussen. Die Hersteller ihrerseits verteidigen ihre Vorgehensweise als »Wertzuwachs« am Standard, um ihre Produkte für die Benutzer attraktiver zu gestalten. Das heißt auf deutsch, daß sie ihre Browser absichtlich unterschiedlich gestalten, um damit einzigartige Fähigkeiten zu erreichen, für die die Leute extra zahlen.

Warum haben Computerstandards Ähnlichkeit mit Muscheln?

Standards entwickeln sich ständig weiter und haben daher große Ähnlichkeit mit Muscheln. Die Muschel baut immer auf ihrer Schale auf, sie erweitert die Mauern ihres aktuellen Wohnraums, während sie die inneren Schalen, aus denen sie ständig herauswächst, herauszieht und versiegelt. Ein Standard ist eigentlich noch kein Standard, solange die Kammer noch nicht oben und unten versiegelt ist; dies ist dann der Punkt, an dem sich nichts mehr verändern kann.

Standards ähneln auch dahingehend der Muschel, daß es immer einen aktuellen, offiziellen Standard in Gebrauch gibt, während sich gleichzeitig die nächste Version in der Entwicklung befindet. In bezug auf Standards ist HTML ein bißchen ehrgeiziger als die meisten, da es mit zwei Kammern gleichzeitig arbeitet. Während die DTD und die Spezifikation für HTML 2.0 ihrer Vervollständigung zustrebten (da Dan Conolly von HaL Software Systems zur W3 Organisation gewechselt hat, um die Arbeit zu beenden), waren bereits entscheidende Arbeiten an einer 3.0-Version am Laufen (unter der Führung des unerschütterlichen Dave Ragget von Hewlett-Packard in Großbritannien). Dadurch konnten Entwickler aus einer Menge Optionen auswählen, wenn sie »neu herauskommende Standards« verfolgten und implementieren wollten, noch bevor sie abgeschlossen waren.

Man kann schwer sagen, ob die Unterschiede ein Versuch sind, neue Standards vorwegzunehmen, oder ob sie versuchen, absichtlich die Benutzer anzusprechen. Wir würden diesem heißen Thema gerne ausweichen und die Gelegenheit wahrnehmen, Sie zu warnen, daß Standards wie die Heilige Schrift oder das Gesetzbuch sind – das heißt, sie unterliegen der Interpretation um einen Kern verbreiteten Glaubens (oder »offiziellen Standards«) und neigen dazu, sich stark voneinander zu unterscheiden, obwohl sie alle von der gleichen Grundlage ausgehen.

Was hat HTML auf Lager?

Im allgemeinen haben die zukünftigen HTML-Versionen folgendes auf Lager:

- ✔ zusätzliche neue Markup-Tags, die hochentwickelte Layout- und Formatierungsfähigkeiten unterstützten
- ✔ das Veralten einfacherer, weniger nützlicher Markups

Jetzt heißt es »demnächst« für HTML 4.0

Das bedeutet bei HTML 4.0, daß es eine erweiterte Formularunterstützung gibt und daß wenig genutzte Formatierungskommandos ausgemustert werden – beispielsweise »veraltete« Markierungen wie <XMP>, <PLAINTEXT> und <LISTING>, die jetzt alle vom <PRE>-Tag abgelöst werden. HTML 4.0 unterstützt darüber hinaus Style-Sheets. Was das genau ist, erfahren Sie weiter unten.

Sie fragen sich vielleicht, wer über die Zukunft von HTML entscheidet. Diese liegt in der Hand der HTML-Arbeitsgruppe; diese Gruppe besteht aus Forschern, die sich mit der Erörterung und Entwicklung von HTML-Standards (einschließlich 3.0 und 4.0) über eine Mailing-Liste auf html-wg@oclc.org befassen.

Um zu überprüfen, wie der aktuelle Stand von HTML ist, sollten Sie sich einmal mit den folgenden URLs beschäftigen:

DTD und Terminologie zu HTML 4.0 (HTML 4.0 Working Draft Release)

```
http://www.w3.org/TR/WD-html40/
```

Wenn Sie sich diese URL ansehen, finden Sie wahrscheinlich auch Links zu neuen Spezifikationen und anderen in Entwicklung befindlichen HTML-Projekten.

Einige HTML-Erweiterungen außerhalb des Standards

Die Leute bei Netscape Communications sind die Entwickler von Netscape, einem hochfunktionellen, grafisch orientierten Web-Browser. Heutzutage wird Netscape allgemein als der beliebteste Browser angesehen, der im Internet verwendet wird. Allerdings sind ihm die Entwickler von Microsoft dicht auf den Fersen. Der Systemverwalter bei Netscape hat bereits über eine Million Empfangsversuche für die neueste Version ihres Browsers aufgezeichnet, obwohl er erst seit zwei Monaten verfügbar ist.

Heute sind Netscape und Microsoft die einzigen Browser-Entwicklungsfirmen, die wir kennen, die HTML mit zusätzlichen Fähigkeiten außerhalb der Bemühungen der Standards versehen. Obwohl diese Erweiterungen zu attraktiveren Seiten führen, wenn Sie die jeweiligen Browser benutzen, tun sie gar nichts für die anderen Browser. Erklärt das vielleicht die zunehmende Beliebtheit des »Communicators« bzw. des »Internet Explorers«? Naja, wir glauben nicht, daß die HTML-Erweiterungen der einzige Grund für den Erfolg von Netscape - und schon gar nicht von Microsoft - sind, aber auf jeden Fall gibt es da draußen jede Menge Browser, die jeden Tag benutzt werden und die diese exotischen Leistungsmerkmale nicht verstehen und wiedergeben können.

Die HTML-Veränderungen der »beiden Grossen«

Wir wollen das veränderte und neue Markup von Netscape und Microsoft genauso wie das Markup in Kapitel 7 in alphabetischer Reihenfolge angehen. Im folgenden URL erhalten Sie Einblick in eine »ver-Web-te« Version der Mozilla-DTD (eine Kreuzung zwischen »Mosaic« und »Godzilla« – kapiert?):

`http://www.hal.com/~markg/docs/SGML/MOZILLA/DTD-HOME.html!`

Wenn es sich nur um die Erweiterung von bestehenden HTML-Markierungen handelt, behandeln wir nur die zusätzlichen Attribute (in Kapitel 7 können Sie die bereits definierten Attribute für diese Kommandos nachlesen). Bei neuen Kommandos liefern wir auch Definitionen und Stil-/Verwendungsvorschläge.

Also los:

<HR> Horizontaler Strich

Definition

Der Internet Explorer von Microsoft erlaubt seit der Version 3.0 auch die farbige Darstellung von horizontalen Linien.

Neue Attribute:

COLOR=("#rrggbb"|"farbe")

Die Trennlinie wird in der Farbe dargestellt, die dem Browser mit Hilfe des COLOR-Attributes mitgeteilt wird. Es ist sinnvoll, dieses Attribut mit der NOSHADE-Anweisung zu verbinden.

`<LI>` Listenpunkt

Definition:

Definiert ein Element in einer HTML-Liste. Dieser Befehl wurde von Netscape um das Attribut TYPE erweitert.

Attribute:

TYPE=("DISC"|"CIRCLE"|"SQUARE")

>Mit TYPE können Sie den Anzeigetyp für Listenelemente einstellen. Wenn TYPE eine dieser Formen definiert, folgt der Listenpunkt der erweiterten `<UL>`-Definitionen.

Kontext:

`<LI>` ist innerhalb der folgenden Markierungen zulässig:

>`<DIR>` `<MENU>` `<OL>` `<UL>`

`<LI>` eine alleinstehende HTML-Markierung ist, daher kann keine weitere Markierung darin verwendet werden.

Stil-/Verwendungs-Vorschlag:

Zum Absetzen von Elementen in Listen.

`<UL>`...`</UL>` Ungeordnete Liste

Definition:

Eine Liste ungeordneter Punkte mit Aufzählungssymbolen. Wie schon bei dem Befehl `<LI>`, kann das TYPE-Attribut auch direkt bei der Definition der Liste eingestellt werden. Die Darstellung von alternativen Aufzählungszeichen wird derzeit nur von Netscape Browsern untersützt.

Attribute:

TYPE=("DISC"|"CIRCLE"|"SQUARE")

>TYPE steuert die Form der Aufzählungssymbole einer Liste in der aktuellen Ebene; dies variiert üblicherweise entsprechend der voreingestellten Formauswahl des Browsers für die aktuelle Listenebene (bei verschachtelten Listen). Die Formbezeichner sind selbsterklärend, also gehen wir auch nicht weiter darauf ein (wenn Sie neugierig sind, können Sie sie ja ausprobieren).

Kontext:

`<UL>`...`</UL>` ist innerhalb der folgenden Markup-Tags zulässig:

>`<BLOCKQUOTE>` `<BODY>` `<CENTER>` `<DD>` `<FORM>` `<LI>`

Innerhalb der Tags `<UL>`...`</UL>` darf nur die Markierung `<LI>` verwendet werden:

Stil-/Verwendungs-Vorschlag:

Wir nehmen an, zur Erstellung attraktiv angeordneter Aufzählungslisten mit Aufzählungssymbolen.

<WBR> Trennung von Wörtern

Definition:

In einem <NOBR>...</NOBR>-Textblock kann ein möglicher Zeilenumbruch markiert werden. Sollte ein Umbruch am Ende einer Zeile notwendig werden, so findet dieser an der vom Programmierer vorgesehenen Stelle statt. Dieses Feature wird zur Zeit nur von Netscape-Browsern umgesetzt.

Attribute:

Keine

Kontext:

<WBR> ist innerhalb der folgenden Markierungen zulässig:

<A> <ADDRESS> <B> <BLINK> <BLOCKQUOTE> <BODY> <CENTER> <CITE> <CODE> <DD> <DT> <EM> <FONT> <FORM> <H*> <I> <KBD> <LI> <NOBR> <P> <SAMP> <STRONG> <TT> <VAR>

Da <WBR> ein alleinstehender Tag ist, kann keine Markierung darin verwendet werden.

Stil-/Verwendungs-Vorschlag:

Zum Markieren eines optionalen Umbruchs in einem <NOBR>-Text.

Die Gefahren der (In)Kompatibilität

Da gibt es diejenigen, die leidenschaftlich argumentieren, daß Erweiterungen an jedem Standard eine gute Sache sind, sei sie nun von einem Hersteller entwickelt oder allgemein angepaßt. Sie geben den Benutzern die Möglichkeit, neue und hoffentlich interessante Fähigkeiten auszuprobieren, und liefern eine Plattform für einen »informierten Konsens« über das, was wirklich im nächsten Standard enthalten sein sollte. Man argumentiert folgendermaßen: »Auf lange Sicht hilft das, die Dinge besser zu gestalten.«

Wir betrachten Herstellererweiterungen allerdings mit gemischten Gefühlen: Es ist wahr, sie können den Stand der Kunst vorantreiben, aber durch sie entsteht auch die »Haben-wir«- und »Haben-wir-nicht«-Front im Web. Das heißt, daß die Leute mit dem richtigen Browser aus dem Vollen schöpfen können, die anderen jedoch, die nicht die richtige Software haben, den Kürzeren ziehen. Obwohl diese Unterteilung im Web genauso unvermeidbar ist wie anderswo auf der Welt, heißt das noch lange nicht, daß wir auch damit einverstanden sein müssen!

Das einzig wirklich rationale Argument, das wir gegen die Verwendung solcher Erweiterungen finden können, besteht darin, daß das Testen der Seiten dadurch verkompliziert wird. Da manche Browser nicht alles verarbeiten können, andere wiederum schon, müssen Sie Ihre Seiten in beiden Umgebungen testen, um sicher zu sein, daß Ihre Seiten auf beiden Seiten der Bahngleise gleich gut funktionieren. Wenn Sie das richtig angehen, bedeutet das mehr Arbeit für Sie. Aber da Sie mit HTML sowieso machen können, was Sie wollen, lassen wir *Sie* entscheiden!

Interessant ist an dieser Stelle, daß inzwischen im Internet eine Initiative gegründet wurde, die sich dafür einsetzt HTML-Dokumente so zu erstellen, daß die Inhalte keinem Betrachter vorenthalten werden.

Der URL der »Kampagne für ein nicht browserspezifisches WWW« lautet:

http://www.anybrowser.org/campaign/anybrowser_de.html

Dies beschließt unsere Besprechung der HTML-Innereien. Das Thema wird zwar nie in Vergessenheit geraten, aber in den folgenden Kapiteln gehen wir zur Back-End- bzw. Server-Seite der Web-Welt weiter. Sie werden uns zustimmen, daß Sie bessere Web-Seiten aufbauen und die vom Web angebotenen Dienste voll ausschöpfen können, wenn Sie beide Seiten der Web-Gleichung verstehen. Also lesen Sie weiter!

Teil V

Jenseits von HTML? CGI-Programme und »echte« Anwendungen

In diesem Teil...

Eines der faszinierendsten, aber am wenigsten verstandenen Leistungsmerkmale des Web ist seine Fähigkeit, die Kommunikation zwischen Benutzern und Web-Servern zu verwalten. Dies ermöglicht beispielsweise auch die Funktionen der in den Kapiteln 12 und 13 beschriebenen Formulare und anklickbaren Karten. Diese Möglichkeiten bilden ebenfalls die Grundlage für die Online-Suchmechanismen (Spider, Crawler etc.), die Abfragebearbeitung und alle anderen Arten benutzerdefinierter Interaktionen, die im Web stattfinden.

Die Kommunikation zwischen Benutzern und Web-Servern stützt sich auf die CGI-Schnittstelle (Common Gateway Interface), die definiert, wie Browser Dienste von entsprechend ausgestatteten Web-Servern anfordern können. In diesem Kapitel werden Sie die Möglichkeit der CGI-Schnittstelle sowie der von ihr unterstützten Programmarten und Dienste kennenlernen. Diese Programme verleihen dem Web wichtige Funktionen, da sie die Informationsübermittlung von fast jedem computerbasierten Programm an Web-Benutzer ermöglichen.

In Kapitel 16 werden Sie interessante Werkzeuge und hilfreiche Techniken kennenlernen, durch die Sie Ihre Web-Dokumente noch nützlicher gestalten können, wobei das Hauptaugenmerk auf verschiedenen CGI-Programmen und Diensten liegt. Ferner erfahren Sie, wie sich lange und komplizierte Dokumente leichter bearbeiten lassen und wie *Perfektionismus-Fallen* vermieden werden.

Dieser Teil des Buches hilft Ihnen, alle erforderlichen Dienste in Ihre Web-Seiten zu integrieren, um einen vollständigen und professionellen Web-Bereich aufzubauen. Wir werden Ihnen auch einige »Fundgruben« nennen, in denen Sie CGI-Programme und andere nützliche Hilfsprogramme finden, denn es ist nicht notwendig, daß Sie das Rad ein zweites Mal erfinden.

Die CGI-Schnittstelle

In diesem Kapitel

▶ Zum Kennenlernen: ein kurzer CGI-Überblick

▶ CGI definieren

▶ So treffen Sie beim Programmieren die richtige Wahl

▶ So stellen Sie Verbindungen her: Bearbeitung von Formulardaten

▶ So testen Sie die Leistung

Das Erstellen von HTML-Formularen und die Bearbeitung der Benutzereingaben im Web erfordert, daß beide Seiten einer Client-Server-Verbindung handeln. Abgesehen von den Dateien mit anklickbaren Karten, die in Kapitel 13 beschrieben wurden, beschäftigte sich das Buch bisher hauptsächlich mit der Client-Seite.

In diesem Kapitel werden wir eine Netzwerkverbindung auch einmal aus der Sicht des Servers betrachten und die CGI-Schnittstelle aus diesem Blickwinkel beschreiben. Diese Schnittstelle ermöglicht die Kommunikation zwischen Web-Seiten und Server-Programmen, um einerseits benutzerdefinierte Informationen an den Server zu liefern und andererseits den interaktiven Datenaustausch zwischen Clients und Servern zu ermöglichen.

Sie werden manches über die Geschichte und die Grundlagen von CGI erfahren und dessen wichtigste Elemente, deren Struktur und Verwendung kennenlernen. Ferner werden verschiedene Möglichkeiten hinsichtlich der Wahl einer Programmiersprache für CGI vorgestellt, wofür Sie einige interessante Programmbeispiele finden. Da Sie diese Programme mit dem dazugehörigen Code als Teil des Buches erhalten (der Code befindet sich auf der CD-ROM), hoffen wir, daß Sie sie schließlich in Ihrer eigenen Web-Seite einbauen werden!

Der »gemeinsame Gateway« ist KEINE Drehtür!

Gateway-Befehlsdateien und Programme ermöglichen eine echte Interaktion zwischen Browser und Server im Web. Nur Ihre Phantasie und die eingesetzten Werkzeuge setzen die Grenzen für dieses gewaltige Leistungspotential. Gateway-Befehlsdateien liefern die Grundfunktionen, die die Suche in Web-Dokumenten und Datenbanken sowie die Bearbeitung von Formulardaten ermöglichen. Ferner stellen sie die Intelligenz zur Verfügung, die es erlaubt, die Web-Seiten basierend auf Benutzereingaben zu gestalten.

Wenn Sie Web-Seiten erstellen, übernehmen Sie auch die Verantwortung für die Verwaltung des Informationsaustauschs im Web. Das bedeutet, daß Sie einerseits die sichtbaren Informationen gestalten, mit deren Hilfe Benutzer agieren, und andererseits für die Hintergrundprogrammierung verantwortlich sind, durch deren Hilfe Benutzereingaben gelesen, interpretiert und beantwortet werden. Dies erfordert einige Mühe und Arbeit, aber wenn Sie sich dafür entscheiden, CGI kennenzulernen, werden Sie bei der Programmierung Ihrer Web-Seiten nur den Grenzen der Ihnen zur Verfügung stehenden Zeit und Arbeitskraft unterworfen sein.

Beschreibung von CGI-Programmen

Eigentlich ist es unwesentlich, ob Sie Ihr Werk auf der Server-Seite als Programm oder Befehlsdatei bezeichnen – diese Unterscheidung wird häufig bei der Beschreibung notwendiger Werkzeuge gemacht. Befehlsdateien werden mit Hilfe von Befehlswerkzeugen und Befehlssprachen erstellt, während Programme mit Programmiersprachen geschrieben werden. Da wir bequem sind, werden wir einfach den Ausdruck »CGI-Programme« verwenden. Sie können sie nennen, wie Sie wollen.

CGI stellt ein Verfahren dar, das von CERN- und NCSA-Web-Servern, die auf UNIX basieren, verwendet wird, um den Informationsaustausch zwischen Servern und Programmen zu koordinieren. Da UNIX die ursprüngliche Web-Plattform bildete, bestimmt es immer noch das Verhaltensmodell des Web in diesem Bereich. Web-Server werden zwar auch auf anderen Plattformen betrieben – wie z.B. Windows NT oder Macintosh – diese müssen jedoch dem gesetzten Standard für die beiden ursprünglichen HTTPD-Implementationen folgen, um die CGI-Leistungsfähigkeit zu sichern bzw. eine ähnliche Funktionalität wie CGI bereitzustellen.

Was geschieht in einem CGI-Programm?

Ein CGI-Programm kann als Fortsetzung der Kerndienste eines WWW-Servers angesehen werden. Eigentlich ähneln CGI-Programme Arbeitsbienen, die die schmutzige Arbeit für den Server erledigen. Der Server dient als Vermittler zwischen dem Client und dem CGI-Programm. Es ist nicht schlecht, Königin zu sein und die Arbeit anderen zu überlassen!

CGI-Programme werden vom Server aufgerufen. Dies geschieht aufgrund von Informationen, die der Browser liefert (wie z.B. der Markierung <FORM>, bei der das Attribut ACTION einen URL für das entsprechende Programm liefert, das das Formular bearbeitet). Dies setzt den Rahmen für den folgenden Informationsaustausch:

- ✔ Der Browser fordert von einem Server einen URL an, der den Aufruf eines CGI-Programms enthält.
- ✔ Der Server bearbeitet die URL-Anforderung, stellt fest, daß sie auf ein CGI-Programm zeigt (in der Regel durch automatische Syntaxanalyse des Dateinamens und dessen Erweiterung oder durch das Verzeichnis, in dem sich die Datei befindet), und startet das CGI-Programm.

✔ Das CGI-Programm führt je nach Browser-Eingaben die erwarteten Aktionen aus. Dabei kann es sich um die Ermittlung des Server-Systemdatums und der -zeit handeln oder um das Hochrechnen der Besuche einer Web-Seite oder das Durchsuchen einer Datenbank usw.

✔ Das CGI-Programm nimmt die Ergebnisse auf und sendet die entsprechenden Daten zurück an den Server. Das Programm formatiert die Ergebnisse wenn möglich so, daß sie als fertige Web-Seite an den Server zurückgeschickt werden (falls der Inhalt vom Typ »text/html« ist).

✔ Der Server empfängt die Ergebnisse vom CGI-Programm und übergibt sie an den Browser, der sie an den Benutzer weiterleitet.

✔ Falls dieser Austausch Teil einer fortdauernden, interaktiven Web-Sitzung ist, enthalten die Ergebnisse zusätzliche Markierungen, die weitere Benutzereingaben ermöglichen, sowie einen URL für dieses oder für ein anderes CGI-Programm, wodurch der Kreis erneut gestartet wird.

Zugegeben, diese »Konversationsform« im Web ist ziemlich unstrukturiert, aber sie erlaubt einen Informationsfluß in beiden Richtungen. Das Gute an CGI-Programmen ist, daß ein einfacher WWW-Server in alle möglichen Richtungen erweitert werden kann, was die Server-Dienste bereichert und aufwertet.

Was ist eine CGI-Eingabe?

Die Anforderung eines CGI-Programms ist in HTML grundsätzlich folgendermaßen codiert:

```
<A HREF="http://www.hal.com/hal-bin/silly_quote.pl">SillyQuote </A>
```

Diese URL-Anweisung bewirkt, daß das CGI-Programm »silly_quote.pl« auf dem WWW-Server »www.hal.com« im Verzeichnis »hal-bin« ausgeführt werden soll. Diese Anforderung enthält keine zusätzlichen Eingabedaten, die an das CGI-Programm übergeben werden sollen (beachten Sie, daß kein Fragezeichen »?« an den URL angehängt ist – dieser Punkt wird an späterer Stelle erklärt). Das Ergebnis des CGI-Programms ist eine Web-Seite, die schnell erstellt und an den Browser zurückgegeben wird.

Es gibt zwei Wege, die Information, die über ein HTML-Formular ermittelt, von einem Benutzer durch einen Suchbefehl oder durch eine andere Abfrageform angefordert wird, an CGI-Programme zu übergeben:

1. Als Anhang des URL eines CGI-Programms (in der Regel für WAIS-Anforderungen oder für andere kurze Informationssuchen). Die Option METHOD="GET" wird verwendet.

2. Als Byte-Strom durch das standardmäßige UNIX-Eingabegerät »stdin«, bezugnehmend auf die ACTION-Einstellung für eine HTML-Markierung <FORM>. In diesem Fall ist es am besten, die Option METHOD="POST" zu verwenden.

Nachfolgend erfahren Sie, wie Formulare spezielle Formate für Informationen erzeugen, die in CGI-Programmen verwendet werden, und wie diese Informationen übergeben und in Programmen verarbeitet werden.

Kurz und süß: die Methode der »erweiterten URL«

Die meisten Suchmechanismen verwenden die sogenannte dokumentorientierte Abfrage, um Informationen von den Benutzern zu ermitteln. Diese besteht nur aus speziellen Zeichen, die für den Suchmechanismus selbst am Ende des URL angehängt werden. Dokumentorientierte Abfragen sollen die Suchkriterien oder die Schlüssel vom Browser bekommen und diese an ein CGI-Programm weitergeben. Das CGI-Programm verwendet diese Suchinformationen, um eine Datenbank oder eine Sammlung von Dateien zu durchsuchen. Deswegen empfehlen sich Dokumentabfragen bei nur wenigen Angaben seitens des Benutzers, und deshalb finden sie bei vielen Web-Bereichen Verwendung.

Es gibt drei Bestandteile, von denen der Erfolg einer dokumentorientierten Abfrage abhängt:

- ✔ Die Markierung <ISINDEX> im <HEAD>-Teil eines HTML-Dokuments ermöglicht die Durchsuchung des Dokuments durch den Browser.

- ✔ Ein spezielles URL-Format wird erstellt, indem der Inhalt einer Abfrage an den URL angefügt wird, wobei die Suchkriterien am Ende angehängt und mit Fragezeichen gekennzeichnet werden.

- ✔ Spezielle Parameter für das CGI-Programm.

Und so funktioniert es:

1. Die Markierung <ISINDEX> im <HEAD>-Teil des Dokuments weist den Browser an, ein Texteingabefenster (SEARCH widget) zu öffnen, in das der Benutzer Schlüsselwörter für die Suche eingeben kann. Diese Schlüsselwörter werden dann mit der HTTP-Anforderung verbunden und an das entsprechende CGI-Programm übergeben. Stellt das Programm fest, daß keine Parameter an den URL angefügt sind, gibt es die Standardseite an den Browser zurück, von der aus eine neue Suche gestartet werden kann. Dies geschieht gelegentlich bei der ersten Suchanforderung, da die vollständigen Suchparameter nicht in jeder Web-Seite enthalten sind.

2. Der Benutzer gibt an der Eingabeanforderung eine Zeichenkette ein, nach der gesucht werden soll, und drückt die Eingabetaste oder sendet auf andere Weise die eingegebene Zeichenkette an das CGI-Programm zur Bearbeitung.

3. Der Browser ruft denselben URL auf, hängt jedoch die gesuchte Zeichenkette nach einem Fragezeichen an. Also, wenn dies der URL für das Programm mit dem Suchmechanismus ist:

   http://www.HTML4d.com/cgi-bin/searchit

und nach der Zeichenkette »tether« gesucht werden soll, sieht der neue URL folgendermaßen aus:

http://www.HTML4d.com/cgi-bin/searchit?tether

4. Der Server bekommt den URL exakt in diesem Format und übergibt an das Programm »searchit«, wobei die Zeichenfolge nach dem Fragezeichen als Parameter dem Programm »searchit« übergeben wird.

5. Diesmal führt das Programm die Suche tatsächlich aus, und die Ergebnisse werden an eine andere HTML-Seite zurückgemeldet, nicht an die standardmäßige Seite mit der Sucheingabe, die nach dem Programmstart als erste angezeigt wird.

Jeder Schritt dieses Vorgangs basiert auf dem vorhergehenden: Der Browser aktiviert die Markierung <ISINDEX>, wodurch die Anforderung und die Eingabe der Abfrage ermöglicht wird. Ferner hängt der Browser die Abfrage-Zeichenkette an den URL, die dann als Parameter an das Suchprogramm übergeben wird. Auf diesen Wert konzentriert sich die gesamte Suchoperation, danach gibt das Programm die Ergebnisse über ein weiteres HTML-Dokument an den Browser zurück.

Langatmig und gründlich: die Eingabestrom-Methode

Zu den wichtigsten Elementen, die zum Aufbau eines HTML-Formulars erforderlich sind, zählen Zuweisungen von Namen und Werten für Variablen und Selektionen. Füllt der Benutzer ein Formular aus, wird der Browser angewiesen, eine Liste mit entsprechenden Name-Wert-Paaren für jede durchgeführte Selektion und für jedes ausgefüllte Feld zu erstellen.

Die Name-Wert-Paare nehmen folgende Form an:

name=value&

Das Gleichheitszeichen (=) trennt den Feldnamen von dessen Wert. Das kaufmännische Und (&) trennt das Ende der Zeichenkette, die den Wert enthält, vollständig vom nächsten Element der Textinformation. Aus <SELECT>-Anweisungen, bei denen mehrfache (MULTIPLE) Wahlmöglichkeiten zulässig sind, resultieren auch mehrfache Name-Wert-Paare, bei denen der Name unverändert bleibt, die jedoch je nach getroffener Wahl einen anderen Wert zugewiesen bekommen.

Das Lesen von Formulardaten, die an die Standardeingabe (stdin) eines CGI-Programms übergeben werden, besteht darin, bestimmte Schlüssel-Umgebungsvariablen zu prüfen (dies wird im nächsten Abschnitt besprochen) und daraufhin eine Syntaxanalyse der eingegangenen Daten auszuführen. Dabei werden Namen- und Wertpaare getrennt, wobei die Namen dazu verwendet werden, die dazugehörigen Werte zu bearbeiten. Aus Programmiersicht läßt sich dies am einfachsten ausführen, indem zuerst das kaufmännische Und (&) als Trennkriterium für die Name-Wert-Paare erkannt und dann nach dem Gleichheitszeichen (=) gesucht wird, um Namen vom Wert zu trennen.

Hier finden Sie einige Perl-Code-Ausschnitte, die Sie verwenden können, um die Eingabedaten Ihrer Formulare zu analysieren (es ist davon auszugehen, daß die Option METHOD="POST" verwendet wird, wie wir es empfohlen haben):

```perl
# hiermit wird der eingegebene Datenstrom aus dem Standard-
# Eingabegerät (STD) in die Variable $buffer eingelesen,
# wobei die Umgebungsvariable CONTENT_LENGTH verwendet wird,
# um festzustellen, wieviel Daten gelesen werden sollen
read (STDIN, $buffer, $ENV{'CONTENT_LENGTH'});

# Trennen der Name-Wert-Paare nach '&'
@pairs = split (/&/, $buffer);

# Durchsuche die Paare und bestimme den Namen und den
# Wert für jedes benannte Formularfeld
for each $pair (@pairs) {
# Trenne den Namen vom Wert bei "="
   ($name, $value) = split(/=/, $pair);
# Uebersetze die URL-Syntax von + als Leerzeichen
   $value =~tr/+/ /;
# Ersetze die hexadezimalen Zeichen durch deren normalen
# Äquivalenten
   $value =~ s/%([a-fA-F0-9])/pack("C",hex($1))/eg;
# Speichere die Werte im Array FORMS, dem Namen
# entsprechend
   $FORM($name) = $value;
```

Umgebungsvariablen bearbeiten

Von Interesse sind in diesem Fall die CGI-Umgebung, die Softwareversion des Servers und dessen Konfiguration wie auch die mehrfachen Variablen, die mit dem Server verbunden sind. Das folgende Shell-Programm erstellt eine vollständige Aufzählung dieser Information und kann als wertvolles Testwerkzeug beim Installieren oder Modifizieren eines Web-Servers eingesetzt werden:

```sh
#1/bin/sh

echo Content type: text/plain

echo

echo CGI/1.0 test script report:
echo .

echo arge is $#. argv is
echo
```

```
echo SERVER-SOFTWARE = $SERVER SOFTWARE
echo SERVER-NAME     = $SERVER-NAME
echo GATEWAY-INTERFACE = $GATEWAY-INTERFACE
echo SERVER-PROTOCOL = $SERVER-PROTOCOL
echo SERVER PORT     = $SERVER PORT
echo REQUFST METHOD  = $REQUEST-METHOD
echo HTTP ACCEPT'=   $HTTP   ACCEPT

echo PATH-INFO = $PATH INFO
echo PATH-TRANSLATED = $PATH TRANSLATED
echo SCRIPT NAME     = $SCRIPT-NAME
echo OUERY-STRING = $OUERY-STRING
echo REMOTE HOST     = $REMOTE HOST
echo REMOTE-ADDR     = $REMOTE-ADDR
echo REMOTE-USER     = $REMOTE-USER
echo CONTENT-TYPE = $CONTENT-TYPE
echo CONTENT LENGTH = $CONTENT-LENGTH
```

 Diese UNIX-Shell-Datei ist im Netz weit verbreitet. Die vorliegende Version fanden wir in der Sammlung NCSA hoohoo unter folgender Adresse:

http://hoohoo.ncsa.uiuc.edu/cgi-bin/test-cgi

Die Ausführung dieser Befehlsdatei auf einem Web-Server (in diesem Fall auf dem NCSA-Web-Server hoohoo), führt zur folgenden Ausgabe:

```
CGI/1.0 test script report:
argc is 0. argv is .
SERVER_SOFTWARE = NCSA/1.4b2
SERVER_NAME = hoohoo.ncsa.uiuc.edu
GATEWAY_INTERFACE = CGI/1.1
SERVER_PROTOCOL = HTTP/1.0
SERVER_PORT = 80
REQUEST_METHOD = GET
HTTP_ACCEPT = */*, image/gif, image/x-xbitmap, image/jpeg
PATH_INFO =
PATH_TRANSLATED =
SCRIPT_NAME = /cgi-bin/test-cgi
QUERY_STRING =
REMOTE_HOST = etittel.zilker.net
REMOTE_ADDR = 198.252.182.167
REMOTE_USER =
AUTH_PATH =
CONTENT_TYPE =
CONTENT_LENGTH =
```

Alle Variablennamen in Großbuchstaben auf der linken Seite der Befehlsdatei und deren entsprechende Ausgabe sind Umgebungsvariablen, die vom CGI-Programm gesetzt werden und jederzeit für Ihre Programme verfügbar sind.

Die folgenden zwei Umgebungsvariablen sind besonders wichtig:

✔ Die Variable QUERY_STRING ist mit der GET-Methode für die Informationsübergabe verbunden (wie es bei Suchbefehlen üblich ist), sie muß für Suchabfragen und Informationsanforderungen einer automatischen Syntaxanalyse unterzogen werden.

✔ Die Variable CONTENT_LENGTH ist mit der POST-Methode für die Informationsübergabe verbunden (wie bei Formularen und anderen längeren Dateneingaben empfehlenswert): Der Wert dieser Variable wird vom Browser zwischengespeichert, während er die Formulardaten, die dem Server übergeben werden sollen, sammelt. Durch diese Variable erfährt das CGI-Programm, wieviel Eingangsdaten vom Standard-Eingabegerät zu lesen sind.

Die Umgebungsvariablen kennzeichnen auch andere Elemente, die eventuell von Interesse sind, beispielsweise die Bezeichnung des Fernrechners und dessen IP-Adresse, die verwendete Anforderungsmethode, die für den Server zulässigen Datentypen. Je größer Ihre Fertigkeit wird, CGI-Programme zu schreiben, desto öfter werden Sie für diese Werte Verwendung finden.

Programme zur Eingabebearbeitung

Bei der Erstellung eines HTML-Formulars erhält jedes Eingabefeld einen eindeutigen NAMEN. Beim Ausfüllen des Formulars werden jedem Namen ein oder mehrere Werte zugewiesen. Die Formulardaten werden vom Browser an den Web-Server (und von da aus an das vom URL angesteuerte CGI-Programm) als Byte-Strom gesendet, der aus Name-Wert-Paaren besteht, die durch kaufmännische Unds (&) voneinander getrennt sind.

Jedes dieser Name-Wert-Paare ist als URL kodiert, d.h. die Leerstellen sind durch Pluszeichen (+) ersetzt und einige Zeichen werden hexadezimal angegeben. Die Dekodierung verursachte in unserem Perl-Code-Beispiel im vorangegangenen Abschnitt die etwas merkwürdig erscheinenden Übersetzungsbefehle.

Sollten Sie das NCSA-CGI-Archiv besuchen, werden Sie Verbindungen zu mehreren Bibliotheken finden, die Codes zur Eingabebearbeitung enthalten und Ihnen beim Aufbau Ihrer Formulare helfen können. Hier sind einige davon:

✔ **Bourne Shell:** Der AA Archie Gateway, der Aufrufe an »sed« und »awk« enthält. Damit können GET-Zeichenketten eines Formulars in separate Umgebungsvariablen umgewandelt werden (AA-1.2tar.Z).

✔ **C:** Die Standard-Befehlsdateien für »NCSA-httpd«, die C-Routinen und Beispielsprogramme zum Übersetzen von Abfragezeichenketten in verschiedenen Strukturen enthalten. (ncsa-default.tar.Z)

✔ **Perl:** Die Bibliothek Perl CGI-lib enthält eine Gruppe nützlicher PERL-Routinen zum Dekodieren und Verwalten von Formulardaten (cgi-lib.pl.Z).

✔ **TCL:** Der TCL-Parameterprozessor enthält einen Satz TCL-Routinen, mit denen Formulardaten gelesen und in entsprechende TCL-Variablen eingefügt werden (tcl-proc-args.tar.Z).

Dies bedeutet für Sie, lieber Leser, liebe Leserin, daß der größte Teil der Arbeit bezüglich des Einlesens und der Organisation der Formularinformationen bereits getan ist und der Öffentlichkeit zur Verfügung steht. Dadurch reduziert sich Ihr Programmieraufwand, und Sie können sich auf das Schreiben des Codes konzentrieren, der die Eingabe interpretiert und ein entsprechendes HTML-Dokument erstellt, das dem Benutzer als Antwort gesendet wird.

CGI-Codierung

Wir werden dieses Kapitel mit der Beschreibung dreier verschiedener CGI-Programme abschließen. Den Code finden Sie, ebenso wie damit verbundene Informationen, auf der CD-ROM, die Sie mit dem Buch erhalten haben. Jedes dieser Programme ist in drei Versionen erhältlich: AppleScript (zur Verwendung auf einem »Apple-httpd«-Server), Perl (zur Verwendung auf Systemen, die einen Perl-Übersetzer/Compiler unterstützen) und C (zur Verwendung auf Systemen, die einen C-Compiler unterstützen).

Sehr geehrte Damen und Herren: Wählen Sie Ihre Waffen!

Bevor wir Sie mit diesen hervorragenden Beispielen überschütten – wir hoffen, daß Sie die Beispiele für Ihre eigenen HTML-Dokumente und CGI-Programme verwenden (Sie erhalten die Lizenz für diesen Code, so daß Sie ihn ohne Einschränkungen benutzen können) – möchten wir den theoretischen Teil dieses Kapitels mit einer Untersuchung abschließen, in der erklärt wird, weshalb wir uns entschlossen haben, jedes Programm in drei Formen zu implementieren, und wie Sie die passende Sprache für Ihre CGI-Programme wählen können.

Es ist richtig, daß für das Erstellen eines CGI-Programms jede Programmier- oder Befehlssprache verwendet werden kann, die von Ihrem Web-Server unterstützt wird. Es gibt also nichts, was Sie daran hindert, die von uns vorgeschlagenen Optionen zu ignorieren und ganz andere Alternativen zu wählen.

Gute Gründe sprechen jedoch dafür, diese Optionen in Betracht zu ziehen und andere Optionen zu vermeiden. Wir müssen zugeben, daß es zu diesem Thema möglicherweise so viele Meinungen wie CGI-Programmierer gibt, aber wir wollen, daß Sie gründlich überlegen, bevor Sie sich für eine CGI-Sprache entscheiden, mit der Sie wahrscheinlich sehr viel Zeit verbringen werden.

In diesem Kapitel stellten wir Ihnen zum Beispiel die Befehlsdatei NCSA »test-cgi« vor. Sie ist in Basic-C-Shell geschrieben, einer Befehlssprache, die auf vielen UNIX-Systemen verbreitet und für viele Verwendungszwecke geeignet ist. Trotzdem sind wir der Meinung, daß keine der UNIX-Shells für eine intensive CGI-Programmierung geeignet ist, da sie alle eine Mischung aus UNIX-Befehlen und eigener Syntax darstellen.

Das Problem beim CGI-Programmieren allgemein unter UNIX ist die Abhängigkeit von den Standard- Ein- und Ausgabegeräten (»stdin« und »stdout«), die sich auf die Übertragung von Daten zwischen Web-Server und Browser auswirkt. Jeder neuer UNIX-Prozeß erstellt automatisch sein eigenes »stdin« und »stdout«. Der Shell kann es gelegentlich Schwierigkeiten bereiten festzustellen, woher die Eingabe kommt und wohin die Ausgabe geht. Dies kann ein Seiteneffekt von Spawning Tasks oder von laufenden Systembefehlen sein; wichtig ist, daß dadurch die Ein- oder Ausgabe für CGI-Programme verlorengehen kann. Deswegen können wir die Shell nicht für aufwendige Anwendungen (z.B. Formular- gegenüber Abfrage-Bearbeitung) empfehlen.

Es gibt aber auch Positives zu vermelden. So bietet beispielsweise Perl einen direkten Zugang zu den UNIX-Systemaufrufen und Leistungsmerkmalen innerhalb einer übersichtlich strukturierten Umgebung. Perl enthält die positiven Merkmale von Sprachen wie C, Pascal, awk, sed und sogar Basic, erlaubt eine sehr effektive Bearbeitung von Zeichenketten und bietet leistungsfähige Verwaltungsfunktionen für die Ausgabe. Diese Sprache wird daher auch von vielen Web-Programmierern bevorzugt (und ist sicherlich die Wahlsprache unseres beliebten CGI-Gurus). Das Beste ist, daß Perl-Implementierungen für UNIX, DOS, Macintosh, OS/2 und Amiga vorhanden und viele weitere Realisierungen bereits in Arbeit sind. Bei der Portierung eines Perl-Programms auf eine andere Plattform machten wir sehr gute Erfahrungen, denn es mußten nur geringfügige Änderungen vorgenommen werden.

Wir besprechen auch C, da es sich hier um eine sehr leistungsfähige Programmiersprache handelt, die in einer UNIX-Umgebung immer noch ein Werkzeug erster Wahl ist. Die nicht eingebauten Merkmale und Funktionen sind in der Form von Systemanwendungen und verschiedenen Code-Bibliotheken leicht verfügbar. C läßt sich ebenfalls leicht portieren (verwendet als Sperre von Systemanwendungen); irgendeine C-Version ist für fast jede Plattform verfügbar, für die gebräuchlichsten Plattformen und Betriebssysteme sind mehrere Implementationen vorhanden. Wir empfehlen Gnu C und die damit verbundenen Gnu-Werkzeuge der Free Software Foundation.

Falls Macintosh als Web-Server benutzt wird, bietet sich AppleScript als beinahe einzige Möglichkeit an. AppleScript hat sich jedoch als wertvolles Werkzeug zur Erstellung von CGI-Programmen bewährt und ist in der Macintosh-Web-Gemeinschaft weit verbreitet. In Kapitel 24 finden Sie einige ausgezeichnete Hinweise zu Macintosh-Werkzeugen und Technologien für das Web, falls Sie ein richtiger Mac-Fan sind!

Ganz egal, welche Sprache Sie für die CGI-Programmierung wählen, stellen Sie sicher, daß sich Zeichenketten gut damit bearbeiten lassen und daß die Ausgabe richtig kontrolliert wird. Diese Fähigkeiten sind sehr wichtig, da Sie große Mengen von Dateneingaben lesen und bearbeiten müssen und viele HTML-Dokumente erstellen werden. Ferner raten wir Ihnen, eine Sprache zu wählen, die in der Web-Gemeinschaft weit verbreitet ist, da Sie viele nützliche Module, Bibliotheken und Kodierungswerkzeuge finden können, die Ihnen Programmierzeit ersparen und Ihre Arbeit erleichtern. Aber was soll's – Sie haben die Wahl!

Beispiel 1: Wie spät ist es?

Dieses kurze Perl-Programm fragt die Server-Systemzeit ab und erstellt eine HTML-Seite, die die aktuelle Zeit auf dem Benutzerbildschirm anzeigt.

```perl
#!/usr/local/bin/perl
#
# time-cgi.pl
#
# CGI gibt die Server-Zeit zurück
# v 1.0 - 2/14/95
# singe@outer.net <Sebastian Hassinger>
#
# aufgerufen von einer einfachen Anker-Markierung
# (d.h. <A HREF="http://www.outer.net/cgi-bin/time.pl">)
# Die erste Zeile weist die UNIX-Shell an, daß diese Befehlsdatei
# unter Verwendung von Perl im Verzeichnis /usr/local/bin
# ausgeführt werden soll
#
#
$| = 1; # Ausgabe ist *nicht* gepuffert - dieser Schalter wird
        # von Perl intern verwendet. Er weist Perl an, den Text,
        # der die Befehlsdatei an den Web-Client zurücksendet,
        # nicht zwischenzuspeichern.
        # Alle Daten werden sofort an den Client ausgegeben
        # und somit wird Datenverlußt vermieden,
        # falls die Verbindung zum Client unterbrochen wird
print "Content-Type: text/html\n\n\n";
        # Dies ist die erste Zeile, die CGI zurückgeben
        # muß, um dem Web-Client zu signalisieren, daß
        # die nachkommenden Daten als HTML
        # zu interpretieren sind.
        # Die Zeile deklariert den MIME-Dokumenttyp, der
        # folgt, und die Zeichen für neue Zeile
        # (\n) sind erforderlich.
chop ( $time = '/bin/date '+%r'');
        # Setzt in die Variable $time die aktuelle Zeit,
        # wobei der UNIX-Befehl 'date' verwendet wird, sowie
        # das eingebaute Format %r, damit die Zeit im
        # 12-Stunden Format AM/PM zurückgegeben wird.
        # Die Zeichen "zeigen Perl, daß der dazwischen
        # liegende Text als Eingabe für die Bourne-Shell
        # zu verwenden ist und die Ergebnisse zurückgegeben
        # werden müssen. Der Befehl 'chop', der die Variablen-
        # Zuweisung umwickelt, löscht das Zeichen für neue Zeile
        # von der Shell-Ausgabe (d.h. wenn an die Variable
        # die Daten '11:15:30 AM\n' zurückgegeben werden,
        # nimmt der chop-Befehl das \n weg)
```

```
print "<HTML><HEAD><TITLE>Die Aktuelle Zeit auf diesem",
      " Web-Server</TITLE></HEAD><BODY>\n";
            # Der obere Teil der Seite wird für den Client
            # vorbereitet. Von hier an wird die Ausgabe
            # HTML-formatiert - im Grunde genommen wird
            # auf die Schnelle ein HTML-Dokument erstellt.
            # Der Druckbefehl kann auf mehrere Zeilen
            # verteilt werden, indem die Textstücke in
            # Anführungszeichen gesetzt und durch Kommata
            # getrennt werden.
print "<H2>Die Zeit auf dem Server ist jetzt:",
      "<BR><STRONG>$time</STRONG><BR></H2>";
            # Damit wird die Variable ausgegeben, wobei der Text
            # mit HTML-Markierungen verschönert wird. Beachten Sie, daß
            # das Zeichen \n keine neue Zeile beim Client bewirkt -
            # dies wird durch die Angabe <BR> gesteuert.

print "<HR><ADDRESS>Diese Seite wurde durch time-cgi.pl erstellt<P>",
      "Kontaktadresse: singe@outer.net</Address></BODY></HTML>";
            # Abschluß der Seite mit Kontakt-Info
            # Die Ausführung der Befehlsdatei wird beendet.
            # Die Shell, die vom httpd-Server geöffnet wurde,
            # um CGI auszuführen, wird geschlossen und die
            # Verbindung zwischen Server und Client wird abgebrochen.
```

Beispiel 2: Wir zählen die Besuche einer Seite

Dieses AppleScript-Programm erzeugt einen Zähler, der speichert, wie oft eine Seite besucht wird. Ein solches Werkzeug dient dazu, nützliche Statistiken zu erstellen, wenn Sie neugierig sind und wissen möchten, wie oft Ihre Seiten aufgesucht werden.

```
- counter.acgi (AppleScript CGI gibt zurück, wie oft
- auf die CGI zugegriffen wurde)
-
- singe@outer.net <Sebastian Hassinger>
- 2/15/95
- einfaches Beispiel einer AppleScript CGI zum Ausführen
- auf einem Mac, ausgerüstet mit MacHTTP 2.0.1
- Erstens, Variablen als Eigenschaften deklarieren, so daß sie
- innerhalb des Objekts, das aufgerufen wird, wenn
- der Client auf CGI zugreift, bestehen bleiben.
- Normale AppleScript-Variablen
- brauchen nicht als Eigenschaften deklariert zu werden,
- bevor sie gebraucht werden. Sie können jedoch nicht
- innerhalb von Objekten, die Ereignisse bearbeiten,
- verwendet werden. Ferner erhalten der Zähler und
```

```
- die Eigenschaften access_date ihre Werte auch nachdem die
- Befehlsdatei beendet und wieder gestartet wird,
- so lange sie unverändert bleibt.
property crlf : (ASCII character 13) & (ASCII character 10)
- Erzeugung einer neuen Zeile nach UNIX-Muster, um sicher
- zu stellen, daß die Zeilen auf dem Web-Client richtig
- abgebrochen werden
property http_10_header: "HTTP/1.0 200 OK" & "Server: MacHTTP" &
crlf & "MIME-Version: 1.0" & crlf & "Content-Type: text/html" &
crlf & crlf
- Dies ist ein standardmäßiger http-Header. Weiter unten in dieser
- Datei wird er aufbereitet, um dem Client mitteilen zu können,
- was für Daten zurückgegeben werden. MacHTTP unterscheidet sich
- von dem auf NCSA UNIX-basierenden httpd-Server dadurch, daß er keine
- fehlenden http-Header für die CGI-Ausgabe liefert. Deswegen
- müssen wir, zusätzlich zum üblichen Header 'Content type'
- die HTTP-Version, den Server-Namen, die MIME-Version und den
- Ergebniscode angeben (in diesem Fall 200 - dies signalisiert dem Client,
- daß er ein vollständiges HTML-Dokument erhält).
property html_footer : "</BODY><HR><ADDRESS>Diese Seite wurde
von counter.acgi erstellt.<P>" & "Beispiel AppleScript CGI<P>
Richten Sie Ihre Fragen an singe@outer.net" &
"</ADDRESS>"
- Dies ist ein vorformulierter Satz, der die Seite, die
- dem Client zurückgesendet wird, abschließt
property access_time : current date
- Erstellen der Variable für die aktuelle Zeit, die dem
- Client zurückgegeben wird. Initialisieren mit Datum und Zeit.
- Die Eigenschaften bleiben von einer Ausführung der Datei
- bis zur nächsten erhalten, so daß wir ermitteln können, wie lange
- diese gelaufen ist.
property counter : 0
- Initialisieren der Zähler-Variable mit 0
on event WWWsdoc
- Dies ist der Ereignisauslöser für die Nachricht,
- die MacHTTP an CGI senden wird
set counter to counter + 1
- Hochzählen
try - die Befehlsdatei in einer Fehlerbehandlungsroutine einschließen
    return http_10_header & "<TITLE>AppleScript Counter CGI</TITLE>" &
        "<H2>Counter CGI </H2><P> &
        "<P>Diese Datei wurde" &
        counter & " Mal ausgeführt seit " & access_time & html_footer
- Der http-Header, das eigentliche HTML-Dokument, der Zähler,
- die Zeit-Variablen und der vorformulierte HTML-Abschluß
- werden dem Benutzer zurückgesendet.
```

```
on error msg number num
- Dem Client die Fehlermeldung und deren Nummer mitteilen
    return http_10_header & "Error " & num & ", "& msg
  end try
end event WWWsdoc
```

Beispiel 3: Decodierung der Koordinaten einer anklickbaren Karte

Dieses C-Programm kann unterscheiden, ob die rechte oder die linke Seite einer Grafik angeklickt wurde (es definiert auch, was standardmäßig geschieht, wenn die Grafik nicht gewählt wird). Das Beispiel zeigt, wie die Definitionen innerhalb einer Bilddatei von einer Befehlsdatei bearbeitet werden.

```
/*
 * Copyright (c) 1995 Mike W. Erwin
 * mike@outer.net
 * Alle Rechte vorbehalten.
 *
 * Weiterverbreitung und Verwendung in Quelltext und in binärer Form,
 * mit und ohne Veränderungen, ist unter folgenden Voraussetzungen
 * erlaubt: (1) Bei Wiedergabe des Quellcodes müssen der Copyright-
 * Vermerk und der vorläufige Absatz vollständig erhalten bleiben.
 * (2) Bei Verbreitung des binären Codes müssen der Copyrightvermerk
 * und der vollständige Abdruck dieses Absatzes in die Dokumentation,
 * die die Verbreitung begleitet, aufgenommen werden. (3) Alle
 * Werbematerialien, die Eigenschaften oder Verwendung dieser
 * Software erwähnen, müssen die folgende Erklärung anzeigen:
 * DIESE SOFTWARE WIRD "WIE SIE IST" GELIEFERT. ES BESTEHT KEINE
 * GARANTIE FÜR SICHTBARE ODER VERDECKTE MÄNGEL: DIES GILT
 * UNEINGESCHRÄNKT AUCH FÜR DIE HANDELSZWECKE UND DIE EIGNUNG FÜR
 * BESTIMMTE ZWECKE:
 *
 * Die Koordinaten x und y werden vom Web-Client in der Befehlszeile
 * übergeben und das Programm wird sie in die Variable argv speichern.
 * Die "heißen Punkte" werden aus der Konfigurationsdatei '/www/conf/
 * ismapper.conf' gelesen. Dies soll in folgender Form geschehen:
 * <top left coordinates>,<bottom right coordinates> <url>
 * mit einer Zeile für jedes Rechteck und einer Zeile in der Form:
 * Standard <url>, falls beim Klicken keiner der "heißen Punkte"
 * erwischt wird. Beachten Sie, daß zwischen dem Komma und den Koordinaten
 * keine Leerstelle vorhanden ist und daß die Koordinaten durch eine
 * Leerstelle von dem URL getrennt sind.
 */
/*
 * C CGI sendet einen URL an angeklickte heiße Punkte zurück
```

15 ➤ Die CGI-Schnittstelle

```
 * Version 1.0.0
 * 2/28/95
 */
/*
 * Zum Kompilieren: "cc o ismapper ismapper.c"
 */
/*
 * Standardmäßige UNIX Include-Dateien
 */
#include <stdio.h>
#include <ctype.h>
/*
 * Globale Variablen
 */
#define MAX-LINE-SIZE     255
#define true                        1
#define false                       0
char  *author = "mikee@outer.net"
char  *config-file = "/www/conf/ismapper.conf";

char  URL E MAX-LINE-SIZE 1;
char  default URL MAX LINE SIZE 1;
char  global_error MAX-LINE_SIZE

/***********************************************************************
 * main()
 *
 * Diese Funktion nimmt die x- und y-Koordinaten als Parameter auf
 * und gibt einen Pointer zurück. Dieser zeigt auf den URL-Start
 * in der Datei, die den angegebenen Rechteckbegrenzungen entspricht.
 *
 * Das Format der Konfigurationsdatei ist:
 *
 * 6,6:73,144 http://www.outer.net/ismap.test/left.html
 *
 ***********************************************************************/
char *read-config-file (int x, int y)

FILE *config;
char *Inne, new-Iine[MAX-LINE-SIZE];
char *url = NULL:
short found = false;

if ((config = fopen(config-file, "r")) == NULL) {
  strcpy(global-error,"Configuration file not found");
  return (NULL);
}
```

```
do {
  int top, left, bottom, right;
  line = fgets(new-Iine, MAX-LINE-SIZE, config);

  sscanf(new-Iine,"default%*[\t ]%s", default-URL);
  sscanf(new-Iine,"%d,%d:%d,%d%*[\t ]%s",&top, &leit,
         &bottom, &right,  URL);

  if ((x >= top) && (x <= bottom) && (y >= left) &&
      (y <= right))
    found = true;
}

  while (line && !found):

if (found)
  url = URL;'
else
  url = default-URL;

fclose(config):
return(url):
}

/*********************************************************************
 * main()
 *
 * Hier beginnt das eigentliche C-Programm. Es ruft einmal die o. g.
 * Funktion "get_time" auf und formatiert dann die Ausgabe für HTML.
 *
 *********************************************************************/
main (int arge, char **argv)
{
        int x-coordinate = 0 , y-coordinate = 0;
      char *destination-url;

      if (arge != 3) @
        printf("Content-Type: text/html\n\n\n");
        printf("<HTML><HEAD><TITLE>CGI Error</TITLE></HEAD><BODY>\n");
        printf("<H2>Invalid number of arguments</H2>");
        exit (1);
      }

      x-coordinate = (int) atoi(argv[11);
      y-coordinate = (int) atoi(argv[21);

      destination-url = read-config-file(x-coordinate, y-coordinate);
```

```
   if (destination-url != NULL) 1
     printf("Location:\t%s\n",destination-url):

  }
  else
     printf("Content-Type: text/html\n\n\n");
     printf("<HTML><HEAD><TITLE>Ismapper ERROR");
     printf("</TITLE></HEAD><BODY>\n");
     printf("<H1>No area matched and no default URL is defined.11)
     printf("%s</H1>\n",global-error);
     printf("<HR>Contact %s for help.\n",author);
  }
  exit(1);
}
```

Alle diese Beispiele zeigen, daß es viele Wege wie auch Ideen und Ansätze zur Lösung gibt, um ein CGI-Programm zu erstellen. Wir hoffen, daß Sie die erbärmlichen Werkzeuge, die in diesem Kapitel aufgeführt wurden, tatsächlich verwenden und daß Sie den Inhalt der mitgelieferten Diskette sorgfältig untersuchen. Sie finden dort für jede der drei Programme C-, Perl- und AppleScript-Versionen. Im nächsten Kapitel werden wir uns mit Web-Tätigkeiten auf der Server-Seite befassen, indem wir Suchmechanismen, Webcrawler und weitere interessante Server-Dienste untersuchen.

Die bringt Sie auf den richtigen Weg: Web- und Dokument-Navigationshilfe

In diesem Kapitel

- Auf der Suche nach Web-Befriedigung
- Außerhalb des Labyrinths
- Strukturieren von hinzugefügten Dokumenten
- Den Datenbankweg wählen
- Uneffektive Arbeit vermeiden
- Wohin führt uns die Suche?

Sollten Sie der Meinung sein, daß Formulare das Spannendste bei HTML sind, dann werden Sie an diesem Kapitel viel Spaß haben. Hier werden einige zusätzliche Hilfsprogramme und Techniken vorgestellt, mit denen Sie Ihre Dokumente durchsuchen können, so daß die Benutzer bestimmte Informationen zu einem Thema oder Schlüsselwort finden. Für Basisseiten ist dies möglicherweise zu viel des Guten, aber für große, komplexe Dokumente ist es eine wunderbare Sache.

Webcrawler und andere Suchmechanismen

Wenn Sie sich das Web als riesiges feines Gewebe vorstellen, das die ganze Welt abdeckt und in dem alle Dokumente durch feine Fäden miteinander verbunden sind, dann verfügen Sie schon über ein gewisses Verständnis der grundlegenden Topologie. Die Kenntnis davon, wie die Web-Stränge geordnet sind, ergibt jedoch nur ein halbes Bild. Sie müssen ebenso wissen, wer diese mystische Halbwelt aus Menschen und Computern bewohnt.

Auf der Suche nach den Bonbons ...

Zusätzlich zu den Massen von Benutzern, die sich glückselig ihren Weg durch unzählige Dokumentenlegionen im Web bahnen, treiben sich dort auch andere Bewohner herum. Einige davon sind Computerprogramme, die Roboter oder Spider (Spinnen) genannt werden. Deren einzige Beschäftigung besteht darin, verschiedene Querverbindungen im Web zu verfolgen, festzustellen, wohin diese führen, und zu katalogisieren, was sie auf ihrem Weg gefunden haben.

Wir haben die Existenz dieser Bewohner bereits ein- oder zweimal erwähnt – z.B. in Kapitel 9, in dem davon gesprochen wurde, wie wichtig es ist, daß Sie Ihren HTML-Dokumenten aussagekräftige Titel geben. Diese unermüdlichen automatischen Sucher verwenden beispielsweise Dokumenttitel, um ihre Kataloge und Berichte zu erstellen. Dieser Kataloge bedienen sich die Benutzer, wenn sie die verschiedenen Web-Suchprogramme starten, um bestimmte Daten zu finden.

Die Bedeutung dieser Programme darf nicht unterschätzt werden, und deswegen ist es empfehlenswert, unserem Rat zu folgen und hilfreiche, aussagekräftige Titel für Ihre Dokumente zu wählen. Denken Sie daran, diese Technik ist für Sie eine weitere Chance, Ihre Dokumente darzustellen, die jedoch nur dann »funktioniert«, wenn sie dem Publikum richtig präsentiert wird.

Dokumente nach Details durchsuchen ...

Die Web-Roboter und -Crawler (Kriecher) gehen in ihrer Suche nicht besonders tief – d.h., sie suchen auf breiter Basis (suchen überall), aber nicht detailliert (sie katalogisieren den Inhalt nicht vollständig, wenn überhaupt). Für gründliche Untersuchungen und für die Bearbeitung von großen, komplizierten Dokumenten ist ein anderes Suchwerkzeug erforderlich.

Die notwendige Funktionalität ähnelt dem elektronischen Äquivalent eines Buchindexes: eine Liste mit Schlüsselwörtern, Themen und Begriffen, die Verweise auf die Stellen im Dokument liefern, in denen sie zu finden sind. Glücklicherweise ist diese Technik leicht anwendbar, da die Dokumente bereits elektronisch formatiert sind, und alles, was sie benötigen, ist die zusätzliche Mitteilungsübermittlung und Behandlung, um sich an diese Verwendungsart zu gewöhnen.

 Ihnen als heranreifendem Web-Autor ist vielleicht noch nicht ganz klar, was Sie tun sollen, um Ihren Dokumenten dieses Leistungsmerkmal zu verleihen. Wenn Sie sich an unsere Diskussion über CGI-Programme im Kapitel 15 erinnern, können wir zwei verschiedene Antworten auf Ihre Frage geben:

1. Allgemein ausgedrückt müssen Sie einen Index für Ihr Dokument erstellen und dann überlegen, wie er mit dem eigentlichen Inhalt in Verbindung gebracht wird.

2. Technisch ausgedrückt, müssen Sie folgendermaßen vorgehen:

    a) Fügen Sie ins Dokumentteil <HEAD> ... </HEAD> das Kennzeichen <ISINDEX> ein.

    b) Erstellen Sie mit Hilfe einer Datenbank oder eines ähnlichen Programms einen Index mit Schlüsselwörtern und Begriffen für Ihr Dokument.

    c) Identifizieren Sie alle Indexwörter als Ankerverweise für HyperText-Verweise in Ihrem Dokument (damit der Index Sie zu den Wörtern und Begriffen führen kann).

d) Legen Sie die Ankerverweise in Ihrem Dokument fest.

e) Erstellen Sie ein CGI-Programm, das Benutzeranfragen für Schlüsselwörter und Begriffe bearbeitet und eine Liste mit Verweisen für jedes Dokumentelement erstellt.

Dieser Mechanismus funktioniert im Grunde genommen dadurch, daß Sie die Suchfähigkeit des Benutzer-Browsers (falls vorhanden) aktivieren, indem Sie das Kennzeichen <ISINDEX> in den Kopfteil Ihres Dokuments eintragen. Danach beschaffen Sie einen URL für das eingabebearbeitende CGI-Programm, welches Suchantworten für Benutzer mit besonderen Anforderungen erstellt. Dieses Programm ist wie ein elektronisches Äquivalent eines Index aufgebaut – eine Liste mit Schlüsselwörtern und Begriffen, die durch Zeiger auf die Stellen hinweisen, an denen sie im Dokument zu finden sind. Diesen Index werden Sie verwenden, um die Benutzerabfragen zu beantworten. Die Antworten bestehen aus HTML-Dokumenten mit Verweisen auf die Stellen in Ihrem Dokument, die das gesuchte Schlüsselwort oder den Begriff enthalten.

Verglichen mit anderen Programmierproblemen ist dieses nicht besonders schwer zu lösen. Sie müssen ein Indizierungswerkzeug finden oder erstellen, um die Datendateien, die für die Benutzer durchsucht werden sollen, vorzubereiten. Sie bestehen in der Regel aus alphabetisch geordneten (oder ASCII-kollationierten) Listen mit Schlüsselwörtern und Begriffen, die Ihr Index erkennt. Sollten Sie Ihr Programm so aufbauen, daß es eine Antwort auch bei ergebnislosem Suchen liefert (»Die Zeichenfolge konnte nicht gefunden werden« ist gut; eine Liste mit ähnlichen Zeichenketten ist noch besser), werden Sie erleben, welche eigenartigen, unlogischen Versuche gelangweilte Benutzer mit Ihrem Indexprogramm unternehmen.

Sie können auch das CGI-Programm verwenden, das die Liste durchsucht, um ein HTML-Dokument zu erstellen. In diesem Dokument werden die »Treffer« in der Reihenfolge, in der sie auftreten, angezeigt. Gleichzeitig findet man dort die Verweise zu verschiedenen Stellen in Ihrem Dokument, an denen sich ein entsprechender Eintrag befindet. Dadurch entsteht eine »Hotlist« der Dokumentstellen, die Ihre Benutzer wählen können, um die gesuchte Information zu finden.

Es ist empfehlenswert, einen Teil des umliegenden Textes herauszuziehen und ebenfalls in die »Antwortseite« aufzunehmen. Dies gibt den Benutzern die Möglichkeit zu sehen, in welchem Kontext der gesuchte Begriff verwendet ist, und zu entscheiden, welche Verweise von Interesse sind.

Ein ausgezeichnetes Beispiel dafür, was ein gut gemachter Index bieten kann, ist die durchsuchbare Version der HTML-2.0-Spezifikation, die unter dem folgenden URL verfügbar ist:

http://hopf.math.nwu.edu:80/html2.0/dosearch.html

Dieses Dokument wurde von der HTML-Arbeitsgruppe (HTML WG) erstellt, einer Internet-Entwicklungsgruppe, die sich damit beschäftigt, HTML in eine Internet-Spezifikation auf RFC-Stufe zu bringen.

Je größer ein Objekt, desto leichter geht es verloren!

Falls Sie sich wundern, wozu solche Indizierwerkzeuge gut sind, bedenken Sie, daß ohne rechnerunterstützte Hilfe das Suchen in solch umfangreichen und komplizierten Informationsansammlungen – wie die HTML-2.0-Spezifikation und der damit verbundenen DTD – äußerst schwierig ist. Eine gute Faustregel, um zu entscheiden, ob ein Index notwendig ist oder nicht ist, alle Seiten Ihrer Web-Kreation auszudrucken: Falls der Stapel höher als ein Zentimeter wird, ist es Zeit, an Indizierung zu denken.

Sollten Sie jetzt besorgt sein und glauben, daß Sie zuviel Arbeit erwartet, keine Angst. Fragen Sie sich vielleicht »Muß ich aufwendige Datenbankprogramme schreiben und die ganzen Funktionen, die vorher beschrieben wurden, implementieren, um mein Dokument durchsuchbar zu machen?«, dann ist die Antwort darauf (glücklicherweise) »Nein.«

 Unter Verwendung eines Suchmechanismus des Typs, den wir am Anfang dieses Kapitels beschrieben haben – ein Programm, das Dokumente nach Titeln sucht – konnten wir einige Zeiger ermitteln, die Ihnen bei Ihren Bemühungen helfen können. Wir starteten die folgende Abfrage (modifiziert, um die Steuerzeichen bei Ellipsen zu entfernen) in Yahoo's:

```
http://konishiki.stanford.edu/yahoo/bin/search?p=indexing...
```

Wir entdeckten einige Werkzeuge und Hinweise, die wir Ihnen für Ihre weitere Forschung empfehlen:

- ✔ Indexmaker ist eine Perl-Befehlsdatei, die einen Index für ein virtuelles Dokument erstellt, bestehend aus einer Anzahl HTML-Dateien in einem einzigen Verzeichnis (dies ist eigentlich das Werkzeug, mit dem unsere Durchsuchbare HTML-2.0-Spezifikation erstellt wurde):

  ```
  http://hopf.math.edu/docs/utility.html#indexmaker
  ```

- ✔ Wenn Sie in einen durchsuchbaren Online-Index bei dem MIT-Labor für künstliche Intelligenz aufgenommen werden wollen, versuchen Sie eine der folgenden URLs:

  ```
  http://www.ai.mit.edu/tools/site-index.html
  http://www.cs.indiana.edu/item-index/intro.html
  ```

- ✔ Harvest ist ein integrierter Werkzeugsatz zum Sammeln, Herausziehen, Organisieren, Durchsuchen, Verstecken und Wiederholen relevanter Informationen im Internet (für Dokumente, die nicht weit verbreitet werden, möglicherweise ein wenig zu förmlich):

  ```
  http://harvest.transarc.com
  ```

- ✔ Und dies ist schließlich der URL für eine ganze Informationsseite über Indizierung und die damit verbundenen Werkzeuge:

  ```
  http://union.ncsa.uiuc.edu/HyperNews/get/www/indexing.html
  ```

Seien Sie sicher, daß Sie irgendwo in dem hier angebotenen Heuhaufen die gesuchte Nadel finden werden. Und noch etwas: Es ist kein Zufall, daß das von uns meistgelobte Werkzeug an erster Stelle in der Liste steht!

Dokumenthüllen: Indizes, Sprungtabellen und interne Verweise

Obwohl wir Sie in den vergangenen Kapiteln mehrmals darauf hingewiesen haben, fühlen wir uns verpflichtet, Sie nochmals daran zu erinnern: Je größer und komplizierter die Dokumente werden, desto wichtiger ist es, sie gut zu strukturieren. Dies ist einer der Gründe, weshalb wir Indizes gut finden. Aber Sie müssen auch Ihren Lesern helfen, sich in Ihren Dokumenten schnell und ohne viel zu blättern zurechtzufinden. Setzen Sie aus diesem Grund interne Dokumentverweise großzügig und extensiv ein.

Um die Grundlagen für eine verwendbare Struktur zu legen, ist es ratsam, die Erstellung eines langen Dokuments mit einem Hyperlink-Verzeichnis zu beginnen. Längere Textabschnitte sollten in gleichmäßige Informationsblöcke von etwa einer bis zwei Bildschirmseiten geteilt und mit Navigationssteuerflächen verbunden werden (dies können einfache »Navigationsleisten« oder aufgeblasene anklickbare Karten mit hübschen 3.D-Schaltflächen usw. sein). Die Navigationsschalter sollten sich nie weiter als eine Bildschirmseite von der Information entfernt befinden (es ist besser, immer eine Steuerfläche zur Verfügung zu haben).

Durchsuchbare Indizes sind eine große Hilfe für Leser, die spezifische Informationen brauchen, deswegen ergänzen sie auf natürliche Weise die von uns empfohlene Häufigkeit der Navigationssteuerung.

Den Datenbankweg wählen

Für wirklich lange und komplizierte Dokumente gibt es nur eine Möglichkeit, die Informationen zu verwalten: in einer Datenbank. Egal ob Sie sich für ein Dokumentverwaltungsprogramm oder für Paradox entscheiden, um Ihre HTML-Dokumentsteuerung aufzubauen, bei mehr als 100 Dateien werden Sie die mechanische Hilfe und Organisation schätzenlernen. Hinzu kommt die Möglichkeit, Dateien nach Schlüsselwörtern oder nach einem bestimmten Text zu durchsuchen, womit das Finden von Informationen viel leichter fällt (überflüssig, die vielen netten Funktionen zu erwähnen, die eine Datenbank für Sie erledigen kann, wie das Suchen und Ersetzen, die automatische Aktualisierung usw.).

Diese höhere Strukturierungs- und Steuerungsstufe wird Sie zunächst sicherlich etwas mehr Zeit kosten, aber es lohnt sich, da Sie dadurch später viel Zeit und Mühe sparen können. Falls Sie mir nicht glauben, versuchen Sie eine Weile, eine große Sammlung miteinander verbundener Dateien ohne Computer zu verwalten. Sie werden ein ganz anderes Lied singen, nachdem Sie Änderungen durchführen mußten (und wieder Änderungen und wieder ...).

Vermeiden Sie uneffektive Arbeit

Andererseits besteht die Gefahr, die Organisation zu übertreiben. Sie könnten der Versuchung verfallen, Ihre Dokumente in perfekt formatierte Einzelbildschirmseiten zu teilen, voller schön formatierter Informationen, die den Benutzer erfreuen. Bevor Sie diesem Impuls folgen, denken Sie an die folgenden »Volksweisheiten«, die im Web gelten:

- ✔ Alle Ihre hübschen Grafiken und Steuerflächen sind für Anwender mit zeichenorientierten Browsern sinnlos.

- ✔ Was auf Ihrem 21"-Monitor mit dem neusten 3-D-Browser so wunderbar aussieht, könnte den Typ nebenan, der mit Cello oder Mosaic arbeitet, langweilen.

- ✔ Falls Sie Perfektion suchen, vergessen Sie nicht, daß die »letzten 10%« in der Regel so viel Zeit kosten, wie die restlichen 90%. Verschwenden Sie Ihre Zeit nicht, um etwas zu verbessern, was schon ausgezeichnet ist; Sie können Ihre Tage sicherlich angenehmer verbringen (hoffe ich)!

Egal wie aufregend die Suche nach einer perfekten Seite ist, die Mühe lohnt sich nicht. Und falls die Leute, die Ihnen die Rechnungen (oder das Gehalt) zahlen, herausfinden, daß Sie nach dem »goldenen Kalb« gesucht haben, können Sie sich unnötig Ärger einhandeln. Erinnern Sie sich an die Worte des geheimnisvollen Weisen beim Anblick der unendlichen Majestät des Universums: »Genug bereits!«

Wohin führt uns die Suche?

Je bekannter das Web wird und je besser seine Art und Weise zu publizieren verstanden wird, desto mehr Werkzeuge werden Sie finden, mit deren Hilfe Sie die Struktur Ihrer Erzeugnisse verbessern können. Heutzutage gehört es zum guten Ton, größere Dokumente mit Index zu versehen.

Wenn Sie dies lesen, werden Sie vielleicht die Struktur und die Zusammenhänge Ihrer Dokumente grafisch darstellen können. Oder Sie werden Ihren Benutzern durch bewegliche Bilder oder mit anderen Wundern der Technik helfen, sich zu orientieren. Der Trend ist klar: umfangreichere und bessere Kommunikation, die auf einem gemeinsamen Modell der im Web verfügbaren Informationen basiert, sowie gemeinsame Werkzeugsätze, mit denen die Modelle realisiert werden können.

Nach diesem metaphorischen Phantasieflug werden wir die Werkzeuge und die Zukunftsleistungen von HTML und CGI hinter uns lassen und uns in die Realität der Web-Publizierung stürzen, während Sie sich auf den steinigen Weg der Erprobung Ihrer Erzeugnisse begeben müssen!

Teil VI

Her mit dem Kammerjäger! Entlausen von Web-Seiten

In diesem Teil...

Wir versuchten schon mehrmals, Ihnen klarzumachen, daß in dem Moment, in dem Sie glauben, Ihre HTML-Dokumente seien fertig, die eigentliche Arbeit erst beginnt. Keine der darauf folgenden Aufgaben ist so wichtig, anspruchsvoll und heikel, wie das, was im Mittelpunkt dieses Buches steht – nämlich das geschaffene Werk zu überprüfen und zu testen, ob alles richtig funktioniert.

Das Testen fängt mit der Rechtschreibprüfung Ihrer Texte an und endet mit der Prüfung jeder Verknüpfung auf jeder einzelnen Seite, um sicherzustellen, daß alle Teile richtig zusammenpassen. Im Kapitel 17 werden wir Ihnen eine halboffizielle Prüfmethode vorstellen, die Sie auf Ihre Tests vorbereiten soll.

In Kapitel 18 werden Sie mit dem Höhepunkt der Testarbeit konfrontiert: Nachdem Sie sich vergewissert haben, daß alle technischen Details funktionieren, müssen Sie feststellen, ob der Inhalt Ihrer Dokumente richtig aufgenommen wird. Dies bedeutet, sich mit potentiellen Benutzern in Verbindung zu setzen, ihre Meinung zu erfragen und ihre Empfehlungen zu berücksichtigen. Und immer, wenn Sie eine Ihrer Seiten ändern möchten, beginnt das Ganze wieder von vorne.

Sie werden fragen:»Welchen Sinn hat das Testen, wenn es nur Arbeit bringt?« Die Frage kann man mit einem Wort beantworten: Qualität. In diesem Teil werden wir nicht nur auf die technischen Seiten des Testens eingehen, sondern auch versuchen, die Mühe durch Ergebnisse zu rechtfertigen. Wenn qualitativ hochwertige Web-Seiten entstehen sollen, die einen positiven Eindruck hinterlassen, ist das Testen der wichtigste Bestandteil Ihrer Arbeit. Wir hoffen, daß Sie sich dieser Meinung anschließen werden!

Test, Test, 1-2-3

In diesem Kapitel

▸ Warum müssen Sie Ihre Web-Seiten testen?

▸ Was ist zu testen?

▸ Verschiedene Testmethoden

▸ So finden Sie die richtigen Tester

▸ Wann soll man aufhören?

Wollen Sie, daß man so von Ihnen redet: »Hast Du schon das Durcheinander auf der Home-Page, die Spacecadet gestern herausbrachte, gesehen?«

»Ja. So ein Trottel! Er hat vergessen, die Kopfmarkierung zu schließen, und bei mir wurden die Buchstaben plötzlich drei Zentimeter groß wie für einen Riesenbildschirm.«

»Das war lästig. Bist Du auch an fehlende Verbindungen geraten? Ich schätze, der hat nie etwas vom Testen gehört.«

Selbstverständlich wollen Sie Ihre wundervollen Web-Erzeugnisse so bald wie möglich ins Netz bringen. Aber ***Klischee-Warnung*** – »Sie haben nur einmal die Chance, einen guten ersten Eindruck zu hinterlassen.« Niemand hat Zeit, das erste Mal alles richtig zu machen, aber jeder findet Zeit, die Fehler später zu korrigieren. Warum nehmen Sie sich nicht, während Sie die Web-Seiten erstellen, die Zeit, einige Tests durchzuführen, um die HTML-Syntax und die Resonanz des Publikums zu überprüfen?

 In diesem Kapitel wird kurz besprochen, von wem, durch was, wann, wo, warum und wie Ihre Web-Seiten getestet werden sollen. Kapitel 18 vertieft das Testverfahren und zeigt Ihnen, wie Sie mit den Empfehlungen von künftigen Benutzern umgehen sollten.

Web-Designer, teste Dich!

Die zwei wichtigsten Gründe, Ihre Web-Seiten zu testen, bevor Sie sie veröffentlichen, sind:

1. Ihre Web-Seiten enthalten möglicherweise Fehler in den HTML-Markierungen oder nicht standardmäßige Markierungen, was bei manchen Browsern zur fehlerhaften Anzeige führen kann.

2. Vielleicht fehlen auf Ihren Web-Seiten erforderliche oder wahlfreie HTML-Markierungen, die für Webkriecher und -spinnen in der Zukunft wichtig sind. Ohne richtige Anwendungen

der Markierungen, nach denen Kriecher suchen, werden Ihre Seiten nicht in Indizes und Sprungseiten aufgenommen, so daß es für die Benutzer schwierig wird, Sie zu finden.

Wiederholung, Wiederholung, Wiederholung

Das Erstellen und das Zusammenbasteln Ihrer Web-Seiten ist ein sich ständig wiederholender Prozeß von »Aufbauen und Verändern«. Sobald Sie mehr als eine Seite im Web haben, kann die kleinste Veränderung große Folgen haben. Und wenn Sie sich nicht die Mühe machen, nach jeder Veränderung komplette Tests durchzuführen, werden Sie früher oder später von Ihren Benutzern erfahren, daß sich auf Ihren Seiten Fehler eingeschlichen haben. »Aufbauen und Verändern« bedeutet unter anderem, über eine perfekte Datenaufzeichnung zu verfügen und stets Notizen über Änderungen zu machen.

Schriftlicher Testplan

Das Testen Ihrer Web-Seiten beginnt bereits mit dem Entwurf jeder Seite und der gesamten Web-Struktur. Diese Entwürfe stellen den Anfang Ihrer Testdokumentation dar (sehen Sie – Sie haben bereits etwas getan, ohne sich dessen bewußt zu sein).

Was Ihren Web-Teil betrifft, kann der Testplan nur aus einer Kopie der Entwurfsnotizen und einer Checkliste der auszuführenden Testschritte bestehen. Die Mühe, diese Dokumentation zu erstellen, wird Sie etwas Gehirnschmalz und einen Teil Ihrer wertvollen Zeit kosten, später werden Sie jedoch froh über die Ergebnisse sein.

Erwarten Sie das Unerwartete (und testen Sie, um es zu finden)

»WESHALB soll ich testen?« Sie sollen alle möglichen, unmöglichen, logischen, unlogischen, erwarteten und unerwarteten Situationen testen. »Aber ich möchte meine Seiten noch in diesem Jahrhundert ins Web bringen.« OK, dann bereiten Sie sich auf das Unerwartete vor.

Sie müssen insbesondere die folgenden drei Bereiche testen:

1. Vorhersagbare Werte und Eingabemöglichkeiten – alles, was Sie vorsätzlich in Ihre Web-Seiten aufnehmen und wovon Sie erwarten, daß die Benutzer darauf zugreifen. Hierzu gehören alle Verknüpfungen, Bilder, ALT="Wortlaut", Formulareingabebereiche und die erwarteten Werte, anklickbare Karten usw.

2. Grenzbereiche – alles, was sich am Rande des Erwarteten befindet. In Grenzbereichen entstehen viel häufiger Probleme als im Kernteil eines Computerprogramms, womit Ihre HTML-kodierten Web-Seiten verglichen werden können. Viele Programme arbeiten perfekt mit »normalen« Werten und schließen richtig die Werte aus, die sich außerhalb ihrer

Grenzen befinden, versagen jedoch bei der Behandlung von Werten im Grenzbereich zwischen dem Erwarteten und dem Unerwarteten.

Ein Beispiel: Wenn in einem Programm Werte zwischen 1 und 100 zulässig sind und die Fehlerprüfroutine alle Werte kleiner 0 und größer 101 abfängt, kann die Eingabe von Null oder 100 zum Programmabbruch führen. Vergessen Sie deswegen nicht, mit Grenzwerten zu testen!

3. Außerhalb der Grenzen – alles, was nicht unter die ersten zwei Punkte fällt. Sicherlich können Sie nicht jede Kleinigkeit Ihrer Seite anklicken oder jeden unmöglichen Wert in jedes Formular eingeben. Versuchen Sie jedoch, einige unzulässige Werte einzugeben, und klicken Sie ein paarmal auf verschiedene Stellen, um sicherzustellen, daß nichts Bedeutendes Ihrer Aufmerksamkeit entgangen ist. Viele Fehler wurden dadurch entdeckt, daß der Programmierer beim Niesen versehentlich die Maustaste gedrückt hat, während sich der Cursor an einer Stelle befand, an der »kein normaler Mensch klicken würde«.

Bringen Sie sich nicht um Ihren Schlaf, um absolut alles zu testen. Betrachten Sie das Testen als etwas, wovon Ihre Web-Seiten profitieren, wenn Sie während der Entwicklung und der Pflege logisch, konsequent und wiederholt vorgehen.

Laborversuch: Alpha-Testmethoden

Das Testen Ihrer Web-Seiten ähnelt sehr dem Testen eines Computerprogramms. Sie müssen einige Tests durchführen, wenn eine Seite halbwegs fertig ist, denn Sie müssen sie sich mit dem Browser oder in der Browser-Ansicht Ihres HTML-Editors ansehen. Falls Sie eine vollständige WYSIWYG-HTML-Entwicklungsumgebung (WYSIWYG = What you see is what you get, deutsch: Sie bekommen das, was Sie sehen) verwenden, wird die Syntax-Überführung automatisch für Sie erledigt.

Bei der weiteren Entwicklung werden Sie so lange Markierungen setzen und sich die Ergebnisse ansehen, bis Sie mit dem, was Sie sehen, zufrieden sind. Wenn der gesamte Inhalt der Seite kodiert ist, empfehlen wir die folgenden Testschritte:

1. Führen Sie eine automatische Rechtschreibprüfung durch. (Korrigieren Sie Schreibfehler.)
2. Testen Sie die Seite isoliert auf Ihrem Computer mit lokalen Dateien und relativen URLs. (Beheben Sie bestehende Probleme, und testen Sie erneut.)
3. Testen Sie die Seite zusammen mit anderen Web-Seiten auf Ihrem Computer. (Beheben Sie bestehende Probleme, und testen Sie erneut.)
4. Testen Sie die Seite isoliert auf dem Web-Server in Ihrem privaten Bereich mit relativen oder vollständigen URLs. (Beheben Sie bestehende Probleme, und testen Sie erneut.)

5. Geben Sie den Seiten-URL in ein Online-Formular für die HTML-Gültigkeitsprüfung ein, um die Korrektheit der Syntax zu prüfen. (Beheben Sie bestehende Probleme, und geben Sie den URL so oft ein, bis er fehlerfrei ist. Niemand kann auf Anhieb einen perfekten Code erstellen.)
6. Testen Sie die Seite zusammen mit anderen Seiten in Ihrem privaten Bereich auf dem Web-Server (Beheben Sie bestehende Probleme, und testen Sie erneut.)
7. Bitten Sie einige Arbeitskollegen oder Freunde, die Seite zu beurteilen. Geben Sie die Seite noch nicht bekannt, und weisen Sie Ihren Bekannten an, nichts zu verraten. (Beheben Sie bestehende Probleme, und testen Sie erneut.)

Befolgen Sie die Ratschläge Ihrer Alphatester, bis diese ihre Arbeit beendet haben und nichts mehr aussetzen – dann ist (sind) Ihre Seite(n) für einen echten Betatest bereit. Mehr darüber erfahren Sie später in diesem Kapitel sowie im nachfolgenden Kapitel.

Die oben beschriebenen Schritte führen Sie durch die sogenannte Alphatestphase. Diese wird nur durch den Entwickler selbst mit Hilfe einiger Freunde durchgeführt. Am Ende dieser Phase dürften die meisten groben, unangenehmen und offensichtlichen Probleme beseitigt sein. Sie sollten die aufgezählten Schritte durchführen, auch wenn Sie Ihre persönliche Home-Page und Ihr persönliches Web entwickeln, denn mit Ihrem Werk präsentieren Sie sich der WWW-Gemeinschaft.

Falls Sie als Angestellter einer Firma oder Institution entwickeln, sind Sie vermutlich gewohnt, gut strukturiert und unter Beachtung formaler Kriterien zu entwickeln und zu testen. Dies wird Ihnen zweifellos helfen, ein kompliziertes Web so zu vollenden, daß es seinen Zweck erfüllt.

Der folgende Abschnitt bietet einen allgemeinen Alphatestplan. Diejenigen von Ihnen, die ihre Arbeit nach dem vorgegebenen Muster organisieren wollen, sowie alle, die ihre Web-Seiten ordentlich testen wollen, können entsprechende Änderungen vornehmen, um das Dokument den persönlichen Bedürfnissen anzupassen. Den anderen würde es nicht schaden, den Plan durchzulesen. Sie könnten sich dadurch später viel Zeit ersparen.

Der Alphatestplan für Web-Seiten

Einführung

Zweck

Erstellen eines umfassendes Plans zum Testen der Genauigkeit und der Vollständigkeit einer Web-Seite während der verschiedenen Entwicklungsstufen oder vor der Freigabe einer neuen Version.

Umfang

Nach diesem Testplan wird folgendes getestet: die Funktionalität aller Leistungsmerkmale auf Benutzerebene, die Genauigkeit der erstellten Daten, die Übereinstimmung zwischen Benutzerführungsinformation und Verhalten der Web-Seite, die Übereinstimmung zwischen Normen aus Handbüchern und Fehlerlisten einerseits und den Daten auf der Web-Seite andererseits, die Kompatibilität der Web-Seite mit verschiedenen Hard- und Software-Konfigurationen.

Test-Übersicht

✔ Testen Sie alle Funktionen der Web-Seite unter normalen Einsatzbedingungen mit entsprechender Hard- und Software.

✔ Testen Sie alle Funktionen unter ungewöhnlichen Einsatzbedingungen, wie z.B. unpassende Hard- und Software, Eingabe von falschen oder extremen Werten oder Bedienungsfehler.

✔ Testen Sie die Genauigkeit sämtlicher Daten, indem Sie die Werte, die von der Web-Seite generiert werden, mit bekannten Werten vergleichen.

Ziele

✔ Bestimmen Sie das Leistungs- und Funktionalitätsniveau der Web-Seite.

✔ Dokumentieren Sie alle Funktionsabweichungen und Fehler in ein effektives und anpassungsfähiges Testverfolgungssystem.

✔ Überprüfen Sie die Korrelation zwischen der Web-Seite und der Benutzerinformation.

Zeitplan und Ressourcen

Das Testen beginnt am (Datum) und setzt sich fort, bis der Testplan abgearbeitet ist und keine korrigierbaren Fehler auf der Web-Seite zu finden sind. Die Mitarbeiter der Abteilung für Softwaretests und Qualitätssicherung (d.h. Sie und Ihre Freunde) sind für die Durchführung der Tests verantwortlich.

Systemkonfiguration

Für die Tests werden folgende Systemkonfigurationen verwendet, die repräsentativ für dieses Gebiet sind:

✔ Browser – Listen Sie alle Browser auf, mit denen Sie testen. Berücksichtigen Sie, wenn möglich, alle Browser, die Ihr Zielpublikum eventuell verwenden wird.

✔ Computer – Listen Sie alle Betriebssysteme auf, die unter Verwendung der o.g. Browser zu testen sind. Viele Browser können auf mehr als einem System eingesetzt werden (z.B. PC mit Windows, Macintosh, X Window usw.)

✔ Web-Server – Listen Sie die Software des Web-Servers auf, die mit CGI-Befehlsdateien und Formularen zu testen ist. Auch wenn Sie auf Ihren Internet-Dienstanbieter oder auf den Web-Server Ihrer Firma oder Institution beschränkt sind, testen Sie gründlich und vollständig.

Testmethode und Auswertung

1. Die Testpersonen werden die Funktionalität und die Leistung der Web-Seite hauptsächlich auf Benutzerebene testen, indem sie Eingaben über die Tastatur und die Maus machen und die Ergebnisse auswerten.

2. Die Testpersonen werden Fehler und die Abweichungen von der geforderten Funktionalität dokumentieren, indem sie bei jedem aufgetretenen Problem folgende Informationen aufzeichnen: betroffene(s) Merkmal/Funktion, Seitenversion Datum/Zeit, wann (Datum) ist das Problem aufgetreten, Name der Testperson, Problembeschreibung, wie kann das Problem reproduziert werden sowie weitere Einzelheiten, die dem Entwickler helfen, das Problem zu verstehen und zu lösen. Jedem Problem wird eine Prioritätsstufe zugeordnet: Priorität 1 – Systemabsturz oder Datenverlust, Priorität 2 – kosmetische Fehler (Rechtschreibung, Wortlaut, Oberfläche), Priorität 3 – unbequeme Bedienung.

3. Das Dokument, in dem die Probleme der Web-Seite aufgelistet sind, wird möglichst oft aktualisiert und den Entwicklern zur Problembeseitigung vorgelegt.

Leistung und Funktionalität testen

Bildschirmanzeige

Überprüfen Sie jede Bildschirmseite hinsichtlich Ungenauigkeiten und Unzulänglichkeiten bei der Rechtschreibung, der Formatierung und Seiteneinrichtung.

Verknüpfungen und Inhalt

Stellen Sie sicher, daß jede Verknüpfung richtig funktioniert und jede Zieladresse (URL) vorhanden ist und die Information bietet, die im Hyperlinktext genannt ist.

Formulare

Stellen Sie sicher, daß in jedem Formular die Benutzerantworten richtig empfangen, bearbeitet und aufgezeichnet werden. Prüfen Sie, ob die Daten korrekt auf dem Web-Server gespeichert und an die richtige Stelle im gewünschten Format übertragen werden.

Anklickbare Karten

Stellen Sie sicher, daß beim Klicken auf der Karte immer das richtige Bild bzw. die richtige Seite angezeigt wird.

Überprüfen der Beschränkungen und der Grenzen

Testen Sie in den Formularen alle Rand- und Grenzbereiche, wie beispielsweise hohe und niedrige numerische Werte und Textmengen. Lassen Sie nicht »die Ecken« aus, wenn Sie Bedingungen überprüfen, die sich knapp außerhalb der Grenzen befinden.

Alpha, Beta, Gamma, Delta: Ihr Testteam

Auf Ihrer Suche nach dem perfekten Web sind Sie nicht allein. Jeder, der sich im WWW befindet, erwartet, daß die darin präsentierten Seiten seinen eigenen Perfektionskriterien entsprechen. Millionen würden sich freuen, wenn sie eine objektive Beurteilung ihrer Web-Seite bekämen. Überzeugen Sie einige davon, Ihnen zu helfen, Ihre Web-Seite besser zu gestalten.

Alpha

Möglicherweise führten Programmierer griechische Buchestaben bei der Bezeichnung der Testphasen ein, weil »A-Test« nicht so gut wie »Alphatest« klingt. Jedenfalls sind Sie und Ihre Freunde, die Ihre Web-Seiten auseinandernehmen wollen, für den Alphatest zuständig.

Die strenge Kontrolle über Ihre Seiten und die rechtzeitige Erstellung von Berichten über die aufgetretenen Fehler gewährleisten eine schnelle Behebung der Probleme. Sie haben Ihre Seiten schön eingerichtet und brauchen sich zu diesem Zeitpunkt nicht um oberflächliche Kleinigkeiten wie Stil oder Layout zu kümmern. Wichtig ist in dieser Phase sicherzustellen, daß die Seiten richtig angezeigt werden und die Verknüpfungen funktionieren.

Beta

Für die Beta-Phase müssen Sie eine größere, aber übersichtliche Gruppe von WWW-Benutzern engagieren, die Ihnen hilft, aus Ihren Web-Seiten das bestmögliche Produkt zu machen, das es seit der Erfindung von Kaffee und Lutschern gibt. Die Testpersonen werden nicht nur die Leistung und die Funktionalität überprüfen, sondern Sie auch großzügig beraten und Ihnen zeigen, wie dumm es ist, das Bild vom Spatz bei den Finken einzuordnen. Dies wird einige Probleme aufwerfen, die Sie nie zuvor als Probleme erkannt hätten. Wie? Verschiedene Einzelheiten, die Sie täglich gesehen und nie beachtet haben, werden sich plötzlich für so viele Beta-Testpersonen als störend erweisen, daß Sie sich entschließen werden, sie abzuschaffen. Ähhh, die Probleme, nicht die Betatester!

Eine Untergruppe der Betatester kann damit beauftragt werden, die Funktion jener Gruppe zu übernehmen, die bei Marktforschungsinstituten oder Werbeagenturen die Wirkung des Produkts auf das Zielpublikum untersucht. Diese Personen stellen folgende Fragen: Wird das Material bestmöglich präsentiert, um die Aufmerksamkeit des Zielbenutzers auf sich zu ziehen? Beantworten die Seiten schnell und unmißverständlich die Fragen, die das Zielpublikum stellen würde? Werden die Benutzer dazu gebracht, das Angebot in Anspruch zu nehmen (ein Produkt kaufen, ein Lokal besuchen, irgendwo anrufen usw.)?

Gamma?

Da es eigentlich keine richtigen Gammatests gibt, können Sie alle Web-Benutzer, die sich bereit erklären, die Weiterentwicklung Ihrer Seiten zu unterstützen, als Gamma-Testpersonen betrachten. Sie wissen sicherlich, daß das Web wie ein Lebewesen ist. Und Ihre Web-Seiten sind Teil dieses lebenden Organismus. Deswegen müssen Sie Ihr kleines Web füttern und pflegen, damit es am Ball bleibt und nicht die Benutzer verliert und sich im Kosmos auflöst. Um dies zu gewährleisten, müssen Sie gute Methoden entwickeln, mit denen Sie die Benutzer zu Kommentaren direkt auf Ihren Web-Seiten ermutigen. Das Minimum hierfür ist die Angabe Ihrer E-Mail-Adresse, viel besser wäre es natürlich, ein entsprechendes Formular zur Verfügung zu stellen. Weitere Hinweise zu diesem Thema finden Sie im nächsten Kapitel.

Irgendwann muß Schluß sein (mit dem Testen)

Sollten Sie jetzt schon ganz krank vor Angst sein, Ihre wertvollen Web-Seiten den neugierigen WWW-Massen anzubieten, trösten Sie sich mit dem Gedanken, daß es sich nur um einen Haufen Elektronen handelt, die durch Kabel und Silikon strömen. Sie brauchen sich nicht vor dem WWW zu fürchten. Egal, wie sorgfältig Sie Ihre Web-Seiten planen, einrichten, kodieren und testen, es wird sich immer jemand finden, dem irgend etwas nicht gefällt. Dies resultiert aus den unterschiedlichen Ansichten der Millionen von Menschen im WWW.

Klischee-Warnung »Sie können nicht jeden zufriedenstellen.« Sie können im Rahmen der Ihnen zur Verfügung stehenden Zeit und Mittel versuchen, möglichst viele der potentiellen Benutzer zufriedenzustellen. Wenn Sie nicht aus beruflichen Gründen einen festen Termin für die Eröffnung Ihres Web-Teils haben, können Sie frei entscheiden, wann die Seiten für die große Premiere bereit sind. Also geben Sie die Seiten frei, wenn sie durchgetestet sind, und kommen Sie nicht in die Versuchung, sich das Testen zu ersparen.

Es spielt keine Rolle, was SIE denken

In diesem Kapitel

- Die Ansicht des Benutzers simulieren
- Die eigenen Seiten testen
- Verlieren Sie nicht den Verstand
- So bekommen Sie mehr Resonanz
- Lernen Sie von Ihren Benutzern

Ihre Web-Seiten gefallen Ihnen natürlich: Schließlich haben Sie sie ja erstellt. Auf Ihrem Browser und auf Ihrem Monitor sehen sie ganz phantastisch aus, und Sie sind stolz darauf. Sie können sie auf Ihrem Computer nur für sich behalten, sie drucken, einrahmen und an die Wand hängen – oder sie im WWW veröffentlichen. Sie haben die Wahl.

Sie haben beschlossen, die Seiten zu veröffentlichen, stimmt's? Sie wollen sie für die WWW-Gemeinschaft zugänglich machen und allen Ihre Erzeugnisse zeigen. Sie erwarten hohe Besucherzahlen und viel Applaus. Nun hat sich das Blatt gewendet. Ganz egal, wie begeistert Sie selbst von Ihren Web-Seiten sind, der Geschmack der Benutzer bestimmt Ihre Web-Zukunft.

In diesem Kapitel gehen wir von der Annahme aus, daß es Ihr Wunsch ist, unabhängig vom Inhalt Ihrer Web-Seiten und vom Zielpublikum, die Benutzer zufriedenzustellen (die Ihre Seiten immer wieder aufsuchen sollen). Die nachfolgend aufgeführten Testverfahren sollen Ihnen helfen, einen Bereich zu erstellen, der für Ihr Publikum unterhaltsam und zugleich informativ ist.

Regel Nummer 1: Benutzerregel.

Regel Nummer 2: Im Zweifel siehe Regel Nummer 1.

Dies bedeutet nicht, daß Sie dem Wunsch jedes Benutzers nachkommen müssen. Falls Ihr Themenbereich Erdbeben sind, brauchen Sie keine Informationen über Drachenfliegen aufzunehmen, nur weil sich irgend jemand dafür interessiert. Wenn allerdings einige Benutzer eine andere Anordnung der Information empfehlen, um die Suche zu erleichtern, sind Sie gut beraten, diese Wünsche zu berücksichtigen. Änderungen, die nur dem Zweck dienen, etwas zu ändern, werden von jedem als störend empfunden. Änderungen hingegen, die Verbesserungen bringen und aus guten Gründen und unter Berücksichtigung der Meinung von erfahrenen Benutzern gemacht werden, sind jedem willkommen.

Simulation ist besser als Echtbetrieb

Wie entscheiden Sie, was geändert werden soll? Sie testen, testen und testen Ihre Web-Seiten. In der ersten Testphase setzen Sie Markierungen und erstellen Ihre HTML-Dateien. Sie betrachten Ihr Werk aus der Sicht des Browsers oder über die WYSIWYG-Funktion Ihres HTML-Editors. Auf diese Weise simulieren Sie die Benutzeransicht. Sie korrigieren die gefundenen Rechtschreibfehler und unpassenden Ausdrücke, da Sie wissen, daß die Benutzer die Fehler finden werden. Nebenbei bemerkt, dies ist der richtige Zeitpunkt, eine Rechtschreibprüfung durchzuführen.

Nachdem Sie eine Seite erstellt haben, die auf Ihrem Computer zufriedenstellend funktioniert, laden Sie diese in das entsprechende Unterverzeichnis Ihres Web-Servers. Falls Sie einen DOS-PC verwenden und die Seite auf UNIX hochladen müssen, vergessen Sie nicht, die Dateierweiterung von ».htm« auf ».html« zu ändern. Nachdem sich die Seite auf dem Server befindet, werden Sie Benutzer und können in den Seiten browsen. Wenn die Seite nicht auf HoTMetaL oder einem anderen HTML-Editor mit strenger Syntaxprüfung erstellt wurde, übergeben Sie sie an ein Online-HTML-Programm zur Durchführung einer Syntaxprüfung. Solche Programme finden Sie unter folgenden URLs:

HTML-Validierungsdienst von Georgia Tech College of Computing:

http://www.cc.gatech.edu/grads/j/Kipp.Jones/HaLidation/validation-form.html

Webtechs-HTML-Validierungsdienst:

http://www.webtechs.com/html-val-suc/

Bitte beachten Sie: Die Webtechs-Validierungsdienste führen Gültigkeitsprüfungen für HTML 3.2 durch. Eine Unterstützung der - noch nicht endgültigen - Version 4 wird nicht gewährleistet.

HTML-Home-Page zum Formulartesten:

http://www.research.digital.com/nsl/formtest/

Sie können ein Stand-alone-UNIX-HTML-Syntaxprüfungsprogramm von einer der folgenden Adressen herunterladen:

http://uts.cc.utexas.edu/~churchh/htmlchek.html

Nachdem Sie den Bericht von einem der Syntax-Prüfungsprogramme erhalten haben, überarbeiten Sie, falls notwendig, Ihre Web-Seite. Die meisten dieser Syntaxprüfungen werden noch nach HTML-2.0-DTD-Standard durchgeführt, so daß viele Ihrer Markierungen, die diesem Standard nicht entsprechen, als Fehler gemeldet werden können. Falls Sie trotzdem auf spezifische Markierungen für bestimmte Browser nicht verzichten wollen, müssen Sie damit rechnen, daß Ihre Seite mit anderen Browsern nicht Ihren Vorstellungen entspricht. Sie müssen dann auch dafür Verständnis aufbringen, daß Ihre Seite möglicherweise nicht in die Web-Indizes aufgenommen wird.

Wenn Ihre Seite Frames enthält, sollten Sie auf jeden Fall darauf achten, Sie mit einem »NOFRAMES« - Bereich zu versehen, damit Benutzer älterer Browser nicht glauben Sie hätten einen falschen URL eingegeben. Besser, wenn auch sehr viel arbeitsaufwendiger, wäre es, wenn Sie Ihre Web-Seiten gleich in zwei Versionen anbieten würden.

Mit dem Browser durch Ihr hart erarbeitetes Erzeugnis

Als nächstes müssen Sie wissen, wie Ihre Seiten aussehen werden, wenn sie mit anderen Browsern und auf anderen Computertypen angesehen werden. Machen Sie das Beste aus dieser Situation, indem Sie alle Browser, die auf Ihrem Computer lauffähig sind, herunterladen, installieren und zum Testen einsetzen. Wenden Sie sich an Freunde, die mit anderen Betriebssystemen arbeiten, und testen Sie gegenseitig Ihre Web-Seiten. Ein solcher Austausch ist fair und bietet Ihnen (und Ihren Freunden) neue Ideen und zusätzliches Lernmaterial!

Alphatester

Engagieren Sie für die Tests nur enge Bekannte, die die Adresse Ihrer Web-Seiten nicht weitergeben würden. In dieser Entwicklungsphase benötigen Sie keine Kritik unerwünschter Testpersonen. Geben Sie Ihren Assistenten Hinweise darüber, welche Anmerkungen Sie benötigen. Am einfachsten ist es, sie zu bitten, Ihnen alle Problembeschreibungen und Verbesserungsvorschläge per E-Mail zu senden. Dies funktioniert nur mit gewissenhaften, gut organisierten Leuten – und nur solche Leute sind als Alphatester geeignet.

Es wird sicherlich Ihnen und Ihren Testern helfen, wenn Sie ein einfaches Textformular zur Verfügung stellen, in dem jedes Problem kurz geschildert werden kann. Als Minimum müssen Sie in Ihrem Formular folgende Angaben anfordern:

- ✔ Name und E-Mail-Adresse der Testperson
- ✔ Datum, an dem das Problem aufgetreten ist
- ✔ Seitenüberschrift und URL
- ✔ Seitenversion Datum/Zeit
- ✔ Betroffene(s) Merkmal/Funktion
- ✔ Formatierung
- ✔ Text/Daten
- ✔ Verknüpfung (URL)
- ✔ Bild (URL)
- ✔ Formular (URL)
- ✔ Problemschilderung

- ✔ Wie kann das Problem gelöst werden?
- ✔ Kommentare und Lösungsvorschläge

Machen Sie den Alphatestern klar, daß es sehr wichtig ist, jedes Problem in einem separaten Formular darzustellen. Wenn die Formulare Ihre E-Mail-Briefkasten überfüllen, müssen Sie einen Speicherplatz für sie finden und sich überlegen, wie sie sortiert werden sollen. Das Ausdrucken und das Bilden von übersichtlichen Häufchen kann dabei genauso wirksam wie das Importieren in eine Datenbank sein. Verwenden Sie die Methode, die für Sie am einfachsten ist. Vergessen Sie nicht, daß Sie das Sortiersystem auch für die Betatestphase brauchen, in der sich die Anzahl der Meldungen leicht verdoppeln kann.

Betatester

Ihre vertrauten Alphatester haben bereits das OK für Ihre Web-Seiten gegeben. Es ist Zeit, auch Personen, die Sie nicht kennen, für die Beurteilung Ihrer Web-Seiten zu engagieren. Hoffentlich finden Sie solche Benutzer, die persönliches Interesse am Inhalt Ihrer Seiten haben. Die Kommentare bezüglich des Inhalts sind ebenso wichtig wie die Eindrücke über die Funktionalität. Benutzer, die sich mit Ihrem Thema beschäftigen, sind Ihr wichtigstes Publikum, auch wenn sie nur einen kleinen Teil davon bilden, also behandeln Sie sie gut.

Sie finden solche Personen, indem Sie Einladungen zur Teilnahme an entsprechenden Newsgroups versenden. Fragen Sie einfach, wer daran interessiert ist, Ihnen beim Testen Ihrer neuen Web-Seite zu helfen. Wählen Sie die Personen sorgfältig aus, indem Sie Namen, Adresse, Telefonnummer und Vorkenntnisse in Ihrem Bereich erfragen, sowie, warum sie der Meinung sind, sich als gute Beta-Testpersonen zu eignen. Senden Sie sofort per E-Mail ein »Danke schön« an jeden, der sich gemeldet hat, mit der Bemerkung, daß Sie nicht mit so viel Interessenten gerechnet haben und sich bald wieder melden werden.

Sollten Sie einige der Kandidaten ausschließen wollen, was sehr unwahrscheinlich ist, senden Sie der jeweiligen Person eine gut formulierte Nachricht, in der Sie bedauern, sie/ihn nicht berücksichtigen zu können (z.B., daß die Meldung zu spät gekommen ist oder etwas Nettes in der Art). ***Klischee-Warnung*** Wenn Sie jemandem etwas Gutes tun, wird er es drei Freunden erzählen. Wenn Sie jemanden ärgern, wird er elf Leuten erzählen, was für ein Schwein Sie sind. Sie können nicht jeden glücklich machen, aber versuchen Sie Ihr Bestes, die Benutzer nicht zu ärgern.

Benachrichtigen Sie Ihre Betatester per E-Mail über jeden Änderungszyklus, und versenden Sie Listen mit den durchgeführten Änderungen sowie Kopien von dem Betatestbericht, den sie ausfüllen und zurücksenden sollen. Bedanken Sie sich bei jeder Testperson für jeden Problembericht. Versuchen Sie, sich die Benutzer zu merken, deren Problemschilderung zu einer Überarbeitung führte. Nehmen Sie sich die Zeit, sich mit den Betatestern anzufreunden, und Sie werden davon lange, lange profitieren. Ihre Betatester sind Ihre Benutzer. Können Sie sich an Regel Nummer 1 erinnern?

Alle auf einen Streich

Die oben genannte Liste ist ein guter Ausgangspunkt zum Testen aller wichtigen Teile Ihrer Web-Seite nach jedem Änderungszyklus. Falls Sie einen großen Web-Bereich mit 10 bis 100 Seiten erstellen, benötigen Sie für jede Seite eine Checkliste, die die wichtigsten Merkmale dieser Seite enthält.

Ferner ist es notwendig, für den gesamten Bereich eine weitere Checkliste zu erstellen. Diese soll den Titel und den URL jeder Seite beinhalten sowie die Verknüpfungen zu anderen Seiten in Ihrem Bereich. Dies dürfte Ihnen bekannt vorkommen. Es sieht nach dem Layout-Entwurf für Ihr Web aus. Je größer Ihr Bereich, desto wichtiger der Layout-Entwurf und die Checklisten, die nach jedem Änderungszyklus einen gründlichen Test gewährleisten.

Einmal die Liste erstellen, zweimal prüfen

Nein, ein Änderungszyklus ist kein Rückwärtstreten. Damit werden Probleme behoben und Änderungen ordentlich durchgeführt. Die Probleme werden in der Regel nicht in der Reihenfolge behandelt, in der sie auftreten. Sie wollen sicherlich Ihre Seiten so schnell wie möglich fehlerfrei sehen, aber die Probleme müssen nach ihrer Priorität behandelt werden, sonst verlieren Sie schließlich mehr Zeit.

Erstellen Sie aus Ihrer Datenbank mit Testberichten eine Problemliste, und pflegen Sie diese regelmäßig. Vergeben Sie Prioritäten je nach Gusto. Entscheiden Sie dann, welches Problem oder welche Gruppe Sie behandeln werden. Denken Sie nicht nur an die Zeit, die Sie für die Änderung der HTML-Dokumente benötigen, sondern auch an die vollständige Durchführung aller Tests mit allen Browsern und auf allen Plattformen, bis die geänderten Seiten im Web richtig funktionieren. Wenn Sie dies berücksichtigen, werden Sie vermutlich weise entscheiden, daß tägliche Änderungen nicht möglich sind.

Sie werden herausfinden, daß für einen größeren Web-Bereich der wöchentliche Änderungszyklus vermutlich der kürzestmögliche und ein Zwei-Wochen-Zyklus wesentlich streßfreier ist. Dies gilt um so mehr, wenn jede Woche Hunderte oder Tausende Benutzer Ihre Web-Seiten aufsuchen. Sie werden es schätzenlernen, in regelmäßigen Abständen positive, gut dokumentierte Änderungen festzustellen.

Immer einen Schritt voraus

Die regelmäßigen Revisionen werden Ihnen helfen, den lästigen »unerwarteten Nebeneffekten« immer einen Schritt voraus zu sein. Diese entstehen dann, wenn Sie auf einer Seite eine scheinbar kleine Änderung durchgeführt haben, ohne darüber nachzudenken, welche Wirkung sie hat, und ohne die Seite im gesamten Web zu testen. Ein Beispiel: Sie ändern ein Bild, welches mit jeder Ihrer Web-Seiten verknüpft ist, und speichern es in einem falschen Verzeichnis. Das Bild wird überhaupt nicht angezeigt, so daß der Fehler sofort erkannt wird. Aber stellen Sie sich vor, Sie machen einen Fehler beim Ändern der E-Mail-Adresse, an die die Benutzer ihre Kritik senden sollen. Unter Umständen könnte es lange dauern, bis Sie etwas merken, außer Sie senden gleich nach der Installation eine Nachricht an sich selbst (dies ist auch eine gute Testmethode – warum probieren Sie sie nicht?).

Wenn Sie die Probleme, je nach Priorität, stapelweise abarbeiten, geben Sie jedem aus Ihrem Team genug Zeit zur gründlichen Prüfung. Während Ihre Assistenten die letzten Änderungen testen, können Sie bereits an den nächsten arbeiten. Vergessen Sie nicht, die Verbesserungen, die Sie vorgenommen haben, ebenso vollständig zu beschreiben wie das Problem selbst. Achten Sie darauf, immer eine neue Versionsnummer zu vergeben, und vergessen Sie nie, Datum und Zeit der Änderung einer Seite zu notieren. Alle diese Informationen sollten Bestandteil des Fehlerformulars oder der Datenbank bilden, in der die Fehler aufgeführt sind.

Es ist nicht verrückt, die Vernunft zu testen!

Wahrscheinlich denken Sie sich: »Was soll das Ganze mit den Änderungszyklen, den Formularen und den Testpersonen? Meine Seiten sind kein streunender, verlauster Hund.« Möglicherweise haben Sie recht, aber Sie müssen bereits verstanden haben, daß Sie ohne sorgfältiges Planen und Testen unter diejenigen geraten können, die Läuse haben.

Um dies zu vermeiden, nehmen Sie sich den folgenden Rat zu Herzen: Wenn Ihnen genug Speicherplatz zur Verfügung steht, erstellen Sie zwei Kopien Ihrer Web-Seiten: eine auf Ihrem Computer und eine auf dem Web-Server. Führen Sie alle Änderungen in der »Arbeitskopie« durch, während die »freigegebene« im Einsatz ist. Beim Testen können Sie die Leistungsfähigkeit und die Funktionalität der zwei Versionen vergleichen und die Unterschiede feststellen.

Nachdem Sie einen Änderungszyklus abgeschlossen haben, kopieren Sie die Arbeitsdateien in die »offiziellen« Dateien – selbstverständlich erst, nachdem Sie eine Sicherungskopie erstellt haben.

Geben Sie's mir: Kritik ist wichtig

Ahhhh, die Benutzer. Merkwürdig, wie sie hier, dort und überall auftauchen und auch, wie Sie sie mit Ihren Web-Seiten versorgen und sie bitten, ihre Kritik abzugeben. Die Kritik der Benutzer ist wie Herzblut für Ihr Web, aber wenn Sie nicht vorsichtig damit umgehen, wird sie so nutzlos wie das Echo eines Mikrofonverstärkers vor einem Redner. Sie werden sitzen und Notizen aufnehmen, die Ihnen keinen Hinweis geben, wie das Problem zu lösen ist. Falls es Ihnen Spaß macht, Sherlock Holmes zu spielen, fügen Sie in die untere Ecke Ihrer Home-Page einen Vermerk ein, mit dem Sie die Benutzer um Stellungnahme unter Ihrer E-Mail-Adresse bitten.

Ändern, ändern und nochmals ändern ist das Wesentliche beim World Wide Web. Das Web verändert sich so schnell, daß Sie von Ihren Beta- (und eventuell Gamma-)Testpersonen jede

Hilfe gebrauchen können. Dies sind die Leute, die Ihr Web benutzen. Nur sie wissen, was sie wollen und wie schnell sie es bekommen wollen.

Allerdings kann nicht jeder seine Wünsche und Bedürfnisse so formulieren, daß er sofort verstanden wird. Sie können helfen, indem Sie entsprechende Formulare mit gut formulierten Aufforderungen vorbereiten und sich bei jedem, der sich meldet, bedanken, unabhängig davon, was er sagt. Sie werden mit Sicherheit viel Post bekommen, wenn etwas schiefgeht, und Sie werden das gelegentliche Schulterklopfen schätzenlernen.

So bekommen Sie, was Sie wollen

Falls Sie nicht um das bitten, was Sie haben wollen, bekommen Sie es vielleicht sowieso – das große, dicke Nichts. Sie können Ihre Benutzer um Anregungen bitten, bis Ihre Finger taub werden, und trotzdem keine Antwort erhalten. Dies könnte bedeuten, daß Sie perfekte Arbeit geleistet haben, aber niemand Ihnen sagen will, wie großartig Sie sind, damit Sie keinen Überlegenheitskomplex bekommen. Wahrscheinlich haben Sie aber nicht richtig gefragt und die Benutzer nicht genug ermutigt.

Wenn Sie wirklich Informationen wollen, müssen Sie konkrete Fragen stellen. Sagen Sie, daß Sie etwas hinzufügen oder ändern wollen, und fragen Sie, was die Benutzer dazu meinen. Machen Sie einen Wettbewerb, bei dem derjenige, der das beste oder das schlechteste Merkmal Ihres Webs nennt und begründet, einen Preis erhält. Versuchen Sie, die Benutzer am Aufbau Ihres Web zu beteiligen, und Sie werden davon profitieren.

Aufbau der Berichtskarte

Ein einfaches Textformular auf einer separaten Seite, die die Benutzer kopieren, ausfüllen und an Sie per E-Mail zurücksenden, ist besser als nichts. Ein echtes Formular mit Fragen und Kästchen für die Antworten ist viel besser. Sie haben dies bereits in Kapitel 12 gelernt. Es ist zwar wichtig, Ihre Informationsanforderungen konkret zu stellen, aber ein detailliertes Formular mit Kästchen verliert an Wert, wenn es keinen Platz für allgemeine Bemerkungen bietet. Geben Sie den Benutzern die Möglichkeit, kreativ zu sein, nachdem Sie durch Fragen ihr Interesse geweckt haben.

Der beste Weg, ein gutes Formular zu erstellen, ist, das Web nach Mustern zu durchsuchen, die Ihnen gefallen. Sehen Sie sich den Quelltext an, um festzustellen, ob er auf Ihrem Web-Server verwendet werden kann. Wenn dies der Fall ist, können Sie auf dieser Grundlage Ihr eigenes Formular erstellen. Der WebMaster (oder Ihr »Guru«) kann Ihnen dabei behilflich sein, wenn Sie Ihn richtig bitten.

Hokuspokus, Fokusgruppen

Falls Sie mit Ihren Web-Seiten bestimmte Ziele erreichen wollen, können Sie die Methode der sogenannten Fokusgruppen verwenden, die bei Marketing- und Werbeagenturen üblich ist. Etwa zehn Leute mit hervorragenden Kenntnissen in einem bestimmten Industriebereich setzen sich für einige Stunden in einem Konferenzraum zusammen und diskutieren über eine vorgeschlagene Werbe- oder Marketingkampagne. Oft wird die Sitzung auf Video aufgenommen, damit später der Gesichtsausdruck und die Körpersprache der Teilnehmer bei der Präsentation der einzelnen Werbespots analysiert werden kann. Wenn in Ihrer Situation diese Methode gerechtfertigt ist, machen Sie einen Versuch. Es ist üblich, sich bei den Teilnehmern mit einem kleinen Honorar im versiegelten Kuvert für ihre Mühe zu bedanken, das Sie beim Verlassen des Raumes überreichen.

Als Alternative können Sie die Methode online anwenden. Das Verfahren ähnelt dem Beta-Testen, jedoch mit ausgewählten Testpersonen. Sie können jede von ihnen per E-Mail einladen teilzunehmen und für die Ansicht der Seiten einen speziellen URL zur Verfügung stellen. Diese Methode funktioniert nur gut, wenn sie sorgfältig geplant ist. Das Ganze ist vielmehr eine Übung in Marketing als die Erprobung einer Web-Seite, aber möglicherweise erweist sie sich für Ihr Unternehmen als sehr wichtig. Wenn Sie die Gelegenheit haben, können Sie die Marketingabteilung oder einen Werbeberater bei der Planung und Erstellung der Fragebögen heranziehen.

Machen Sie sich Freunde

Lauern Sie nicht in der Nachrichtengruppe, NEHMEN SIE AKTIV DARAN TEIL. Freunden Sie sich online mit Leuten an, die sich in Ihrer Nachrichtengruppe auskennen. Falls Sie die Adressen von wichtigen Personen aus Ihrem Bereich kennen, senden Sie ihnen per E-Mail eine Anzeige über die große Eröffnung Ihres Web und laden Sie sie ein vorbeizuschauen. Informieren Sie sie regelmäßig über Neuheiten auf Ihren Seiten, aber werden Sie nicht lästig. Fragen Sie sie, ob sie in Ihrem Bereich wichtige Informationen vermissen. Versuchen Sie, diese Informationen zu finden und verfügbar zu machen. Benachrichtigen Sie den Benutzer, und bedanken Sie sich gleichzeitig für den guten Hinweis.

Nicht nur zuhören, handeln!

Wenn die Benutzer Sie mit Vorschlägen überschütten, bedanken Sie sich per E-Mail. Aber verwenden Sie dann auch die Anregungen, um Ihr Web zu verbessern. Der beste Dank für einen Benutzer ist, seine Idee schnell zu realisieren und die Unterstützung anzuerkennen.

Vermeiden Sie es jedoch, in Ihren Web-Seiten zu erwähnen, von wem die Anregung für eine bestimmte Änderung gekommen ist. Möglicherweise gefällt die Änderung nicht jedem, und die Schuld wird nicht Ihnen, sondern dem Benutzer gegeben, der den Vorschlag vorgetragen hat. Sie sind dafür zuständig, das Publikum zufrieden zu halten, und müssen die Angriffe verärgerter Benutzer abwehren. In der Regel ist es besser, den Benutzern persönlich per E-Mail zu danken und in den Web-Seiten die Gruppe allgemein zu erwähnen, wenn Sie es für nötig halten.

Holen Sie das Beste aus Ihrem Publikum heraus

Wenn Sie nicht aus altruistischen Gründen im WWW teilnehmen, werden Sie sicherlich die Wirkung Ihrer Web-Seiten auf das Zielpublikum erfahren wollen. Ganz gleich, ob Sie Ihren Bereich als Geschäftsperson, Ausbildungsinstitution, Amt, gemeinnützige Organisation oder als privater Bürger nutzen, Sie werden sicherlich wissen wollen, was das Publikum über die Veröffentlichung Ihrer Web-Seiten denkt. Wie wird Ihr Web aufgenommen? Sind die Benutzer näher an Sie bzw. an Ihre Organisation gekommen? Wenn ja, inwiefern? Wenn nein, warum nicht? Stellen Sie den Benutzern diese und andere Fragen, die Sie interessieren.

Bieten Sie Möglichkeiten für anonyme Kommentare, falls Sie meinen, daß die Benutzer dann offener werden, aber bereiten Sie sich auf einige »verrückte Anrufe« vor. Unter den Menschen gibt es immer einige, die auffallen wollen, jedoch nichts Konstruktives beizutragen haben. Ignorieren Sie sie, und sie werden verschwinden. Konzentrieren Sie sich darauf, das Beste aus Ihrem Web-Bereich zu machen, und versuchen Sie, Ihre vernünftigen Benutzer zu erfreuen.

Teil VII

An die Öffentlichkeit gehen: Ihre Web-Seiten servieren

In diesem Teil...

Nachdem Sie die Härten der Testphase überlebt und die augenfälligen Vorteile der Benutzermitteilungen kennengelernt haben, ist nunmehr alles getan, um Ihre Web-Seiten zu veröffentlichen und die Welt dazu einzuladen, mal bei Ihnen vorbeizuschauen. In diesem Teil des Buches lernen Sie die brutale Wahrheit darüber kennen, was es bedeutet, wenn Sie Ihre Mitteilungen an die Benutzer rausgeben, die eben mal eine Pause einlegen, um Ihren Bereich zu besuchen.

Nur weil Sie ein paar Seiten zusammengestellt haben, heißt das noch lange nicht, daß sich die Welt einen Pfad zu Ihrer Tür bahnen wird. Sie müssen darauf vorbereitet werden, daß Sie diese Seiten auf einem Web-Server abstellen, und Sie haben darüber zu entscheiden, ob dieser Server Ihr eigener sein wird oder ob Sie sich mit einem Internet-Anbieter zusammentun sollen, der bereit ist, seinen Rechner für Ihre Inhalte zur Verfügung zu stellen. Kapitel 19 hilft Ihnen bei der Aufdeckung der Kosten und führt Ihnen die Konsequenzen einer Entscheidung zwischen »machen oder kaufen« vor Augen.

Wenn Ihre Seiten für den öffentlichen Zugang zur Verfügung stehen, können Sie sich gleich anschließend den Kopf darüber zerbrechen, wie Sie kundtun möchten, daß es die Seiten tatsächlich gibt. Kapitel 20 zeigt Ihnen, welche Art von Werbefeldzug Sie unternehmen müssen, um die Aufmerksamkeit der Welt auf Ihren Bereich zu lenken, wobei das Ganze möglichst ohne Rempeleien oder großes Geschrei abgehen sollte. Bei dieser Gelegenheit werden Sie auch etwas über die allgemeine Benutzerpolitik im Internet erfahren und wo die Grenze zwischen geschmackvoller Selbstdarstellung und schamloser Eigenwerbung zu ziehen ist. Vielleicht können Sie einen potentiellen »Flame-War« alleine dadurch vermeiden, indem Sie einfach einige diskrete Regeln der Netiquette beachten!

Nachdem Sie eine Weile mit Ihren Web-Seiten gelebt haben, müssen Sie sich daran gewöhnen, wie man mit Veränderungen zurechtkommt. Ihre Inhalte werden altbacken und benötigen dringend eine Aktualisierung, Ihre Links werden auskühlen, und Sie werden sich ständig beeilen müssen, die unvermeidlichen Änderungen Ihrer Inhalte mit den Interessen der Benutzer in Einklang zu bringen. Kapitel 21 wird Ihnen eine Stütze bei diesen Aktivitäten sein. Wir hoffen, daß Sie die Aktualisierungen als ein Abenteuer und Lebensstil und nicht so sehr als totale Zeitverschwendung ansehen!

So, Sie haben ein Netz gewebt: Und jetzt?

In diesem Kapitel

▶ Die Welt zu sich einladen

▶ Auf die Schwerpunkte konzentrieren

▶ Kontrollen ausführen

▶ Sollen Sie publizieren oder nicht?

▶ Verträge mit einem Internet-Anbieter aushandeln

▶ Alles selber machen

OK, Sie haben sich jetzt endgültig dafür entschieden, Ihre Web-Seiten mit Gott und der Welt zu teilen. Wenn Sie diese Entscheidung einmal getroffen haben, werden Sie trotzdem noch mit einigen interessanten Fragen zu kämpfen haben und Ihre Seiten (und sich selbst) darauf vorbereiten, sich der gesamten Weltöffentlichkeit zu präsentieren.

Die ganze Welt zu sich nach Hause einladen

Wenn Sie endlich meinen, »es ist höchste Zeit, daß diese Seiten veröffentlicht werden«, so werden Sie endgültig entscheiden müssen, ob Sie für die Premiere bereit sind. Sie sollten auch darauf vorbereitet sein, Untersuchungen über die Vorlieben von Leuten durchführen zu müssen, denen Sie im Leben noch nie begegnet sind. (Denken Sie daran, daß es schätzungsweise weit mehr als 30 Mio. Benutzer im Internet gibt). Damit verbunden ist auch die Frage nach den Rückmeldungen – die wir von Herzen empfehlen –, was bedeutet, daß Sie in regelmäßigen Abständen daran arbeiten müssen, Ihre Sachen in Ordnung zu halten.

Wenn es letztendlich soweit kommt, daß die Web-Seiten serviert werden, so steht immer noch die Entscheidung an, ob Sie sich bei einem Internet-Anbieter einmieten sollen, um Ihre Web-Seiten über seinen Server zu publizieren, oder ob Sie mit dem Gedanken spielen sollen, Ihren eigenen Server aufzubauen und die Welt zu sich nach Hause einzuladen. In diesem Kapitel werden wir alle diese Fragen durchhecheln und ausforschen, wie Sie Ihre Web-Seiten publizieren sollen. Wenn Sie das Ganze durchgelesen haben, sollten Sie in der Lage sein, einige Vergleiche zwischen dem freundlichen Internet-Anbieter an der Ecke und den nationalen Anbietern durchzuführen. Sie sollten zudem eine Entscheidung darüber fällen können, ob Sie Ihre Seiten über einen Anbieter publizieren oder es ganz einfach selber machen.

Auf die Schwerpunkte konzentrieren

Bevor Sie Ihre Seiten der Welt präsentieren, sollten Sie sich noch einmal folgende Frage stellen: »Was möchten meine Web-Seiten eigentlich verbreiten?« Fassen Sie Ihre Absichten in einer Liste zusammen, und bewahren Sie diese in Reichweite auf.

Als nächstes sollten Sie mit Ihren Betatestern und ausgewählten Teilnehmern des Zielpublikums über Ihre Seiten sprechen. Lassen Sie die Leute einen Blick darauf werfen, und fragen Sie, ob sie wissen, was hier eigentlich vermittelt werden soll. Vergleichen Sie Ihre Liste mit den Ergebnissen der informellen Umfrage, die Sie unter Ihrem Publikum gemacht haben. Wenn Sie nicht eine mindestens 50%ige Übereinstimmung feststellen konnten, so ist es jetzt höchste Zeit herauszufinden, was und warum da etwas nicht funktioniert. Wenn Sie tatsächlich jemanden kennen, bei dem Sie davon ausgehen können, daß Sie eine ordentliche Antwort erhalten, sollten Sie dies unbedingt in Angriff nehmen. Sollte Ihnen diese Möglichkeit verwehrt sein, so müssen Sie sich zumindest durch Ihre Umfrageergebnisse wühlen und versuchen herauszubekommen, wo es wirklich klemmt, und Ihre Inhalte dementsprechend neu aufbereiten.

Bis Sie endlich die Übereinstimmung gefunden haben, die Sie benötigen, testen Sie Ihre Seiten weiterhin mit dem Zielpublikum. Sie sollten wirklich so lange nicht an die Öffentlichkeit gehen, bis Sie nicht ganz sicher sind, daß das Zielpublikum weiß, welche Inhalte Sie über die Web-Seiten transportieren möchten. Das scheint auf den ersten Blick alles recht logisch zu sein, aber glauben Sie uns – dies ist die wichtigste Qualitätskontrolle, die Sie durchführen können.

Die Benutzer müssen wissen, wer verantwortlich ist!

Die ausschweifende Natur des Web setzt Sie der beinahe unwiderstehlichen Versuchung aus, Ihre Home-Page in eine Kreuzung für die ganze Welt zu verwandeln und zu einem Treffpunkt für Tod und Teufel zu machen. Vergessen Sie nie, daß der eigentliche Zweck Ihrer Seiten darin besteht, die Informationen, die Sie mit soviel Aufwand vorbereitet haben, zu verbreiten.

Dies wiederum bedeutet, daß der wichtigste Entscheidungsgrund darüber, welche Links in Ihre Seiten aufgenommen werden sollen, die »Relevanz« zu sein hat. Nachfolgend finden Sie einige Fragen, die Sie beantworten sollten, bevor Sie die Links zu den URLs anderer Leute verwenden:

- ✔ Haben diese Bereiche Inhalte, die mit den Ihrigen in Verbindung stehen?
- ✔ Wenden Sie sich mehr oder weniger an das gleiche Publikum?
- ✔ Können diese Bereiche viele Anfragen bedienen, oder sind sie bereits überlastet?

Sind diese Bereiche wiederum bereit, Verweise auf Ihre Site aufzunehmen? Dieses Verhalten können Sie nicht von CERN, W3 oder anderen großen und wichtigen Bereichen im Web erwarten. Von Ihren Kollegen oder Freunden und von Organisationen, mit denen Sie ständig zu tun haben, können Sie dies aber ohne weiteres fordern.

Das ganze Interesse sollte darauf gerichtet sein, Ihre Seite mit anderen Ressourcen zu verbinden, die den Wert ihrer Inhalte vergrößern und ihre übergeordneten Ziele und Absichten abrunden. Unter anderem bedeutet dies auch, daß Sie versuchen, sich Ihrem Publikum bestmöglich zu verkaufen, und wahrscheinlich keinen Wert darauf legen, in Ihre Seiten Links Ihrer direkten Konkurrenten aufzunehmen. Andererseits möchten Sie vielleicht einige Links zu relevanten Standards im Bereich des Apparatebaus und einem Institut für Forschungen im gleichen Bereich aufnehmen.

Publizieren Sie, oder Ihre Ideen verrotten!

Aber jetzt lassen Sie sich auf keinen Fall von den Schritten, die wir Ihnen empfehlen, davon abhalten, Ihre Web-Seiten zu produzieren und diese im Internet verfügbar zu machen. Wenn Sie öfter mit Ihren Kunden oder Kollegen über gedruckte Unterlagen kommunizieren, so kann man das Web auch als Alternative zur Schriftform betrachten.

Es ist gut fürs Geschäft ...

Wenn Sie rein geschäftlich orientiert sind, lohnt es sich gleichfalls, über das Web nachzudenken. Sie sind sicherlich mit dem Konzept der »Corporate Communication« vertraut – dabei werden zur Schaffung eines Images und zur Unterstützung des Verkaufs gezielte Meldungen über ein beliebiges Medium verbreitet.

Für Sie kann das Web einen anderen Weg darstellen, um Ihre kunstfertig zusammengestellten Nachrichten zu verbreiten. Wenn Sie dabei noch auf die Empfindlichkeiten der Mehrzahl der Internetbenutzer in puncto Kommerz Rücksicht nehmen, so werden Sie mit großer Sicherheit alles richtig machen. Aggressive Verkaufstaktiken sind nicht willkommen; daher ist es eine SEHR SCHLECHTE Idee, die Ankündigung Ihres Web-Bereichs gleich an alle Newsgroups zu versenden, die der Menschheit bekannt sind (dies nennt man in der Internetsprache »schleimen« und wird allseits verdammt).

Ein anderer Ausdruck für eine Werbung ist »eine Glocke im Internet aufhängen«. Dabei handelt es sich um eine passive Werbung und nicht um eine jener aggressiven Bierwerbungen, die man mancherorts findet. Falls Ihre Ankündigung einen sinnvollen Inhalt hat und eine Gruppe von nervösen und unsteten Netsurfern Gefallen daran findet, kann diese Form der Werbung durchaus einige überraschende Erfahrungen mit sich bringen.

... und macht jede Menge Vergnügen!

Wenn es sich bei Ihrer Seite um eine persönliche Seite handelt und Sie sich im Würgegriff – nicht von uns – von etwas befinden, was man gemeinhin Leidenschaft nennt, so unterscheiden sich Ihre Interessen sicherlich wesentlich von denen einer Firma. In diesem Fall möchten Sie vielleicht Ihrem Zielpublikum nur klarmachen, daß Sie keine chaotischen Meldungen an das World Wide Web verschicken. Aber Sie können sich selbst einen breiten Spielraum bei den Schwerpunkten, den Zielen und den Absichten einräumen.

Zurück zum Inhalt

Egal, ob Ihr Schwerpunkt ganz auf der geschäftlichen oder der persönlichen Seite liegt, schlußendlich reduziert sich alles auf den Inhalt. Wenn Ihre Seiten gut lesbar sind und einige leicht zugängliche und interessante Informationen enthalten, die allesamt einfach zu bedienen sind, so werden Sie sich auf dem Seitenstreifen der Datenautobahn wiederfinden, auf dem jede Menge Verkehr vorbeipfeift. Wenn Ihre Seiten allerdings völlig unleserlich, idiotisch oder langweilig sind, so werden Sie in der gleichen Situation wie der Eigentümer eines Kiosks in der Eiger Nordwand sein, der vergeblich auf Durchreisende wartet.

Und wie finden Sie jetzt heraus, auf welchem Weg Sie sich befinden? Es ist ganz einfach: Fragen Sie Ihr Publikum! Die meisten Kommentare, die Sie erhalten werden, beziehen sich auf den Inhalt, so daß Sie unschwer erkennen können, wo Sie den Schwerpunkt für Ihre Bemühungen setzen sollen.

Handeln und Schachern: Eine Vereinbarung mit einem Internet-Anbieter treffen

Wenn Sie endlich soweit sind, um an die Öffentlichkeit zu gehen, besteht eine Option darin, Ihre Web-Seiten einem Internet-Anbieter zu übertragen, der bereits einen Web-Server anbietet. Das ist einerseits ein relativ einfacher Vorgang, aber er benötigt trotzdem einiges an Planung. Dazu gehört auch, daß grundlegende Fragen bezüglich der Kompatibilität überprüft werden. Nachfolgend finden Sie einige Fragen, die Sie sich selbst und dem Internet-Anbieter stellen sollten, auf dessen Server Sie aufspringen möchten:

✔ Welchen Typ des »http-Servers« besitzt der Anbieter? Entspricht er der Version von CERN, von NCSA oder keiner von beiden?

Von dieser Antwort ist abhängig, ob Sie einige Korrekturen in Ihrem Script durchführen müssen. Die Web-Inhalte sind nicht vollständig portabel, und so müssen Sie sicherstellen, daß Sie die richtige Anwendung für die Aufbereitung von Grafiken aufrufen und Ihre Grafikdateien in einem kompatiblen Format vorliegen. Eine Warnung an alle – die Anpassung von Web-Dokumenten an eine neue Umgebung kann zeitraubend, nervtötend und äußerst schmerzvoll sein!

✔ Welche Art von Abhängigkeiten haben Sie in Ihre Web-Seiten eingebaut? Verwenden Sie für die Setzung der Referenz-URLs die Markierung <BASE>?

Wenn dem so ist, müssen Sie alle URLs ändern, die sich auf den neuen Standort beziehen. Überprüfen Sie alle Links in allen Seiten, um sicherzugehen, daß alle Änderungen vollständig und richtig durchgeführt wurden. Nur ein funktionierender Link ist ein guter Link, und um dies herauszubekommen, muß er getestet werden!

✔ Wie viele Daten haben Sie in Ihren Seiten? Wie groß ist die Wahrscheinlichkeit, daß Anwender alle Ihre Seiten übertragen?

Die meisten Internet-Anbieter verlangen für den Web-Zugang zusätzlich zur monatlichen Grundgebühr ein volumenorientiertes Entgelt (und normalerweise zusätzliche Gebühren für die Einrichtung). Je mehr Daten Sie mit der Welt teilen wollen, desto eher werden die Übertragungskosten eine Grundlage für die Entscheidung liefern, ob Sie einen eigenen Web-Server aufbauen möchten oder sich an einen Internet-Anbieter wenden.

✔ Wie groß wird die Nachfrage nach Ihren Seiten sein?

Wenn Sie sich dafür entscheiden, mit einem Internet-Anbieter zusammenzuarbeiten, wird die Datenmenge, die in einem Monat von Ihren Seiten zu den Anwendern übertragen wird, der wichtigste Kostenfaktor sein.

Die meisten Anbieter, die wir überprüft haben, verlangen für einen kommerziellen Account, zu dem auch ein Service für die Web-Seiten gehört, in der Regel zwischen 80 und 200 DM. Die gleichen Anbieter verlangen für jedes übertragene Megabyte zwischen 5 und 15 Pfennigen. Das mag sich nach nicht allzuviel anhören, so lange Sie sich nicht vor Augen halten, daß bei nur 20 Benutzern und zwei übertragenden Megabytes pro Tag eine Rechnung von 15 bis 70 DM im Monat zusammenkommt; bei 100 Benutzern am Tag beläuft sich dies für den gleichen Zeitraum bereits auf 150 bis 700 DM. Wenn Ihr Web-Space mit einem Schlag viel Besuch bekommt – wie beispielsweise das CBS Web während der Universitätsmeisterschaften im Basketball im März 1995 –, so liegt es durchaus im Bereich des Möglichen, daß täglich Zehntausende von Anfragen eintrudeln. Auf der Basis der o.g. Preise würde dies bedeuten, daß sich Ihre Kosten bei einem externen Internet-Anbieter auf 15.000 bis 70.000 DM belaufen würden.

Wo zieht man die Grenze?

Irgendwo zwischen 100 und 1.000 Benutzern täglich überschreiten Sie die Grenze, bei der Sie die Entscheidung treffen müssen, ob Sie einen eigenen Web-Server aufbauen möchten oder die notwendigen Ressourcen weiterhin von außen beziehen wollen. Bei Rechnungen unter 750 DM pro Monat macht die Zusammenarbeit über einen externen Web-Server durchaus Sinn. Betrachten Sie hierzu die Analysen in Tabelle 19.1.

Größe des Web (in MB)	Kosten pro MByte (Transfer)	Benutzer pro Tag	Monatliche Grundgebühr	Monatl. Kosten
2	DM 0,14	50	DM 50,00	DM 495,82
5	DM 0,09	50	DM 100,00	DM 885,20
10	DM 0,06	100	DM 150,00	DM 2.339,15

Annahme: Der Monat wurde mit 30,416 Tagen gerechnet (=365/12).

Tabelle 19.1: Kostenkalkulation für verschiedene Benutzerprofile

Sobald Sie zur zweiten Zeile in der Tabelle gehören, sollten Sie unbedingt darüber nachdenken, ein eigenes Web aufzubauen. Wenn Sie allerdings die dritte Zeile erreicht haben, sprechen die Zahlen für sich und machen auch die Entscheidung klar (Vor einer schnellen Entscheidung sollten Sie sicherstellen, daß diese bedeutungslosen Durchschnittswerte mit Ihren eigenen Zahlen übereinstimmen).

Je enger Ihre Voraussagen mit den Werten am Ende dieser Tabelle übereinstimmen, desto eher sollten Sie Überlegungen über den Aufbau eines eigenen Web-Servers anstellen. Tabelle 19.2 enthält die Kehrseite dieser Analyse – sie führt die Kosten auf, die Ihnen entstehen, wenn Sie alles selbst machen – und basiert auf den Annahmen, die der Tabelle unmittelbar folgen.

Monatl. Kosten für den Server	Telefonleitung	Anschlußgebühren für Internet-Anbieter	Personal	Monatl. Kosten
DM 490,00[1]	DM 50,40[2]	DM 112,00[3]	DM 840,00[4]	DM 1.268,40
DM 490,00	DM 98,00[5]	DM 252,00[5]	DM 840,00	DM 1.638,00
DM 700,00[7]	DM 98,00	DM 252,00	DM 210,00[1,8]	DM 2.058,00
DM 700,00	DM 196,00[9]	DM 420,00[10]	DM 210,00	DM 2.366,00

Annahmen:

1. Ein Pentium P90, 32 MByte RAM, 1,2 GByte Festplatte (Gesamtkosten bei 5,6 TDM, amortisiert sich nach 36 Monaten bei einem Zinssatz von 10%; basiert auf einem geleasten System).
2. Durchschnittliche monatliche Kosten für eine Festverbindung mit 28,8 Kbps mit dem Anbieter (Telefonkosten).
3. Durchschnittliche monatliche Kosten für eine Festverbindung mit 28,8 Kbps mit dem Anbieter.
4. Teilzeitbeschäftigter Systemverwalter (1/4) mit einem Jahresgehalt von DM 42.000.
5. Durchschnittliche monatliche Kosten für eine ISDN-Leitung.
6. Durchschnittliche monatliche Kosten für eine ISDN-Leitung mit dem Internet-Anbieter.
7. Ein Pentium P90, 64 MByte RAM, 4 GByte Festplatte (Gesamtkosten bei 8,4 TDM, amortisiert sich nach 36 Monaten bei einem Zinssatz von 10%; basiert auf einem geleasten System).
8. Teilzeitbeschäftigter Systemverwalter/Web-Programmierer (1/4) mit einem Jahresgehalt von TDM 50.000.
9. Durchschnittliche monatliche Kosten für eine ISDN-Leitung mit zwei geschalteten B-Kanälen.
10. Durchschnittliche monatliche Kosten für eine ISDN-Leitung zum Internet-Anbieter, mit zwei geschalteten B-Kanälen (128 Kbps).

Tabelle 19.2: Die Durchschnittskosten für den Web-Heimwerker

Die grobe Aussage von Tabelle 19.2 lautet: »Wenn die Rechnung Ihres Internet-Anbieters 1.250 DM im Monat überschreitet, ist es höchste Zeit, über den Aufbau eines Web-Servers nachzudenken.« In dem einen oder anderen Fall müssen sicherlich die Kosten noch richtiggestellt werden (insbesondere das Gehalt für Ihren Web-Verwalter), aber normalerweise handelt es sich um eine gute Faustregel, der man getrost folgen kann.

Was Sie mit Ihrem Internet-Anbieter auszuhandeln haben

Wenn Ihre Analyse Sie zu der Entscheidung bringt, die notwendigen Leistungen einzukaufen, möchten Sie vielleicht einen Internet-Anbieter finden, der sich Ihrer Web-Seiten annimmt. Zusätzlich zu den Fragen, die wir bereits weiter oben erwähnt haben, möchten Sie vielleicht einige zusätzliche Dinge herausfinden. Es ist also durchaus vernünftig, davon auszugehen, daß Sie Ihrem Internet-Anbieter die gleichen Fragen stellen werden.

Was Sie sonst noch herausfinden müssen:

- ✔ Fragen Sie Ihren Internet-Anbieter nach Referenzen von Einzelpersonen und Organisationen, die ihre Web-Seiten bereits auf dessen Server installiert haben.

  Untersuchen Sie so viele Referenzen als möglich. Fragen Sie nach der Qualität des Dienstes, seinem Antwortverhalten bei Problemen, der Verfügbarkeit des Systems und nach evtl. Beschwerden der Benutzer.

  Um herauszufinden, wie gut der Internetzugang des Anbieters wirklich ist, sollten Sie auch alle möglichen Fragen stellen, die Ihnen beim Lesen dieser Zeilen einfallen. Wenn der Referenzzugang Formulare oder andere Programme verwendet, über die Eingaben manipuliert werden, so sollten Sie sich unbedingt erklären lassen, wie diese Programme installiert und benutzt werden.

- ✔ Hat Ihnen der Internet-Anbieter das Prinzip der Systemüberwachung erklärt? Wie stellen Sie fest, wieviele Benutzer täglich Ihre Seiten besuchen, und wie werden die Datenmengen ermittelt, die man Ihnen berechnet?

- ✔ Finden Sie heraus, wieweit die Links dieses Servers im Web verbreitet sind; benutzen Sie dafür ein Suchprogramm wie Lycos oder Yahoo, und sehen Sie mal nach, was dabei herauskommt. In diesem Fall sind mehr Links immer besser!

- ✔ Fragen Sie nach, wie lange der Anbieter bereits im Geschäft ist, und wie seine Expansionspläne aussehen – mit anderen Worten möchten Sie wissen, wie seine Pläne für die Anpassung an die vermehrten Zugriffe aussehen.

- ✔ Finden Sie heraus, wie einfach es ist, Ihre CGI-Scripts oder andere Programme, mit denen Eingaben bearbeitet werden, installiert werden können. Verlangen Sie unbedingt eine kostenfreie Versuchsphase, und probieren Sie aus, wie das ganze funktioniert. Fragen Sie nach den Werkzeugen und den anderen Funktionen, die Sie vielleicht benötigen (das heißt, wie aktuell ist Ihr Perl Interpreter? Besitzen Sie die richtige Programmversion für die Bearbeitung der Grafiken?). Fragen Sie nach, welche Art von Beratung angeboten wird oder welche Art von Hilfen Sie erwarten können.

Das Wichtigste ist immer, sich vorzustellen, was Ihre Leser von Ihrer Web-Seite erwarten, um dann sicherzustellen, daß Sie alle Details mit Ihrem Service-Anbieter besprochen haben.

Was Sie gefragt werden:

Andererseits müssen Sie auch damit rechnen, daß der Service-Anbieter wahrscheinlich einige Fragen an Sie stellen wird. Diese drehen sich meist darum, wie Sie die URLs in Ihren Seiten verarbeiten und welche Dienste die Anwender von Servern erwarten werden:

- ✔ Sie werden Ihnen wahrscheinlich eine neue Spezifikation für Ihre <BASE>-URL-Markierungen geben und Sie bitten, diese Änderungen einzuarbeiten. Sie werden sicherlich auch gefragt, welche URL-Referenzen Sie in Ihren Seiten verwenden, und wenn die Antwort anders als »relative Links für alle lokalen Seiten« ausfällt, werden sie mit Ihnen sämtliche Referenzen durchsprechen und Ihnen sagen, wie diese zu ändern sind.

- ✔ Sie werden sicherlich auch gefragt werden, welche Scripte Sie für die Behandlung der Inputs benötigen, und welche Sprachen und Dienste dafür zur Verfügung stehen müssen. Dies reicht von Programmiersprachen wie C oder C++, bis hin zu Scriptsprachen wie AppleScript, die Bourne Shell (UNIX) oder vordefinierten Funktionen wie »htimage« vom CERN oder »imagemap« von der NCSA, die für die Behandlung der anklickbaren Karten benötigt werden.

- ✔ Zu guter Letzt werden Sie gefragt, welche Unterstützung Sie bei der Übertragung Ihrer Web-Dateien (HTML-Dokumente, Landkarten, Grafikdateien, Scripte und andere Programme) zu deren Server benötigen. Dabei kann es sich um etwas Einfaches wie die Installation eines speziellen FTP-Zugangs zu einem Verzeichnis innerhalb Ihrer Web-Umgebung handeln und bis zur Unterstützung während des Übertragungsvorgangs reichen. Je mehr Unterstützung Sie erhalten, desto mehr wird diese Art von Dienst sicherlich kosten!

Die Ziele des Internet-Anbieters sind einfach: Er möchte Ihre Seiten und diese so schnell wie möglich zum Laufen bekommen, damit er die Gebühren für die Zugriffe der Anwender und die Übertragung der Daten erheben kann. Der ideale Kunde ist einer wie Sie, der seine Seiten sorgfältig recherchiert und ausgetestet hat und möchte, daß alle Links und Dienste arbeiten. Der Anbieter möchte sicherlich so wenig Zeit wie möglich damit verbringen, mit Ihnen Händchen zu halten.

Selbst weben: Was bedeutet das?

Es ist sicherlich nicht einfach, einen eigenen Web-Server aufzubauen und zu betreiben, immer vorausgesetzt, daß Sie genau dies tun möchten. Ganz abgesehen von den Kosten, gibt es daneben eine Reihe anderer Anforderungen, die berücksichtigt werden müssen, bevor ein Server mit dem Internet verbunden wird – insbesondere, daß der Server laufen und 24 Stunden am Tag zur Verfügung stehen sollte.

Die Tarife verstehen

Nur weil wir Ihnen einige Schätzungen darüber gegeben haben, welche Kosten beim Aufbau eines eigenen Servers im Internet auf Sie zukommen, heißt das noch lange nicht, daß wir abschätzen können, wie hoch Ihre tatsächlichen Kosten sein werden. Deshalb müssen Sie alle Optionen, die von Ihrem Internet-Anbieter angeboten werden, sorgfältig untersuchen und Ihre Kosten genau kalkulieren.

Einige Punkte hängen dabei von Ihrem Standort ab: So ist es beispielsweise möglich, daß Sie für Ihren Server keine ISDN-Verbindung bekommen, wodurch Sie gezwungen sind, mehrere langsame Telefonleitungen zu benutzen oder alternativ Kapazitäten einer T1-Verbindung zu mieten (teilweise Nutzung oder eine komplette T1-Verbindung). Solche Optionen können die Kosten in die Höhe treiben und letztendlich Ihre Entscheidung nachhaltig beeinflussen.

UNIX oder kein UNIX

Es ist äußerst empfehlenswert, daß Sie für den Betrieb Ihres Web-Servers ein UNIX-System einsetzen, da UNIX die größte Vielfalt an httpd-Implementierungen und die größte Auswahl an Web-Editoren und Entwicklungswerkzeugen bietet. Zugleich bietet es die besten Schnäppchen bei den Programmiersprachen und Scriptwerkzeugen, die Sie für die Bearbeitung der Anwendereingaben benötigen.

Obwohl UNIX recht gut auf einem Intel-basierten PC läuft, sind die UNIX-Erfahrungen innerhalb der PC-Gemeinde recht dünn gestreut, wodurch Sie gezwungen sind, teure Experten einfliegen zu lassen, die Ihnen beim Umgang mit dem System behilflich sind.

Sie können tun, was Sie wollen, bei der Systempflege gibt's kein Entkommen!

Wenn Sie sich die Zahlen in Tabelle 19.2 sorgfältig ansehen, so werden Sie feststellen, daß die Kosten für das Personal entweder gleich hoch wie die für die Web-Verbindung sind oder diese bei weitem übersteigen – das bedeutet, daß die Personalkosten größer oder gleich hoch sind wie alle anderen Aufwendungen für Hardware, Kommunikation, Datenübertragung und den Web-Zugang. Selbst wenn Sie die meisten Dinge für den Web-Zugang nach außen vergeben, sollten Sie nicht versuchen, an diesem Punkt zu sparen.

Die ständige Veränderung ist die einzig sichere Konstante im Web. Sobald Ihre Informationen älter werden, wird es immer wahrscheinlicher, daß sie aktualisiert oder ersetzt werden müssen. Das wiederum kostet Zeit und Geld – Sie tun gut daran, wenn Sie dies gleich zu Anfang einsehen und diesen Faktor bei der Planung Ihres Webs einkalkulieren. Ihren Bereich immer aktuell zu halten kostet Zeit und Mühe.

Beim Betrieb eines Servers, unterliegen einige Komponenten einer ständigen Alterung. Aus diesem Grund müssen Sie darauf achten, daß die folgenden Elemente Ihres Systems immer auf dem aktuellsten Stand sind:

- ✔ Das Betriebssystem, wobei es vollkommen egal ist, ob es sich um DOS und Windows, um eine der vielen UNIX-Versionen oder um Macintosh OS handelt.

- ✔ Die »http«-Server-Software und zugehörige Komponenten ihres Servers (TCP/IP-Stacks und Treiber), die für den Betrieb Ihres Web-Servers notwendig sind.

- ✔ Die Programmier- und Scriptsprachen (UNIX-Shells oder Scriptsprachen für verschiedene Servertypen), die für den Betrieb einiger Dienstfunktionen wichtig sind.

- ✔ Die Hard- und Software, über die der Server mit dem Internet kommuniziert, wobei es sich um ein Kommunikationspaket für Modems, einen dedizierten Router oder eine Hochgeschwindigkeitsverbindung zu Ihrem Internet-Anbieter handeln kann.

Auch diese Faktoren sprechen sehr stark dafür, daß die Pflege und die Aktualisierung eines Web-Servers die Aufgabe einer Person sein sollte, die zumindest Teilzeit, wenn nicht gar Vollzeit beschäftigt ist. Dieses Engagement (und die Ausgaben) werden wesentlich davon abhängen, wie viele Geschäfte oder Datenverkehr über das Internet abgewickelt werden und welche Kosten Ihnen dabei entstehen. Dieses Gleichgewicht wird sich von Zeit zu Zeit verändern, und wir möchten gleichzeitig behaupten, daß sich die Ausgaben mit der Zeit eher erhöhen, als daß sie weniger werden.

Mehr Informationen darüber, was Sie für den Betrieb Ihres Web-Servers benötigen, erhalten Sie in weiteren Büchern und einigen Online-Ressourcen:

Cricket Liu, *Managing Internet Information Resources*, O'Reilly and Associates, Sebastapol, 1994. Es bietet einen exzellenten Überblick über alle Arten von Internet Services und enthält einige wertvolle Kapitel über alle möglichen Dinge, die mit dem Web in Verbindung stehen. Eine ausgezeichnete Ausarbeitung über das Management eines Web-Servers und den Web-Zugang mit CGI-Skripten und -Programmen.

Susan Estrada, *Connecting to The Internet*, O'Reilly & Associates, Sebastapol, 1993. Deckt die meisten Aspekte für die Auswahl eines Internet-Anbieters ab.

Peter Kaminski, *The Public Dialup Internet Access List (PDIAL)*, ein umfassendes Dokument, das regelmäßig in den nachfolgenden Usenet Newsgroups zirkuliert:

```
alt.internet.access.wanted
alt.bbs.lists
alt.online-service
ba.internet
news.answer
```

oder via E-Mail: Tragen Sie den Satz »Send PDIAL« in den Nachrichtenteil einer Message ein, die Sie an info-deli-server@netcom.com richten.

Mehr Unterstützung bei der Installation Ihres Web-Servers erhalten Sie bei »Setting Up Shop on the Internet for Dummies« von Jason und Ted Coombs.

»httpd« Quellcodes erhalten Sie unter:

ftp://ftp.ncsa.uiuc.edu/Web/httpd/Unix/ncsa_httpd/

Für den Erfolg gerüstet?

Gehen wir jetzt davon aus, daß Ihr Web-Bereich in Betrieb ist, wobei es keine Rolle spielt, ob Sie dies über einen Internet-Anbieter realisieren oder Ihren eigenen Server ans Netz angeschlossen haben. Was passiert, wenn Sie einen kollektiven Nerv treffen und der Datenverkehr gigantische Ausmaße annimmt?

Sind Sie bereit, den Anschlag zu parieren, oder werden Sie davon überrascht sein? Wenn das der Fall ist, werden Ihre potentiellen Benutzer frustriert sein, die unsagbar glücklich wären, auf Ihre Informationen zugreifen zu können, wenn sie nur Ihren URL wüßten.

Um echte Überraschungselemente auszugrenzen, schlagen wir Ihnen vor, daß Sie im Falle, daß Ihre Web-Seiten mit dem Unbill der Popularität zu kämpfen haben, eine Planung für einen regulierten Zugriff zu erstellen. Sie sollten sich darüber im klaren sein, daß nationale Internet-Anbieter oftmals Dienstleistungen anbieten, die Sie unter Umständen nicht finanzieren möchten oder die von Ihnen besser gemanagt werden können.

Auch wenn Sie nicht die Absicht haben, deren Dienste sofort in Anspruch zu nehmen, so ist es trotzdem ratsam, die Anbieter vorab zu kontaktieren und Verbindungen für eine mögliche zukünftige Zusammenarbeit aufzubauen. Sobald Ihre Seiten zur Legende werden, werden Sie in der Lage sein, sie schnell auf eine Umgebung zu transferieren, die mehrere tausend Zugriffe am Tag bedienen kann (oder mehr). Selbst wenn Sie sich dafür entscheiden, solch große Kapazitäten selbst aufzubauen, werden Sie in der Lage sein, Ihre Benutzer bis zum endgültigen Ausbau des Systems zu bedienen. Alles, was Sie tun, sollte stets unter der Maxime stehen: »Laß Dir immer eine Möglichkeit offen«.

Die Antwort auf die ultimative Frage

Wenn Sie sich an die zentrale und brennende Frage der fünfbändigen Trilogie von Douglas Adams »Per Anhalter durch die Galaxis« erinnern, die da lautete »Das Leben, das Universum und der ganze Rest«. OK, ich hasse es, Sie zu enttäuschen, aber es ist nicht die »42«. Wir wissen die Antwort genausowenig wie Sie!

Aber wenn Sie einmal in die entsprechende Situation kommen sollten, so hoffen wir, daß wir Ihnen die notwendige Munition gegeben haben, die Sie für die Entscheidung benötigen, ob Sie Ihren eigenen Web-Server betreiben sollen oder nicht. Denken Sie immer daran, daß keine Entscheidung endgültig ist – Sie können sie jederzeit ändern! In der Zwischenzeit hoffen wir, daß Sie in der Lage sind zu entscheiden, was zu tun ist. Wenn dies der Fall ist, so ist es höchste Zeit zu erfahren, wie Sie den Leuten mitteilen, daß Ihre Seiten für sie bereit stehen – auf geht's zu Kapitel 20!

Wenn alles fertig ist, werden sie kommen?

In diesem Kapitel

▸ Neue Web-Bereiche und -Dienste ankündigen

▸ Seine Ankündigung loswerden

▸ Auf der richtigen Seite des Gesetzes stehen

▸ Werte geben und Werte nehmen

▸ Sicherstellen, daß Ihr Web auf Kurs ist

Schlußendlich kommt der ganz große Tag: Sie haben Ihre Seite aufgebaut und sorgfältig getestet. Ihre Betatester sind völlig aus dem Häuschen, und Ihre Umfrage unter den Testern hat ergeben, daß Ihr Web-Bereich soweit ist, daß er der Welt präsentiert werden kann. Jetzt ist es wirklich an der Zeit für Sie, im Web zu publizieren.

Zu diesem Zeitpunkt werden Ihre Seiten vollständig sein und funktionieren, bereit für den Zugriff. Während Sie vielleicht darauf warten, daß sich die Welt einen Weg zu Ihrer Haustüre bahnt, möchten wir Ihnen ein paar Empfehlungen geben, wie Sie eben dieser Welt mitteilen, wo Ihre Türe ist und was sich dahinter verbirgt. Wenn keiner weiß, welch wundervolles Web Sie gewoben haben, so dürfen Sie auch nicht enttäuscht sein, daß niemand kommt, es zu besuchen. Mit anderen Worten, Sie müssen schon selbst die Werbetrommel rühren!

In diesem Kapitel werden Sie erfahren, wie Sie Ihre Ankündigungen an den Mann bzw. die Frau bringen. Schon recht bald sollten Sie die ersten Links auf Ihre Seiten da oder dort aufleuchten sehen, und der Besucherstrom sollte langsam zu tröpfeln beginnen. Wenn den Besuchern Ihre Veröffentlichungen gefallen, werden die Links überall erscheinen, und die Tropfen können zu einem Strom anschwellen. In diesem Kapitel werden wir Sie auf einige Dinge hinweisen, die sicherstellen, daß Ihre Erfolgschancen so gut wie irgend möglich sind.

Der Welt Ihren Web-Bereich ankündigen

Sobald Sie online und bereit sind, Ihre wertvollen Informationen der Öffentlichkeit zur Verfügung zu stellen, möchten Sie sicherlich mit ein paar Worten erläutern, was Sie eigentlich anzubieten haben. In der chaotischen Natur des WWW gibt es keinen formalen Registrierungs- oder Ankündigungsprozeß, aber sehr wohl ein allgemein beachtetes Verfahren, um die Welt wissen zu lassen, daß Ihr Web-Bereich für den Zugriff gerüstet ist.

Eine »semi-formale« Ankündigung schreiben

Zu Anfang sollten Sie eine einseitige Ankündigung schreiben. Wenn Sie jemals eine Pressemeldung verfaßt haben, so wird Ihnen dies bekannt vorkommen, da es sich hierbei um ein ähnliches Dokument handelt. Die Aussagen sollten relativ kurz gefaßt sein und die folgenden Punkte abdecken:

- ✔ Weisen Sie auf den Urheber des Web hin; handelt es sich um eine Organisation, eine natürliche oder eine juristische Person? Achten Sie darauf, daß eine Kontaktadresse und ein Kontaktname zusammen mit einer Telefonnummer oder einer E-Mail-Adresse angegeben werden.

- ✔ Geben Sie an, ob die Seiten bereits fertig sind oder sich derzeit noch im Aufbau befinden.

- ✔ Stellen Sie sicher, daß der URL Ihrer Home-Page hervorgehoben wird, so daß diese von interessierten Benutzern gefunden werden kann.

- ✔ Fassen Sie die Inhalte Ihrer Seiten zusammen, und sagen Sie etwas über den Wert und einige interessante Punkte, die in den Materialien zu finden sind.

Nachfolgend finden Sie die Ankündigung für eine hypothetische Keksfabrik:

World-Wide-Web-Bekanntmachung

27. März 1995

München, Deutschland. Hajers Cookie-Company (HCC), ein führender Hersteller von Schokoladen-Chips und anderen köstlichen Keksen, gibt sich die Ehre, die Freigabe seiner vollständigen Sammlung an Informationen über Kekse im World Wide Web bekanntzugeben. Um sofort darauf zugreifen zu können, geben Sie in Ihren Browser bitte den folgenden URL ein:

http://www.hcc.com/

Nachfolgend finden Sie einen kurzen Überblick darüber, was Sie auf unseren Web-Seiten erwartet:

- Eine faszinierende Geschichte des Kekses, mit Verweisen auf Rezepte von den Anfängen der Menschheit bis zur Gegenwart.

- Eine vollständige Bibliothek, bestehend aus über 2.000 getesteten Keksrezepten.

- Eine Diskussion über die Techniken und die Werkzeuge zum Keksbacken, wobei auch Themen wie Zutaten, Mixer, Backpapier, Keksformen und andere Spielarten der Keks-Technologie zum Tragen kommen.

Wenn Ihr Forschungsbereich auch das Thema Kekse umfaßt, so können wir Ihnen versichern, daß Sie in den HCC-Web-Seiten sicherlich eine Menge Informationen finden, die Sie in Ihren Bemühungen unterstützen. Unsere Web-Seiten stehen bereit, um von Ihnen gelesen zu werden. Hajers Cookie-Company möchte natürlich auch, daß seine Web-Seiten zum Treffpunkt für alle Keks-Liebhaber werden, und aus diesem Grund haben wir ein Formular »Rezeptbörse« installiert. Jedermann, der unsere Seiten liest, kann so viele Keks-Rezepte vorschlagen, wie er möchte. Diese werden zusammengefaßt und einmal monatlich über E-Mail publiziert. Personen, die diese Rezepte erhalten möchten, können sich in den HCC-Seiten für diese Mailing-Liste anmelden oder ein E-Mail an »majordomo@hcc.com« versenden, das im Nachrichtenteil den folgenden Text enthält: »Rezeptbörse beitreten« (um allgemeine Informationen über den Mailingdienst zu erhalten, setzen Sie statt dessen »help Rezeptbörse« ein).

Wenn Sie unsere Keksarchive, die Rezeptdatenbank und die Bibliothek über Werkzeuge und Techniken besuchen, sollten Sie unbedingt auch unseren HCC-Kekskatalog beachten. Hier können Sie ganz einfach aus mehr als 50 Variationen frischer und köstlicher Kekse wählen und natürlich auch sofort bestellen oder unserem Club »Keks des Monats« beitreten. Wir sind uns ganz sicher, daß auch Sie einen Keks finden werden, der Ihrem Geschmack entspricht! Sollten Sie wider Erwarten unsere Kekse nicht mögen, erhalten Sie Ihr Geld zurück!

Für zusätzliche Informationen über die HCC-Web-Seiten, andere Angebote oder Produkte kontaktieren sie bitte Rainer Kolbeck bei HCC. Er kann telefonisch unter 089-999-345, per Fax unter 089-999-345 und über E-Mail unter kolbeck@hcc.com erreicht werden. Besuchen Sie unseren Web-Bereich sobald wie möglich!

Dieser Ankündigung folgt das Modell, das wir bereits vorgeschlagen haben: Die Herkunft ist eindeutig erkennbar, der URL hervorgehoben, und die Inhalte der Web-Seiten werden kurz aufgeführt. Nachdem bereits alle wichtigen Informationen gegeben wurden, sind am Ende der Nachricht einige kommerzielle Hinweise enthalten.

An wen Sie Ihre Ankündigung schicken

Es gibt viele Wege, auf denen Sie die Präsenz Ihrer neuen Web-Seiten ankündigen können, einige davon sollten Sie keinesfalls auslassen:

✔ Senden Sie die Ankündigung an folgende moderierte Newsgroup, die neue Angebote im Web publiziert:

comp.infosystems.www.announce.

✔ Richten Sie Ihre Ankündigung an die nachstehenden Mailing-Listen, um in die verschiedenen What´s-New-Informationen mit einbezogen zu werden:

www-request@info.cern.ch – Bringt Ihre Ankündigung in die WWW-CERN-Serverliste (nur für neue Server).

whats-new@ncsa.uiuc.edu – Senden Sie Ihre Ankündigung im HTML-Format. Die Meldung muß in der dritten Person (Beispiel: Hajers Keksfabrik kündigt ihren ...) verfaßt sein, um in die What´s New Page von Mosaic aufgenommen zu werden.

»What´s New« at Netscape Home-Page – Holen Sie sich das elektronische Formular unter http://home.mcom.com/escapes/submit_new.html ab.

Die »Topics«-Liste bei EINet Galaxy – Um in die Home-Page der Macher von WinWeb und MacWeb aufgenommen zu werden, sollten Sie die »Galaxy Annotation Help«-Seite unter http://galaxy.einet.net/annotate-help.html konsultieren.

✔ Publikationen, die beachtet werden sollten:

Computer Life – Eine monatliche Publikation, die vor allem im familiären Kreis gelesen wird. Die BUZZ-Sektion in dieser Zeitschrift stellt öfter besonders interessante oder herausragende Orte im Web vor. Senden Sie Ihre Ankündigung per E-Mail an creditors. notes@mail.zd.ziff.com.

Internet World – Eine monatliche Publikation, die sich speziell auf Themen und die Technologie des Internet konzentriert. Neue Ankündigungen für das Web werden hier besprochen. Senden Sie Ihre Ankündigung über E-Mail an info@mecklermedia.com.

IWAY – Eine Zeitschrift, die alle zwei Monate erscheint und auf Themen im Internet spezialisiert ist. Sie beschäftigt sich in erster Linie mit neuen Benutzern und erklärt Ihnen alle notwendigen Werkzeuge und Technologien. Senden Sie Ihre Ankündigung per E-Mail an editors@iway.mv.com.

NetGuide – Eine Zeitschrift über Online-Dienste. Sie bespricht die wichtigsten Online-Dienste, die nach bestimmten Kategorien eingeteilt sind. Senden Sie Ihre Ankündigung per E-Mail an netmail@netguide.cmp.com.

Wired – Dies ist die bekannteste Zeitschrift, die sich mit Themen im Online-Bereich beschäftigt. Ihre Ankündigung hat nur dann eine Chance, überhaupt besprochen zu werden, wenn es sich um etwas Außerordentliches oder Umwerfendes handelt. Senden Sie Ihre Ankündigung per E-Mail an editor@wired.com.

Ihre nationalen Computermagazine – Sichten Sie den Blätterwald, und suchen Sie sich die Publikationen heraus, die neue Web-Bereiche besprechen. Im Impressum finden Sie die jeweiligen Adressen, an die Sie Ihre Ankündigung schicken können.

Sie sollten nach Möglichkeit alle bestehenden Kanäle für die Verteilung mit Ihren Ankündigungen bepflastern. So können Sie zu Anfang ein großes – aber potentiell desinteressiertes – Publikum erreichen. Wie Sie später Ihre Publikationen direkter an Ihr Zielpublikum herantragen, erfahren Sie in den nachfolgenden spezielleren Hinweisen.

Die Usenet-Newsgroups durchackern

Neben den oben angeführten Adressen gibt es sicherlich noch einige weitere Wege, um Ihre Informationen sehr viel näher an Ihr Publikum heranzutragen. Für Hajers Cookie-Company sehen die nachfolgend aufgeführten Usenet-Newsgroups sehr erfolgversprechend aus:

- alt.creative-cook
- alt.creative-cooking
- alt.food.chocolate
- ny.forsale
- rec.food.cooking
- rec.food.history
- rec.food.recipes

Für Ihre eigenen Web-Seiten sollten Sie die Liste mit Newsgroups im Usenet durchackern und die Gruppen auswählen, die Ihnen interessant erscheinen. Bevor Sie eine Meldung an eine Newsgroup absenden, sollten Sie zuerst Frequently Asked Questions (FAQ) für die betreffende Newsgroup lesen.

Einige Newsgroups mißbilligen alles, was nur den leisesten Hauch von kommerzieller Ausrichtung hat. Daher müssen Sie für solche Gruppen Ihre Ankündigung überarbeiten und sämtliche geschäftlichen Informationen herausnehmen. Andere wiederum sind sehr viel großzügiger und lassen Sie gewähren. Der einzige Weg herauszufinden, was sich in den einzelnen Newsgroups abspielt, besteht im Lesen der FAQs. Zudem sollten Sie einige Tage damit verbringen, den Online-Verkehr innerhalb einer Gruppe zu beobachten, bevor Sie dorthin etwas abschicken.

Wenn Sie versuchen, sich den Gepflogenheiten der jeweiligen Newsgroup anzupassen, so laufen Sie sehr viel weniger Gefahr, mit aufgebrachten Meldungen bombardiert zu werden oder einen »Flame War« zu riskieren. Es ist sehr viel besser, darauf zu achten, daß die jeweilige Netiquette nicht verletzt wird, anstatt diese zu ignorieren. Sie sollten diese Vorsichtsmaßnahmen auch als Maßstab dafür nehmen, wie Sie mit Ihren Inhalten an ein anderes Publikum herantreten können!

Industriell oder in einem Nischenbereich publizieren

Wenn Sie in einem speziellen Marktbereich tätig sind oder einen ausgesuchten Themenbereich abdecken, so stehen die Chancen gut, daß es eine oder mehrere Publikationen genau diese Nische bedienen. Suchen Sie nach diesen Nischenpublikationen, und faxen Sie ihnen Ihre Web-Ankündigung. Dies ist oftmals die beste Werbung, die Sie überhaupt machen können, insbesondere dann, wenn das Publikum, das Sie unter großen Mühen zu erreichen versuchen, bereits von einer Publikation erreicht wird. Wenn Sie sich für die Themen interessieren, die von diesen Publikationen abgedeckt werden, ist Ihre Ankündigung vielleicht eine willkommene Nachricht. Hier hat Ihre Ankündigung möglicherweise sehr viel mehr Gewicht als bei anderen Zeitschriften, die sich an ein sehr viel größeres Publikum richten und damit auch sehr viel mehr Web-Ankündigungen erhalten.

Was auch immer mit den Nischenpublikationen passiert – es ist äußerst angenehm, als Trittbrettfahrer dabei zu sein!

Die traditionelle Art

Vergessen Sie auch Ihre geschäftlichen und professionellen Kontakte nicht, an die Sie ebenfalls Ihre Ankündigung verschicken können. Wirtschaftsverbände, informelle Gruppen oder andere Vereinigungen von gleichgesinnten Leuten können Ihnen helfen, die Informationen Ihres Web-Bereichs weiter zu verteilen, vorausgesetzt natürlich, daß Sie deren Interesse wecken können.

Viele dieser Kontakte haben vielleicht eigene Web-Bereiche oder Web-Seiten. Wenn sich Ihre Interessen ausreichend überschneiden, sollten Sie durchaus nachfragen, ob diese nicht bereit wären, einen Link auf Ihre neue Seite in eine ihrer Seiten aufzunehmen. Sie können dabei jederzeit anbieten, Ihrerseits das gleiche zu tun, vorausgesetzt natürlich, daß die Verbindung der Themen in beiden Richtungen funktioniert. Vergessen Sie keinesfalls, Ihre Kollegen und Kunden über Ihre Web-Seiten zu unterrichten – senden Sie Ihre Ankündigung per E-Mail oder Fax an diese Einzelpersonen, Organisationen oder eine der vielen Internet-Zeitschriften und aktualisieren Sie Ihre Visitenkarte, um den URL Ihrer Homepage mit aufzunehmen.

Darüber hinaus können Sie eine Werbetafel mieten und Ihren Firmennamen und den WWW-URL darauf abbilden. So erreichen Sie ganz sicher, daß jemand von der Zeitschrift WIRED das Ganze fotografiert und es in der Zeitschrift auch abgebildet wird, was einer kostenlosen Werbung gleichkommen kann. Seien Sie bereit, das Neue und Außergewöhnliche zu probieren, und Sie werden sicherlich die notwendige Aufmerksamkeit für Ihren innovativen Ansatz, und natürlich für Ihre Inhalte, bekommen.

Zu guter Letzt sollten Sie nicht vergessen, die Gurus, Berater und andere Experten in ihrer Marktnische zu kontaktieren. Viele von ihnen haben eigene Web-Seiten, die natürlich auch Links zu anderen Seiten enthalten. Sie sollten auch hier, wenn es die Inhalte erlauben, die anderen ermutigen, Ihre Unterlagen durchzusehen, und sie darum bitten, ihre Meinung an Sie zurückzusenden.

Professionelle Organisationen schießen im Web wie Pilze aus dem Boden. Oftmals binden diese Gruppen eine Liste ihrer Mitglieder mit ein und stellen eine Verbindung zu deren Homepages zur Verfügung. Deshalb sollten Sie einer Reihe dieser Gruppen beitreten und damit Ihren URL noch weiter verbreiten.

Solange Sie diese Berater und Kollegen nicht wirklich gut kennen, ist es unter Umständen nicht unbedingt die beste Idee, sie zu offen danach zu fragen, ob sie einen Link zu Ihren Seiten einbinden möchten. Wenn Sie sie allerdings auffordern, sich Ihre Inhalte anzusehen – vielleicht reichen Sie Ihnen per E-Mail eine Kopie Ihrer Ankündigung weiter – sollte es nicht überraschen, wenn Sie Ihren URL in einigen Seiten wiederfinden werden.

Auf der sicheren Seite der Benutzerpolitik stehen

Seit der 70er, aber noch sehr viel klarer seit Mitte der 80er Jahre ist die Frage der »akzeptablen Nutzung« des Internet ein schwieriges Unterfangen. Auf der einen Seite war es schon immer gut, eine Mischung aus Regierung, Forschung, akademischen und geschäftlichen Benutzern im Internet zu haben. Andererseits werden einige Teile dieses Netzwerks in großem Umfang von uns Steuerzahlern unterstützt.

In den Anfängen wurde das Internet lediglich von den Organisationen benutzt, die etwas über ihre Entwicklungen oder ähnlich gelagerte Bemühungen veröffentlichten. Zugegebenermaßen wurde die Interpretation des Begriffs »ähnlich« manchmal etwas überstrapaziert, und deshalb kam schon bald der Gedanke auf, daß der Austausch von Informationen im Internet akzeptiert wurde, aber diese platten kommerziellen Aktivitäten, wie Werbung, Rechnungsstellung oder geschäftlich orientierte Informationen, keinesfalls genehm sind. Dies erklärt auch, warum das Internet lange Zeit von einer nichtkommerziellen Mentalität durchsetzt war. Und das, obgleich mit der Entwicklung von Online-Transaktionen einige dramatische Veränderungen einhergingen.

Die Charta des NSFNET Backbone, der einmal die Hauptverbindung für den interkontinentalen Austausch von Internet-Informationen darstellte, ist bei der Klarstellung einiger Punkte recht aufschlußreich. Hier wird deutlich konstatiert, daß seine Rolle darin besteht, Aktivitäten im Bildungs- und Forschungsbereich zu unterstützen und ausschließlich Daten zu transportieren, die mit diesen Dingen in Verbindung stehen. Da jedoch niemand die E-Mail-Nachrichten zensiert oder die Web-Seiten daraufhin überprüft, daß diese Richtlinien auch eingehalten werden, ist die Absicht hinter diesem Dokument eindeutig:

Benutzerpolitik auf dem NSF-Net Backbone

1. Die NSF-Backbone-Dienste werden zur Verfügung gestellt, um die freie Forschung in und zwischen den Forschungs- und Bildungseinrichtungen zuzüglich der Forschungsabteilungen für profitorientierte Unternehmungen, wenn sich diese im Bereich der Forschung und der offenen schulischen Kommunikation bewegen, innerhalb der Vereinigten Staaten zu unterstützen. Die Benutzung für andere Zwecke ist nicht erlaubt.

Die Benutzung wird akzeptiert für:

2. die Kommunikation mit ausländischen Forschern und Erziehern in Verbindung mit Forschung oder Bildung, solange, wie jedes Netzwerk, das die ausländischen Anwender für ihre Kommunikation benutzen, umgekehrt den Zugang zu Forschern und Erziehern innerhalb der Vereinigten Staaten bietet.

3. die Kommunikation und den Austausch für professionelle Entwicklungen, solange es darum geht, auf dem Laufenden zu bleiben oder Diskussionen über ein bestimmtes Thema oder Wissensgebiet zu führen.

4. die Benutzung für interdisziplinäre Gesellschaften, Vereinigungen an Universitäten, Regierungsbehörden oder Standardisierungsaktivitäten, die mit den Forschungs- und Bildungsaktivitäten der Benutzer im Zusammenhang stehen.

5. die Benutzung für die Verwaltung oder zur Erfüllung von Verträgen im Forschungs- oder Bildungsbereich, aber nicht für andere Aktivitäten, die darauf abzielen, Geldmittel zu beschaffen oder Werbung zu betreiben.

6. jede andere Kommunikation oder Aktivität, mit der Forschung und Bildung direkt unterstützt werden.

7. die Ankündigung neuer Produkte oder Dienste im Bereich Forschung oder Bildung, aber keinerlei Werbung.

8. jede Art der Kommunikation, die akzeptiert werden kann, mit Ausnahme von illegalen oder eindeutig nicht akzeptablen Aktionen.

Nicht akzeptable Benutzung:

9. Die Benutzung für alle Aktivitäten, die mit der Erzielung eines Gewinns in Zusammenhang stehen (Beratertätigkeit gegen Geld, Verkauf oder Verwaltung von universitätseigenen Läden, Verkauf von Eintrittskarten für Sportereignisse usw.). Oder die Benutzung durch profitorientierte Institutionen, solange dies an anderer Stelle nicht abweichend geregelt ist.

10. Die ausufernde Benutzung für private oder persönliche Geschäfte. Diese Aussage gilt lediglich für die Benutzung des NSFNET Backbone. NSF erwartet, daß die angeschlossenen Netzwerke ihre eigene Benutzerpolitik definieren.

Und hier das Wesentliche: Wenn Sie sich nicht völlig darüber im klaren sind, ob Ihre Sendung über das Internet einige öffentliche Verbindungen durchlaufen wird, ist es am sichersten, diese Richtlinien stets zu beachten.

Zudem ist es sicherlich sinnvoll, mit allzu aufdringlichen kommerziellen Aktivitäten in allen Teilen des Internet – insbesondere mit Werbung – vorsichtig zu sein. Wie Sie ja wissen, provoziert die Unterlassung sehr viel eher einen »Flame War«, als wenn Sie sich an die Vorgaben halten! Die beste Politik ist deshalb diejenige, bei der die kommerziellen Aktivitäten minimiert werden, während die Inhalte kostenlos mit all denjenigen geteilt werden, die Ihre Web-Seiten besuchen.

Werte geben bedeutet, Werte erhalten

Wie wir in diesem Buch bereits mehrfach wiederholt haben, liegt der Schlüssel zu einer erfolgreichen Web-Präsenz in einem qualitativ hochwertigen Inhalt. Wenn Sie Ihren Benutzern einen solchen anbieten und unseren Empfehlungen für die Veröffentlichung folgen, werden Ihre Unterlagen ultimativ die Aufmerksamkeit derer erregen, denen sie dienen sollen.

Solange die Benutzer mit den Informationen, Diensten, Ideen oder anderen Dingen, die sie von Ihren Web-Seiten erhalten, zufrieden sind, werden sie diese nicht nur regelmäßig benutzen, sondern Ihnen auch dabei helfen, die gute Nachricht an andere Benutzer weiterzugeben. Dies wiederum bringt beträchtliche Vorteile für Sie, die sich entweder in neuen Kunden, neuen Informationsquellen oder neuen Kontakten niederschlagen, die ähnliche Ziele und Interessen verfolgen.

Das Web-Gesetz des reziproken Wertes lautet: Je mehr Werte Sie in Ihren Web-Seiten hinterlegen, desto mehr werden Sie von der Gemeinschaft der Anwender zurückerhalten, ungeachtet dessen, woran Sie diese Werte messen.

Stellen Sie sicher, daß Ihr Web die richtige Beute macht

Sobald Ihre Seiten publiziert und die Ankündigungen rausgegangen sind, ist es höchste Zeit, sich zu entspannen und was anderes zu tun, richtig? FALSCH! Nach der Veröffentlichung beginnt erst die eigentliche Arbeit: Sie sollten Ihre Benutzer ermutigen, Ihnen immer eine Rückmeldung zu geben, insbesondere über den Wert Ihrer Inhalte. Weiterhin sollten Sie aktiv daran arbeiten, dieses Feedback laufend zu verarbeiten. Dabei spielt es keine Rolle, wie gut Ihre Inhalte sind; sie können nur besser werden, insbesondere dann, wenn Sie auf die Fragen und Vorschläge der Benutzer reagieren.

Also, sobald Ihre Seiten publiziert sind, beginnt die Aktualisierungsarbeit. Sie werden ständig arbeiten müssen, um sicherzustellen, daß Ihre Inhalte und Unterlagen auf dem neuesten Stand sind. Sie müssen Ihre Links zu anderen Bereichen und Quellen ständig überprüfen – sie können ohne Vorwarnung geändert werden, was Ihren potentiell unbezahlbaren Link zum Widget Research in die wertlose Fehlermeldung »404 Unable to contact server www.wri.com« verwandelt, und das ist ein Hinweis darauf, daß Ihr Link bereits reichlich abgestanden ist.

Im Laufe der Zeit verändert sich neben dem Geschmack der Benutzer auch der Informationsbedarf. Wenn Sie in enger Verbindung mit Ihrem Publikum stehen, werden Sie in der Lage sein, sich diesen Änderungen anzupassen und mit den Anforderungen Schritt halten zu können. Ansonsten werden Ihre Web-Seiten staubig und muffig und reihen sich damit in die Äonen von Informationen ein, die seit langem verrottet sind. Im nächsten Kapitel werden wir Ihnen mit Ihren Aktualisierungsbemühungen helfen, und Sie finden einige Tips, wie Sie sich in einer sich ständig ändernden Welt zurechtfinden können.

Die Mehrheit der Dinge ändert sich ...

In diesem Kapitel

- Textfallen vermeiden
- Die Sachen frisch halten
- Rückmeldungen anfordern und erhalten
- Ihre Aktualisierungsmuskeln aufbauen
- Wenn man Dinge ändert, gehen sie manchmal kaputt

Jetzt können Sie sich im Abendrot Ihrer großen Web-Leistungen sonnen. Sie haben Ihre Seiten veröffentlicht, Ihre Ankündigungen überall verbreitet, und Ihre harte Arbeit beginnt, die ersten Früchte zu tragen. Bevor Sie jedoch Ihren Picknickkorb zusammenpacken und für den Rest der Woche freimachen, möchten wir Sie daran erinnern, daß 95% des Lebenszyklus eines Informationsprodukts im Aktualisierungsmodus besteht.

Mit anderen Worten sieht es so aus, daß, wenn Sie meinen, gerade fertig geworden zu sein, in Wirklichkeit erst alles richtig anfängt. Tatsächlich beginnt für einige Leute zum jetzigen Zeitpunkt der Spaß erst richtig. Sie haben unter Umständen die technischen Probleme gelöst, die Ihnen unterwegs über den Weg gelaufen sind, ohne sich selbst dabei zu sehr zu stressen oder Ihr Denkvermögen über das normale Maß hinaus zu strapazieren.

Aber jetzt werden Sie sich mit dem härtesten Problem überhaupt beschäftigen müssen: mit den Leuten und der Kommunikation. Sie haben geradezu eine Garantie, daß einige Teile Ihres Inhalts für so manchen Anwender wenig sinnvoll sind, daß andere Ihren Inhalten nicht zustimmen (und darüber sogar aufgebracht sind) und wiederum andere sich daran ergötzen, auf Dingen herumzureiten, die Sie selbst lediglich als einfache Fehler betrachten. Lassen Sie sich von negativer Kritik nicht unterkriegen; denken Sie statt dessen immer daran, daß Ihre Seite niemals perfekt sein kann und daß es immer Raum für Verbesserungen gibt.

In diesem Kapitel lernen Sie einiges über die Art der Probleme und die Rückmeldungen, die Sie zukünftig erwarten können, wie Sie mit der täglichen Routine der Aktualisierung Ihrer Web-Seiten umgehen und andere Ressourcen in einem tadellosen Zustand halten.

Quak! Quak! Der zweidimensionale Textfallenverkleinerer

Die Versuchung, Ihren Seiten mehr Inhalt und (hoffentlich) mehr Substanz einzuhauchen, wird in dem Maße wachsen, wie Sie Rückmeldungen von den Anwendern erhalten und mehr über die Themen erfahren, die die Inhalte bestimmen. Wenn die Seiten anwachsen, sollten Sie nicht vergessen, daß die Anwender relativ schnell müde werden, darin herumzublättern.

Behalten Sie stets die Anzahl der Bildschirme jeder Web-Page im Auge, insbesondere dann, wenn Änderungen vorgenommen werden. Selbst wenn Sie versucht sein sollten, in einer Bildschirmsequenz das gleiche wie in einer Sequenz von gedruckten Seiten zu sehen, sind beide dennoch nicht das gleiche.

Wir waren Zeit unseres Lebens ziemlich stark auf linear gedruckte Texte konditioniert, und so sollten Sie sich daran erinnern, daß das HT in HTML für HyperText steht. Dies bedeutet, daß ständig wachsende Seiten mit Hyperlinks verknüpft werden müssen, um überhaupt lesbar und brauchbar zu bleiben. Damit wird vor allem der Benutzer unterstützt, dem es in einer Sektion zu langweilig wird und der deshalb zum nächsten Punkt innerhalb des Dokuments springen möchte. Wenn Sie es ihm nicht erleichtern, überall herumzuspringen, wird er von Bord gehen.

Sobald innerhalb eines HTML-Dokuments die Zahl von drei Seiten überschritten wird, sollten Sie planen, interne HyperText-Links in Ihre Seiten einzufügen und sie in Bruchstücke von nicht mehr als 20 Zeilen Länge zu zerlegen. Die wohlüberlegte Benutzung von Location-Ankern (<A NAME="spot">) und von Links innerhalb eines Dokuments (<A HREF="#spot">) macht es Ihren Anwendern, wenn ihnen der Sinn danach steht, einfach, woanders hinzuspringen.

Zum Abschluß dieses Themas sei anzumerken, daß, sobald die Dokumente in Länge und Komplexität wachsen, gleichzeitig der Bedarf für eine effektive Struktur und Navigation zunimmt. Sie sollten keineswegs die Einführung zu diesen lebenswichtigen Elementen in einigen Ihrer Seiten nur deshalb unter den Tisch fallen lassen, weil Sie einmal klein angefangen haben und dann zu wachsen begannen.

Wer sagt, das Gerümpel ist abgestanden? (Schimmel ist ein schlechtes Werbegeschenk ...)

Wie Sie bereits festgestellt haben, kann die Versuchung, sich auf seinen Lorbeeren auszuruhen, beinahe unwiderstehlich werden, nachdem Sie die Hürden des Schreibens, des Testens, des Bettelns um Rückmeldungen bei den Benutzern, und, zu guter letzt, der Veröffentlichung Ihrer Seiten hinter sich haben. Es ist sicher verblüffend, wie schnell Sie, wenn Sie nach einer »kurzen Pause« Ihre Web-Seiten durchblättern, ausrufen »Whow, habe ich diese Seiten tatsächlich im letzten August veröffentlicht? Mann o Mann, die Sachen sind aber schon ziemlich am Ende«.

Wie die Reste in einem Kühlschrank, die zu einem wissenschaftlichen Experiment geworden sind, können abgestandene Web-Seiten leicht zu einem Gefängnis für ihre Besitzer werden. Der einzige Unterschied besteht darin, daß Sie eine Web-Seite nicht über ihren Zustand alarmieren kann, indem sie lustige Farben annimmt oder einen strengen Geruch verbreitet. Sie müssen die Seiten laufend überprüfen, und sei es nur, um nachzuprüfen, ob sie den Stürmen der Zeit standhalten.

Checken Sie Ihre Seiten regelmäßig, Dr. Web!

Was wir Ihnen vorschlagen möchten, ist, daß Sie die Aktualisierung Ihrer Web-Seiten als richtigen Beruf und nicht als Freizeitbeschäftigung betrachten, der Sie nachgehen, wenn der Mond gerade im richtigen Quadranten steht. Mit anderen Worten sollten Sie diese Arbeiten fest in Ihre Planung miteinbeziehen und wenigstens einmal im Monat Ihre Inhalte durchlesen, um zu sehen, inwieweit sie noch in Ordnung sind. Sie werden überrascht sein, wieviel die Qualitätskontrolle nach einer kurzen Abwesenheit ausmacht: Wir finden meistens noch Tippfehler und kleinere Ungereimtheiten, wenn wir Ihre Seiten nach einer Weile erneut besuchen, und möchten Sie deshalb darum bitten, daß Sie das auch tun.

Halten Sie Ihre Inhalte auf dem Laufenden!

Die eigentliche Arbeit besteht in der Aktualisierung Ihrer Inhalte. Wenn alle Informationen Ihrer »What's New«-Page sechs Monate alt sind, werden diese Seiten nicht mehr viel Aufmerksamkeit erregen. Wenn der unglaubliche neue Fortschritt in der Apparatetechnik, dem Sie die Hälfte Ihrer Seiten gewidmet haben, von einem noch unglaublicheren technischen Fortschritt verdrängt wurde, werden Ihre Berichte zu einem alten Hut. Um es mit einem Vergleich aus der Zeitungsbranche, den wir hier sorgfältig zurechtbiegen, zu sagen: »Die Seiten von gestern sind wie Nachrichten von gestern; sie taugen lediglich dafür, den Boden eines virtuellen Vogelkäfigs auszulegen!«

Führen Ihre Links ins Nirgendwo?

Zusätzlich zur Überwachung der Aktualität Ihrer Informationen möchten Sie bestimmt sicherstellen, daß Ihre Links zum einen aktuell, zum anderen korrekt sind. Es genügt eine einzige Veränderung, um einen Link nutzlos zu machen, aber das ist mit größter Wahrscheinlichkeit genau der Link, den Ihre Benutzer am dringendsten benötigen. Vielleicht ist es eine gute Idee, die Links wöchentlich zu überprüfen oder ein gutes Internet-Suchprogramm einzusetzen (Worm), das diese Arbeit für Sie erledigt. Selbst wenn Sie Ihre Anwender auf eine Seite mit dem Text »nicht länger verfügbar« und mit einem »hier anklicken« (wir hassen das!) weiterleiten, um sie dann auf die aktuelle Seite zurückzuführen, können Sie trotzdem noch einigen Ärger mit den Benutzern bekommen, die nicht dorthin gekommen sind, wo sie eigentlich hin wollten.

Ein weiteres »Ui« entfährt einem immer dann, wenn man einem Link folgt, an dessen Ende ein Symbol mit dem Inhalt »im Aufbau« steht. Das ist ein wertloser Link und kann die Anwender so richtig vergrätzen. Gehen Sie nicht in diese Falle: Wenn ein Link noch nicht fertig ist, so sollten Sie lediglich den vorgeschlagenen Text aufnehmen, aber keinesfalls irgendwohin verbinden. Weisen Sie kurz darauf hin, daß es sich in Kürze um einen aktiven Link handeln wird, die Inhalte sich aber derzeit noch im Aufbau befinden. Damit teilen Sie allen mit, was sie wissen müssen, ohne daß die Besucher dem Link folgen und es selbst herausfinden.

Ist Ihr HTML passé?

Wenn Sie Ihre vergangenen Bemühungen überprüfen, sollten Sie Ihre HTML-Markierungen auch daraufhin durchsehen, ob sie noch den Standards entsprechen, die von den Browsern heutzutage unterstützt werden. Falls Sie in Ihren Seiten irgendwelche Tabellen eingebunden haben, die mit Hilfe von vorformatierten Texten erstellt wurden, und alle anderen diese schnuckelig aussehenden HTML-Markierungen für Tabellen verwenden, so werden Ihre Sachen, im Vergleich zu den anderen, ziemlich abgehalftert aussehen.

Ihr ganzes Trachten sollte darauf ausgerichtet sein, die Dinge in Ihren Seiten frisch und interessant zu erhalten. Wenn Sie die regelmäßige Überprüfung der Inhalte im direkten Vergleich zu einer Flasche mit sprudelndem Sodawasser sehen, so sollten Ihre Web-Seiten ihre exquisite und prickelnde Qualität behalten und davor bewahrt werden, als angeschimmelte »wissenschaftliche Experimente« zu enden.

Wenn Sie fragen, bekommen Sie eine Antwort

Mit Ihren Besuchern können Sie besonders leicht ständig in Kontakt bleiben, wenn diese zu Ihren Web-Seiten kommen. Stellen Sie sicher, daß Sie ein Formular in ein oder zwei Ihrer Seite(n) eingebunden haben, selbst wenn diese nur dafür bestimmt sind, etwas mehr Information über Ihre Besucher zu bekommen und um eine Rückmeldung zu bitten, was ihnen in Ihrem Bereich gefallen hat und was nicht. Wenn Sie schon dabei sind, fragen Sie auch, was die Besucher sonst noch gerne an dieser Stelle sehen möchten.

Stellen Sie sicher, daß in Ihrem Antwortformular immer ein Bereich für unbegrenzte Kommentare, Kritiken oder sonstige Anmerkungen, die Ihre Besucher unbedingt mit Ihnen teilen wollen, eingebunden wird. Wie wir bereits in Kapitel 18 erwähnt haben, kommen die besten Rückmeldungen meistens aus einer völlig unerwarteten Ecke und verweisen auf die Bereiche, bei denen Sie am wenigsten damit gerechnet haben. Dabei spielt es keine Rolle, wie genau Sie einen Markt oder ein Thema kennen; Sie werden immer irgendwo ein schwarzes Loch haben. Die unbegrenzten Rückmeldungen geben Ihnen die Gelegenheit, etwas Licht in diese schwarzen Löcher zu bringen und können eventuell sogar Ihren Horizont erweitern!

Wenn Sie Ihre Web-Seiten als ein Werkzeug für eine niemals endende Kommunikation mit Ihren Benutzern betrachten, werden diese eher dazu neigen, Ihnen eine Antwort zu geben. Wenn Sie dann selbst noch darauf antworten, können Sie möglicherweise sogar eine Beziehung zu einigen Ihrer Besucher aufbauen, die unter andern Umständen vielleicht niemals zustande gekommen wäre. In diesem Falle kann dieser Kreis, der ein qualitativ hochwertiges Feedback zur Verfügung stellt, zum Bestandteil einer Gruppe von Personen werden, von denen Sie immer eine Rückantwort erhalten werden. Vielleicht bauen Sie einige Ihrer besten Kontakte durch das Web auf.

Sich mit Veränderungen arrangieren

Die Wahrheit über die Rückmeldungen ist, daß sie den Änderungen erst den richtigen Schwung verleihen. Entweder enthalten sie einen bombastischen Vorschlag, wie Sie Ihre Seiten besser strukturieren können, oder eine Nachfrage zur Aufnahme eines Themas, das Ihre bestehenden Informationen perfekt ergänzen würde, oder etwas, das Sie auf der Seite von jemand anderem gesehen haben und auf Ihre Gegebenheiten zuschneiden möchten – das Ende vom Lied ist, daß Sie mehr Arbeit haben!

Sobald die ersten Vorschläge hereintröpfeln – und gute Ideen lassen sich niemals kurzfristig umsetzen –, besteht die Gefahr, von den Änderungen überrollt zu werden. Deswegen möchten wir Ihnen vorschlagen, für die Änderungen eine eigene Planung aufzubauen und diese in kleine Einheiten zu zerlegen, was Sie letztendlich davor schützt, ein Opfer der Veränderungen zu werden.

Wenn Sie mit den Vorschlägen arbeiten, empfehlen wir Ihnen, eine Liste mit den Ideen zusammenzustellen, die Ihnen von den Benutzern und den freiwilligen Web-Vordenkern zugeschickt wurden. Falls ein bestimmter Vorschlag öfter erscheint, so übernehmen Sie ihn in eine Liste mit den Punkten, denen sofortige Aufmerksamkeit geschenkt werden sollte. Sie können die Schwelle, ab der eine gewöhnliche Antwort in diese Liste eingetragen wird, beliebig hoch setzen. Wir haben herausgefunden, daß fünf gleichlautende Antworten genügen, um einen Vorschlag in diese Liste einzutragen. Wir haben außerdem festgestellt, daß unsere Besucher eine gute Quelle für Erweiterungsvorschläge sind, und unterhalten zudem eine Liste mit »coolen Ideen«, die wir für zukünftige und durchschlagende Erweiterungen unserer Web-Site aufbewahren.

Gehen wir davon aus, daß Sie sich entschieden haben, jeden Dienstag an Ihren Web-Seiten zu arbeiten. In dem Zeitraum von einem Web-Tag zum anderen sammeln Sie die eingehenden Informationen einfach ein und sortieren sie nach Prioritäten. Sie tun zudem Ihr Bestes, um die Änderungen und Entwicklungen in Ihrem Themengebiet zu überwachen. Sie unterhalten eine andere Liste mit Dingen, die Sie Ihrer »What's-New«-Information hinzufügen werden und die Sie vielleicht aus den Newsgroups und den Zeitschriften herausgefischt haben, die Sie regelmäßig lesen.

Wenn dann der nächste Web-Tag kommt, ziehen Sie Ihre Listen heraus und wählen zwei oder drei Elemente, die Sie verändern möchten, und formulieren einen Aktionsplan, wie diese Änderungen implementiert werden sollen. Indem Sie diese Änderungen in Ihre geplanten Aktivitäten miteinbinden und ein Verfahren für deren Durchführung aufbauen, können Sie den meisten Ärger vermeiden, den eine in letzter Minute und deshalb fehleranfällige Änderung verursachen kann. Sobald Sie wissen, daß Sie Ihre What´s New-Information an jedem Web-Tag ändern müssen und irgendwelche neuen Informationen oder ein Seitendesign hinzufügen, kann dies ein neuer Teil Ihrer angehenden Beziehung mit dem Web werden. Denken Sie daran: Sie müssen Ihre Beziehung mit dem Web steuern – lassen Sie es nicht zu, daß Sie durch das Web gesteuert werden!

Aktualisierung ist eine Einstellung und ein Lebensstil!

Sie sollten dazu übergehen, Ihre Web-Aktivitäten zu einem regelmäßigen Teil Ihres täglichen Lebens zu machen. Wenn Sie nur an Ihren Web-Seiten arbeiten, wenn sich die Gelegenheit dazu bietet und alles bereits am einknicken ist, wird diese Gelegenheit niemals kommen. Falls Sie andererseits die Arbeit an Ihren Web-Seiten zu einem Teil Ihrer Routine machen, wissen Sie genau, worum es geht und wie lange Sie sich mit etwas beschäftigen können, bis Sie zum nächsten Punkt übergehen müssen. Dieser Ansatz behandelt Ihre Web-Seiten als eine Quelle, die regelmäßig aktualisiert werden muß, und das ist genau die richtige Haltung. Neben den vielen anderen Vorteilen, die dieser Ansatz mit sich bringt, wissen Sie auf diese Art und Weise immer, wann Sie Ihre Planung anpassen müssen (oder wenn das nicht möglich ist, wann Sie darüber nachdenken müssen, jemanden anzuheuern, der Ihnen hilft). Wenn ihre dienstäglichen Aktivitäten nicht genug Zeit übriglassen, sollten Sie vielleicht damit aufhören, immer genau an diesem Tag Ihren Papierkorb auszuleeren, und statt dessen ein bißchen mehr Zeit auf Ihre Web-Aktivitäten zu verwenden. Wenn Sie diese wichtige Aufgabe nicht aufgeben können (oder sie jemand anderem, wie beispielsweise dem Reinigungspersonal, delegieren können), so müssen Sie möglicherweise eine Hilfskraft oder sonst jemanden anheuern, der Sie bei Ihren Web-Arbeiten unterstützt.

Das wundervolle Sprichwort »Eile mit Weile« gibt das Wesentliche dessen wieder, was zu einer guten Einstellung zu Aktualisierungen gehört. Während Sie einerseits die Zeit und Energie nicht überstrapazieren sollten, die Sie jeder Ihrer Aufgaben im Arbeitsalltag widmen, ist es wichtig zu erkennen, daß die regelmäßige Aufmerksamkeit für diese Aufgaben genau die Art von Resultaten hervorbringt, die Sie möchten. Wenn Sie nicht zu diesen Aufgaben kommen, so müssen Sie schnell lernen, Prioritäten zu setzen und sich auf die Punkte zu konzentrieren, die die meiste Aufmerksamkeit benötigen. Wenn das bedeutet, daß Sie jemand anderen anstellen müssen, um Ihre Web-Seiten zu bedienen, so muß das eben sein. Alles andere führt unweigerlich zu abgestandenen und schimmligen Seiten!

Wenn man die Dinge verändert, gehen Sie manchmal auch kaputt

Während Sie mit der Aktualisierung und der allmählichen Änderung Ihrer Web-Seiten beschäftigt sind, sollten Sie daran denken, daß Änderungen unvorhergesehene Nebeneffekte haben können. Das bedeutet, immer, wenn Sie eine Information in Ihren Web-Seiten ändern (oder hinzufügen oder löschen), müssen Sie Ihre Web-Seiten genauso testen, als ob sie brandneu wären.

Sie möchten vielleicht nicht jedem kleinen Ding in Ihrer alten Seite die gleiche peinliche Sorgfalt widmen, die Sie aufbrachten, als sie noch neu war. Aber die schreckliche Wahrheit ist, daß Sie immer die gleiche Sorgfalt für den Test Ihrer Arbeit aufbringen müssen, sobald Sie eine einzige Änderung durchführen.

Dies bedeutet, daß Sie Ihre Inhalte durchlesen (und die Rechtschreibprüfung laufen lassen) müssen. Damit stellen Sie sicher, daß Sie keinen neuen Tippfehler eingefügt haben, über den sich die Benutzer ins Fäustchen lachen können. Dazu gehört natürlich auch der Test Ihrer Links (insbesondere der Anker innerhalb von Dokumenten), um sicherzugehen, daß sie immer noch zu den richtigen Plätzen verbinden.

Eine gute Anregung ist sicherlich, Ihre Änderungen in einer Kopie Ihrer produktiven Web-Seiten vorzunehmen, statt auf dem Web-Server selbst. In diesem Fall haben Sie die Freiheit, so viele Änderungen (und Fehler) zu machen, wie Sie möchten. So kann niemand Ihre Arbeit sehen, bevor Sie dies tatsächlich möchten. Wir schlagen Ihnen zudem vor, Ihre neuen Versionen einem ausgewählten Publikum vorzustellen und um Rückmeldung zu bitten, bevor Sie Ihren öffentlichen Zugang von der alten Version auf die neue umstellen. Manch scheinbar gute Idee verblaßte angesichts der Tests in der Realität; es ist höchstwahrscheinlich besser, die Seiten von jemandem testen zu lassen, der weiß, wie gut Sie sind, als von Benutzern, die Ihre komischen Seiten nur in Erstaunen versetzen.

Wir unterhalten zudem einen eigenen Bereich auf unserem Server, wo wir den gesamten Web-Space duplizieren und symbolische Links benutzen, um sie mit unserem echten Web zu verbinden. Wenn wir nunmehr eine Seite verändern oder einige Seiten hinzufügen, können wir diese sorgfältig austesten, ohne den echten Web-Space zu stören. Wenn wir eine Datei auf unserem Test-Web verändern, löschen wir den symbolischen Link dieser Datei. Danach legen wir eine Kopie dieser Datei im Test-Web an und führen unsere Ergänzungen und Prüfungen durch. Wenn diese Seite einmal unsere visuelle Inspektion und die Härten des HTML-Validators überlebt hat, kopieren wir die neue Datei in den echten Web-Space. Danach löschen wir die Datei aus dem Test-Web und ersetzen sie durch einen symbolischen Link in das reale Web. Voilà! Eine saubere Umstellung, nicht ...?

Mit den ständigen Änderungen mitzuhalten ist ein echter Job, und so stellt sich die Frage, warum man diesen nicht als solchen behandelt. Wenn Sie dies tun, werden Sie angesichts der konstanten Änderungen mit einem sicheren Gespür für den Fortschritt und die notwendigen Kursberichtigungen belohnt. Wenn Sie sich diesen Wechselfällen des Lebens stellen, erwarten

Sie sich vielleicht etwas mehr Unterstützung durch Ihren Rechner. Im nächsten Abschnitt dieses Buches wechseln wir zu einer Überprüfung der Werkzeuge, mit denen die Web-Seiten aufgebaut werden und den mechanischen Teil der Arbeit etwas erleichtern. Weiter können wir nichts für Sie tun – außer Sie darauf vorbereiten, daß Sie die Änderungen im Web, die sich mit ungeheurer Geschwindigkeit vollziehen, ein wenig abfedern.

Teil VIII

Es ist Werkzeugzeit! HTML-Entwicklungswerkzeuge und -umgebungen

In diesem Teil...

Bis hierher waren Sie in einer Techno-Wildnis gefangen, die mit fremdartigen HTML-Markierungen und bizarren CGI-Programmier-Ritualen erfüllt war, und jetzt werden Sie herausfinden, daß es verschiedene Werkzeuge gibt, die Sie bei Ihrer Arbeit unterstützen. Haben wir vielleicht deshalb bis zum Ende dieses buchlangen Abenteuers gewartet, um Ihnen dann mitzuteilen, daß Sie das Web-Nirwana auch hätten »automatisch« erreichen können, indem Sie sich die richtigen Werkzeuge entweder gekauft oder sonstwie beschafft hätten? Zum großen Glück für uns lautet die Antwort »Nein«. Es gibt viele hilfreiche und interessante Werkzeuge für die verschiedensten Entwicklungsplattformen, aber bis heute hat niemand ein vollständiges, automatisches Web-Entwicklungswerkzeug gebaut.

Wir starten diesen Teil des Buches mit Kapitel 22, wo wir erklären, welche Arten von HTML-Werkzeugen und Web-Servern heutzutage verfügbar sind, und geben Ihnen damit ein Gespür dafür, was derzeit »state of the art« ist. In den folgenden Kapiteln erhalten Sie die Gelegenheit, die Angebote für UNIX-Maschinen, Macintosh-Rechner und die allgegenwärtige und allseits beliebte Microsoft-Windows-Umgebung zu inspizieren.

Sobald Sie diesen Teil des Buches hinter sich haben, sollten Sie eine Vorstellung davon haben, welche Arten von Werkzeugen verfügbar sind und wo Sie diese Programme finden, die zu Ihrer bevorzugten System-Plattform passen. Zu guter letzt sollten Sie ein Gefühl dafür entwickeln, welche Fähigkeiten ein Web-Server besitzt und wie die vielfältigen Plattformen Sie dabei unterstützen, dies umzusetzen.

Alles in allem sollten Sie am Ende dieses Teils in der Lage sein, mit der Öffentlichkeit nach den dort gegebenen Regeln zu verhandeln, und wenn Sie sich einmal auf Änderungen eingestellt haben, werden Sie für alles Kommende bereit sein.

Die richtige Web-Plattform heraussuchen

In diesem Kapitel

- Die richtige WWW-Plattform auswählen
- Ihre Optionen festlegen
- UNIX-Systeme inspizieren
- In ein Apple-System beißen
- Durch ein Windows-System durchschauen
- Filter und Dateikonverter überprüfen
- Den Web-Server überblicken

Beim Begriff Plattform sollten Sie einmal an das Computersystem denken, das Sie zum Aufbau Ihrer Web-Seiten benutzen, und an den Netzwerk-Server, auf dem Ihr Web-Bereich angesiedelt ist. Die Plattform, die Sie zum Aufbau Ihres Webs benutzen werden, ist unzweifelhaft der Rechner, der genau vor Ihnen steht – oder irgendwo unter dem Tisch, spielt ja auch keine Rolle. Idealerweise sollten Sie als erstes das beste HTML-Autorenprogramm auswählen und dann erst den Rechner, auf dem es am besten läuft. Glücklicherweise stehen heute verschiedene gute HTML-Autorenprogramme für praktisch jede Rechnerplattform zur Verfügung.

Obwohl Sie mehrere Möglichkeiten bei der Auswahl Ihres Web-Servers haben, werden Sie aller Wahrscheinlichkeit nach als erstes die Dienste Ihres derzeitigen Internet-Anbieters nutzen, obgleich Sie sehr viele Informationen darüber haben, wie Sie ein solches System selbst aufbauen können, und unter Umständen sogar das nötige Budget dafür besitzen. Dies ist die kostengünstigste Methode für Einzelpersonen, aber auch für viele Firmen, da der Betrieb eines eigenen Web-Servers eine zeitaufwendige und zugleich teure Aufgabe sein kann.

Dieses Kapitel wird sich darauf konzentrieren, Sie bei der Auswahl der besten HTML-Autorenwerkzeuge zu unterstützen. Es wird Ihnen zudem einen Überblick über die Web-Serverplattformen geben, die von den meisten Internet-Anbietern verwendet werden und mit denen Sie dann sehr intensiv in Berührung kommen werden, wenn Sie sich für den Betrieb eines eigenen Web-Servers entscheiden.

Da guade oide Lad'n für Autorenwerkzeig

Windows, DOS, Macintosh, UNIX, NextStep, X Window: Wo finden Sie den Laden für Ihre HTML-Autorenprogramme? Unser Ratschlag lautet: Lassen Sie sich bei der Auswahl der perfekten Plattform nicht zu tief in den Morast ziehen.

Wenn Sie einen Mac benutzen, sollten Sie nach dem Mac-Autorenprogrammen Ausschau halten, und wenn Sie ein Windows-Experte sind, sollten Sie eben nach den Windows-Werkzeugen suchen. Es ist so einfach, eine Plattform für die HTML-Autorenprogramme auszuwählen – vorausgesetzt natürlich, daß Sie Freude an dem Rechner haben, den Sie derzeit benutzen. Falls nicht, mag das die Entschuldigung dafür sein, daß Sie von Bord gehen!

Falls Sie sich für Ihre Arbeit mit HTML einen neuen Rechner kaufen möchten, ist das wirklich phantastisch. Für die private Nutzung ist entweder ein PC, auf dem Windows läuft, oder ein Mac sicherlich die kostengünstigste Lösung.

Sowohl für den Mac als auch für Windows finden sich gute HTML-Autorenprogramme, die entweder kostenlos oder als Shareware erhältlich sind. Die kommerziellen Versionen einiger Shareware-Programme sind gleichfalls erhältlich – im allgemeinen für unter 300 DM. Stellen Sie auf jeden Fall sicher, daß Sie sich den schnellstmöglichen Rechner kaufen, den Sie sich leisten können, und der über eine große Festplatte verfügt (2 Giga-Byte oder größer) und eine ausgezeichnete Videokarte besitzt. Natürlich ist jede UNIX Workstation genauso nett (wenn Sie gerade mal 15.000 DM oder so übrig haben). Ein wichtigerer Punkt ist dabei die Frage, welches HTML-Autorenprogramm Sie benutzen sollen. Diese lassen sich in die folgenden drei Kategorien unterteilen:

- ✔ Editoren, die die HTML-Syntax überprüfen können, oder Programme, bei denen Ihnen alles überlassen bleibt.
- ✔ Selbständige Programme oder Werkzeuge, die in Ihre derzeitige Textverarbeitung eingebunden werden können.
- ✔ Editoren, die nach dem WYSIWYG-Prinzip arbeiten (What you see is what you get), oder Programme, bei denen Sie immer Ihren Browser starten müssen, um sich Ihre HTML-Arbeiten ansehen zu können.

Ein Editor kann diverse Attribute aus einer oder mehrerer dieser Kategorie(n) enthalten, die wir in den nachfolgenden Sektionen etwas ausführlicher erklären werden. Also los, und bereiten Sie sich darauf vor, einen Blick auf die Innereien der derzeit verfügbaren HTML-Werkzeuge zu werfen, die für das Autorengeschäft in Frage kommen!

Prüfen oder nicht – das ist hier die Frage

Einige HTML-Editoren unterstützen Sie zwar insoweit, daß Sie Ihre Markierungen relativ einfach im Dokument plazieren können, führen aber keine Überprüfung durch, um festzustellen, ob die Markierungen auch korrekt eingesetzt wurden. Diese Editoren sind genauso, als ob

Sie Ihre Textverarbeitung mit einer speziellen Werkzeugleiste für Markierungen benutzen würden. Diese Programme sind immer dann angebracht, wenn Sie sich daran erinnern können, was Sie über HTML gelernt haben; falls nicht, so erhalten Sie hier relativ wenig Unterstützung.

Andere HTML-Editoren verwenden hingegen eine Reihe von HTML-Regeln, um sicherzustellen, daß Sie Ihre Markierungen an den richtigen Platz stellen und innerhalb der Markierungen alle notwendigen Attribute gesetzt sind. Dieser Ansatz hilft insbesondere Anfängern, kann einem aber auch ziemlich schnell auf die Nerven gehen, sobald man mit der Codierung von HTML-Texten bereits einige Erfahrung gesammelt hat. Mit dieser Art von Werkzeugen sind Sie auch der Gnade eines Programms ausgeliefert, das unter Umständen nicht die neuesten und umwerfendsten Markierungen (oder die Netscape-Erweiterungen) enthält, und aus diesem Grund möchten wir einfach empfehlen, die Finger davonzulassen. Einige dieser Werkzeuge enthalten Formulare und Funktionen für die Erstellung von Skripten, so daß es unter Umständen ganz praktisch sein kann, wenn man das eine oder andere besitzt.

Eigenständig, Zusatz zur Textverarbeitung oder Druckformatvorlagen

Eigenständige Editoren sind Programme, die ganz auf sich gestellt arbeiten können – sie benötigen keine anderen Programme oder Applikationen, damit sie funktionieren (natürlich mit Ausnahme des Betriebssystems, auf dem sie laufen). HTML-Editoren, die, wenn man sie überhaupt als solche bezeichnen kann, als Zusätze zu den Textverarbeitungen geliefert werden, wurden bereits für Word für Windows und WordPerfect vorgestellt. Es handelt sich derzeit um Programme, die vollständig in die Textverarbeitungen eingebunden werden und damit die Möglichkeit geben, Dokumente mit HTML-Markierungen zu öffnen, zu editieren und wieder abzuspeichern. Einige Applikationen konvertieren sogar ihre Standardformate automatisch in Dokumente mit HTML-Markierungen. Um ein solches Zusatzprogramm benutzen zu können, benötigen Sie allerdings eine Kopie der Textverarbeitung. Solche Lösungen werden mittlerweile auch für DTP-Software angeboten.

Druckformatvorlagen sind ähnlich wie die oben beschriebenen Editoren, bieten allerdings sehr viel weniger Funktionen an. Sie stellen lediglich eine Vorlage zur Verfügung, die mit einigen Makros angereichert ist und mit einem bestehenden Programmpaket, wie Microsoft Word, benutzt werden kann. Genauso wie bei den eigenständigen Editoren benötigen Sie für die Benutzung der Dokumentenvorlagen und deren Makros eine Kopie Ihrer Textverarbeitung.

WYSIWYG oder textorientiertes HTML

WYSIWYG-Editoren sind quasi ihre eigenen Browser und können Ihnen Ihre HTML-Dokumente so anzeigen, wie dies vielleicht bei den Besuchern Ihres Web-Bereichs der Fall ist. Einige WYSIWYG-Editoren können sogar auf Befehl die HTML-Markierungen anzeigen oder verstekken. Da diese Editoren HTML kennen müssen, werden Sie unter Umständen gezwungen, damit zu leben, daß Sie so lange nicht mit den neuesten Markierungen arbeiten können, bis Ihnen eine aktualisierte Version des Programms zur Verfügung steht. Das gleiche gilt natürlich auch für proprietäre HTML-Erweiterungen (wie die von Netscape oder Microsoft).

Rein textorientierte HTML-Editoren zeigen die HTML-Dokumente als Standardtext zusammen mit allen Markierungen an, die in dem entsprechendem Dokument enthalten sind. Sie arbeiten wie gewöhnliche Texteditoren, die einige Hilfestellungen bei der Plazierung der HTML-Markierungen anbieten.

Einige HTML-Editoren können sich nicht entscheiden, was sie eigentlich sind, zeigen Teile eines HTML-Dokuments aus der Sicht eines Browsers an und belassen den Rest im Textformat. Diese Produkte sollten Sie nach Möglichkeit meiden, da man bei der Benutzung nur durcheinander gerät.

Eene, meene, mu ...

Die überwiegende Anzahl der HTML-Editoren sind als Free- oder Shareware-Versionen für die gebräuchlichsten Rechnerplattformen erhältlich. Wenn Sie meinen, daß Sie die HTML-Grundlagen bereits im Blut haben, so können Sie sich einen oder zwei eigenständige, textorientierte und ohne Prüfverfahren arbeitende Editoren abholen und ausprobieren. Achten Sie darauf, daß Sie ein Programm mit einer grafischen Werkzeugleiste und einem Online-Hilfesystem bekommen. Wenn Sie den Anweisungen in den vorangegangenen Kapiteln dieses Buches folgen, können Sie mit einem dieser Werkzeuge jedes beliebige Web-Dokument erstellen.

Wenn Sie einen strukturierten Ansatz bevorzugen, so sollten Sie einen der eigenständigen Editoren, die mit einer Fehlerprüfung ausgestattet sind, abholen und ausprobieren. Bei diesen Editoren müssen Sie einige zusätzliche Befehle lernen und sich mit einer gewissen linearen Struktur anfreunden, der Sie bei der Arbeit folgen müssen. Sie sollten sich allerdings nicht zu viele Gedanken über diesen Typ von Editoren machen – entweder Sie mögen sie, oder Sie lassen es einfach sein!

Wenn Sie ein Magier der Textverarbeitung sind, möchten Sie vielleicht einen der Editoren ausprobieren, die als Zusatzprogramme angeboten werden. Diese Programme sind keineswegs Allheilmittel für die Erstellung von HTML-Texten, aber sie können gute Dienste bei der schnellen Konvertierung von bestehenden Dokumenten in brauchbare HTML-Vorlagen sein. Einige von ihnen arbeiten auch mit sehr langen Dokumenten, die mit eigenständigen Editoren nicht immer bearbeitet werden können. Die Druckformatvorlagen für Textverarbeitungen wurden in den meisten Fällen von den Editoren verdrängt, die als Zusatzprogramme erhältlich sind. Für einige UNIX-Werkzeuge sind diese Programme jedoch immer noch die erste Wahl. Wenn Sie tatsächlich mit UNIX arbeiten, können Sie mit einer Druckformatvorlage für UNIX-Editoren (z.B. emacs) sicherlich gute Resultate erzielen.

Eine Kurzübersicht

Jetzt schauen wir uns einmal in aller Kürze die derzeit erhältlichen HTML-Autorenwerkzeuge an. Sie wurden nach den wichtigsten Systemplattformen eingeteilt, so daß Sie die Beschreibungen, die für Ihren Rechner gelten, problemlos finden können. Die folgenden drei Kapitel beschäftigen sich etwas eingehender mit den populärsten UNIX-, Macintosh- und Windows-Werkzeugen.

Lieber kämpfen als UNIX aufgeben

Auf UNIX basierende HTML-Editoren gibt es in einer ganzen Reihe von Ausführungen. Um das richtige Produkt zu finden, sollten Sie zuerst eine Freeware/Shareware-Version ausprobieren.

A.S.H.E

A.S.H.E ist genau das, was das Akronym impliziert – ein einfacher HTML-Editor. Er kann von der folgenden Adresse abgeholt werden:

`ftp.cs.rpi.edu/pub/puninj/ASHE/`

Lesen Sie als erstes die README-Datei im ASHE-Verzeichnis. Diese Datei können Sie per FTP von

`ftp://ftp.cs.rpi.edu/pub/puninj/ASHE/README.html`

abholen.

Zusätzliche Informationen über ASHE erhalten Sie unter:

`http://www.cs.rpi.edu/~puninj/TALK/head.html`

Phoenix

Phoenix ist ein X-Windows-WYSIWYG-HTML-Editor, der einige Standardfunktionen zur Verfügung stellt und unter folgender Adresse erhältlich ist:

`http:www.bsd.uchicago.edu/ftp/pub/phoenix/README.html`

Via anonymous FTP unter:

`www.bsd.uchicago.edu/pub/phoenix`

Oder Sie senden eine E-Mail-Nachricht an L-Newberg@UChigaco.EDU und bitten um weitere Informationen.

TkWWW

TkWWW ist ein auf Tk/TCL-basierender WWW-Browser, der sowohl die Erfassung als auch die Anzeige von HTML-Dokumenten unterstützt. Es ist ein semi-WYSIWYG-Editor. Sie können ihn in mehreren Versionen von folgender FTP-Adresse abholen:

ftp.aud.alcatel.com/tcl/extension

Als Dateiname wird tkWWW#.tar.z. verwendet, wobei # die aktuelle Versionsnummer enthält. Das Produkt benötigt als Voraussetzung Tk/TCL, das Sie per FTP unter folgender Adresse erhalten können:

ftp.cs.berkeley.edu/ucb/tcl

Dieser Bereich bietet komprimierte tar-Dateien und einige Dokumentationen an.

TkHTML

TkHTML ist ein semi-WYSIWYG-HTML-Editor, der auf Tk/TCL basiert und von Liem Bahneman (roland@cac.washinton.edu) geschrieben wurde. Die Dateien mit den Quellcodes erhalten Sie unter:

ftp.u.washington.edu/public/roland/tkHTML

HotMetal

HotMetal ist ein eigenständiger Editor für Sun/SPARC Motif mit einer Funktion für die Überprüfung auf Fehler und kostenlos von SoftQuad über das Web oder FTP erhältlich:

http://www.softquad.com
ftp.NCSA.uiuc.edu/Web/html/hotmetal/SPARC-Motif

Die kommerzielle Version kostet ca. 250 DM und kann direkt vom Hersteller bezogen werden.

Sonstige Werkzeuge

Emacs HTML mode (html-mode.el) unterstützt die Menüleiste und die Schriften von Lucid Emacs. Das Programm läuft unter GNU Emacs in der Version 18 und 19, Epoch und Lucid Emacs.

psgml ist ein Editor für die Erfassung von SGML-Dokumenten. Zusammen mit HTML-DTDs kann es für den Aufbau von HTML-Dokumenten genutzt werden.

htmltext ist ein Editor, der auf dem Andrew Toolkit basiert.

HTML Editor ist ein Produkt für NextStep-Systeme, der einige Funktionen für den Aufbau von Formularen, das Einfügen von Zeichenketten und HTML-Markierungen anbietet. Für die Ansicht der Dokumente wird ein WWW-Browser aufgerufen, der WYSIWYG beherrscht.

Mehr Informationen und Links zu diesen UNIX-Autorenprogrammen sind im folgenden WWW-Bereich von CERN erhältlich:

http://info.cern.ch/HyperText/WWW/Tools

Leckerbissen für den Macintosh

Einige HTML Autorenprogramme sind auch für die Benutzer von Macintoshs verfügbar. Viele können über die Links bei CERN abgeholt werden:

http://info.cern.ch/HyperText/WWW/Tools

SHE steht für Simple HTML Editor for HyperCard. Dieses Freeware-Programm ist über FTP unter

http://www.lib.ncsu.edu/staff/morgan/simple.html
ftp://ftp.lib.ncsu.edu/pub/software/mac/simple-html-editor.hqx

erhältlich.

HTML.edit ist ein Freeware-Editor, der unter folgender Adresse abgeholt werden kann:

http://nctn.oact.hq.nasa.gov/tools/HTNLedit/HTMLedit.html

BBEdit ist ein Freeware-Editor für den Mac, der über FTP auf

ftp://world.std.com/pub/bbedit

bereitsteht.

HTML Extension, der vom Web Project an der Universität von Jaume I in Spanien entwickelt wurde, ist verfügbar unter:

http://www.uji.es/bbedit-html-extension.html

HTML Editor ist ein eigenständiger WYSIWYG-Editor, den Sie hier downloaden können:

http://dragon.acadiau.ca:1667/~giles/HTML_Editor/Documentation.html

HTML Grinder ist ein Mac-Editor mit vielen Funktionen, der Sie beim Aufbau von intelligenten Browsern unterstützt:

http://www.nets.com/matterform/grinder/htmlgrinder.html

HotMetal für Macintosh ist ein eigenständiger Editor, der mit einer Fehlerprüfung für HTML ausgestattet ist. Eine Freeware-Version und die professionelle Variante ist direkt vom Hersteller erhältlich.

Weit geöffnete Fenster

Seit mehr Windows-Rechner in Betrieb sind, als die Rechner aller anderen Marken zusammengenommen, ist es nicht besonders überraschend, daß auch mehr HTML-Editoren für diese Plattform zur Verfügung stehen. Einige Druckformatvorlagen werden mit dem Erscheinen der Editorerweiterung für Word für Windows und WordPerfect überflüssig werden.

Eigenständige Windows-HTML-Editoren

HTMLed ist ein eigenständiger Texteditor mit einigen Menüleisten und einer guten Benutzerschnittstelle. Er ist verfügbar unter:

ftp://ftp.cica.indian.edu/pub/pc/win3/util/htmed10.zip

HTML Assistant ist ein eigenständiger Texteditor für MS Windows, der die Inhalte der Mosaic.ini in eine HTML-Datei konvertiert. Er ist verfügbar unter:

http://cs.dal.ca./ftp/htmllasst/htmlafaq.html

HTML Writer ist ein eigenständiger Texteditor für MS Windows, der von Kris Nosack erstellt wurde:

http://lal.cs.bye.edu/people/nosack/

HotMetal für MS Windows von SoftQuad ist ein eigenständiger Editor, der mit einer Fehlerprüfung für die HTML-Version 2.0 ausgestattet ist. Eine Freeware-Version und die professionelle Variante ist direkt vom Hersteller erhältlich. Die Pro-Version ist zusammen mit den Skripten und den Formularen wie folgt erhältlich:

http://www.w3.org/hypertet/WWW/Tools/HotMetal.html
http://www.sq.com
ftp.NCSA.uiuc.edu/Web/html/Windows

WEB Wizard: Der Duke of URL ist ein Programm für die Erstellung von Homepages unter Windows und sowohl für die 16- als auch für die 32-Bit-Version erhältlich. Er kann unter folgender Adresse abgeholt werden:

http://www.halcyon.com/artamedia/webwizard

Zusätze für MS Word für Windows, Druckformatvorlagen und Makros

Der Microsoft Word Internet Assistant HTML-Editor speichert die Dokumente im HTML-Format ab und benutzt Word auch als Internet-Browser.

WebAuthor für Word für Windows 6.0 wurde kürzlich von Quarterdeck Inc. veröffentlicht. Dieses WYSIWYG-HTML-Programm konvertiert die Dokumente zwischen dem HTML und dem Word-Format hin und her. Als Vorab- oder kommerzielle Version erhätlich unter:

http://www.qdeck.com

ANT_HTML.DOT ist eine Druckformatvorlage für WinWord 6.0. Entwickelt wurde sie von Jill Smith, die aber nicht sagen möchte, für was der Begriff »ANT« steht. Holen Sie es sich von:

ftp://ftp.einet.net/eimnet/pc/ANT_DEMO.ZIP (Die Test-Version)
ftp://ftp.einet.net/eimnet/pc/ANT_HTML.ZIP

gt_html.zip sind eine Reihe von Makros für MS Word für Windows, die von Georgia Tech abgeholt werden können:

http://www.gatech/.edu/word_html.htm

CU_HTML.DOT ist vielleicht die beste Druckformatvorlage für Word 2.0 und 6.0. Mit ihr können auch GIF-Dateien innerhalb des Dokuments angezeigt, Hyperlinks und Markierungen eingefügt werden. Das Programm steht auf dem Rechner der chinesischen Universität von Hongkong zur Abholung bereit:

ftp://ftp.cuhk.hk/pub/www/windows/util/cu_html.zip

Sonstige verrückte und ausgeflippte Werkzeuge

Zusätzlich zu den oben aufgeführten HTML-Editorpaketen gibt es eine ganze Reihe von Konvertern und Dateifiltern, die für die Umsetzung von einem Format ins andere auf einer Serie von Systemplattformen zur Verfügung stehen.

Filter und Dateikonverter

Für HTML sind eine ganze Reihe von Dateikonvertern und Dateifiltern für Textverarbeitungen verfügbar. Ein guter Ort für einen Start ist der Web-Bereich von CERN:

http://info.cern./HyperText/WWW/Tools/Filters.html

Weitere Listen mit Konvertern und Filtern finden Sie unter:

    http:/www.oac.uci.edu/indiv/ehood/perlWWW
    http://oneworld.wa.com/htmldev./devpage/dev-page.html
    http://www.utirc.utoronto.ca/HTMLdocs/intro_tools.html
    http://union.ncsa.uiuc.edu/HyperNews/get/www/html/converters.html
    http://www.ncsa.uiuc.edu/SDG/Software/Mosaic/Docs/faq-
    software.html#editors

Grafik-Editoren

Informationen über Werkzeuge für die Umwandlung von Bitmap- oder anderen Grafiken erhalten Sie unter:

    http://union.ncsa.uiuc.edu:80//hyperNews/get/www/html/
    editors.html
    http://www.cis.ohio-state.edu/HyperText/faq/usenet/graphics/
    fileformats-faq/faq.html

MapEdit wird für die Erstellung von neuen oder die Überarbeitung von bestehenden Grafikkarten genutzt.

HyperMap ist ein Programm für HyperCard auf dem Macintosh. Das Programm dient gleichfalls der Erstellung von neuen oder der Überarbeitung von bestehenden Grafikkarten.

MapMaker ist ein auf UNIX basierendes Werkzeug für die Generierung von anklickbaren Karten. Es setzt TCL voraus.

Zunder für den Web-Server

Hier ein kurzer Blick in die Web-Server-Software und wo Sie noch mehr Informationen darüber erhalten können. Auch in diesem Fall sollte man auf den Web-Bereich von CERN zugreifen, der auf jede der folgenden Sites verweist:

    http://info.cern.ch/HyperText/WWW/Daemon/Overview.html

Ein W3-Server ist ein Programm auf dem Web-Server, das auf eine ankommende TCP-Verbindung anwortet und dem Anrufer einen bestimmten Dienst zur Verfügung stellt. Es gibt die verschiedensten Varianten der W3-Serverprogramme, die unterschiedliche Datenformen unterstützen.

Der CERN-Server ist das W3-Daemonprogramm. Es ist mit vielen Funktionen, wie der Zugangskontrolle, den Suchwerkzeugen und einigen Dingen mehr, ausgestattet. Dieser Daemon dient als Basis für viele andere Servertypen und Gateways. Unterstützte Plattformen: UNIX, VMS.

Der NCSA-Server ist ein Public-Domain-Dateiserver. Er ist in C geschrieben und hat genausoviele Funktionen wie das Programm von CERN. Unterstützte Plattform: UNIX.

22 ➤ Die richtige Web-Plattform heraussuchen

GoServe für OS/2 unterstützt sowohl HTTP als auch Gopher und stammt von Mike Cowlishaw, IBM, Großbritannien.

Windows http 1.4 ist ein Windows-Server, der von Robert Denny geschaffen wurde. Weitere Infos erhalten Sie auf seiner Homepage.

GN ist ein einzelner Server, der den gleichzeitigen Zugriff über HTTP und Gopher auf den gleichen Datenbestand zuläßt. Er wurde in C geschrieben und soll die Portierung von Gopher auf HTTP unterstützen. Unterstützte Plattform: UNIX.

Der Perl-Server stammt von Marc Van Heyningen an der Universität von Indiana und ist in Perl geschrieben. Unterstützte Plattform: UNIX.

Plexus ist der Server von Tony Sanders, der ursprünglich auf der Version von Marc VH basierte. Er enthält nunmehr zusätzliche Funktionen, wozu auch ein Archie-Gateway gehört. Unterstützte Plattform: UNIX.

MacHTTP ist die Server-Version für den Mac. Weitere Infos erhalten Sie auf der entsprechenden Home-Page.

Netsite ist ein kommerzieller Server von Nescape Communications. Weitere Infos entnehmen Sie bitte der entsprechenden Home-Page.

VAX/VMS-Server benutzen aus Gründen der Geschwindigkeit DEC/Threads.

REXX ist ein Server für VM, der aus einem kleinen C-Programm besteht, das die Kontrolle an einen Server weitergibt, der mit REXX geschrieben wurde.

HTTP für VM von R.M. Troth wird in vielen Bereichen eingesetzt.

SerWeb ist ein WWW-Server für Windows 3.1.

CL-HTTP ist ein voll funktionsfähiger, objektorientierter HTTP-Server, der von John Mallery mit Common Lisp geschrieben und am MIT-Forschungszentrum für künstliche Intelligenz entwickelt wurde. Das Programm läuft auf Symbolic-Lisp-Rechnern. Ports stehen für LISP für Macs und andere Plattformen zur Verfügung.

Jetzt sind Sie sicherlich einigermaßen verwirrt, womit Sie allerdings nicht ganz alleine stehen. Es wird sicherlich das beste sein, wenn Sie die Verwaltung des Servers Ihrem Internet-Anbieter überlassen. Dann können Sie Ihre eigenen phantastischen Web-Bereich auf deren Server zusammenstellen, wobei Sie eines der bekannten HTML-Autorenprogramme benutzen, die in den nächsten drei Kapiteln besprochen werden, ohne sich mit den vielen, garstigen Problemen herumschlagen zu müssen.

UNIX einheitlich einsetzen

In diesem Kapitel

▶ Eine Übersicht über die HTML-Autorenprogramme unter UNIX

▶ Nach eigenständigen Editoren fahnden

▶ Sich über den EMACS-Modes wundern?

▶ Durch Filter und Dateikonverter wühlen?

▶ Die Web-Server durchkämmen

*I*n den letzten Monaten sind einige wundervolle neue HTML-Autorenprogramme aus dem Boden geschossen. Einige sind bereits in der Testphase untergegangen, aber alle scheinen für die UNIX-Benutzer vielversprechend zu sein, die von dem textorientierten System endgültig die Nase voll haben. Und für diejenigen, die weiterhin das Textorientierte lieben, steht immer noch das alte EMACS zur Verfügung, das sich bester Gesundheit erfreut und dem noch einige HTML-Modi hinzugefügt wurden. Das allerbeste ist allerdings, daß Sie beinahe jeden Dateityp mit Hilfe von Filtern und Konvertern in oder aus HTML umsetzen können, wobei Sie auf Myriaden von Hilfsprogrammen zurückgreifen können, die für UNIX bereitstehen.

Die Mystik von UNIX liegt in den teilbaren Ressourcen, und in diesem Sinne sind praktisch alle der UNIX-basierenden HTML Autorenprogramme als Freeware erhältlich. Sogar für die kommerziellen Pakete steht meist eine Freeware-Version zur kostenlosen Übertragung bereit.

Aufgrund ihres Status werden die HTML-Autorenprogramme für UNIX nicht in der gleichen Weise unterstützt wie die kommerziellen Produkte. Aber trotzdem, kosten tun sie immer noch nichts. Dankbarerweise sind diese Werkzeuge im allgemeinen recht einfach zu bedienen, da Sie entweder die bekannten Texteditor-Metaphern benutzen oder einfach Zusatzprogramme Ihres Texteditors sind. Wie dem auch sei, wenn Sie bereits irgendeinen Editor besitzen, so können Sie sicher davon ausgehen, daß Sie problemlos mit einem der HTML-Werkzeuge umgehen werden.

Nach Schätzen im Meer der UNIX-HTML-Werkzeuge tauchen

Die nachfolgende Sektion beschreibt verschiedene Typen von HTML-Autorenprogrammen unter UNIX und vermittelt Ihnen zu jedem Produkt einige wichtige Fakten. Diese Werkzeuge variieren sowohl in ihren Zielen als auch in den Funktionen; alle wurden jedoch dafür geschaffen, um Ihnen den Aufbau von HTML-Dokumenten so weit wie möglich zu erleichtern.

Einige dieser Werkzeuge sind selbständige UNIX-Programme, die eine Struktur und Funktionen für die Fehlersuche zur Verfügung stellen, während Sie von ihnen beim Aufbau Ihrer Web-Seiten sicher geführt werden. Einige einfache und elegante Programme bieten Ihnen schnellere Funktionen für das Einfügen der benötigten HTML-Markierungen in Ihr Textdokument an. Andere Applikationen enthalten wiederum Gruppen mit Makros für die Erfassung von HTML in den bestehenden Texteditoren, wie beispielsweise EMACS. Die Werkzeuge für die Dateikonvertierung verwenden jeweils einen anderen Ansatz und setzen eine bestehende Textdatei in ein Dokument um, das alle notwendigen HTML-Markierungen enthält.

Grundsätzlich spielt es keine Rolle, welches Werkzeug Sie als erstes ausprobieren. Aber sie sollten immer daran denken, daß Ihre eigentliche Absicht darin bestehen sollte, so schnell wie möglich augenfällige und informative Web-Seiten zu erstellen, die auf allen möglichen Browsern funktionieren. Wenn die Werkzeuge, die Sie ausprobieren, diesem Ziel nicht gerecht werden, sollten Sie sofort ein anderes Produkt nehmen. Irgendwo gibt es sicherlich das richtige, das Ihnen Ihren Job erledigt.

Mehr Informationen über die UNIX-HTML-Autorenprogramme sind fix und fertig im folgenden WWW-Bereich von CERN erhältlich:

http://info.cern.ch/HyperText/WWW/Tools/Overview.html

Eigenständige HTML-Editoren

Eigenständige, textorientierte HTML-Editoren für UNIX, wie beispielsweise A.S.H.E (A Simple HTML Editor) stellen Ihnen lediglich einen einfachen Bildschirm zur Verfügung, wo Sie Ihren Text eintippen können. Sie bieten außerdem eine Reihe von Schaltflächen oder Menüs an, wo Sie die HTML-Markierungen auswählen können, die Sie an den entsprechenden Stellen im Text einfügen müssen. Die Betonung bei A.S.H.E. liegt auf *Simple*.

Einige andere Programme sind semi-WYSIWYG und stellen Ihnen irgendeinen Standardbildschirm für die Erfassung der Texte zur Verfügung. Der Editor unterstützt Sie beim Einfügen der notwendigen HTML-Markierungen in Ihren Text und dabei, die Syntax fehlerfrei zu gestalten. Diese Editoren helfen Ihnen zudem bei der Erstellung von komplexeren HTML-Links und -Verbindungen. HotMetal ist ein Beispiel für diese Art von Systemen.

Andere, wie Phoenix, sind vollständige HTML-Autorensysteme, bei denen Sie Ihren Text eingeben und dieser so formatiert wird, wie es in einem Browser der Fall wäre. Zusätzlich erstellen diese Systeme nicht nur das entsprechende HTML-formatierte Dokument, sondern geben Ihnen die Möglichkeit, bestimmte Elemente aus einem anderen HTML-Dokument auszuschneiden und die Markierungen zusammen mit dem Text in Ihre Arbeiten einzufügen. Weiterhin überprüfen diese Programme Ihre HTML-Syntax daraufhin, ob sie auch korrekt verwendet wurde. Dies sind die vollständigsten HTML-Autorensyteme, die unter UNIX erhältlich sind.

Emacs Modes und Druckformatvorlagen

Der alte, erprobte und tapfere UNIX-EMACS-Editor stellt einige zusätzliche Makrosysteme (Modes) zur Verfügung, die es Ihnen ermöglichen, dieses Programm für die Arbeit mit Ihren HTML-Dokumenten zu verwenden. Diese Modes variieren in ihren Funktionen, haben aber in der Regel einen ähnlichen Ansatz. Sie bewahren Sie davor, jede Markierung vollständig eintippen zu müssen, und zeigen Ihnen irgendwelche Listen an, in denen Sie Ihre Auswahl treffen können.

Ihre UNIX-Dateien filtern und konvertieren

Da es auf den UNIX-Systemen so viele verschiedene Dateitypen gibt, hat sich in den letzten Jahren eine beträchtliche Liste von HTML-Filtern und -Konvertern angesammelt. Diese Programme transformieren Text-, RTF-, FrameMaker- oder andere Dateitypen in eine Datei mit HTML-Markierungen, wobei die Formatierung der Originaldatei beibehalten wird. Natürlich sind diese Konverter nur so gut wie die Summe der eingebauten HTML-Regeln und die Fähigkeit des Programmierers, abschätzen zu können, was Sie als Anwender tatsächlich benötigen. Im allgemeinen geben sie Ihnen einen ersten Anlaufpunkt, um bestehende Dateien in HTML-Dokumente umsetzen zu können.

Alleine zwischen den UNIX-HTML-Editoren stehen

A.S.H.E (A Simple HTML Editor)

Typ:

A.S.H.E ist ein einfacher textorientierter HTML-Editor ohne Fehlerprüfung (siehe Abbildung 23-1).

A.S.H.E gereicht zum Ruhm:

- ✔ Stellt aktive Hyperlinks zur Verfügung
- ✔ Unterstützt mehrere Fenster
- ✔ Bietet eine automatische Dateisicherung an

Vorteile:

- ✔ Die Menüleiste ist gut gestaltet und enthält die Einträge File, Edit, HTML und List.
- ✔ Stellt einen einmaligen Nachrichtenbereich für den Anwender zur Verfügung.
- ✔ Zeigt die Datei wie in einem HTML-Browser an.
- ✔ Besitzt Schaltflächen für die am häufigsten verwendeten Befehle.

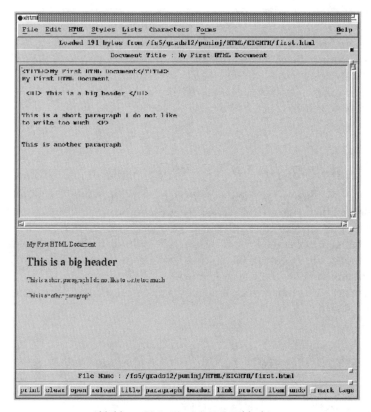

Abbildung 23.1: Ein A.S.H.E-Bildschirm

Nachteile:

✔ Arbeitet nur unter Motif auf einer Sun Workstation.

✔ Benötigt die NCSA HTML Widget Library.

Bewertung:

A.S.H.E wurde in der Programmiersprache C, Motif und NCSA HTML Widget geschrieben. Es stellt sehr einfache, aber adäquate Hilfestellungen für HTML und die Anwender unter Motif zur Verfügung. Wenn sich das so anhört, als ob das Programm das Ihrige ist, probieren Sie's einfach aus!

Verfügbarkeit:

 Die Beta-Version von A.S.H.E wurde von John R. Puin (E-Mail: puin@cs.rpi.edu) erstellt und kann unter der folgenden Adresse abgeholt werden:

```
ftp://ftp.cs.rpi.edu/puninj/ASHE
http://www.cs.rpi.edu/~puninj/TALK/head.html
```

Phoenix

Typ:

Der Alpha-Release 0.1.8. ist ein eigenständiger WYSIWYG-HTML-Editor/Browser mit einer Fehlerprüfung, der unter X-Window läuft.

Phoenix gereicht zum Ruhm:

- ✔ Bietet beim Aufbau des Dokuments eine WYSIWYG-HTML-Umgebung an, die mit einem eingebauten Browser arbeitet.
- ✔ Kopiert und fügt Texte, Überschriften und/oder formatiert Text mit den zugehörigen Attributen ein.
- ✔ Bietet eine einfache Erfassung von Ankern an, wobei in den meisten Fällen auf das Eintippen der URL verzichtet werden kann.

Vorteile:

- ✔ Unterstützt die Schriftarten B, CITE, DFN, EM, I, KBD, SAMP, STRONG, TT, U und VAR.
- ✔ Kopiert und fügt Texte aus anderen Applikationen ein.
- ✔ Unterstützt das Durchblättern vollständiger Formulare.
- ✔ Kopiert und fügt Bilder und IS-Karten aus anderen Web-Seiten ein.

Nachteile:

- ✔ Keine gravierenden Nachteile bekannt.

Bewertung:

Bei der Benutzung von Phoenix brauchen Sie, zumindest bei der Erstellung von einfachen Web-Seiten, keinerlei HTML-Kenntnisse. Die Funktionen Kopieren und Einfügen sind bestens implementiert. Wenn Sie X Window einsetzen, sollten Sie diesen Editor zumindest einmal ausprobiert haben. Vergessen Sie aber nicht, daß die Version 0.1.7 nur eine Alpha-Version ist, die noch einige kleinere Fehler enthält. Sie können aber davon ausgehen, daß Lee mit Hochdruck daran arbeitet, diese zu eliminieren.

Verfügbarkeit:

Phoenix, das von Lee Newberg geschrieben wurde, kann unter den folgenden Adressen abgeholt werden:

`ftp://www.bsd.uchicago.edu/ftp/pub/phoenix/README.html`

tkWWW

Typ:

tkWWW ist ein auf Tk/TCL basierender WWW-Browser, der eingebaute Funktionen für die Erfassung von HTML besitzt und im semi-WYSIWYG-Modus arbeitet.

Vorteile:

✔ Stellt Funktionen zum Durchblättern von Dokumenten, die Mosaic sehr ähnlich sind, und einige wenige Funktionen für die Erfassung von HTML zur Verfügung.

Nachteile:

✔ Er ist eher ein Browser als ein HTML-Editor.

✔ Enthält keine Funktion, um irgendwelche Aktionen rückgängig machen zu können.

✔ Benötigt, um lauffähig zu sein, Tk/Tcl.

✔ Benötigt Xli (eine Image Library) für die Betrachtung der Bilder.

Bewertung:

tkWWW ist ein Browser mit dem Anspruch, ein HTML-Editor zu sein, was er allerdings bis heute nicht geworden ist.

Verfügbarkeit:

tkWWW ist kostenlos erhältlich unter:

ftp://www0.cern.ch/pub/www/dev

TkHTML Version 3.2

Typ:

TkHTML ist ein semi-WYSIWYG-HTML-Editor, der auf der Programmiersprache Tk/TCL aufsetzt.

TkHTML gereicht zum Ruhm:

✔ Stellt eine WYSIWYG-Vorschau zur Verfügung.

✔ Bietet reißerische Menüs an.

✔ Unterstützt die HTML-Erweiterungen von Netscape.

Vorteile:

- ✔ Bietet Tastenkombinationen für eine einfache Formatierung an.
- ✔ Unterstützt mehrere Plattformen.
- ✔ Konvertiert Textdokumente in das HTML-Format.

Nachteile:

- ✔ Benötigt wwwish an Stelle des Standard-wish Interpreters.
- ✔ Verlangt, daß TCL 7.6 und Tk 4.2 auf Ihrem Rechner installiert sind.

Bewertung:

TkHTML ist ein einfacher HTML-Editor, der auf der Skriptsprache TCL und dem Tk-Toolkit für X11 aufsetzt. Es stellt die adäquaten Funktionen für den Aufbau von HTML-Dokumenten zur Verfügung und leistet Ihnen sicherlich gute Dienste, wenn Ihr System die notwendigen Komponenten für den Betrieb des Editors besitzt.

Verfügbarkeit:

TkHTML wurde von Liem Bahnemann geschrieben und kann von folgenden Adressen abgeholt werden:

```
ftp://ftp.u.washington.edu:/public/roland/tkHMTL
ftp://sunsite.unc.edu:/pub/packages/infosystems/WWW/tools/
editings/UNIX/tkhtml
http://www.cobaltgroup.com/~roland/tkHTML/tkHTML.html
```

HotMetal 3.0

Typ:

HotMetal ist ein selbständiger, semi-WYSIWYG-HTML-Editor, der lediglich die Regeln für die HTML-Version 2.0 kennt (siehe Abbildung 23.2).

HotMetal gereicht zum Ruhm:

- ✔ Verlangt die Konformität zum HTML-Standard 2.0.
- ✔ Enthält eine vollständige Liste mit allen Markierungen für die HTML-Version 2.0.
- ✔ Die semi-WYSIWYG-Anzeige stellt einige Formatierungen, zusammen mit den eigenen Markierungs-Versionen, dar.
- ✔ Die kommerzielle Version enthält eine HTML-Tabelle, eine Rechtschreibprüfung und ein Wörterbuch zur Suche von Synonymen.

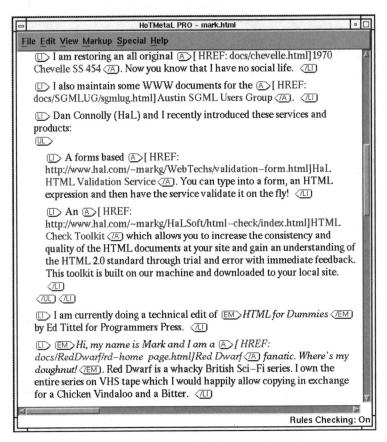

Abbildung 23.2: Ein Bildschirm in HotMetal

Vorteile:

✔ Die Fehlerprüfung ist umfassend.

✔ Stellt eine gut strukturierte Umgebung für HTML zur Verfügung.

✔ Erstellt immer funktionierende HTML-2.0-Dokumente.

Nachteile:

✔ Benötigt 6 MByte Hauptspeicher.

✔ Benutzt lediglich die Markierungen, die mit der HTML-Version 2.0 übereinstimmen.

✔ Schafft es nicht, Dokumente zu öffnen, die nicht mit der HTML-Version 2.0 konform sind.

✔ Die semi-WYSIWYG- Anzeige verwirrt einige Anwender.

✔ Keine Online-Hilfe.

Bewertung:

HotMetal benutzt nicht die Erweiterungen von HTML, die den neueren Browsern bereits bekannt sind (Netscape, Mosaic und anderen). Er zwingt Sie dazu, seine rigide Struktur einzuhalten, und die minimalistische grafische Schnittstelle erinnert an die ersten Gehversuche von UNIX. HotMetal ist vielleicht nur ein Werkzeug, das Sie benötigen, um extrem komplexe Webs mit Hunderten von Seiten aufzubauen, wird aber sicherlich den Anwender einschüchtern, der lediglich eine einfache Home-Page erstellen möchte.

Verfügbarkeit:

Die Freeware-Version für Sun/SPARC Motif ist verfügbar unter:

http://www.sq.com/products/hotmetal/hm-ftp.htm

Die kommerzielle Version kann direkt vom Hersteller bezogen werden.

EMACS HTML Modes

Die Anwender von EMACS werden diesen Abschnitt verstehen und alle anderen werden sich darüber wundern, da EMACS eine Fremdsprache für die Benutzer sein wird, die kein UNIX im Einsatz haben.

Für EMACS sind verschiedene Makro-Pakete für die Erfassung von HTML-Dokumenten verfügbar. Das erste und älteste ist html-mode von Marc Andreesen, das er verfaßte, als er an der Universität von Illinois war (Mark ist der Designer von Mosaic und Netscape). Heiko Münkel von der Universität Hannover ergänzte die Menüs und die Druckformatvorlagen um die deutsche Variante (hm-html-menus.el).

Einige Zeit später schrieben Nelson Minar den html-helper-mode.el, der die Menüleiste und die Schriftarten von Lucid EMACS unterstützte und unter GNU EMACS v18 und v19 und Lucid EMACS lief.

Ganz allgemein ausgedrückt, können die verschiedenen schrittweisen Annäherungen an den HTML-Modus die Texte mit nicht-proportionalen Schrtiftarten anzeigen. Mit Unterstützung des hilit.el-Paktes können die Markierungen und die Referenzen farblich vom Text abgehoben werden. Der HTML-Modus unterstützt nicht die Anzeige von eingebunden Grafiken. Die aktuelle Version von HTML Modes kann für die Seitenanzeige eine Funktion aus Mosaic aufrufen.

Alle HTML-Modes funktionieren in erster Linie mit Hilfe von Tastatureingaben, über die alle paarigen HTML-Markierungen erzeugt werden können. Zudem können Sie einen Textblock auswählen, um den herum die Markierungen eingefügt werden. Kein einziger Modus überprüft die Richtigkeit der Markierungen oder macht einen Vorschlag, wie sie korrekt eingesetzt werden können. Der html-helper-mode und tmpl-minor-mode bieten jedoch Druckformatvorlagen an, bei denen die verschiedenen Felder in den Link-Markierungen ausgefüllt werden können.

Für die Benutzer von EMACS mögen die Modes nur eine Hilfe sein, um HTML-Dokumente zu erzeugen. Damit sollte das Setzen der HTML-Markierungen wesentlich leichter fallen und zu weniger Fehlern führen als über die manuelle Eingabe. Allerdings müssen Sie schon wissen, wie und wo die verschiedenen Markierungen eingesetzt werden.

Das gesamte html-helper-Paket können Sie an der folgenden Adresse abholen:

http://www.santafee.deu/%7Enelson/tools/

UNIX HTML-Filter und Dateikonverter

Viele Konvertierungs- und Filterprogramme, die Dokumente von Microsoft RTF-, LaTeX-, FrameMaker- und anderen Dateiformaten in HTML umsetzen, sind auf den unterschiedlichsten Web-Servern erhältlich. Denken Sie immer daran, daß sich die HTML-Versionen permanent verändern, so daß man die Filter und Konverter relativ häufig aktualisieren muß.

Unter den nachfolgenden Adressen finden Sie sicherlich mehr Informationen, als Sie jemals über die UNIX HTML-Filter und Dateikonverter wissen wollten:

http:/www.oac.uci.edu/indiv/ehood/perlWWW
http://oneworld.wa.com/htmldev./devpage/dev-page.html
http://www.utirc.utoronto.ca/HTMLdocs/intro_tools.html
http://union.ncsa.uiuc.edu/HyperNews/get/www/html/converters.html
http://www.ncsa.uiuc.edu/SDG/Software/Mosaic/Docs/faq-software.html#editors

Die Suche nach UNIX-Web-Servern

Ein WWW-Server ist ein Daemon-Programm, das permanent auf einem Internet-Rechner läuft, auf ankommende TCP-Verbindungen wartet und dem Anrufer einen bestimmten Dienst zur Verfügung stellt. Die überwiegende Mehrzahl der WWW-Server läuft wahrscheinlich auf UNIX-Plattformen. Und, wie jedermann weiß, findet man bei diesen Programmen mehr UNIX-Elemente als Flecken auf dem Lätzchen eines Kleinkindes. Zugegebenermaßen gibt es auf diesen UNIX-Plattformen genausoviele Varianten von WWW-Servern.

Die aktuellsten Informationen zu diesem Thema erhalten Sie auf dem Web-Bereich des WWW-Konsortiums, wo Sie den entsprechenden Links folgen können:

http://www.w3.org/hypertext/WWW/Servers.html

Dieses Kapitel stellte Ihnen einen kurzen Überblick über die wichtigsten UNIX HTML-Autorenprogramme und einige zusätzliche Pakete zur Verfügung. Das Web selbst ist der beste Platz, um die aktuellsten und berühmtesten Web-Werkzeuge zu erhalten. Also, das Web wartet auf uns – auf geht's zum Surfen!

Mehr Macintosh-Verrücktheiten

In diesem Kapitel

▶ Die Mac-Vielfalt ausprobieren

▶ Die eigenständigen Editoren entwickeln

▶ Durch Filter und Dateikonverter treiben

▶ Die Web-Server lesen

---

*U*nmengen von exzellenten HTML-Autorenprogrammen für den Macintosh stehen in den verschiedenen Online-Bereichen für die Übertragung bereit. Nicht alle, aber dennoch eine ganze Menge dieser Werkzeuge sind Freeware oder Shareware. Die meisten Produkte eignen sich im wesentlichen für fortgeschrittene HTML-Autoren.

Da diese Werkzeuge entweder kostenlos sind oder nur sehr wenig kosten, bieten sie nicht die gleiche Unterstützung, die Sie vielleicht von einem kommerziellen Produkt erwarten würden. Aber dennoch, sie kosten halt recht wenig. Die meisten werden zusammen mit guten Dokumentations-Dateien ausgeliefert, andere bieten eine Online-Hilfe an, und manche verfügen lediglich über die Balloon-Hilfe. Dankenswerterweise sind diese Werkzeuge normalerweise recht einfach zu erlernen, da sie sich entweder an den vertrauten Macintosh-Textverarbeitungen, den Texteditor-Modellen oder dem Macintosh-Menüsystem orientieren.

Den Obstgarten der Macintosh-HTML-Werkzeuge beobachten

In den nachfolgenden Abschnitten werden Sie einige Informationen über verschiedene aktuell verfügbare Macintosh-HTML-Autorenprogramme erhalten, die Sie dabei unterstützen, Ihre Web-Seiten aufzubauen. Diese Werkzeuge variieren teilweise in Funktionalität und Ansatz, aber alle bieten Ihnen eine solide Unterstützung bei der Arbeit mit HTML an.

Die Macintosh-HTML-Werkzeuge sind im allgemeinen sehr viel weiter entwickelt als die Pendants unter UNIX oder Windows. Viele besitzen die Fähigkeit, Ihre Dokumente im WYSIWYG- oder semi-WYSIWYG-Format anzuzeigen. Zusätzlich gibt es eine bestimmte Anzahl von Fehlerprüfungen, die immer dann zum Einsatz kommen, wenn über die interne Anzeigefunktion ein Browser simuliert wird und die HTML-Markierungen erkannt werden müssen. Die besten Werkzeuge gewähren Ihnen die Ansicht Ihres Dokuments sowohl im WYSIWYG- als auch im normalen Textmodus. Die wirklich vollständigen Pakete bieten darüber hinaus die Balloon-Hilfe an.

Einige der eigenständigen WYSIWYG-Programme überprüfen Ihren HTML-Code und bewahren Sie davor, Fehler in der Syntax oder der Plazierung der Markierungen zu machen. Andere Werkzeuge ergänzen den Funktionsumfang einer bestehenden Textverarbeitung oder eines Texteditors und geben diesen Programmen die Fähigkeit, Sie bei der Einbindung der HTML-Markierungen zu unterstützen. Einige gehen sogar noch weiter und konvertieren bestehende Textdateien aus dem normalen Format in das HTML-Format und umgekehrt.

Wenn Sie bereits BBEdit oder BBEditLite benutzen, besteht für Sie der leichteste Einstieg in die HTML-Autorenschaft über die zusätzlichen Druckformatvorlagen, die für diesen ausgezeichneten Editor angeboten werden.

Andere wiederum benutzen einen vertrauten Texteditor, wobei SHE (Simple HTML Editor), HTML Editor und HTML.edit sicherlich diejenigen sind, die am einfachsten zu erlernen und zu bedienen sind. Sie müssen lediglich eines oder mehrere der Werkzeuge ausprobieren, die nachfolgend besprochen werden, und können so feststellen, welches Ihnen am ehesten zusagt.

Beim Ausprobieren dieser Werkzeuge sollten Sie sich stets die Frage stellen: »Wird dadurch das Schreiben mit HTML leichter?« Falls Ihre Antwort »Nein« lautet, sollten Sie am besten auf ein anderes Werkzeug umsteigen. Ungeachtet dessen, welches Werkzeuge Sie gewählt haben, können Sie sinnvollerweise erwarten, daß es Ihnen den Aufbau der HTML-Dokumente erleichtert und nicht zusätzlich erschwert.

Die aktuellsten Informationen über die Macintosh-HTML-Werkzeuge finden Sie unter folgenden Adressen:

```
http://atlantis.austin.apple.com/people.pages/carldec/
carldec.html
http://www.txtinfinet.com/wwwdev.html
http://www.uwtc.washington.edu/Computing/WWW/Macintosh.html
http://www2.excite.sfu.ca/tools/
http://werple.mira.net.au/%7Egabriel/web/html/editors/
indexold.html
```

Eigenständige HTML-Werkzeuge

Die eigenständigen HTML-Werkzeuge für den Macintosh reichen in Sachen Komplexität vom Simple HTML Editor (SHE) bis zur vollständigen Web-Entwicklungsumgebung HotMetal. Einfache, im allgemeinen textorientierte HTML-Editoren, wie beispielsweise HTML Editor, HTML.edit und andere, sind normalerweise am leichtesten zu erlernen. Bei diesen Programmen geben Sie lediglich Ihre Texte ein und haben die Auswahl unter verschiedenen Menüoptionen oder Schaltflächen, mit denen Sie die notwendigen Markierungen an den richtigen Plätzen einfügen können.

Wenn Sie beispielsweise den Titel für Ihre Web-Seite erstellen, wählen Sie die Zeile aus, in der der Titel stehen soll, und klicken danach auf die Schaltfläche TITLE. Der Editor plaziert die Markierungen für die Eröffnung des Titels <TITLE> an den Anfang der ausgewählten Zeile und die Ende-Markierung </TITLE> ans Zeilenende. Die überwiegende Anzahl der eigenständige HTML-Werkzeuge für den Macintosh unterstützen Sie auch bei der Einbindung der Links und URLs.

Erweiterungen für Texteditoren und Druckformatvorlagen

Zusätzliche Funktionen für Editoren oder Textverarbeitungen bestehen oftmals aus Druckformatvorlagen oder Programmen, die in Ihre Textverarbeitung oder einen Editor eingebunden werden. Diese Erweiterungen erscheinen im Menü des Editors als HTML-Funktionen, mit denen Sie die Markierungen einfügen, Formulare erstellen und ähnliche Dinge erledigen können. Einige Erweiterungen geben dem Programm sogar die Fähigkeit, die HTML-Dokumente zu öffnen und abzuspeichern.

Die HTML-Zusätze für BBEdit und BBEditLite sind sehr umfangreich und bieten ein gut abgerundetes HTML-Autorensystem an. Werkzeuge dieser Art können den Editor veranlassen, eine Standard-Textdatei zu öffnen und sie automatisch zusammen mit den HTML-Markierungen abzuspeichern. Um diese Zusätze tatsächlich nutzen zu können, müssen Sie als erstes den Editor oder die Textverarbeitung auf Ihrem Rechner installiert haben, um danach die anderen Komponenten hinzuzufügen.

HTML-Druckformatvorlagen

Druckformatvorlagen ähneln den Programmerweiterungen, bieten aber bei weitem nicht so viele Funktionen an. Sie bestehen lediglich aus einer Fomatvorlage mit einigen zusätzlichen Makros, die zusammen mit einem Texteditor oder einer Textverarbeitung benutzt werden können. ANT_HMTL ist ein Beispiel für ein solches Paket, das für MacWord entwickelt wurde. Genau wie bei den eingebauten Zusatzfunktionen benötigen Sie auch hier den entsprechenden Editor oder die passende Textverarbeitung.

Eigenständige HTML-Editoren für Macintosh

Beinahe alle eigenständigen HTML-Editoren für den Macintosh bieten die Unterstützung für die Erfassung der Texte und das Einfügen der Markierungen an. Viele enthalten sogar einen eigenen WYSIWYG-pseudo-Browser, um Ihnen zu zeigen, wie Ihr Web-Bildschirm online aussehen wird. Andere wiederum starten für die Darstellung der HTML-Dokumente einen Browser ihrer Wahl.

Verschiedene eigenständige Editoren sind bereits seit längerer Zeit erhältlich, während andere in letzter Zeit wie Kaktusblüten nach einem Gewitter aus dem Nichts auftauchen. Alle begutachteten HTML-Autorenpakete sind äußerst funktional und unterstützen Sie beim Aufbau Ihrer Web-Seiten, sofern Sie den gegebenen Instruktionen folgen und die jeweiligen Grenzen berücksichtigen.

Zu dem Zeitpunkt, als dieses Buch geschrieben wurde, konnten die meisten der unten aufgeführten Programme unter folgender Adresse abgeholt werden:

ftp://ftp.uwtc.washington.edu/pub/Mac/Network/WWW

HTML Editor

Typ:

HTML Editor ist ein eigenständiger, semi-WYSIWYG-Editor mit einer eingebauten Fehlerprüfung (siehe Abbildung 24.1).

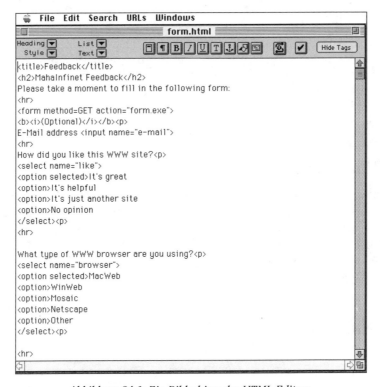

Abbildung 24.1: Ein Bildschirm des HTML Editors

Dem HTML Editor gereicht zum Ruhm:

✔ Er vereinigt einen Texteditor mit einem WYSIWYG-Anzeigeprogramm.

✔ Die Markierungen werden bei einem Farbbildschirm grau unterlegt.

✔ Der Text wird in dem Format angezeigt, das von den eingesetzten Markierungen erzeugt wird.

✔ Ansicht des Textes ohne Markierungen, wenn die Schaltfläche »Hide Tags« angeklickt wird.

Vorteile:

✔ Öffnet Dateien jeder Größe.

✔ Enthält eine editierbare Palette von benutzerdefinierten Markierungen.

✔ Öffnet bestehende HTML-Dateien und erkennt die meisten Markierungen im »auto style«-Modus.

✔ Unbekannte Markierungen werden als Text angezeigt und verursachen keinerlei Probleme.

✔ Konvertiert UNIX- und DOS-Textdateien in Macintosh-Texte.

✔ Enthält eine Online-Dokumentation.

Nachteile:

✔ Kein Ausdruck möglich.

✔ Keine eingebauten Markierungen für <HTML>, <HEAD> oder <BODY>.

Bewertung:

HTML Editor wurde von Rick Giles in Prograph geschrieben. Es ist ein ausgezeichnet gestaltetes Paket und eine gute Wahl für die ersten Versuche.

Verfügbarkeit:

Das Paket ist online verfügbar über:

http://dragon.acadiau.ca/~giles/HTML_Editor/Documentation.html

HTML.edit Version 1.5

Typ:

HTML.edit ist ein eigenständiger, semi-WYSIWYG-Editor mit einem Fehlerprüfprogramm.

HTML.edit gereicht zum Ruhm:

✔ Führt eine gründliche Fehlerprüfung der HTML-Struktur durch.

✔ Mit dem Befehl »Add All Structral Tags« werden alle Strukturelemente hinzugefügt und die Prüfungen auf Duplikate und die richtige Plazierung durchgeführt.

✔ Merkt sich die vollständigen Pfadnamen aller exportierten Dokumente, so daß Sie alle Inhalte Ihres Servers mit einem einzigen Befehl aktualisieren können.

✔ Der Befehl »Index HMTL« liefert eine Liste mit Beispielen für eine bestimmte HTML-Markierung.

Vorteile:

- Sie können zur Bestimmung des Zielorts die Bezeichnung des Dokuments in Verbindung mit einem bestimmten Projektordner verwenden.
- Das Editorfenster kann nunmehr auf 640 x 824 Pixel vergrößert werden.
- Er unterstützt sowohl die WWW-Browser-Vorschau als auch die Darstellung im Textformat.
- Die Indexkarte wurde grundlegend verbessert und enthält nunmehr eine sauberere Schnittstelle und einige neue Funktionen für die Verwaltung der Dokumente (Sortierung und Benennung).

Nachteile:

- Keine schwerwiegenden Fehler in der Version 1.5 bekannt.

Bewertung:

HTML.edi 1.5 ist ein gut konstruiertes HTML Editersystem. Murray hat diese Version phantastisch erweitert. Sie sollten das Programm unbedingt abholen, um herauszufinden, ob es Ihnen gefällt.

Verfügbarkeit:

HTML.edit ist ein Freeware-Programm von Murray A. Altheim. Es wurde in HyperCard geschrieben, aber benötigt HyperCard nicht, um lauffähig zu sein. Sie können das Programm bei folgender Adresse abholen:

http://nctn.oact.hq.nasa.gov/tools/HTMLedit.html

HMTL Grinder 3.2.1

Typ:

HTML Grinder ist ein eigenständiger textorientierter Editor und ein Programm für die Bearbeitung von Web-Seiten, das keine Fehlerprüfung besitzt.

Was HTML Grinder zum Ruhm gereicht:

- HTML Grinder bearbeitet mehrere HTML-Textdateien in einem einzigen Batch.
- Er besitzt Funktionen, mit denen man bestimmte Textbrocken in verschiedenen Dateien gleichzeitig ersetzen kann.

Vorteile:

- Mit Zusatzprogrammen, sogenannten Wheels, erweiterbar.
- Erstellt eine Indexliste.

✔ Generiert erweiterbare Listen.

✔ Erstellt innerhalb von Dateien sequentielle Links.

Nachteile:

✔ Zur Erreichung der vollen Funktionalität müssen zusätzliche Programme beschafft werden.

Bewertung:

HTML Grinder ist zusammen mit dem Zusatzprogramm für die Funktionen *Find* und *Replace* und einigen Demo-Programmen kostenlos erhältlich. Andere Wheels müssen von der Firma Matterform zu unterschiedlichen Preisen erstanden werden. Das Produkt wurde von Michael Herrick von Matterform geschaffen und wird auch weiterhin verbessert. Wenn Sie Ihr Web von einem Bereich auf einen anderen verlegen müssen, sollten Sie die kostenlose Version einmal ausprobieren.

Verfügbarkeit:

 Die kostenlose Version erhalten Sie direkt von Matterform Media unter der folgenden Adresse:

http://www.matterform.com/mf/grinder/htmlgrinder.html

HotMetal 3.0

Typ:

HotMetal ist ein selbständiger, semi-WYSIWYG-HTML-Editor, der lediglich die Regeln für die HTML-Version 2.0 kennt.

HotMetal gereicht zum Ruhm:

✔ Verlangt von Ihnen, sich konform zum HTML-Standard 2.0 zu verhalten.

✔ Enthält eine vollständige Liste mit allen Markierungen für die HTML-Version 2.0.

✔ Die semi-WYSIWYG-Anzeige stellt einige Formatierungen zusammen mit den eigenen Markierungsversionen dar.

✔ Die kommerzielle Version enthält eine HTML-Tabelle, eine Rechtschreibprüfung und ein Wörterbuch.

Vorteile:

✔ Die Überprüfung der Fehler ist umfassend.

✔ Stellt eine gut strukturierte Umgebung für HTML zur Verfügung.

✔ Erstellt immer funktionierende HTML-2.0-Dokumente.

✔ Enthält eine vollständige Liste mit Zeicheneinheiten, die man leicht einfügen kann.

Nachteile:

✔ Benötigt 6 MByte Hauptspeicher.

✔ Benutzt lediglich die Markierungen, die mit der HTML-Version 2.0 übereinstimmen.

✔ Schafft es nicht, Dokumente zu öffnen, die nicht mit der HTML-Version 2.0 konform sind.

✔ Die semi-WYSIWYG-Anzeige verwirrt einige Anwender.

✔ Keine Online-Hilfe.

Bewertung:

HotMetal benutzt nicht die Erweiterungen von HTML, die den neueren Browsern bereits bekannt sind (Netscape, Microsoft Internet Explorer, und anderen). Er zwingt Sie dazu, seine rigide Struktur einzuhalten, und die minimalistische grafische Schnittstelle erinnert an die ersten Gehversuche von UNIX. HotMetal ist vielleicht nur das Werkzeug, das Sie benötigen, um extrem komplexe Webs mit Hunderten von Seiten aufzubauen, wird aber sicherlich den Anwender einschüchtern, der lediglich eine einfache Homepage erstellen möchte.

Verfügbarkeit:

Die Freeware-Version ist verfügbar unter:

`http://www.softquad.com`

Die kommerzielle Version kann direkt vom Hersteller bezogen werden.

HTML Pro

Typ:

HTML Pro ist ein eigenständiger, semi-WYSIWYG- und textorientierter Editor, der mit einer Fehlerprüfung ausgestattet ist.

Was HTML Pro zum Ruhm gereicht:

✔ Kombiniert die WYSIWYG-HTML-Anzeige mit einem separaten Blick auf den aktuellen HTML-Text.

Vorteile:

✔ Er ist klein und schnell.

✔ Die Markierungen können zum Einfügen leicht ausgewählt werden.

Nachteile:

✔ Zeigt keine eingebunden Bilder an.

✔ Öffnet nur ein Dokument zur gleichen Zeit.

✔ Die Dateien dürfen nicht größer als 32 KB sein.

Verfügbarkeit:

HTML Pro ist ein ausgezeichneter HTML-Editor. Er benötigt allerdings noch einige Arbeit, bis er das endgültige Stadium für die Freigabe erreicht hat. Dafür kostet dieser Editor in der Vollversion lediglich 5 US-Dollar.

HTML Web Weaver Version 3.0 (normalerweise HTML SuperText)

Typ:

Der HTML Web Weaver ist ein eigenständiger, textorientierter Editor ohne Fehlerprüfung.

Was dem HTML Web Weaver zum Ruhm gereicht:

✔ Bei diesem Programm werden die Farben und Schriftfonts recht interessant eingesetzt, um die Effekte der verschiedenen Codes sichtbar zu machen.

Vorteile:

✔ Einfach einzurichten.

✔ Stellt eine einfache Methode für die Ansicht der Dokumente zur Verfügung.

✔ Bietet eine umfassende Online-Hilfe an.

✔ Enthält eine große Bibliothek mit HTML-Funktionen und -Optionen.

Nachteile:

✔ Nichts Besonderes bekannt.

Bewertung:

Der HTML Web Weaver stellt Ihnen eine einfache, aber dennoch flexible Schnittstelle zur Verfügung. Er ist modular aufgebaut und erlaubt das einfache Hinzufügen von neuen Funktionen (speziell von HTML-Markierungen), was über eine einfache Plug-and-Play-Schnittstelle realisiert wird. Das Programm ist auf alle Fälle einen Versuch wert.

Verfügbarkeit:

Das Programm wurde als ursprünglich als Freeware von Robert C. Best erstellt. Die aktuelle Shareware-Version (25$ Registrierungsgebühr) kann von folgender Adresse abgerufen werden:

http://www.miracleinc.com/Products/W4/Introduction.htm

Simple HTML Editor (SHE) Version 2.9

Typ:

Der Simple HTML Editor ist ein auf HyperCard basierender, textorientierter Editor ohne Fehlerprüfungen.

Was dem Simple HTML Editor zum Ruhm gereicht:

- ✔ Besitzt eine einfache Benutzerschnittstelle.
- ✔ Formulare können auf intelligente Weise erstellt werden.
- ✔ Bietet die Möglichkeit, spezielle Zeichen über ein Point-und-Klick-Verfahren einzufügen.
- ✔ Benutzt eine AppleScript-Schnittstelle, die das Öffnen der Textdateien mit SHE über Drag and Drop ermöglicht (benötigt eine Erweiterung für AppleScript).
- ✔ Enthält eine grafische Beschreibung für die Palette-Optionen.

Vorteile:

- ✔ Bietet eine Vorschau und die Möglichkeit, die URLs zu öffnen (benötigt dafür den MacWeb Browser)
- ✔ Unterstützt Kopf- und Fußzeile.
- ✔ Enthält eine benutzerspezifische Palette für häufig benutzte Befehle.
- ✔ Bietet bei vielen Befehlen den Zugriff über eine Tastenkombination an.
- ✔ Stellt die Funktionen Suchen, Weitersuchen, Suchen/Ersetzen zur Verfügung.
- ✔ Bietet beim Anlegen eines neuen Dokuments automatisch eine HTML-Druckformatvorlage an.
- ✔ Bietet ein ausführliches Balloon-Hilfsprogramm an.

Nachteile:

- ✔ Dateien dürfen nicht größer als 30KB sein.
- ✔ Unterdrückt importierte Dateien, die größer als 30KB sind, ohne Vorwarnung.
- ✔ Benötigt HyperCard oder ein HyperCard-Wiedergabeprogramm.

Bewertung:

Der Autor aktualisiert SHE ständig und fügt auch neue Funktionen hinzu, wobei das Programm so einfach wie möglich belassen wird. Für einen HyperCard-Stack ist es ein guter HTML-Editor, aber kein vollständiges Autorenprogramm.

Verfügbarkeit:

Die Freeware-Version kann an folgenden Adressen abgeholt werden:

```
ftp://ftp.lib.ncsu.edu/pub/software/mac/simple-hmtl-editor.hqx
ftp://dewey.lib.ncsu.edu/pub/software/mac/simple-html-editor.hqx
http://www.lib.ncsu.edu/staff/morgan/simple/simple.html
```

Nach Editor-Erweiterungen und Druckformatvorlagen fischen

Wenn Sie BBEdit verwenden, so können Sie auf zwei Zusätze für die Erfassung von HTML-Dokumenten zurückgreifen. Es handelt sich dabei um die BBEdit HTML Extension von Carles Bellver und die BBEdit HTML Tools von Lindsay Davis. Beide werden nachfolgend zusammen besprochen, da sie sich in Funktion und Form recht ähnlich sind.

Wenn Sie einen dieser beiden Zusätze für BBEdit oder BBEditLite verwenden, haben Sie Zugang zu den meisten, wenn nicht gar allen HTML-Funktionen, die Sie mit großer Wahrscheinlichkeit für die Erstellung der meisten Web-Seiten benötigen. Wenn Sie eines dieser beiden Programme bereits im Einsatz haben, werden Sie mit diesen Ergänzungen sehr schnell zurechtkommen. Man benötigt wenig Zeit, um herauszufinden, ob man eines von beiden mag.

BBEditLite

BBEditLite ist die Shareware-Version von BBEdit und kann unter folgender Adresse abgeholt werden:

```
ftp://ftp.uwtc.washington.edu/pub/Mac/Text
```

BBEdit HTML Extension und BBEdit HTML Tools

Typ:

Die BBEdit HTML Extension und BBEdit HTML Tools sind beides Zusätze für BBEdit oder BBEditLite (siehe Abbildung 24.2).

BBEdit HTML Extension und BBEdit HTML Tools gereicht zum Ruhm:

✔ Die Benutzerschnittstelle ist vertraut.

✔ Bietet den Anwendern von BBEdit die Möglichkeit, HTML-Dokumente schnell zu produzieren.

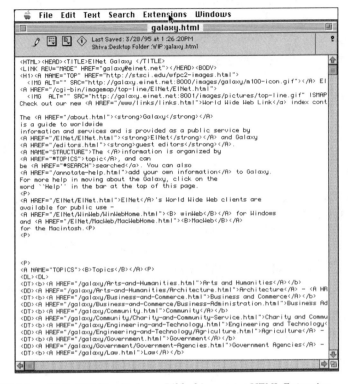

Abbildung 24.2: BBEdit mit einem Bildschirm unter HTML Extension

Vorteil:

✔ Stellt Menüs mit HTML-Markierungen und -Entitäten zur Verfügung.

Nachteil:

✔ Man benötigt BBEdit oder BBEditLite, damit sie funktionieren.

Bewertung:

Beide Pakete sind gut aufgemacht und funktionieren gut. Die Autoren sind ständig darum bemüht, ihre Produkte zu aktualisieren. Wenn Sie BBEdit bereits benutzen, so sollten Sie sich eines der beiden Programme abholen und einfach ausprobieren. Falls Sie nicht die Funktionen finden, die Sie benötigen, probieren Sie einfach das andere Paket aus. Die Erweiterungen von Davies enthält ein Balloon-Hilfesystem.

Verfügbarkeit:

Die BBEdit HTML Extension kann als Freeware unter folgender Adresse abgeholt werden:

http://www.uji.ed.bbedit-html-extension.html

Die BBEdit HTML Tools stehen unter folgender Adresse zur Abholung bereit:

http://ctipsych.york.ac.uk/WWW/BBEditTools.html

ANT_HTML

ANT_HTML ist eine Druckformatvorlage, die von Jill Swift für den Macintosh entwickelt wurde und ein Word-Dokument in ein HTML-Dokument in einer WYSIWYG-Umgebung konvertiert. Zudem gibt es die ANT_PLUS-Werkzeuge, die HTML-Dateien in WYSIWYG, ASCII, RTF oder andere Formate umwandeln, die von Word unterstützt werden. Weitere Informationen erhalten Sie unter der E-Mail-Adresse jswift@freenet.fsu.edu.

Sonstige phantastische Mac-Werkzeuge

Eine ganze Reihe von Werkzeugen, die Sie beim erstellen von Karten, Formularen, CGI-Anwendungen und mehr unterstützen, sind für den Mac verfügbar. Eine erschöpfende Liste finden Sie im folgenden Web-Bereich:

http://www.utc.washington.edu/Computing/WWW/Macintosh

Zunder für das Web

Nachfolgend finden Sie einen kurzen Überblick über die Web-Serverprogramme für den Mac und wo Sie weitere Informationen erhalten können. Ein weiteres Mal ist der Bereich von CERN ideal für einen Start:

http://info.cern.ch/HyperText/WWW/Daemon/Overview.html

Ein W3-Server ist ein Daemonprogramm, das permanent auf einem Rechner läuft, auf eingehende TCP-Verbindungen antwortet und dem Anrufer einen Dienst zur Verfügung stellt. Es gibt eine ganze Reihe von W3-Serverprogrammen, die verschiedene Arten von Daten unterstützen.

MacHTTP Web-Server

MacHTTP von Chuck Shotton von BIAP Systems ist ein schneller, voll funktionsfähiger HTTP-Server. Er läuft unter Macintosh OS, wobei kein UNIX benötigt wird. Erhältlich ist das Programm unter:

http://www.biap.com oder per E-Mail über
cshotton@oac.hsc.uth.tmc.edu

MacHTTP 3.0 wird von der Firma StarNine vermarktet und trägt dort den Namen WebSTAR und WebSTAR Pro (siehe WebSTAR).

WebSTAR

WebSTAR zusammen mit WebSTAR Pro und einem Multiserver-Paket mit Namen OmniSTAR sind vollkommen neue Produkte, die von der Firma StarNine angekündigt wurden. WebSTAR und WebSTAR Pro sind neue Versionen von WebHTTP 3.0. Die Pro-Version kann sichere Transaktion (mit SSL) ausführen und unterstützt für Online-Geschäfte First Virtual. Für weitere Informationen sollten Sie eine Verbindung mit folgender Adresse aufbauen:

http://www.starnine.com/webster/webster.html

NetWings

NetWings ist ein voll funktionsfähiger HTTP-Server für den Macintosh und baut auf dem Datenbanksystem 4D auf. Das Programm ist seit 1995 erhältlich, benutzt den HTTP Standard 1.0 und unterstützt CGI-Programme. Downloads werden von allen Laufwerken des lokalen Netzwerks ermöglicht. Probieren Sie es einfach mal aus. Ihre Version von NetWings erhalten Sie bei:

http://netwings.com/

http4Mac

http4Mac ist ein kostenloser HTTP-Server mit minimalen Funktionen, der von Bill Melotti geschrieben wurde. Der Server läuft als Hintergrundanwendung und wurde unter dem System 7.1 getestet. Das Paket kann unter folgender Adresse abgeholt werden:

http://www.sodium.ch.man.ac.uk/pages/httpd4Mac/home.html

Explodiert Ihnen nicht bald der Kopf vor lauter Information? Herzlichen Glückwunsch, Sie sind wahrlich ein echter Web-Fan. Schnappen Sie sich einen dieser Editoren, und pushen Sie damit Ihr eigenes SuperWeb, oder stürzen Sie sich auf einen Server und schauen, was dort so geboten ist.

Windows einweben

In diesem Kapitel

▶ Durch die Windows-HTML-Autorenprogramme streifen
▶ Eine explodierende Anzahl eigenständiger Editoren
▶ Zusätze für Textverarbeitungen
▶ Formatformatvorlagen durchwandern
▶ Durch die Dateikonverter waten
▶ Nach Windows-Web-Servern suchen

Für Windows stehen relativ viele HTML-Autorenprogramme zur Abholung auf einer ganzen Reihe von Web-Bereichen bereit. Die meisten dieser Werkzeuge sind Free- oder Shareware, aber trotzdem im allgemeinen recht hilfreich und unterstützen sowohl den fortgeschrittenen HTML-Autor als auch den Anfänger.

Diese Produkte werden nicht so gut unterstützt, wie das bei kommerziellen Anwendungen der Fall ist. Aber immerhin, sie kosten Sie nicht viel. Dankenswerterweise sind diese Werkzeuge normalerweise einfach zu erlernen, da sie vertraute Textverarbeitungen oder Editor-Modelle verwenden und sich so verhalten, wie wir es von anderen Werkzeugen gewohnt sind.

Das Feld der HTML-Werkzeuge beobachten

In den nachfolgenden Abschnitten werden Sie einiges über die verschiedenen Arten von Software-Werkzeugen erfahren, die Ihnen beim Aufbau Ihrer Web-Seiten behilflich sind. Diese Werkzeuge unterscheiden sich in ihren Zielen und Fähigkeiten, aber alle können Ihnen eine »automagische« Hilfe bei HTML anbieten.

Einige dieser Werkzeuge sind eigenständige Programme, die HTML sehr wohl verstehen und Sie davor bewahren können, Fehler bei der Syntax oder der Plazierung der Markierungen zu machen. Einige dieser Werkzeuge erweitern die Funktionalität von bestehenden Textverarbeitungen und geben ihnen die nötige Intelligenz, um sie beim Aufbau Ihrer HTML-Dokumente zu unterstützen. Zudem sind sie in der Lage, Dokumente zwischen dem normalen Format und HTML zu konvertieren. Manche stellen vordefinierte Layouts, sogenannte Druckformatvorlagen, zur Verfügung, die von Ihnen lediglich ausgefüllt werden müssen, damit Sie Ihr eigenes HTML-Dokument aufbauen können.

Ganz egal, welches Werkzeug Sie für eine nähere Untersuchung ausgesucht haben, Sie können grundsätzlich erwarten, daß diese Programme Ihre Arbeit wesentlich erleichtern und nicht zusätzlich erschweren. Zusätzlich können Sie davon ausgehen, daß ein Werkzeug, das für den Aufbau von HTML-Dokumenten geschrieben wurde, eine Online-Hilfe und eine Funktion für das Einfügen von komplexen Markierungen anbietet, die Sie ansonsten von Hand einfügen müßten. Während Sie diese Werkzeuge untersuchen, sollten Sie sich die Frage stellen, ob Ihnen damit das Schreiben von HTML erleichtert wird oder nicht. Sollte dies nicht der Fall sein, so lautet unser Rat: Machen Sie einfach weiter, und denken Sie nicht mehr daran.

Die aktuellsten Informationen über die Windows-HTML-Werkzeuge finden Sie bei Gabriel's HTML Editor List:

http://werple.mira.net.au/%7Egabriel/web/html/editors/indxold.html

Eigenständige HTML-Werkzeuge

Die eigenständigen, textorientierten HTML-Editoren wie HTMLed, HTML Assistant und HTML Writer sind diejenigen, die am schnellsten zu erlernen und am einfachsten zu bedienen sind. Sie geben lediglich Ihren Text ein und haben die Auswahl zwischen verschiedenen Schaltflächen oder Menüoptionen, über die Sie die notwendigen Markierungen auswählen und am richtigen Platz einfügen können.

Wenn Sie beispielsweise eine Textzeile wählen und dann auf die Schaltfläche »H1« drücken, so wird die Eröffnungsmarkierung <H1> am Anfang der Sektion und die Ende-Markierung </H1> am Ende eingesetzt. Einige dieser Werkzeuge verfügen sogar über einige Möglichkeiten, um Sie beim Aufbau Ihrer Links – den sogenannten Hyperlinks – zu unterstützen, wodurch Ihnen wiederum mehr Zeit zum Golfen bleibt.

Zusätze für Textverarbeitungen

Editor-Zusätze für Textverarbeitungen, wenn man sie denn so nennen mag, wurden kürzlich für Word für Windows und WordPerfect vorgestellt. Diese Programme laufen derzeit zusammen mit der Textverarbeitung und statten diese mit der Fähigkeit aus, Dokumente mit HTML-Markierungen zu öffnen, zu verändern und wieder abzuspeichern.

Einige dieser Werkzeuge können Textdokumente automatisch in das HMTL-Äquivalent mit den entsprechenden Markierungen konvertieren. Um diese Zusatzprogramme tatsächlich einsetzen zu können, benötigen Sie allerdings eine Kopie Ihrer Textverarbeitung.

HTML-Formatvorlagen

Formatformatvorlagen sind ähnlich wie zusätzliche Editoren, besitzen allerdings sehr viel weniger Funktionen. Sie bieten lediglich eine Vorlage und einige Makros an, die von einem Programm wie Microsoft Word verwendet werden kann. Genau wie bei den zusätzlichen Editoren benötigen Sie für die Arbeit mit den Druckformatvorlagen eine Kopie Ihrer Textverarbeitung.

Nach eigenständigen HTML-Editoren für Windows Ausschau halten

Eigenständige Editoren bieten eine umfassende Hilfe beim Editieren und Einfügen der Markierungen. Einige besitzen sogar einen eigenen WYSIWYG-pseudo-Browser, der Ihnen anzeigt, wie Ihre Web-Bildschirme aussehen können.

Als wir dieses Kapitel schrieben, schossen beinahe täglich neue HTML-Editoren aus dem Boden. Es sieht tatsächlich so aus, als ob jeder eine bessere Variante der auf Windows basierenden HTML-Autorenprogramme herausgeben möchte. Einige Programme sehen sehr gut aus und enthalten nur wenige Fehler, aber wir haben uns trotzdem entschieden, auch die mäßigen und fehlerbehafteten (war doch nur Spaß!) mit aufzunehmen – wir haben natürlich nur die besten ausgesucht, die wir im Laufe unserer Nachforschungen finden konnten.

HTMLed Version 1.2

Typ:

HTMLed ist ein eigenständiger, textorientierter Editor (siehe Abbildung 25.1).

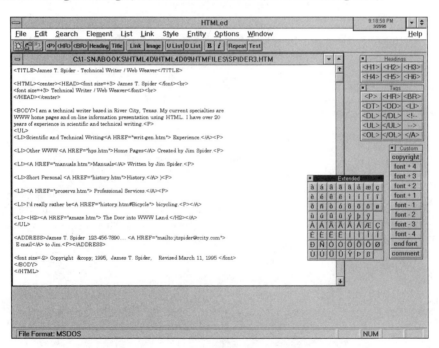

Abbildung 25.1: Ein Bildschirm von HTMLed

HTMLed gereicht zum Ruhm:

✔ Benutzt veränderbare Werkzeugleisten für das Einfügen der Markierungen, die erweiterten Zeichen und für Ihre angepaßten Markierungen.

✔ Die intelligenten Funktionen für das Einfügen der Markierungen oder der Umrandungen enthalten einen spezifischen Textstring.

✔ Speichert die Dokumente als DOS-, HTML-, UNIX-HTML- oder reinen Text ohne die HTML-Markierungen.

Vorteile:

✔ HTMLed ist klein, läuft sehr schnell und enthält schöne Werkzeugleisten und Schaltflächen.

✔ Stellt für den ausgewählten Text automatisch eine Liste mit möglichen Markierungen zur Verfügung.

✔ Unterstützt Sie sehr gut beim Aufbau der Links.

✔ Kann Dateien als wiederverwendbare Druckformatvorlagen abspeichern.

✔ Öffnet mehrere Dateien in überlappenden Fenstern, wobei die Inhalte mit »Cut and Paste« ausgetauscht werden können.

✔ Startet Ihren Browser, um die HTML-Dokumente auszutesten.

Nachteile:

✔ Keine Online-Hilfe

✔ Kein Handbuch und keine Readme-Datei

✔ Keine Unterstützung beim Aufbau von Formularen

✔ Maximale Dateigröße ist 30KB

Bewertung:

HTMLed ist ein fähiger, textorientierter HTML-Editor. Wenn er für den Aufbau von kleinen Web-Seiten mit einer Dateigröße unter 30KB und ohne Formulare verwendet werden soll, sind Sie mit diesem Programm gut bedient. Vergleichen Sie ihn mit HTML Assistant und HTML Writer.

Verfügbarkeit:

Das Programm ist als Shareware unter der folgenden Adresse erhältlich:

`ftp://pringle.mta.ca/pub/HTMLed`

HTML Assistant Version 1.4

Typ:

HTML Assistant ist ein selbständiger, textorientierter Editor ohne Fehlerprüfungen (siehe Abbildung 25.2).

Abbildung 25.2: Ein Bildschirm des HTML Assistant

HTML Assistant gereicht zum Ruhm:

✔ Konvertiert die Menüpunkte aus MOSAIC.INI in eine HTML-Datei (Sprungseite).

✔ Verwendet eine ausgezeichnete Werkzeugleiste mit einem konfigurierbaren Pulldown-Menü für zusätzliche Markierungen.

✔ Enthält Funktionen für die Ersetzung von harten Zeilenumbrüchen durch Abschnitts-Markierungen.

Vorteile:

✔ Die allgemeinen Optionen wie das Laden der Dateien und das Blättern in den Seiten sind sehr schnell.

✔ Die Funktionen für die Links, Anker und den Aufbau der Bilder über die Dialogfelder, enthält Optionen für die alternative Gestaltung der Text- und Bildumrahmungen.

- ✔ Stellt eine Liste mit Markierungen zur Verfügung.
- ✔ Ein sehr gutes Online-Hilfesystem, das eine Einführung für HTML enthält.

Nachteile:

- ✔ Es ist nicht möglich, kombinierte Markierungen in das Benutzermenü einzufügen.
- ✔ Importiert keine Datei, die größer als 32 KByte ist.
- ✔ Unterstützt keine Formulare.
- ✔ Die Werkzeugleiste ist text- und nicht GUI-basierend.
- ✔ Meistens wird die kommerzielle Version eingekauft, weil darin die UNIX-Dateiformate unterstützt werden.

Bewertung:

HTML-Assistant ist ein weiterer tauglicher, textorientierter HTML-Editor. Wenn er für den Aufbau von kleinen Web-Seiten mit einer Dateigröße unter 30K und ohne Formulare verwendet werden soll, sind Sie mit diesem Programm gut bedient. Im Vergleich zu HTMLed und HTML Writer fehlen ihm einige Funktionen, es sei denn Sie kaufen die Pro-Version.

Verfügbarkeit:

Das Programm ist als Shareware unter folgender Adresse erhältlich:

ftp://ftp.cs.dal.ca/htmllasst/

HTML Assistant Pro 1.5

Typ:

Die Pro-Version enthält die gleichen Funktionen wie die Freeware-Version zuzüglich der nachfolgenden:

- ✔ Eine Funktion, um Markierungen aus einem Text herauszunehmen und die Datei als reine Textdatei unter DOS oder UNIX abzuspeichern.
- ✔ Eine Funktion, um alle URLs und den zugehörigen Text zu extrahieren, um damit eine URL-Liste für andere Web-Seiten aufzubauen.
- ✔ Speichert Dateien im UNIX-Format.

Bewertung:

Ein guter und voll funktionsfähiger, textorientierter HTML-Editor. Einmalig sind die Funktionen für die Extrahierung der URLs, unterscheidet sich ansonsten allerdings kaum von HTMLed und HTML Writer.

Verfügbarkeit:

HTML Assistant Pro kostet ca. DM 150 und ist im Fachhandel erhältlich.

HTML Writer Version 0.9 beta 4a

Typ:

HTML Writer ist ein eigenständiger, textorientierter Editor ohne Fehlerprüfungen (siehe Abbildung 25.3).

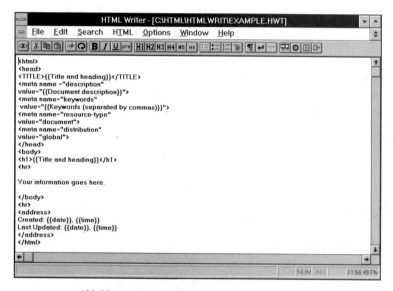

Abbildung 25.3: Ein Bildschirm von HTML Writer

HMTL Writer gereicht zum Ruhm:

✔ Die symbolüberladene Werkzeugleiste verwendet die Beschreibungsfunktionen von Windows. Wenn Sie Ihren Mauszeiger auf eines der Symbole setzen, erhalten Sie einen Text angezeigt, der die Funktion kurz erklärt (eine gute Erinnerung daran, wofür die ganzen Schaltflächen gedacht sind).

✔ Die Anzeigemöglichkeiten der Statuszeile am Fuß des Bildschirms; sie zeigt ein Beispiel für die Funktion oder die Markierung an, wenn sich der Cursor auf einer bestimmten Schaltfläche befindet.

✔ Der Aufbau von Formularen wird elegant unterstützt.

✔ Im- und exportiert Dateien, die größer als 32 KByte sind.

Vorteile:

- ✔ Sehr gut aufgebaut und einfach zu bedienen.
- ✔ Der URL-Builder geleitet Sie einfach durch den Aufbau einer URL zu Bildern oder Hyperlinks.
- ✔ Testet Ihre HTTP-Dokumente via Netscape, Cello oder Mosaic.
- ✔ Hat eine gute Online-Hilfe.

Nachteil:

- ✔ Eine eingeschränkte Werkzeugleiste, die keine Option für die Aufnahme neuer Markierungen enthält.

Bewertung:

Dieser gut entworfene, textorientierter Editor mag eine gute Wahl für den Anfänger sein, der nicht weiß, welche Markierung wo verwendet wird. Man sollte das Programm unbedingt ausprobieren, um festzustellen, ob es besser als HTMLed oder HTML Writer ist.

Verfügbarkeit:

Das Programm ist als Shareware unter der folgenden Adresse erhältlich:

http://lal.cs.bye/people/nosack

HotMetal 4.0

Typ:

HotMetal ist ein selbständiger, semi-WYSIWYG-HTML-Editor, dessen HTML-Prüfmechanismus um eigene Befehle erweitert werden kann. (siehe Abbildung 25.4).

HotMetal gereicht zum Ruhm:

- ✔ Verlangt von Ihnen, sich konform zum HTML-Standard 3.2 zu verhalten.
- ✔ Enthält eine vollständige Liste mit allen Markierungen für die HTML-Version 3.2.
- ✔ Die semi-WYSIWYG-Anzeige stellt einige Formatierungen zusammen mit den eigenen Markierungs-Versionen dar.
- ✔ Die kommerzielle Version enthält eine HTML-Tabelle, eine Rechtschreibprüfung und ein Wörterbuch.

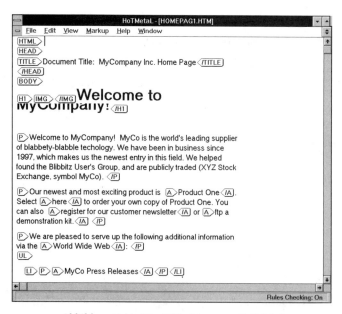

Abbildung 25.4: Ein Bildschirm von HotMetal

Vorteile:

✔ Die Überprüfung der Fehler ist umfassend.

✔ Stellt eine gut strukturierte Umgebung für HTML zur Verfügung.

✔ Erstellt immer funktionierende HTML 3.2 Dokumente.

✔ Enthält eine vollständige Liste mit Zeicheneinheiten, die man leicht einfügen kann.

Nachteile:

✔ Benötigt mindestens 6 MB Hauptspeicher.

✔ Benutzt lediglich die Markierungen, die mit der HTML-Version 3.2 übereinstimmen.

✔ Die semi-WYSIWYG-Anzeige verwirrt einige Anwender.

✔ Keine Online-Hilfe.

Bewertung:

HotMetal benutzt nicht die Erweiterungen von HTML, die den neueren Browsern bereits bekannt sind (Netscape, Mosaic und anderen). Er zwingt Sie dazu, seine rigide Struktur einzuhalten. Es ist vielleicht nur das Werkzeug, das Sie benötigen, um extrem komplexe Webs mit Hunderten von Seiten aufzubauen, wird aber sicherlich den Anwender einschüchtern, der lediglich eine einfache Home-Page erstellen möchte.

Verfügbarkeit:

 Die Freeware-Version ist verfügbar unter:

```
http://www.softquad.com
ftp.NCSA.uiuc.edu/Web/html/hotmetal/Windows
```

Die kommerzielle Version kann direkt vom Hersteller bezogen werden.

Der Web Wizard: The Duke of URL

Typ:

Web Wizard ist eine eigenständige Anwendung für den Aufbau von Home-Pages unter Windows, wobei sowohl die 16- als auch die 32-Bit-Version unterstützt wird. Die Version 1.0 wurde im März 1995 freigegeben.

Web Wizard gereicht zum Ruhm:

- ✔ Die schnelle und einfache Erstellung von simplen Web-Seiten.
- ✔ Erstellt eine Home-Page, ohne daß Sie wissen müssen, wofür HTML steht.

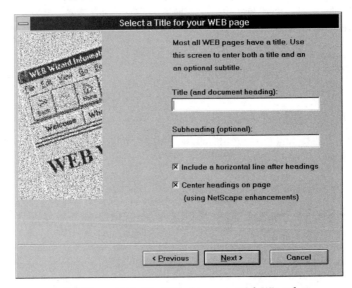

Abbildung 25.5: Ein Bildschirm von Web Wizard

Vorteile:

- ✔ Die Dialogfenster führen Sie Schritt für Schritt durch den Aufbau der Seite.
- ✔ Keine Markierungen, kein Ärger, kein Streß.
- ✔ Bindet eine einzige Grafik und zwei Links in die Seite ein.

Nachteile:

✔ Baut nur eine einzige, sehr einfache Seite auf.

✔ Bei der Formatierung können Sie nur entscheiden, ob Sie zwei Lineale einbinden möchten oder nicht.

Bewertung:

Das Programm ist derzeit mehr ein Spielzeug als ein Werkzeug. Kümmern Sie sich nicht darum, bis es entscheidend verbessert und alle Fehler herausgenommen wurden.

Verfügbarkeit:

Die Anwendung steht unter folgender Adresse zur kostenlosen Abholung bereit:
http://www.halycon.com/artamedia/webwizard/

HTML-Editoren für MS Word für Windows

Wir haben einen Unterschied zwischen dem Internet Assistent von Microsoft und den Druckformatvorlagen/Makro-Paketen für Word für Windows gemacht. Vielleicht ist diese Unterscheidung nur künstlich, hilft Ihnen aber eventuell dabei, die Dinge auseinanderzuhalten.

Der Internet Assistant besteht aus einer Reihe von Bibliotheksdateien (.dll) und einigen Druckformatvorlagen (.dot), die in die Menüs und Bildschirme von WinWord integriert werden. Einige der Druckformatvorlagen/Makro-Pakete arbeiten zwar ähnlich, sind aber normalerweise nicht so gut in Word eingebunden. Vielleicht wird sich dies in Zukunft ändern, da die Beta-Version von Word IA einigen Aufwand benötigt, bevor sie zum ersten Mal benutzt werden kann.

Microsoft Word Internet Assistant

Typ:

Der Word Internet Assistant besteht aus einer Reihe von DLLs und Druckformatvorlagen für Microsoft Word für Windows ab der Version 6.0. Mit ihm können die Word-Benutzer HTML-Dokumente direkt in einer WYSIWYG-Umgebung ohne Fehlerprüfungen erstellen. Mit diesem Programm können Sie, falls Sie keinen Browser besitzen, auch durch das Web reisen (siehe Abbildung 25.6).

Dem Internet Assistant gereicht zum Ruhm:

✔ Die bekannten WinWord-Menüs und -Werkzeugleisten enthalten neue Optionen für die Arbeit mit den HTML-Markierungen.

✔ Speichert die Dokumente entweder als HTML- oder WinWord- Dokument.

Abbildung 25.6: Der Word für Windows Internet Assistant

Vorteil:

✔ Speichert jedes Word Dokument, unabhängig von seiner Größe, zusammen mit allen HTML-Markierungen.

Nachteile:

✔ Es gibt keine Möglichkeit, sich ein Dokument anzusehen und gleichzeitig die Markierungen zu ändern.

✔ Keine guten Funktionen, um die Markierungen einzufügen.

✔ Ist beim Laden und der Verarbeitung recht langsam.

✔ Die WYSIWYG-Ansicht zeigt Tabulatoren, die nicht in HTML-Markierungen umgesetzt wurden, da diese in HTML 2.0 nicht abgedeckt sind.

✔ Die Browser-Ansicht erkennt lediglich Markierungen, die der HTML-Version 2.0 entsprechen, und zeigt öfters die Meldung »Unbekannte HTML-Markierung«.

✔ Die Beta-Version hat derzeit noch einige Inkonsistenzen (Fehler).

Bewertung:

Wenn Sie ein Anwender von Word für Windows in der Version 6.0 (oder einer aktuelleren Version) sind, so sollten Sie Word IA übertragen, installieren und Ihren Spaß bei der Umwandlung Ihrer Texte in HTML-Dateien haben.

Aber spätestens nachdem Sie die HTML-Datei abgespeichert haben, sollten Sie das Programm umgehend verlassen. Wenn Sie hinterher einen normalen Texteditor öffnen, können Sie alle notwendigen HTML-Markierungen von Hand eintragen. Damit schlagen Sie die Formatierungsmethode von Word IA um Längen, wobei völlig unklar geblieben ist, wie diese eigentlich aussieht (ehrlich, wir versuchten, es herauszubekommen, aber wir konnten uns keinen Reim darauf machen).

Derzeit ist Word IA für den Aufbau von komplexen HTML-Dokument vollkommen ungeeignet. Ohne Zweifel wird Microsoft in der endgültigen Version alle Fehler behoben haben – aber wer weiß schon, wann das sein wird? Wenn Sie die Hoffnung nicht aufgeben möchten, so können Sie sich über den Stand der Dinge unter der folgenden Web-Referenz informieren:

Verfügbarkeit:

Die Anwendung ist für die Benutzer von Word für Windows 6.0a und aktueller kostenlos, da sie nur auf dieser Plattform läuft. Derzeit gibt es die nicht unterstützte Beta-Version von Microsoft unter der folgenden Adresse:

http://microsoft.com/pages/desapps/word/ia/default.htm

Druckformatvorlagen und Makros

Diese Produkte bestehen normalerweise aus einer Reihe von Bibliotheksdateien, Makros und Druckformatvorlagen, die in die Bildschirme und Menüs von WinWord integriert werden. Einige sind etwas sorgfältiger eingebunden als andere. Die meisten Anwendungen wurden von frustrierten Word-Benutzern erstellt, die nach einem einfacheren Weg für die Erstellung der HTML-Dokumente suchten. Manche Applikationen wie CU_HTML.DOT sind bereits seit längerem verfügbar und haben sich in der Praxis bewährt.

ANT_HTML ist eine Druckformatvorlage für Windows 6.0. Sie wurde von Jill Smith geschrieben, die damit den Aufbau von HTML-Dokumenten erleichtern wollte, sich aber strikt weigert zu sagen, für was das Kürzel ANT steht. Die Vorlage steht unter folgender Adresse zur Abholung bereit:

fpt://ftp.einet.net/einet/pc/ANT_HMTL.ZIP

gt_html.zip besteht aus einer Reihe von Makros für Word für Windows. Sie erleichtern den Aufbau von HTML-Dokumenten in der Textverarbeitung. Die Dateien können von Georgia Tech unter der folgenden Adresse abgeholt werden:

http://www.gatech.edu/word_hmtl/release.htm

CU_HTML.DOT ist vielleicht die beste Druckformatvorlage, die überhaupt für Word für Windows 6.0 und 2.0 zur Verfügung steht. Damit können eingebundene GIF-Dateien dargestellt, Hyperlinks und Markierungen eingefügt werden. Diese Vorlage können Sie von der chinesischen Universität von Hongkong abholen:

http://www.cuhk.hk/pub/www/windows/util/cu_hmtl.zip

Filter und Dateikonverter

Die automatische Konvertierung von bestehenden Textdateien in das HTML-Format wird von vielen eigenständigen und eingebunden Editoren unterstützt. Wenn Sie Word für Windows zusammen mit dem Internet Assistant einsetzen, speichern Sie die entsprechende Datei einfach über den Befehl Speichern unter ab, womit die Konvertierung bereits abgeschlossen ist. Die meisten der wichtigen Textformatierungen, mit Ausnahme der Tabulatoren, werden korrekt umgesetzt, da die HTML-Version 2.0 keine Markierung für die letztgenannten Zeichen kennt.

Der entsprechende Zusatz für verfügt über ähnliche Funktion. Die eigenständigen Editoren werden Texte importieren und als HTML-Datei abspeichern, wobei allerdings nur sehr kleine ASCII-Dateien unterstützt werden.

Derzeit gibt es viele Konverter für die verschiedensten Textformate. Sie sollten in der Lage sein, unter den nachfolgenden Adressen ein Programm zu finden, das Ihren Ansprüchen genügt:

```
http://info.cern.ch/HyperText/WWW/Tools/Filters.html
http://oneworld.wa.com/htmldev./devpage/dev-page.html
http://www.utirc.utoronto.ca/HTMLdocs/intro_tools.html
http://union.ncsa.uiuc.edu/HyperNews/get/www/html/
converters.html
http://www.ncsa.uiuc.edu/SDG/Software/Mosaic/Docs/faq-
software.html#editors
```

KISS: textorientierte Editoren

Ohne Frage werden wir in allernächster Zukunft WYSIWYG-Editoren benutzen. Doch bis dahin müssen Sie noch Ihren tapferen Browser starten, um Ihre Arbeit aus der Sicht des Anwenders sehen zu können. Insbesondere wenn Sie am Anfang Ihrer HTML-Karriere stehen, sollten Sie einen einfachen Texteditor verwenden, um direkt mit den HTML-Markierungen arbeiten zu können. HTML Assistant, HTMLed und HTML Writer tun genau das. Nehmen Sie sich ein wenig Zeit, und probieren Sie die Anwendungen einfach aus, die kostenlos zur Abholung bereitstehen.

Zunder für das Web

Ein kurzer Überblick über die Software für Web-Server und wo Sie weitere Informationen erhalten können. Ein WWW-Server ist ein Daemon-Programm, das permanent auf einen Internet-Rechner läuft, auf ankommende TCP-Verbindungen wartet und dem Anrufer einen bestimmten Dienst zur Verfügung stellt. Insgesamt gibt es eine ganze Reihe von W3-Programmen, die für die verschiedensten Daten eingesetzt werden können.

Die aktuellsten Information zu diesem Thema erhalten Sie auf dem Web-Bereich von CERN, wo Sie den entsprechenden Links folgen können:

```
http://info.cern.ch/HyperText/WWW/Daemon/Overview.html
```

Wenn Sie sich für den Aufbau eines eigenen Web-Servers entschieden haben, finden Sie nachfolgend einige Vorschläge für Server unter Windows:

- Windows httpd 1.4 – ein Windows-Server von Robert Denny.
- HTTPS für Windows/NT – httpd-Dienste für NT; für die Konfiguration benutzen Sie ein Control Panel.

Netsite – Ein kommerziell unterstützter Windows NT-Server von Netscape Communications. Informationen dazu finden Sie unter:

```
http://home.netscape.com/MCOM/products_docs/server.html
```

SerWeb – SerWeb ist ein WWW-Server für Windows 3.1.

Informationen zum WebWorks Server von Quadralay erhalten Sie unter dem URL:

```
FTP Server: ftp.quadralay.com
WWW Server: http://www.quadralay.com/products/WebWork/Server/index.html
```

Wenn Sie bis hierher alles gelesen haben, sind Sie mit Sicherheit ein Informationsfresser. Herzlichen Glückwunsch, Sie sind wahrlich ein echter Web-Fan. Schnappen Sie sich einen dieser Editoren, und pushen Sie damit Ihren eigenen SuperWeb, oder stürzen Sie sich auf einen Server und schauen, was dort so geboten wird.

Teil IX

Der Teil der Zehn

In diesem Teil...

An dieser Stelle finden Sie den »*Teil der zehn Listen*«, die aufgestellt wurden, um Ihre HTML-Erfahrungen zu erweitern. In den folgenden Kapiteln werden einige wichtige Ge- und Verbote für HTML erforscht. Wir werden Sie zudem an die wichtigsten Regeln für ein gutes Seitendesign und das Austesten Ihrer Arbeiten erinnern. Außerdem erhalten Sie einige Hinweise, die Ihnen die Entscheidung erleichtern soll, ob Sie einen eigenen Web-Server betreiben sollen oder nicht.

Wir betrachten diese letzten Kapitel als Möglichkeit, all die Dinge zu rekapitulieren, die Sie bereits gelernt haben, und um Sie daran zu erinnern, was wirklich wichtig ist. Bei dieser Gelegenheit möchten wir Sie bitten zu überprüfen, ob Sie Ihre Zunge auch richtig positioniert haben – wenn Sie nicht über das lachen können, von dem wir meinen, daß es sich beinahe um einen familiären Bereich handelt, entlocken wir Ihnen vielleicht ein Schmunzeln durch die Gegenüberstellung von ungewöhnlichen und wundervollen Ideen!

Die wichtigsten zehn Ge- und Verbote bei HTML

26

In diesem Kapitel

▶ Denken Sie an Ihre Inhalte!
▶ Strukturierung Ihrer Dokumente
▶ Die Markierungen nicht aus den Augen verlieren
▶ Aus dem Unscheinbarsten das Beste machen
▶ Attraktive Seiten aufbauen
▶ Abhängigkeiten von Browsern vermeiden
▶ Ablenkungsmöglichkeiten ausmerzen
▶ Ihr wildes, wolliges Web steuern
▶ Der zweidimensionalen Textfalle entgehen
▶ Der Kampf gegen die Trägheit erfordert ständige Wachsamkeit

HTML ist an sich weder besonders komplex noch überwältigend schwierig. Etwas lockerer gesagt könnte man feststellen: »Das ist nicht gerade Weltraumforschung!« Nichtsdestotrotz ist es sicherlich gut, einige Richtlinien zu kennen, die Sie dabei unterstützen, das beste aus HTML zu machen, ohne sich dabei zu sehr von der Notwendigkeit zu entfernen, effektiv mit Ihren Benutzern zu kommunizieren.

Dieses Kapitel möchte einige der wichtigsten Punkte herausstreichen, die im Verlauf dieses Buches bei der Betrachtung der richtigen Benutzung von HTML erarbeitet wurden. Hoffentlich halten Sie sich an die verordneten Rezepte und vermeiden es, unnötige Verwünschungen auszustoßen. Aber genau – es sind ja schließlich Ihre Seiten, und Sie können mit ihnen machen, was Sie möchten. Letztendlich entscheidet der Benutzer über das Ergebnis (sagen Sie jetzt bloß nicht, wir haben es Ihnen so *erklärt*).

Denken Sie an Ihre Inhalte!

Von Darrel Royal, dem legendären Trainer der Footballmannschaft der Universität von Texas in den 60er und 70er Jahren wird kolportiert, daß er zu seinen Spielern gesagt haben soll: »Tanzt mit denen, die Euch hochgebracht haben.« Etwas feiner ausgedrückt bedeutet dies, daß Sie immer zu den Leuten halten sollten, die Sie die ganze Zeit unterstützt haben, und denen Sie die Loyalität zugestehen sollten, die sie Ihnen gezeigt haben.

Wir sind uns nicht ganz sicher, was das für den Football bedeutet, aber bei den Web-Seiten geht es unzweifelhaft darum, dem Inhalt die allergrößte Bedeutung zuzumessen. Wenn Sie keinen wirklich starken, soliden und informativen Inhalt haben, werden die Benutzer relativ schnell feststellen, daß Ihre Web-Seiten ohne Gehalt sind. Und dann sind sie natürlich fort und suchen irgendwo anders im Web nach den Inhalten, der Ihren Seiten vielleicht fehlt.

Die Kurzfassung dieses HTML-Prinzips lautet »Markierungen sind wichtig, aber was zwischen und um die Markierungen ist – also der Inhalt –, ist das, was wirklich zählt«. Machen Sie aus Ihrem Inhalt das allerbeste, was überhaupt machbar ist.

Ihre Dokumente strukturieren

Dem Benutzer eine klare Orientierung zu geben und sie sicher durch Ihre Inhalte zu leiten ist bei einer Home-Page genauso wichtig wie bei einer Online-Enzyklopädie. Aber je länger und komplexer die Dokumente werden, desto wichtiger werden die Orientierungspunkte.

Wir sind strenge Verfechter eines Seitendesigns, das Top-Down, also hierarchisch von oben nach unten, erfolgt. Sie sollten den Aufbau jedes HTML-Dokuments oder einer Sammlung von Dokumenten mit Papier und Bleistift beginnen (oder irgendeinem Modellierungswerkzeug, mit dem Sie gut zurechtkommen). Skizzieren Sie die Beziehungen, die innerhalb und zwischen Ihren Seiten bestehen. Fangen Sie mit der Erstellung des Inhalts oder der Plazierung der HTML-Markierungen keinesfalls an, solange nicht klar ist, was Sie aussagen möchten und wie Sie Ihr Material organisieren.

Gute Inhalte sind das Ergebnis einer guten Organisation. Sie wird Ihnen helfen, während des Entwurfs, den Tests, der Freigabe und der Aktualisierung der Seiten nicht vom rechten Pfad abzuweichen. Zudem wird es Ihren Benutzern helfen, den richtigen Weg durch Ihren Bereich zu finden. Müssen wir dazu noch mehr sagen?

Den Markierungen auf der Spur

Während des Dokumentaufbaus, vergißt man oftmals recht leicht, die Ende-Markierungen dort anzubringen, wo sie eigentlich benötigt werden (beispielsweise das </A>, das die Anker-Markierung <A> wieder schließt). Selbst wenn Sie Ihre Seiten testen, können einige Browser so nachsichtig sein, daß sie diesen Mangel ausgleichen, was möglicherweise mit den Browsern zu Problemen führt, die nicht so verständnisvoll sind (oder lax, wenn Sie möchten).

Zu diesem Thema gäbe es eine Menge zu sagen, und deshalb werden wir versuchen, uns auf das Wichtigste zu beschränken:

✔ Überprüfen Sie sich bei der Erstellung oder dem Erfassen von HTML-Dokumenten ständig selbst. Wenn Sie einen Anker, einen Textbereich oder sonst was öffnen, sollten Sie auf alle Fälle nochmals zurückgehen und die Ende-Markierung für jedes geöffnete Element suchen.

✔ Benutzen Sie zur Überprüfung Ihrer Arbeit in der Testphase einen Syntaxchecker. Das sind gnadenlose, automatische Werkzeuge, die alle fehlenden Markierungen für Sie finden werden und noch andere Möglichkeiten in petto haben, um Sie bei der Gelegenheit zum Wahnsinn zu treiben!

✔ Der nachfolgende URL ist ein Sprungbrett für HTML-Seiten, die solche Werkzeuge anbieten:

http://www.charm.net/web/Vlib/Providers/Validation.html

✔ Für den Test Ihrer Seiten sollten Sie versuchen, so viele Browser als möglich zu bekommen. Dies wird Sie nicht nur beim Problem der »fehlenden Markierungen« alarmieren; es werden auch die potentiellen Schwächen im Design aufgedeckt, und es wird Sie an den Stellenwert erinnern, den alternative Texte für diejenigen Benutzer haben, die keinen grafischen Browser besitzen.

✔ Folgen Sie immer den Regeln für die HTML-Syntax und das Layout. Nur weil viele Browser keine Markierungen für die Struktur wie <HTML>, <HEAD> oder <BODY> benötigen, ist es noch lange nicht in Ordnung, wenn man sie einfach wegläßt; es bedeutet nur, daß Sie sich um die Verletzung der Regel nicht scheren. Ihre Leser und wir möchten schließlich nicht, daß Sie inkorrekte HTML-Dokumente aufbauen!

Obwohl es sich bei HTML im eigentlichen Sinne nicht um eine Programmiersprache handelt, macht es trotzdem Sinn, sie als solche zu behandeln. Daher hilft Ihnen die Einhaltung der Formatierungs- und Syntaxregeln bei der Vermeidung von Problemen, und sorgfältige Tests und Überprüfungen Ihrer Arbeit sind die Sicherheit dafür, ein hohes Qualitätsniveau zu halten und mit den allgemeinen Standards kompatibel zu sein.

Aus dem Unscheinbaren das Beste machen

Daß mehr nicht immer besser ist, beweist sich insbesondere dann, wenn es um die Web-Seiten geht. Versuchen Sie, Ihre Seiten so zu entwerfen und so aufzubauen, daß sie möglichst wenig Ornamente enthalten, und geben Sie ihnen, soweit wie möglich, eine Struktur. Vermeiden Sie das Überladen mit zu vielen Grafiken, Überschriftenebenen und Links zu jeder möglichen Beschreibung. Denken Sie daran, daß Strukturen dazu da sind, die Inhalte hervorzuheben. Je mehr die Struktur dominiert, desto eher wird man vom Inhalt abgelenkt. Deshalb sollten

Sie Strukturierungen sparsam, überlegt und so vorsichtig wie möglich benutzen. Alles andere wird sonst zu einem echten Hindernis bei der Präsentation Ihrer Inhalte.

Attraktive Seiten aufbauen

Wenn Sie innerhalb eines konsistenten Rahmens arbeiten, lernen die Leser sehr schnell, wie ihre Seiten steuern und wie sie anzusehen sind. Machen Sie ihnen die Steuerung so einfach wie möglich, und fügen Sie nur solche Dinge ein, die den Benutzern zum Vorteil gereichen. Sollten Sie irgendwelche Inspirationen benötigen, so surfen Sie durch das Web und halten nach Layouts und Grafiken Ausschau, die für Sie in Frage kommen. Falls Sie sich die Zeit nehmen zu analysieren, was Ihnen daran gefällt, so können Sie von den Entwurfsprinzipien anderer Leuten profitieren, ohne gleich Details aus deren Layouts oder Aussehen zu stehlen.

Wenn Sie mit dem Aufbau Ihrer Web-Dokumente beginnen, so sollten Sie als erstes ein Basislayout für Ihre Seiten entwerfen. Suchen Sie sich eine Reihe kleiner und interessanter Symbole zusammen, und machen Sie sich einen konsistenten Navigationsstil zu eigen. Benutzen Sie die Grafikelemente so sparsam als möglich, und sorgen Sie dafür, daß sie sehr klein gehalten werden (durch die Reduzierung der Größe, der Anzahl der Farben, Schatten etc.), wobei ihr augenschmeichlerisches Aussehen erhalten bleiben sollte. Es ist durchaus möglich, Ihre Seiten sowohl ansprechend als auch informativ zu gestalten, wenn Sie bereit sind, die Zeit und die Mühen zu investieren, die für den Aufbau notwendig sind.

Die Abhängigkeit von Browsern vermeiden

Beim Aufbau der Web-Seiten kann man schwerlich dem Versuch widerstehen, das Web aus dem Blickwinkel Ihres bevorzugten Browsers zu betrachten. Aus diesem Grund sollten Sie immer daran denken, daß die Benutzer das Web im allgemeinen und Ihre Seiten im besonderen aus vielen verschiedenen Perspektiven und durch viele verschiedene Browser sehen.

Wir machen Sie an dieser Stelle noch einmal auf die »Kampagne für ein nicht browserspezifisches WWW« aufmerksam, deren Seiten Sie sich hier ansehen können:

http://www.anybrowser.org/campaign/anybrowser_de.html

In der Entwurfs- und Aufbauphase eines Dokuments ist es durchaus üblich, zwischen dem HTML-Text und der Ansicht durch den Browser hin und her zu wechseln. Bereits zu diesem Zeitpunkt empfehlen wir Ihnen, zwischen einer ganzen Gruppe von Browsern hin und her zu schalten, zu der zumindest ein zeichenorientierter Browser gehören sollte. Dies wird Ihnen helfen, den Blickpunkt auf Ihre Seiten auszubalancieren, und gewöhnlich auch dabei, daß der Inhalt immer im Brennpunkt bleibt.

Während der Tests und der Aktualisierung ist es noch wichtiger, Ihre Seiten mit möglichst vielen Programmen durchzublättern. Arbeiten Sie von mehreren Plattformen aus, und probieren Sie dabei sowohl grafische als auch zeichenorientierte Browser aus. Dies kostet auf der einen Seite zwar Zeit, die sich aber andererseits dadurch bezahlt machen wird, daß die Seiten für jedermann gut lesbar sind und man ihnen leicht folgen kann.

Evolution, keine Revolution

Mit der Zeit werden sich die Web-Seiten verändern und wachsen. Betrachten Sie Ihre Arbeit stets mit einem ungetrübten Blick oder versuchen Sie, jemand aus den Reihen derjenigen zu rekrutieren, die Ihre Seiten bisher noch nicht gesehen haben. Damit vermeiden Sie einen Prozeß, den wir als »organische Akzeptanz« beschreiben.

Dies läßt sich am besten mit einer Analogie von Ihrem Gesicht und einem Spiegel erklären; Sie sehen Ihr Gesicht jeden Tag, erkennen es sofort und sind damit nicht so sensibel gegenüber Änderungen, die im Laufe der Zeit auftreten wie jemand anders. Und dann sehen Sie sich in einem Video, auf einer Fotografie oder durch die Augen eines Freundes. An diesem Punkt stechen die Veränderungen, die für den Rest der Welt offensichtlich sind, auch Ihnen ins Auge: »Meine Glatze wird immer größer« oder »Ich bin vollkommen grau geworden« oder »Meine Rettungsringe sind doch schon recht üppig«.

Genauso wie im richtigen Leben ist der Wechsel in Ihren Web-Seiten evolutionär und nicht revolutionär. Diese vollziehen sich gewöhnlich in kleinen, täglichen Schritten und nicht in großen, radikalen. Nichtsdestotrotz müssen Sie, wenn sich die Dinge in Ihren Seiten langsam verändern, alles tun, um die Lesbarkeit und die Infrastruktur Ihres Inhalts aufrechtzuerhalten. Mag sein, daß es nicht besonders stört, wenn einige Links zu jeder Sektion des Produktkatalogs fehlen, solange Sie lediglich mit drei Produkten arbeiten; jetzt, da Sie 25 haben, ist das eine ganz andere Geschichte. Im Laufe der Zeit muß die Struktur angepaßt werden, um den Inhalten zu folgen.

Aus diesem Grund sind die Rückmeldungen der Benutzer absolut wichtig. Wenn Sie keine Rückmeldungen über Formulare oder andere Kommunikationsmittel erhalten, so sollten Sie Ihre Benutzer aggressiv darum bitten. »Wenn Sie nicht fragen«, wie es das bekannte Sprichwort so schön sagt, »kann man Ihnen auch nicht erzählen, wie man es macht«!

Ihr wildes und wolliges Web steuern

Ein Schlüsselelement für den Aufbau von qualitativ hochwertigen Web-Seiten ist die Einbindung von Navigationshilfen. In Kapitel 11 stellten wir Ihnen ein Konzept für eine »Steuerungsleiste« vor, das dem Benutzer eine Möglichkeit an die Hand gibt, das Auf- und Abblättern in den Seiten ganz zu vermeiden oder zumindest zu minimieren. Durch den wohlüberlegten Einsatz von Links, die in den Text eingebunden sind, und der vorsichtigen Beobachtung dessen, wieviel Informationen auf einen Bildschirm passen, macht es die Verwendung von Textankern einfach, auf den vorhergehenden oder den nächsten Bildschirm, an den Dokumentenanfang, zum Index oder an das Ende eines Dokuments zu springen.

Wir glauben nicht daran, daß Navigationsleisten unbedingt notwendig sind oder daß die Namen der Kontrollelemente immer die gleichen sein sollten. Wir glauben allerdings fest daran, daß Sie mehr Besucher auf Ihre Web-Seiten locken werden, wenn Sie ihnen mehr Kontrolle beim Lesen Ihrer Dokumente geben. Je länger ein bestimmtes Dokument ist, um so wichtiger werden solche Kontrollelemente. Wir meinen, daß es am besten funktioniert, wenn sie in einem längeren Dokument so alle 20 Zeilen angezeigt werden.

Die zweidimensionale Textfalle umgehen

Durch Jahrhunderte mit gedruckten Materialien und der linearen Natur von Büchern konditioniert, verträgt unser Denken über HyperText durchaus immer wieder ein paar Auffrischungen. Wenn Sie Ihre Dokumente aufbauen, sollten Sie nicht vergessen, daß HyperMedia etwas Interessantes bieten oder einen starken Einfluß auf den Benutzer ausüben sollte, was natürlich auch für die Inhalte gilt. Innerhalb dieser Grenzen kann diese Art von Material die Erfahrungen jedes Benutzers Ihres Bereichs gewaltig erweitern.

Sie sollten das traditionelle und lineare Denken nach Möglichkeit vermeiden und sich nicht nur damit zufriedengeben, den Erfahrungshorziont Ihrer Benutzer zu erweitern, sondern Sie möchten sicherlich auch, daß Ihre Informationen für Ihr Publikum besser lesbar sind. Aus diesem Grund möchten wir Sie dazu ermutigen, die Indizes der Dokumente, die Querverweise, die Links zu verbundenen Dokumenten und andere Werkzeuge immer sorgfältig zu überprüfen, um den Benutzern die Navigation in Ihrem Bereich zu erleichtern. Denken Sie immer an die Wirkung der Links, sehen Sie sich die Unterlagen von anderen Leuten an und machen sich dadurch vielleicht frei von dem linearen Pfad, die uns das gewaltige Vermächtnis von Gutenberg aufgebürdet hat (die Druckerpresse)!

Um die Trägheit zu überwinden, bedarf es ständiger Wachsamkeit

Zu guter Letzt sollten Sie, wenn Sie sich mit den späteren Veröffentlichungen Ihrer Web-Unterlagen beschäftigen, immer daran denken, daß die Neigung besteht, die Arbeit zu sehen, die zukünftig auf einen zukommt. Die Aktualisierung ist in keinster Weise heroisch, inspirierend oder besonders kreativ, sondern repräsentiert lediglich einen Haufen Arbeit, der notwendig ist, um ein lebendes Dokument als solches zu erhalten.

Machen Sie die Aktualisierung zu einem positiven Begriff, und arbeiten Sie ständig daran, Ihre Wahrnehmung zu verbessern. Wenn Sie mit etwas Wertvollem beginnen und ständig Werte hinzufügen, wird Ihr Material auch nach längerer Zeit noch ansprechend sein. Wenn Sie hingegen mit etwas Wertvollem beginnen und es dann sich selbst überlassen, werden Ihre Unterlagen langsam verschimmeln und wertlos werden. Mit den ständigen Änderungen Schritt zu halten ist ein Merkmal des WWW; wenn Sie diesen Trend bei Ihren Unterlagen ignorieren, wird Ihnen bald das gleiche Schicksal zuteil.

Zehn Vorschläge zum Design

In diesem Kapitel

- Ein Seitenlayout aufbauen
- Ein grafisches Vokabular kreieren
- Leerräume einsetzen
- Wirkungsvoll formatieren
- Die Inhalte erweitern
- Grafiken effektiv einsetzen
- Die Navigation unterstützen
- Gute Optionen gestalten
- Zur richtigen Zeit aufteilen

Wenn Sie gerade im Begriff sind, einen Web-Bereich aufzubauen, sollten Sie immer im Auge behalten, was Sie dem Leser eigentlich mitteilen möchten. Der Inhalt sollte immer den absoluten Vorrang haben. Dessen ungeachtet möchten wir Ihnen einige Designvorschläge mit auf dem Weg geben, wenn Sie den Rahmen und die einzelnen Aggregate für Ihre Seiten zusammenbauen.

Ein Seitenlayout erstellen

Als erstes haben Sie zu entscheiden, wie das allgemeine Layout (Druckformatvorlage) für Ihre Web-Seite auszusehen hat. Damit müssen Sie entscheiden, ob Sie Text-Links oder grafische Steuerungselemente verwenden, und es bedeutet gleichfalls, daß Sie die Schriftarten für den Kopf und die Fußzeilen festlegen müssen.

Der Kopfteil eines Dokuments enthält vielleicht einige Menüleisten für die Navigation oder andere Informationen, die Sie Ihren Benutzern einheitlich präsentieren möchten. Die Fußzeile sollte neben der Kontaktinformation den URL des Dokumentes enthalten, die möglicherweise mit einer horizontalen Linie voneinander getrennt sind. Einige Organisationen sind soweit gegangen, daß sie auf jeder Seite eine feste Begrenzung festgelegt haben, wobei der Platz oberhalb des Rahmens für den Kopfteil und der Bereich unterhalb des Rahmens für den Fußteil genutzt wird. Ungeachtet dessen, welches Layout Sie auswählen, sollten Sie es so attraktiv wie möglich gestalten (ohne es gleich zu übertreiben) und es immer gleichbleibend verwenden. Dies trägt auch dazu bei, daß sich die Benutzer auf Ihren Seiten gleich wohlfühlen und dabei unterstützt werden, ihren Weg durch Ihren Bereich zu finden.

Ein grafisches Vokabular aufbauen

Wenn Sie sich dafür entscheiden, Grafiken als Navigationswerkzeuge einzusetzen, so sollten Sie die Symbole oder Schaltflächen so klein und einfach wie möglich gestalten. Damit wird die Übertragungszeit reduziert, und die Elemente können von den Browsern sehr viel schneller angezeigt werden.

Der Aufbau eines kleinen und konsistenten Satzes von grafischen Symbolen (was wir Vokabular genannt haben) verbessert auch die Effizienz des Browsers: Die meisten Browser speichern die Grafiken in ihrem Cache-Speicher ab, so daß sie nach der ersten Anzeige nicht erneut übertragen werden müssen. Es geht sehr viel schneller, eine bestehende Grafik erneut zu verwenden, als zu einer neuen zu verbinden. Das ist auch der Grund, warum wir uns für ein eingeschränktes grafisches Vokabular aussprechen.

Denken Sie daran, für diese Elemente die Textdefinition <ALT> zur Verfügung zu stellen, wenn auf sie Bezug genommen wird. Das wird die Benutzer mit zeichenorientierten Browsern davor bewahren, daß sie ins Schleudern geraten. Diese grafischen Elemente sollten einfach genug sein, daß sie mit einem Wort oder einem kurzen Satz ersetzt werden können und immer noch die gleiche Bedeutung und denselben Inhalt haben.

Leerräume einsetzen

Obwohl der Inhalt bei den Web-Seiten das Wichtigste ist, ist es dennoch möglich, daß man einfach zu viele gute Dinge hat. Versuchen Sie keinesfalls, die Länge der Seiten dadurch einzugrenzen, indem Sie die Kopfteile und die Leerzeilen zwischen den Abschnitten herausnehmen.

Ein Leerraum ist der Ausdruck, der von dem Seitendesigner für die Beschreibung des Raumes benutzt wird, der innerhalb einer Seite frei bleibt und nicht von Grafiken und Texten belegt ist. Eine gewisse Anzahl von Leerräumen ist für das menschliche Auge einfach wichtig. Auf einen Nenner gebracht kann man sagen, daß, je komplexer und überladener die Bilder oder der Inhalt sind, desto positiver macht sich der Effekt von Leerräumen auf einer Seite bemerkbar.

Stellen Sie sicher, daß Ihr Inhalt und Ihre Bilder den nötigen Raum zum Atmen haben, indem Sie mindestens 20% jedes Bildschirms ungenutzt lassen. Die Leerräume in Ihren Dokumenten können Sie entweder dadurch erzeugen, daß Sie zusätzliche Markierungen für Abschnitte verwenden, oder durch den regelmäßigen Einsatz von Kopfzeilen die Bereiche mit Texten und Grafiken voneinander trennen. Ungeachtet dessen, welche Methode Sie verwenden, sollten Sie dem Leser genügend Raum geben, um Ihrer Führung durch die Seiten folgen können.

Ausdrucksvoll formatieren

HTML beinhaltet eine ganze Reihe deskriptiver (<EM>, <STRONG>, <CITE> etc.) und physikalischer Markierungen (<I>, <B>, <TT>). HTML benutzt zudem größere Zeichensätze und Schriftarten, um die Kopfteile vom normalen Text abzusetzen. Beim Einsatz dieser Werkzeuge sollten Sie daran denken, daß Betonung und Ausdruck zwei relative Ausdrücke sind: Je weniger Sie solche Markierungen einsetzen, desto besser ist deren Wirkung. Der zu häufige Einsatz verschiedener Schriftarten und Schriftgrößen, egal ob es beschreibend oder physikalisch ist, kann die Wirkung Ihres gesamten Dokuments verwässern. Stellen Sie sicher, daß Sie solche Kontrollelemente mit Bedacht einsetzen und nur dort verwenden, wo es die Wirkung verlangt.

Wenn Sie entscheiden müssen, ob Sie eine beschreibende oder eine physikalische Zeichenmarkierung einsetzen sollen, sollten Sie sich darüber im klaren sein, daß einige Browser einen größeren Spielraum bei der Darstellung der deskriptiven Markierungen gewähren. Physikalische Markierungen werden normalerweise mit bestimmten Schriftarten kombiniert (z.B. ist die Schriftart »Courier« typisch für die Markierung <TT>). Deskriptive Markierungen können zwar mit den gleichen Charakteristiken verbunden werden, werden aber auch im Zusammenhang mit anderen Schriftarten oder Textfarben, insbesondere bei grafischen Browsern, verwendet. In diesem Fall ist es wichtig, darauf zu achten, ob die Darstellung oder die Betonung wichtig ist: Wenn es die Darstellung ist, sollten Sie eine physikalische Schriftart benutzen, im anderen Fall eine deskriptive.

Die Inhalte erweitern

Wenn ein Bild soviel wert ist wie 1000 Worte, sind dann 1000 Worte soviel wert wie ein Bild? Wenn Sie innerhalb Ihrer Web-Seiten Texte und Grafiken miteinander kombinieren, sollten Sie sicherstellen, daß die Beziehungen der beiden Elemente im Inhalt ausgewogen sind. Grafiken können insbesondere dann recht hilfreich sein, wenn komplexe Ideen in Diagrammform verpackt werden, physikalische Objekte oder andere Phänomene dargestellt und große Mengen von Inhalten auf kleinem Raum zusammengefaßt werden sollen. Sogar der umlaufende Text sollte sich auf die Grafiken beziehen, diese als Referenzpunkt benutzen und sich auf die Schlüsselelemente oder die Komponenten beziehen, die gerade besprochen wurden. Das macht die Beschriftungen, Überschriften und andere Methoden für die Identifizierung bestimmter Elemente in einer Grafik genauso wichtig wie die Grafik selbst. Eine überlegte und bedachte Integration von Texten und Grafiken wertet den Inhalt einer Seite auf.

Das gleiche gilt natürlich für andere HyperMedia-Elemente innerhalb der Web-Seiten. Ungeachtet der Möglichkeit für die Einbindung von Tönen, Musik, Animation oder Video müssen die Inhalte dieser anderen Medien zusammen mit dem Text integriert werden, um so die größte Wirkung zu erzielen.

Statt ein Leitmotiv nur mit Worten zu erklären, wird es möglich sein, das gleiche zusammen mit einem Ausschnitt aus einer Symphonie oder einem Streichquartett zu besprechen. Gleichermaßen kann die Diskussion bestimmter Filmtechniken, wie beispielsweise die Bildauflösung, durch Beispiele verstärkt werden, die aus der Arbeit eines klassischen Regisseurs stammen. Ganz egal, welche Materialien in oder durch Ihre Web-Seiten angezeigt werden: Sie müssen solide integriert werden und einen gemeinsamen rhetorischen Schwerpunkt haben. Dies gilt für HyperMedia genauso wie für Texte, aber die Möglichkeiten, die Inhalte auf diesem Wege zu erweitern, sollten niemals übersehen werden.

HyperMedia effektiv einsetzen

Die enge Integration von HyperMedia mit den anderen Inhalten einer Seite ist die wichtigste Zutat für eine effektive Nutzung. Dennoch ist es notwendig, die potentiellen Engpässe einiger Benutzerschnittstellen zu kennen.

Zur effektiven Nutzung von HyperMedia gehört deshalb auch, daß Sie von Ihren Benutzern eine »informelle Zustimmung« erhalten, bevor Sie sie solchen Materialien aussetzen. Im Falle der Grafiken bedeutet dies, daß Infotexte für größere Bilder vorbereitet werden müssen, die mit Informationen über die Größe versehen und als anklickbare Karten benutzt werden, damit der Benutzer die Übertragung des Bildes in Originalgröße anstoßen kann. Das wiederum bedeutet, daß der Benutzer, der sich für das Bild »Das letzte Abendmahl« entscheidet, sicherlich nicht bestürzt sein wird, wenn er bereits weiß, daß es sich um eine Datei von 1,2 MByte handelt und daß die Übertragung einige Zeit in Anspruch nehmen wird. Wenn man andererseits solch ein Bild einfach in eine Web-Seite einbindet, sind die Leute vielleicht irritiert, wenn sie lediglich nach Informationen über dieses Bild Ausschau halten.

Dieses Prinzip ist genauso auf Audios, Videos und andere Arten von HyperMedia anwendbar. Denken Sie daran, die Zustimmung von Ihren Benutzern einzuholen, und Sie können damit sicherstellen, daß nur die Personen, die zum Warten bereit sind, der Verzögerung bei der Übertragung ausgeliefert sein werden.

Die Navigation unterstützen

Durch die Einbindung von Gliederungen, Inhaltsverzeichnissen, Indizes oder Suchprogrammen können Sie es für Ihre Benutzer wesentlich einfacher machen, ihren Weg durch Ihre Web-Seiten zu finden. Warum tun Sie es dann nicht?

Eine gute Meinung fördern

Wir denken, daß ein Web-Bereich so lange unvollständig ist, wie er kein interaktives HTML-Formular enthält, mit dem die Benutzer um ihre Rückmeldungen gefragt werden. Dies gibt Ihnen nicht nur die Chance, Ihre Arbeit aus der Perspektive eines anderen zu sehen, sondern kann auch eine wertvolle Quelle für Anregungen und Ideen sein, wie Sie Ihre Inhalte erweitern und verbessern können. Denken Sie einfach an den Spruch: »Wer nicht fragt, bekommt keine Antwort!«

Wissen, wann man teilen muß

Wenn die Seiten größer und größer werden oder wenn sich herausstellen sollte, daß der Inhalt komplexer ist, als ursprünglich geplant, werden Sie an einen Punkt kommen, an dem ein einziges, langes Dokument besser funktionieren könnte als eine Sammlung aus kleineren.

Wie können Sie entscheiden, wann es an der Zeit ist, die Dinge zu zerlegen? Indem Sie die Bequemlichkeit gegen die Ungeduld abwägen. Ein einziges langes Dokument braucht viel länger, um übertragen und gelesen zu werden als ein kleineres. Aber jedesmal, wenn ein einzelnes Dokument verlangt wird, muß es sofort übertragen werden. Da stellt sich die Frage: Einmal länger oder öfter mal kürzere Zeit warten?

Die Antwort liegt in den Inhalten. Wenn Ihr Dokument eines von denen ist, das schnell anspricht und sofort begeistert, ist die Lieferung der Informationen in kleinen Brocken sinnvoll. Die einzigen, die mit der Strafe der Verzögerung belangt werden, sind diejenigen, die sich dafür entscheiden, sich durch viele Seiten hindurchzuarbeiten, während die Zapper im Gegensatz dazu billig davonkommen. Wenn es sich bei Ihrem Dokument um etwas handelt, das zuerst übertragen und dann detailliert durchgelesen wird, kann es durchaus Sinn machen, große Informationsmengen in ein einzelnes Dokument zu packen.

Indem Sie die Materialien häufig selbst benutzen (stellen Sie sicher, daß Sie dabei sowohl eine langsame als auch eine schnelle Verbindung benutzen) und andere Benutzer nach Rückmeldungen fragen, sollten Sie in der Lage sein, Ihr glückliches Medium zwischen diesen beiden Extremen zu plazieren!

Wert für Wert hinzufügen

Rückmeldungen von den Benutzern zu erhalten ist unglaublich wertvoll und macht HTML-Formulare um so wertvoller. Aber auf diese Rückmeldungen in einer sichtbaren und offensichtlichen Art zu antworten, trägt dazu bei, daß die Meldungen für beide Seiten einen Wert haben.

Es ist sicherlich eine gute Idee, zu den Rückmeldungen öffentlich Stellung zu nehmen, die der Grund für Änderungen, zum Guten oder zum Schlechten sei einmal dahingestellt, waren. Die »Whats New«-Seite, die zu vielen Homepages verbindet (und vielleicht auch zu Ihrer), ist ein guter Ort, um solche Dinge unterzubringen. Wir glauben auch, daß es sinnvoll ist, gute Meinungen per E-Mail oder per Briefpost zu bestätigen, um den Benutzer darüber zu unterrichten, daß Sie auch gehört haben, was er zu sagen hatte, und ihm auf diesem Wege für seinen Input danken können.

Wenn Sie in der Lage sind, Ihre Benutzer zu Mitkämpfern und Verbündeten zu machen, so werden sie Ihnen dabei helfen, Ihre Inhalte aufzuwerten und zu verbessern. Dies wiederum kann zu besseren Geschäften oder zumindest zu einer verbesserten Kommunikation führen. Wenn Sie, egal auf welchem Wege, Werte geben und empfangen, so haben Sie etwas zu dem Ganzen beigetragen, das das Web für die Welt bedeutet!

Fehler im Web einschränken

In diesem Kapitel

▶ Eine Liste aufstellen und doppelt prüfen

▶ Die Mechanik des Textes bewältigen

▶ Tote Links hinterlassen ein grausames Erbe

▶ An den richtigen Stellen den Ärger vermeiden

▶ Die Basiselemente abdecken

▶ Werkzeuge für die Testreihe

▶ Rückmeldungen aufpäppeln

▶ Das Beste aus Ihrem Publikum machen

*W*enn Sie letzte Hand an eine Reihe von Seiten gelegt haben, so ist es an der Zeit, sie auf Herz und Nieren zu prüfen. Die Tests sind ein Schlüsselelement für die Qualitätskontrolle Ihrer Inhalte. Dazu sollte eine sorgfältige Überprüfung der Inhalte, ein vollständiger Check Ihrer HTML-Syntax und -Semantik und eine Serie von Vorsorgeuntersuchungen gehören. Damit stellen Sie doppelt und dreifach sicher, daß das, was Sie da hochgezogen haben, auch wirklich das ist, was Sie eigentlich wollten. Wenn Sie weiterlesen, präsentieren wir Ihnen einige erlesene Schmuckstücke unserer Testweisheiten, die Ihnen helfen, Ihre Web-Seiten von Fehlern und anderen unerwünschten Elementen zu befreien.

Eine Liste aufstellen und doppelt prüfen

Das Design Ihrer Dokumente sollte eine Art Straßenkarte enthalten, die jedes einzelne HTML-Dokument Ihres Webs spezifiziert und die Beziehungen zwischen den Dokumenten aufzeigt. Wenn Sie clever sind, werden Sie diese Karte auch dann aktuell halten, wenn Sie vom Entwurf zur Realisierung schreiten (nach unseren Erfahrungen ändern sich die Dinge immer). Wenn Sie nicht ganz so clever sind, sollten Sie jetzt nicht mit sich hadern – gehen Sie einfach her, und aktualisieren Sie die Karte sofort. Stellen Sie sicher, daß Sie alle Links innerhalb der Dokumente und die Links, die zwischen den Dokumenten bestehen, mit einbeziehen.

Dieser Plan kann als Grundlage für den Testplan dienen, wo Sie dann jede Seite und jeden Link systematisch untersuchen. Sie möchten damit sicherstellen, daß alles so funktioniert, wie Sie es sich denken, und daß die Dinge, die Sie aufgebaut haben, in irgendeiner Beziehung zu dem stehen, was Sie sich vorgenommen haben. Dieser Plan wird damit zu Ihrer Liste mit den Dingen, die überprüft werden müssen, und während der Testphase werden Sie alles (mindestens) zweifach durchchecken.

Die Mechanik des Textes bewältigen

Mit der Zeit kommt eine ganze Sammlung von Web-Seiten zusammen, und Sie sehen normalerweise auf Tausende von Worten, wenn nicht gar sehr viel mehr. Dennoch ist es verwunderlich, wieviele Web-Seiten veröffentlicht werden, ohne daß auch nur oberflächlich die Rechtschreibung geprüft wurde. Aus diesem Grund empfehlen wir – nein, verlangen wir –, daß Sie eine Rechtschreibprüfung als einen Testschritt in die Überprüfung Ihrer Unterlagen mit einbeziehen.

Für die Überprüfung der Rechtschreibung können Sie Ihre ganz normale Textverarbeitung benutzen. Damit sind Sie auch in der Lage, alle HTML-Markierungen in das Benutzerlexikon aufzunehmen, und schon bald wird das Programm nur noch bei den URLs und anderen fremdartigen Zeichenketten haltmachen, die von Zeit zu Zeit in den HTML-Dateien auftauchen. Dessen ungeachtet sollten Sie hartnäckig alle Tippfehler und sprachlichen Ungereimtheiten ausmerzen. Ihre Leser werden es Ihnen vielleicht nicht danken, aber werden sicher eine bessere Meinung von Ihren Seiten haben, wenn diese nicht voller Fehler sind!

Tote Links hinterlassen ein grausames Erbe

Nichts irritiert den Anwender mehr, als zu sehen, daß ein Link zu einer Web-Ressource in einer Seite, dem Sie gerade folgen möchten, nur die Fehlermeldung »404 Server nicht gefunden« hervorbringt. Unsere zugegebenermaßen unwissenschaftliche und nur zufällige Sammlung von Web-Meldungen zeigt uns unzweideutig, daß der Eindruck, den ein Benutzer von einer Reihe von Seiten hat, sich proportional zu den funktionierenden Links verhält, die die Seiten enthalten.

Die Moral dieser Umfrage ist: Überprüfen Sie immer Ihre Links. Dies gilt auch, wenn Sie Ihre Seiten bereits veröffentlicht haben und im Rampenlicht des öffentlichen Interesses stehen. Die Überprüfung der Links ist während der Aktualisierung der Seiten genauso wichtig wie bei den Tests vor der ersten Veröffentlichung.

Noch ein Hinweis: Nur weil ein URL einen Verweis darauf enthält, wo der echte Inhalt zu finden ist, bedeutet dies noch lange nicht , daß es in Ordnung ist, den originalen Link so zu belassen, wie er ist. Wenn die Überprüfung Ihrer Links so etwas zutage bringt, sollten Sie sich und Ihren Benutzern einen Gefallen tun und den URL entsprechend aktualisieren. Sie ersparen Ihren Benutzern einige Zeit und reduzieren gleichzeitig die Anzahl von falschen Datenpaketen im Internet.

An den richtigen Stellen den Ärger vermeiden

Wenn es an der Zeit ist, den Beta-Test für Ihre Seiten durchzuführen, möchten Sie diese so hartnäckig und laut wie möglich den Massen bekanntgeben. Wenn Sie Kunden oder Kollegen haben, die heikel, eigensinnig, draufgängerisch oder streitlustig sind, so sollten Sie wissen, daß diese Leute die idealen Beta-Tester sind.

Sie benutzen Ihre Seiten in einer Art und Weise, die Sie sich niemals erträumt hätten. Sie werden Ihren Inhalt so interpretieren, wie Sie es in 1000 Jahren nicht beabsichtigt haben. Sie werden Sie halb verrückt machen und die von Ihnen hoch gehaltenen Prinzipien einfach über den Haufen werfen.

Sie werden auch dort Fehler finden, kleine und große, wo Sie sie niemals vermutet haben. Sie finden die Schreibfehler heraus, die die Textverarbeitung nicht finden konnte. Sie werden Ihnen sagen, was Sie ausgelassen haben und was Sie besser herausgelassen hätten. Sie werden Ihnen eine vollkommen neue Perspektive Ihrer Web-Seiten geben und Ihnen dabei helfen, diese aus allen möglichen, extremen Blickwinkeln zu betrachten.

Die Ergebnisse all dieser Leiden, ob Sie es glauben oder nicht, werden positiv sein. Ihre Seiten werden klarer werden, direkter und sehr viel korrekter, als wenn Sie versucht hätten, alle diese Tests selbst durchzuführen. Wenn Sie uns nicht glauben, versuchen Sie einfach, diesen Schritt zu übergehen, und werden Sie dann sehen, was geschieht, wenn die echten Benutzer anfangen, auf Ihre Unterlagen einzuschlagen!

Die Basiselemente abdecken

Wenn Sie ein privater Anwender mit einer einfachen Homepage oder einer Sammlung von Fakten und Zahlen über Ihre privaten Leidenschaften sind, mag dieser Schritt auf Sie vielleicht nicht zutreffen. Aber Sie sollten es vielleicht dennoch lesen – vielleicht lernen Sie etwas.

Wenn Ihre Seiten die Ansichten und Inhalte einer Organisation wiedergeben, so kann mit fast hundertprozentiger Sicherheit angenommen werden, daß Sie Ihre Inhalte vor der Publikation an die Weltöffentlichkeit von einem Vorgesetzten oder dem Management überprüfen lassen möchten. Wir empfehlen Ihnen wärmstens, daß Sie diese Art der Prüfung in jeden Schritt des Aufbaus Ihrer Web-Seiten mit einbeziehen – angefangen vom Entwurf, über das Schreiben der einzelnen Seiten bis hin zum endgültigen Zusammenbau aller Dokumente – Sie gehen damit potentiellen Hindernissen aus dem Weg.

Es mag vielleicht auch eine gute Idee sein, nach jeder Prüfung eine Art Unterschrift einzufügen, damit Sie später nachweisen können, daß die Unterlagen von den verantwortlichen Parteien überprüft und genehmigt worden sind. Wir hoffen natürlich, daß Sie bei der Publizierung Ihrer Web-Seiten nicht so formal vorgehen müssen, aber es ist sehr, sehr viel besser, sich auf der sicheren Seite zu befinden, als hinterher das Nachsehen zu haben. Werden damit jetzt die Basiselemente abgedeckt oder irgendwas anderes? Sie entscheiden ... und führen die notwendigen Aktionen aus.

Werkzeuge für die Testreihe

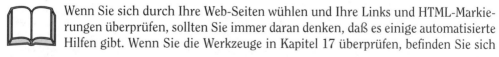

Wenn Sie sich durch Ihre Web-Seiten wühlen und Ihre Links und HTML-Markierungen überprüfen, sollten Sie immer daran denken, daß es einige automatisierte Hilfen gibt. Wenn Sie die Werkzeuge in Kapitel 17 überprüfen, befinden Sie sich sicherlich auf dem richtigen Weg, um einige computergestützte Hilfen zu finden, mit denen Sie sicherstellen, daß Ihre HTML-Markierungen so rein wie der erste Schnee sind und mit den Standards übereinstimmen (wir haben's doch drauf, wie man eine Metapher verbiegt, oder nicht?).

Desgleichen ist es sicherlich nicht schlecht, die Web-Spider, die in Kapitel 16 vorgestellt wurden, zu untersuchen und sie regelmäßig für die Prüfung der Links in Ihren Seiten zu verwenden. Sie melden Ihnen, wenn irgend etwas nicht mehr aktuell sein sollte. Sie sollten unbedingt daran denken, diese Prüfungen zu einem regelmäßigen Teil Ihrer Aktualisierungsarbeit zu machen.

Rückmeldungen aufpäppeln

Sie haben vielleicht noch nicht darüber nachgedacht, daß die Rückmeldungen der Benutzer als eine Form (oder Konsequenz) der Tests anzusehen sind. Diese Rückmeldungen sind allerdings die beste Art der Prüfung, die überhaupt möglich ist. Deshalb sollten Sie alles daran setzen, sei es in Form von Preisen oder handfester Kaufanreize, um die Benutzer dazu zu bewegen, die HTML-Formulare auf Ihrem Web-Bereich auszufüllen.

Und deshalb ist es das allerbeste, die Rückmeldungen, die Sie erhalten, auch zu lesen und so oft als möglich darum zu bitten. Und zu guter Letzt sollten Sie die Rückmeldungen, die Sie erhalten, möglichst berücksichtigen und die Dinge implementieren, die Ihr Angebot im Web verbessern.

Das Beste aus Ihrem Publikum machen

Die Nachfrage nach Rückmeldungen ist ein wichtiger Schritt, um eine Beziehung mit Ihren Benutzern aufzubauen. Selbst der pedantischste und wählerischste Benutzer kann ein unglaublicher Aktivposten sein: Wer kann Ihre neuesten Seiten besser zerpflücken und all die kleinen und subtilen Fehler und Schwachstellen herausfinden? Mit Ihren Benutzern zusammenzuarbeiten bedeutet, daß langfristig einige mehr in Ihre Arbeit eingebunden werden und Sie dabei unterstützen, die Inhalte Ihrer Web-Seiten zu gestalten (wenn nicht gar den Rest Ihres beruflichen oder privaten Lebens). Was kann es Besseres geben?

Zehn Gründe für und gegen einen eigenen Web-Service

29

In diesem Kapitel

- Die Gründe verstehen
- Ihr Kleingeld zählen
- Den Datenverkehr projektieren und überwachen
- Wieviel ist zuviel?
- Das Flüchtige verwalten
- Firmenorientierte Kommunikation
- Ihr Publikum erreichen
- Den Handel »webifizieren«
- Ihre Optionen kennen
- Vom Erfolg übermannt werden

---

*W*enn endlich die Zeit für die Publikation Ihrer Web-Seiten gekommen ist, haben Sie eine der härtesten und wichtigsten Entscheidungen zu treffen, die sich darauf bezieht, in welcher Umgebung die Seiten zum Leben erweckt werden sollen. Sollen Sie vielleicht einen eigenen Server aufbauen und alles selber machen? Oder sich vielleicht einen freundlichen nationalen, regionalen oder lokalen Internet-Anbieter suchen und sich von ihm alles richten lassen?

Dies sind wahrlich gute Fragen. Die Antworten werden Ihnen Auskunft darüber geben, ob Sie diese Leistungen einkaufen oder selbst aufbauen oder vielleicht doch zuerst einkaufen und später erst Ihren eigenen Service in Betrieb nehmen sollen. Schließen Sie sich uns an, und wir führen Sie durch das Für und Wider. Wir erklären Ihnen, was dafür spricht, Ihren eigenen Server zu betreiben, oder ob es besser ist, bei jemand anderem unter den Web-Schirm zu schlüpfen.

Die Gründe verstehen

Das Wichtigste, das Sie kennen müssen, sind Ihre übergeordneten Ziele. Falls Ihre Organisation plant, im größeren Stil mit Internet zu arbeiten und das Web als ein Schlüsselelement für den zukünftigen Erfolg und Wohlergehen zu sehen, ist der Aufbau Ihres eigenen Servers unter Umständen eine natürliche Erweiterung anderer Pläne.

Wenn Ihre Organisation das Web lediglich als einen weiteren Kanal betrachtet, über den man Nachrichten und Informationen verbreitet und der gleichberechtigt neben bestehenden Medien und Techniken steht, so hat ein eigener Web-Server sicherlich keinen besonderen strategischen Wert. An dieser Stelle können Sie einige einfache Analysen durchführen und herausfinden, ob der Betrieb eines eigenen Servers Sinn macht.

Punkt 1: Wenn das Web eine wichtige Methode für die Kommunikation mit Ihrem Publikum ist, wird der Betrieb eines eigenen Servers Ihre eigene Organisation dabei unterstützen, im Web eine legitime und umfassende Präsenz aufzubauen.

Ihr Kleingeld zählen

Für eine detaillierte Kostenanalyse und deren Betrachtung empfehlen wir Ihnen einen kurzen Blick in Kapitel 19. Etwas ungenau formuliert lautet die Aussage: Wenn die monatlichen Kosten für das Web, die an einen Internet-Anbieter entrichtet werden, im Monatsdurchschnitt höher als 1.200 DM sind, ist es durchaus sinnvoll darüber nachzudenken, ob man einen eigenen Server aufbaut. Wenn die Kosten darunter liegen, ist es wahrscheinlich nicht sinnvoll, außer daß noch andere Faktoren einzuplanen sind.

Bei der Kalkulation der Kosten sollten Sie berücksichtigen, daß Sie zumindest 25 % der Arbeitskraft eines Systemadministrators benötigen, um einen Web-Server zu betreiben. Bedenken Sie auch, daß zu den Ausgaben für die Kommunikation die Aufwendungen für den Internet-Zugang und die Aktualisierung hinzukommen. Zu den Kosten für die Amortisation der Hard- und der Software kommen noch die Aufwendungen für den Aufbau des Basissystems. Es ist durchaus nicht ungewöhnlich, daß die Folgekosten für ein solches System ungefähr zehnmal so hoch sind wie die Basisinvestitionen.

Punkt 2: Wenn Sie im Monatsdurchschnitt ungefähr 1.200 DM für Ihre Web-Dienste ausgeben, ist es durchaus sinnvoll, darüber nachzudenken, ob Sie nicht vielleicht ein eigenes System aufbauen.

Den Datenverkehr projektieren und überwachen

Einer der wichtigsten Faktoren für die Bestimmung der Servicekosten sind die Übertragungsgebühren, die vom Dienstleister erhoben werden. Im Normalfall betragen diese Kosten zwischen 3 und 14 Pfennigen pro Megabyte Daten. Das hört sich vielleicht nicht nach allzuviel an, aber wir können ja einmal eine kurze Beispielrechnung durchführen: Wenn Ihre Seiten einen Gesamtumfang von 2 MByte haben und im Durchschnitt 30 Benutzer pro Tag zugreifen, summiert sich das auf 40 bis 190 DM pro Monat. Wenn Sie Ihren Datenbestand auf 5 MByte aufstocken, schnellen die Kosten auf 110 bzw. 520 DM hoch.

Diese Kosten bringen Sie keinesfalls um und summieren sich auch nicht mit allen Nebenkosten (Telefongebühren, Kosten für den Internet-Zugang, Aufwendungen für Festverbindungen) in solche Höhen, daß die Schmerzgrenze von 1.200 DM überschritten wird. Richtig teuer wird diese Angelegenheit allerdings erst dann, wenn Hunderte oder gar Tausende von Benutzern pro Tag anfangen, Ihre Daten abzuholen. Ab diesem Zeitpunkt werden sich die Kosten verdrei- oder vervierfachen und das ganze unerschwinglich machen. Aus diesem Grund sind anfängliche Test- und Publikumsfragen äußerst wichtig, um solche Projektionen durchführen zu können.

Punkt 3: Wenn Sie erwarten (oder erhoffen), daß eine Unmenge von Datenverkehr auf Sie zukommt, sollten Sie dem Aufbau eines Web-Servers den Vorzug vor dem Einkauf der Ressourcen bei einem Internet-Anbieter geben.

Wieviel ist zuviel?

Das Prinzip des Schwaben, sprich des Geizigen, lautet, daß Sie besser versuchen sollten, die Anzahl der Daten, die Sie über Ihre Web-Seiten publizieren, einzuschränken, was insbesondere dann gilt, wenn Sie von Ihrem Internet-Anbieter für jedes übertragene Megabyte belastet werden. Es ist äußerst wichtig, die Menge und die Art der Daten im Auge zu behalten, die Sie über Ihre Web-Seiten anbieten.

Wenn Sie eine Reihe großer Dateien oder Bilder haben, die zwar einige, aber nicht alle Benutzer interessant finden, sollten Sie vielleicht darüber nachdenken, ob Sie diese nicht über andere Kanäle verfügbar machen können. Dazu gehört beispielsweise ein FTP-Bereich im Internet, wohin Sie die Benutzer verweisen, damit sie Ihre Daten von dort abholen. Oder es kann den Aufbau eines E-Mail-basierten Datei-Auslieferungssystem bedeuten, wie es beispielsweise von Listserv oder Majordomo angeboten wird.

Punkt 4: Behalten Sie die Daten im Auge, die von Ihren Benutzern übertragen werden, und versuchen Sie, große Dateien oder Dokumente, auf die selten zugegriffen wird, über andere Kanäle verfügbar zu machen.

Das Flüchtige verwalten

Das Web ist eine sich ständig ändernde Galaxie von Informationen. Um mit diesen Änderungen Schritt zu halten, bedarf es ständiger Anstrengungen und einer guten Anzahl von flüchtigen Elementen, die Sie auf Ihren Web-Seiten anbieten. Viele Anbieter erhielten zusätzliche Gebühren, wenn sie ihr Material verändern, aber selbst wenn Sie es nicht tun, ziehen die Änderungen und die nachfolgenden Tests unwillkürlich Kosten nach sich.

Wir empfehlen Ihnen daher, daß Sie die notwendigen Änderungen auf Ihrem Server planen und verwalten. Planen Sie die regelmäßigen Aktualisierungen, und bleiben Sie bei diesem Plan. Lassen Sie in der Zwischenzeit alle zufälligen und kleinen Änderungen auflaufen, und setzen Sie diese ein, sobald der Plan oder externe Faktoren besagen, daß die richtige Zeit gekommen ist. Während Sie über den Änderungen sitzen, sollten Sie die Aktualität ihres Materials überprüfen und regelmäßig die Links durchchecken, die zu anderen Seiten und Orten führen. Wenn Sie Unmengen von Inhalten haben, die sich sehr häufig verändern, möchten Sie vielleicht eine Zusatzkontrolle über den Server haben, die Sie natürlich nur dann bekommen, wenn Sie Ihren eigenen aufbauen. Diese Bequemlichkeit und der direkte Zugang zu Ihren Daten hat natürlich seinen Wert und mag Sie bei der Entscheidung beeinflussen, Ihren eigenen Server zu installieren, wenn Ihre monatlichen Kosten langsam über die 1.200-DM-Grenze steigen.

Punkt 5: Die konstanten und ungeplanten Änderungen sind sehr viel teurer als geplantes Arbeiten. Ungeachtet dessen, ob Sie einen eigenen Web-Server haben, müssen Sie die Änderungen ständig verwalten, oder sie werden es mit Ihnen tun! Wo ständige und regelmäßige Änderungen notwendig sind, hat ein bequemer Zugang zu einem eigenen Server durchaus seinen Wert.

Firmenorientierte Kommunikation

Wenn Ihre Organisation eine gut geplante Kommunikationsstrategie besitzt und die effektive Benutzung des Web andere, bereits bestehende Kommunikationskanäle ergänzt – wie die Handelspresse, die Nachrichtenmedien, die Industrieanalysen und sonstige Veröffentlichungen in Ihrem Marktbereich. In dieser Art Umgebung können die Web-Dokumente normalerweise zusammen mit anderen Dokumenten wie Werbung und einer Reihe anderer Firmenpublikationen koordiniert werden. In einer Umgebung, in der die Kontrolle über die Firmen und die organisatorische Kommunikation gewahrt werden muß, ist es ganz normal, einen eigenen Web-Server unter der Obhut der Marketing- oder der Werbeabteilung zu finden. Auch in einer Umgebung, in der die interne und externe Kommunikation formal und vorsichtig gemanagt wird, können Sie eine Reihe von Servern für interne Materialien (die nicht für die Öffentlichkeit bestimmt sind) und andere Server finden, auf denen nur externe Materialien abgespeichert sind.

Punkt 6: In umsichtig gemanagten Organisationen, insbesondere bei denen die verschiedenen Medien sorgfältig aufeinander abgestimmt sind, kann die Kontrolle über den Web-Server ein absolutes Muß sein, hinter der andere Betrachtungen zurückstehen müssen.

Ihr Publikum erreichen

Wenn Sie sich dafür entscheiden, Ihren eigenen Server aufzubauen und die Verbindung zum Internet über eine Modemverbindung und einen Internet-Anbieter aufbauen, schränken Sie damit die Anzahl der Benutzer ein, die gleichzeitig auf Ihre Web-Seiten zugreifen können (vielleicht ein bis drei Benutzer für jede Verbindung). Wenn Sie andererseits eine T1-Verbindung zu Ihrem Server aufbauen, so vergrößern Sie Ihren Kanal (und erhöhen die Kosten) wesentlich, können aber immer noch weniger als 100 Benutzer gleichzeitig bedienen.

Die Projektierung des Datenverkehrs, wenn er langsam im Entstehen begriffen ist, ist nicht nur unter dem Gesichtspunkt der Kosten wichtig, sondern auch deshalb, weil die Anzahl und Größe der Datenkanäle mit der Anzahl der potentiellen Nutzer übereinstimmen sollte. Es ist sinnlos, einen großen Kanal für wenig Verkehr einzusetzen, es kann aber andererseits katastrophal sein, ein zu kleines Medium zu haben, wenn das Interesse zu Ihnen herüberschwappt. Wenn Sie Ihre Besucher lange genug frustrieren, entscheiden sie sich unter Umständen dafür, ihren Interessen woanders nachzugehen.

Die Überwachung der Benutzung und der Nachfrage ist der einzige Weg, sich mit diesem Phänomen zu arrangieren, aber es ist sicherlich sehr viel besser, am Anfang mit einer zusätzlichen, ungenutzten Kapazität zu arbeiten, als daß Ihre Kanäle von Anfang an verstopft sind! Da der Betrieb eines eigenen Servers die nötige Flexibilität für die Verhandlungen über die richtige Leitung mit der Telekom gibt, bevorzugen viele große Firmen, dies selbst zu tun. Obwohl diese Kosten nicht unbeträchtlich sein können, sind sie im allgemeinen um einiges niedriger, als wenn Sie sich die Kapazitäten von jemand Fremdem zur Verfügung stellen lassen. Sie sollten nicht davon ausgehen, daß Sie genau in dem Moment zusätzliche Kapazitäten hinzunehmen können, in dem diese dringend benötigt werden, und vermeiden damit, daß Sie in diesem Moment allzusehr frustriert werden.

Punkt 7: Machen Sie es Ihrem Publikum so einfach wie möglich, sich durch Ihre Materialien zu arbeiten. Wenn Sie dies schwer oder gar unmöglich machen, werden sie wieder weggehen ... für immer!

Den Handel »webifizieren«

Unternehmen aus den verschiedensten Marktbereichen schauen mit gierigen Augen auf die Millionen von Internetbenutzern und betrachten diese als eine zusätzliche Kundenbasis, die reif für den elektronischen Handel ist. Heutzutage gibt es verschiedene Wege, um kommerzielle Transaktionen über das Internet zustande zu bringen. Sie reichen vom sogenannten digitalen Cash bis zu einer Reihe von gesicherten Operationen mit Hilfe von Kreditkarten.

Wir möchten keinesfalls die Verantwortung dafür übernehmen, daß wir Ihnen einen bestimmten Ansatz empfehlen. Wir möchten dazu nur bemerken, daß der elektronische Handel über das Web ein Phänomen ist, das im Trend liegt, und das Potential die derzeitigen Anwendungen bei weitem übersteigt.

Wenn Ihre Firma allerdings ernsthaft darüber nachdenkt, den elektronischen Handel über das Web seinen bestehenden Verkaufskanälen hinzuzufügen, werden Sie wahrscheinlich vorsichtig die Möglichkeiten für den Aufbau Ihres eigenen Web-Servers ins Auge fassen. Fragen der Kontrolle, des Zugangs zu Kundeninformationen und die Verwaltung der vielen Einzelheiten einer finanziellen Transaktion sprechen alle dafür, daß in diesem Falle der Web-Server unbedingt der eigene sein sollte.

Punkt 8: Wenn Sie darüber nachdenken, Geschäfte über das Web abzuwickeln, möchten Sie möglicherweise Ihren eigenen Server kontrollieren, wofür eine ganze Bandbreite von guten Argumenten spricht.

Ihre Optionen verstehen

Ungeachtet dessen, ob Sie Ihre eigenen Web-Dienste aufbauen oder diese Leistungen einkaufen, müssen Sie ganz klar verstehen, wie diese Seiten arbeiten. Dies gilt insbesondere für die Verwaltung der Formulare oder andere CGI-Programme, die auf dem Server laufen und die Nachfragen der Benutzer nach Informationen oder deren Vorschläge verarbeiten.

Es ist unabdingbar, daß der Server, auf dem Ihre Seiten laufen, mit den Services kompatibel ist, die Sie eigentlich zur Verfügung stellen möchten, und daß die Programme zur Zufriedenheit Ihrer Kunden funktionieren. Dazu gehört die Spezifikation der httpd-Implementierung, die Sie benötigen, und das bedeutet auch, daß Sie die Namen und Versionen der verschiedenen Standarddienste verstehen, die über die CGI-Programme aufgerufen werden können (wie die verschiedenen Implementierungen für die anklickbaren Bildkarten von NCSA und CERN).

Punkt 9: Wenn Sie den Server für Ihre Web-Seiten aussuchen, ist die Kompatibilität mit den CGI-Programmen und damit verbundenen Bibliotheken und anderen Sammlungen von Hilfsmitteln und Daten ein absolutes Muß. Kaufen oder bauen Sie um Gottes Willen nicht die falsche Art von Server auf!

Vom Erfolg übermannt werden

Zu guter Letzt haben Sie sich mit einem Umstand herumzuschlagen, den viele Leute als ein beneidenswertes Problem betrachten würden: Was passiert, wenn Ihre Web-Seiten ein absoluter Renner werden und Ihr Server förmlich von den Benutzern überrannt wird, die versuchen, Ihrer phantastischen Inhalte habhaft zu werden?

Sollte das wirklich passieren, sollten Sie vielleicht einige Vorkehrungen treffen. In extremen Fällen bedeutet dies, daß Sie mit einem nationalen Internet-Anbieter zusammenarbeiten müssen. Wenn Sie sich leisten können, was Ihnen von diesen Firmen angeboten wird, können Sie sich so viele Kapazitäten einkaufen, bis Ihnen das Geld ausgeht.

Punkt 10: Wenn Sie vom grenzenlosen Erfolg überwältigt werden, sollten Sie darauf vorbereitet sein, für diesen Ruhm zu leiden (insbesondere Ihr Scheckbuch), sollten aber gleichzeitig einige alternative Vereinbarungen mit einem nationalen Anbieter treffen, um die Gefahren von Punkt 7 zu vermeiden.

Glossar

Das Internet ist voll von Jargon, und vieles davon bezieht sich auf das Web, aber auch auf die anderen Dienste im Internet. Dieses Glossar beinhaltet allgemeine Internet- und Web-spezifische Ausdrücke, die Sie kennen sollten. Sie finden hier auch Erklärungen zu vielen Abkürzungen, die im Web verwendet werden. Diese Wörter werden hier in ihrer am häufigsten gebräuchlichsten Form zuerst aufgeführt – ob Abkürzung oder in ausgeschriebener Form – die weniger gebräuchliche Variante wird in Klammern angegeben.

Akzeptierte Benutzung: Eine Doktrin, die ursprünglich von der National Science Foundation formuliert wurde. Begrenzt die Nutzung des Internet für die akademischen Zwecke der Forschung und verbietet gleichzeitig die Kommerzialisierung des Netzwerks.

Alpha-Test: Ähnlich wie beim Testen von Software, werden auch HTML-Dokumente sogenannten Alpha-Tests unterzogen. Dabei handelt es sich um die erste Testphase, die nur im kleinen Kreis stattfindet, und in der die gröbsten Fehler ausgemerzt werden.

Anker: Bei HTML ist ein Anker ein markierter Text oder ein Graphikelement, daß das aktuelle Dokument mit anderen Punkten innerhalb oder außerhalb des Servers verknüpft. Gleichzeitig wird damit auch ein Punkt in einem Dokument definiert, auf den ein ankommender Link verweist. Diese letzte Definition wird so in diesem Buch verwendet.

Anonymous FTP: Der am häufigsten genutzte Weg, um sich Dateien aus dem Internet herunterzuladen. Hunderte von Computern im Internet erlauben jedermann, sich bei einem System anzumelden und sich in den Verzeichnissen zu suchen, was er möchte. Der Benutzer meldet sich bei dem Server als »Anonymous« an und gibt in der Regel (s)eine E-Mail-Adresse ein.

Archie: Ein Internet-basierendes archivarisches Datei-Suchwerkzeug, das auf einer Datenbank mit Dateien und Verzeichnissen beruht, die von den anonymen FTP-Servern auf der ganzen Welt zusammengetragen wurden.

ARPA: (Advanced Research Projects Adminstration)

ARPAnet: Eines der ersten heterogenen paketvermittelnden Netzwerke. Es entstand für das Advanced Research Projects Agency of the Department of Defense (siehe DARPA). Das ARPAnet startete 1968; viele Protokolle und Konzepte, die heute im Internet verwendet werden, fanden im ARPAnet ihren Anfang.

ASCII: Reine Textzeichen. ASCII ist ein Standard, bei dem jedem Buchstaben und sonstigem Zeichen eine Nummer zugewiesen ist, die der Computer den Zeichen zuordnen kann. ASCII-Dateien können praktisch von jedem Programm gelesen werden.

Attribut: Bei den HTML-Markierungen ist ein Attribut ein Charakteristikum einer verbundenen Markierung. Einige Attribute werden benötigt, während andere optional sind. Manche Attribute besitzen auch einen Wert (wenn ja, so ist die Syntax Attribute="value"), was wiederum von der Markierung und dem Attribut abhängig ist (siehe Kapitel 7).

AUP: (Acceptabel User Policy) siehe auch Akzeptierte Benutzung

Browser: Gewöhnlicher Ausdruck für Web-*Client*. Software, die es Benutzern ermöglicht, auf das World Wide Web zuzugreifen und darin zu blättern. Web-Seiten werden erst dadurch attraktiv, daß der Browser die HTML-Befehle aus den HTML-Dokumenten korrekt umsetzt.

CERN: (Centre Européenne pour la Recherche Nucléaire) Das europäische Kernforschungszentrum für Teilchenphysik in Genf/Schweiz, wo im Jahre 1989 das Web entwickelt wurde.

CGI (Common Gateway Interface): Ein Programmstandard, der von den meisten Web-Servern unterstützt wird, um Inhalte von Formularen zu verarbeiten. CGI dient dazu, einer Art Software (in diesem Fall der Web-Server-Software) bestehende Informationen an andere Programme zu übergeben. CGI-Skripte können in verschiedenen Programmiersprachen erstellt werden.

Client-Server Modell: Ein Begriff, um die Funktionsweise vieler Netzwerkprotokolle zu veranschaulichen. So beinhalten beispielsweise die Namensgebungen innerhalb einer Domäne (DNS = Domain Name System) den Server-Namen/Client-Namen-Bezug oder innerhalb eines Netzwerk File Systems (NFS) den File-Server/File-Client-Bezug.

Client: Ein Computersystem oder ein Prozeß, der die Dienste eines anderen Computersystems oder Prozesses beantragt. Eine Workstation, die einen Dateiinhalt von einem Fileserver anfordert, ist ein Client des Fileservers.

Crawler: Ein Programm, das selbständig das Web durchstreift und Adressen sammelt; die Ergebnisse der Suche werden normalerweise von Suchmaschinen archiviert und können dort abgerufen werden.

CSS: (Cascading Style Sheet) Style Sheets sind, ähnlich wie eine Druckformatvorlage, eine Sammlung von Formatierungsbefehlen, die dem Browser neben der Formatierung von Zeichen auch Absatzformatierungen wie Ausrichtung und Einrückungen vorgeben. Da Style Sheets erst mit HTML 4.0 eingeführt wurden, werden sie jedoch z.Zt. nur vom MS Internet Explorer und vom Netscape Communicator unterstützt.

DTD: (Document Type Definition) Eine DTD ist quasi die »Grammatik« einer SGML-Sprache; in unserem Fall die von HTML.

Editor: Im Kontext mit HTML bezeichnet dieser Begriff bestimmte Programme, die den Autor von Web-Seiten bei der Erstellung von Homepages unterstützen. Der Editor versieht die Dokumente mit HTML-Markierungen. Einige Programme unterstützen lediglich die HTML-Syntax; andere können Dokumente aus einer Textverarbeitung oder anderen Formaten direkt in eine HTML-Datei umwandeln.

E-Mail: (Electronic Mail) Elektronische Post. Ein System, das es ermöglicht, Nachrichten an jeden beliebigen Rechner im Internet zu versenden. E-Mails können mit Hilfe eines Mailtools auch aus WWW-Seiten verschickt werden.

Frames: (dt. Rahmen) Mit Hilfe von Frames lassen sich mehrere HTML-Dokumente in einem Browserfenster darstellen, da dieses unter verschiedenen Frames aufgeteilt wird.

Fremd Formatierte Texte: Text in einer Web-Seite, der von einem anderen Programm formatiert wurde (nicht im HTML-Format) und im Web-Client im Originialformat angezeigt wird. Hierzu werden in der Regel sogenannte Plug-Ins benötigt.

Formulare: Speziell entworfenen Bereiche eines HMTL-Dokuments, das die Eingaben eines Benutzers akzeptiert und mit Hilfe eines (CGI-)Skriptes zur Verarbeitung an den Server weiterreicht; wird typischerweise für Rückmeldungen, Bestellungen oder die Suche nach Dokumenten verwendet.

FTP: File Transfer Protocol, eine Möglichkeit, um Dateien über das Internet auszutauschen.

Gateway: Ein Verbindungspunkt, der verschiedene Protokolle übersetzt und so die netzwerkübergreifende Kommunikation ermöglicht.

Gopher: Eine Möglichkeit für die Verteilung oder Entdeckung von Ressourcen im Internet über eine Menü-Schnittstelle. Gopher kann als der Vorgänger des WWW angesehen werden. Die Menüpunkte können mit anderen Dokumenten, Suchwerkzeugen oder Informationsdiensten verbunden sein.

Grafiken: Grafiken, die als Teil der Web-Seiten erscheinen: Eingebundene Graphiken sind im HTML-Code des Dokuments hinterlegt und werden zusammen mit der Web-Seite geladen. Bei den meisten Web-Clients kann das Laden dieser Grafiken unterdrückt werden. Folgende Grafikformate werden z.Zt. von den meisten Browsern unterstützt: GIF, JPG und (in seltenen Fällen) PNG.

Helper Application: können im Browser für die Verarbeitung von Dateiformaten (z.B. TIF-Grafiken, PDF-Texte), die nicht in einer WWW-Seite dargestellt oder verarbeitet werden können, eingestellt werden. Sobald ein solches Format über das WWW auf diesen Browser trifft, wird die entsprechende Datei an die für sie zuständige Helper Application weitergeleitet.

Homepage: Eine Homepage ist ein Dokument im World Wide Web. Im allgemeinen wird mit Homepage die Startseite einer größeren Präsentation bzw. die Präsentation als Ganzes bezeichnet.

Hotspot: Eine Region innerhalb einer Image- bzw. Usemap, die, wenn sie angeklickt wird, auf eine andere Stelle im Hypertext oder eine andere Ressource verweist.

HTML: (HyperText Markup Language) der Kodierungsmechanismus, der für die Erfassung von Web-Seiten benutzt wird.

http: (Hypertext Transfer Protocol) Datentransferprotokoll für das Versenden von HTML-Dokumenten im Internet.

Hypertext: Terminus, der von Tim Berners-Lee geformt wurde. Beschreibt Textverbindungen, die mit einer potentiell unendlich großen Zahl von Ressourcen verknüpft sein können. Ein Link bringt den Benutzer zu einem anderen Dokument (usw.). Diese Dokumente können auf jedem beliebigen System der Welt liegen, das Hypertext unterstützt. Hypertext ist die Basis des World Wide Web.

Imagemap: Formaler Name für anklickbare Karten: Imagemaps sind Grafiken, in die mehrere Hyperlinks eingebettet sind, wobei jeder Link einen Verweis auf ein weiteres Dokument enthält. Ein medizinisches Tutorial kann beispielsweise den menschlichen Körper als Bildkarte zeigen; wenn die Benutzer auf das Herz klicken, so wird mit Dokumenten verbunden, die die gewünschten Informationen enthalten. Eine Imagemap benötigt - im Gegensatz zu einer Usemap - ein mit ihr korrespondierendes CGI-Skript.

Internet: Sammelbegriff für alle Computernetze, die mittels TCP/IP-Protokolls Daten austauschen können. Am bekanntesten sind das World Wide Web, das System der Newsgroups und FTP. Ältere Dienste sind z.B. Gopher und Telnet.

Link: Eine Referenz für andere Web-Dokumente oder einen anderen Bereich im gleichen Web-Dokument. Links werden normalerweise im Text hervorgehoben.

Majordomo: Eine Reihe von Perl-Programmen, die die Operationen von Mailinglisten, moderierte wie unmoderierte, automatisiert und die notwendigen Arbeiten für die An- und Abmeldung unterstützt.

Matrix: Beschreibt alle Netzwerke, die E-Mails direkt oder über Gateways miteinander austauschen können. Dieser Terminus wurde von John S. Quaterman in seinem Buch *Die Matrix* geschaffen.

Multimedia: Ein umfassender Ausdruck für die Integration von Text, Ton, Animation, Video und Kommunikationstechnologien.

Navigation: Der Vorgang, wenn man das Web durchreist oder zwischen den verbundenen Dokumenten wechselt. Die Navigation ist ein zentrales Thema bei der Diskussion von Hypertext-Systemen, da die Gefahr besteht, daß man im Hyperspace verlorengeht. Daher bieten die meisten Web-Clients Historys an, damit der Benutzer nachvollziehen kann, wo er überall gewesen ist.

NCSA: (National Center for Supercomputing Applications) Das nationale Zentrum für Anwendungen auf Supercomputern an der Universität von Urbana, Entwickler des *NCSA Mosaic*.

Plug-In: Ein Programmmodul, das es Browsern ermöglicht, Objekte, die in fremden Formaten gespeichert wurden, in eine WWW-Seite einzubinden. So kann z.B. ein Word-Dokument Bestandteil einer HTML-Seite werden. Es muß also nicht eine »Helper Application« gestartet werden.

Robot: s. Crawler

Site: Dateibereich auf einem Computer, auf dem Web-Dokumente gelagert sind. Normalerweise beziehen sich die Bezeichnungen der Rechner auf die Organisationen, die sie betreuen (Bsp.: AT&T Site).

Sound-Datei: Computerdatei, die digitalisierte Töne enthält; kann mit einem Web-Client abgeholt und mit Hilfe eines Wiedergabeprogramms angehört werden. Einige Formate können auch mit Hilfe des Browsers oder mit ihm verknüpften Programmen abgespielt werden. Am häufigsten sind WAV-, AU-, MPEG- und RA-Dateien.

Glossar

Spider: s.Crawler.

Suchmaschine: Eine oder mehrere Seite(n) im WWW, deren Zweck es ist, Anfragen von Anwendern dahingehend zu bearbeiten, daß möglichst viele sinnvolle Angebote zum gewünschten Themenbereich angezeigt werden.

Surfen: Mehr oder weniger ziellos durch das World Wide Web browsen, um sich dabei ein allgemeines Bild von den dargebotenen Seiten zu machen.

Tag: Befehl, mit dem Passagen eines HTML-Dokumentes markiert werden, damit diese entsprechend den Vorstellungen des Autors vom Browser angezeigt werden.

Text-basierender Browser: Ein Web-Client, der von Text-Terminals, hauptsächlich bei UNIX-Systemen, genutzt wird.

Titel: Der vom Autor vergebene Name für ein Web-Dokument. Der Befehl TITLE darf nur einmal pro Dokument verwendet werden und muß sich im Deklarationbereich befinden.

URL: Uniform Resource Locator, das Adressierungssystem für Web-Dokumente. Der URL gibt (grob) den Standort des Rechners sowie den Pfad und den Namen der gesuchten Datei an.

Usemap: Eine Clientseitige Imagemap. Im Gegensatz zur Imagemap werden alle Steuerungsangaben im HTML-Dokument gemacht. Die Programmierung eines CGI-Skriptes wird damit hinfällig.

Usenet: Eine System für die asynchrone Verteilung von Textdiskussionen zwischen Computern. Eine Usenet Newsgroup ist ein Forum für die Diskussion eines bestimmten Themas oder Unterthemas. Das Usenet ist kein Netzwerk oder auf das Internet begrenzt, und die Verteilung reicht weit über die Matrix hinaus.

Veronica: (Very Easy Rodent Oriented Net-wide Index to Computer Archives) Ein Suchwerkzeug, das verschiedene Gopherserver nach vom Anwender gewählten Suchbegriffen durchsucht..

Video-Datei: Eine Computerdatei, die aus einem digitalisierten Video besteht; kann mit einem Web-Client abgeholt, aber nur mit einem Wiedergabeprogramm oder einem Plug-In angesehen werden.

Web Server: Computer, auf dem Web-Dokumente gespeichert sind und das HTTP-Protokoll für den Zugriff betreibt. Dieser Begriff wird auch für Programme benutzt, die diese Aufgaben steuern.

Web: Kurzform für World Wide Web.

Winsock: Ein Standard, der es MS Windows-Programmen ermöglicht, mit dem Internet über TCP/IP zu kommunizieren. Winsock ist eine Zusammenfassung der beiden Worte Windows und Sockets. Alle Windows-TCP/IP-Programme nutzen heute in der Regel Winsock.

World Wide Web: Verteiltes Hypermedia-System, das Anfang der 90er Jahre vom CERN entwickelt wurde.

WORM: Ein Programm, das automatisch das WWW durchquert.

WWW: *World Wide Web.*

Stichwortverzeichnis

Symbole

_blank 233
_parent 233
_self 233
_top 233

A

A.S.H.E 399, 408, 409
Action 284
Änderungen
   Planung 389
   systematische 391
ANT_HTML 429, 443
ANT_HTML.DOT 403
ARPA 47
Attribute 286, 287
   Default-Werte 125
Autorenprogramme
   Plattformen 396
   Rechner 396
AVI-Dateien 86

B

Back End 59, 60
Bandbreite 69
Basisdesign 240
Basisvorlage 213
BBEdit 401, 418
BBEditLite 418, 427
Benutzer
   Feedback 388, 389
   Rückmeldung 388
   Vorschläge 389
Benutzereingaben 258
Benutzerkontakte 388
Benutzerumfrage 364
Berners-Lee, Tim 30, 45
Bildschirmauflösung 214
Browser 39, 53
   Lynx 39
   Mosaic 40
   MSIE 43
   Netscape 42
   WinWeb 41
BSD-UNIX 47

C

CERN 29, 45
CERN-Server 404
CGI 285
CGI-Skripte 294
CL-HTTP 405
Client 60
   Aufgaben 61
Client-Server 59
Client-Server-Modell 60
Corporate Communication 365
CU_HTML.DOT 403, 443

D

DARPA 47
Dokument
   Fußzeile 250
   Hauptteil 219
   Kopf 219
Domain 48
Domainname 48

E

E-Mail 35
EMACS 407, 409
Emacs HTML mode 400
Entitäten
   numerische 204
   Zeichen- 204
Erweiterungen 307

F

FAQ 36
Frames 230
Frameset 230
Front End 60
FTP 33
Fußzeile
   Elemente 251

G

General Markup Language 114
Gesamtladezeit 240
GhostScript 84
GhostView für Windows 84
Global Network Navigator 56
GML 114
GN 405
Gopher 34
GoServe 405
Grafik 240
   als Hyperlink 252
   Auflösung 250
   durchsichtig 249
   interlaced 249
   komprimierte 85
   Regeln 250
Graphik
   effektiv einsetzen 85
gt_html.zip 403, 443

H

Handel, elektronischer 469
Hotlist 104
HotMeta 402
HotMetal 400, 402, 413, 423, 438
HTML 29, 66
   <MARKIERUNG-NAME> 111
   Absätze 131
   Akronyme 112
   Akzente 110
   Attribute 132
   Autorenprogramm 395
   Dokumenten-Struktur 131
   Dokumenten-Überschrift 118, 131
   Dokumententitel 98
   Eigenschaften 124
   Elemente 118
   Entitäten 113, 117
   Etiketten 98
   Formulare 131
   Fußzeile 119
   Graphiken 131
   Grundlagen 77
   Hierarchien 101

Hypertext-Links 99
Inhaltsteil 119
Kategorien 127
Kommentare 130
Layout-Elemente 131
Leerzeichen 124
Links 131
Listen 131
Markierungen 450
Metazeichen 123
SGML 116
Sonderzeichen 110, 123
Standard 308
Standardisierung 117
Syntax 121
Syntaxelemente 111
Textsteuerung 132
überholtes 388
Umlaute 110
Versionen 308
HTML Assistant 402, 432, 435
HTML Editor 401, 418, 420
   Ausstattung 398
   eigenständiger 397, 419
   Fehlerprüfung 396
   Tests 398
   textorientiert 398
HTML Extension 401
HTML Grinder 401, 422
HTML Pro 424
HTML Web Weaver 425
HTML Writer 402, 432, 437
HTML-Autorenprogramme,
   Macintosh 417
html-mode.el 400
HTML.edit 401, 418, 421
HTMLed 402, 432, 433
htmltext 400
HTTP 63, 405
   Nachrichtentypen 65
http4Mac 430
HTTPS für Windows/NT 445
HyperCard 80
Hypermap 404
HyperText 78
Hypertext 32, 80, 93
   Elemente 116
   Inhalte 119
HyperText Markup Language 108

I

Ideen publizieren 365
Informationseinheiten 215
Inhalte, Erinnerungswert 96
Internet
   Struktur 49
   Verbindung 68
Internet Assistant 441
Internet Engineering Task
   Force 118
Internet-Anbieter
   allgemeine Fragen 369
   Kosten 367
   Vereinbarung 366
Internet-Worm 387
ISDN 69
ISO 8879 114

K

Kampagne für ein nicht
   browserspezifisches WWW 314
Karten
   Hypertextlinks in 295
   Oberflächensteuerungen 295
   Pixelkoordinaten 297
KISS 211, 259, 279
Kommentare 256

L

Layout
   ausgewogenes 240
   Modell 214
   Struktur 218, 260
Link 78, 79
   Anker 97
   E-Mail als 255
   Grafiken als 245
   tote 462
   wertloser 388
Liste
   Menü- 225
   Verzeichnis- 226
Logos 246
Lview 84
Lynx 46

M

MacHTTP 405, 430
Majordomo 467
Mapedit 404
MapMaker 404
Markierung 97
   <A> 267
   <ADDRESS> 137
   <APPLET> 137
   <AREA> 139
   <B> (halbfett) 140
   <BASE> 141
   <BASEFONT> 141
   <BIG> 142
   <BLOCKQUOTE> 143, 271
   <BODY> 144

 (erzwungener Zeilen-
      umbruch) 145
   <CENTER> 146
   <CITE> (Quellenverweis) 146
   <CODE> Programmcode) 147
   <DD> (Definitions-
      beschreibung) 148
   <DFN> (Definition) 149
   <DIR> (Verzeichnisliste) 150
   <DL> (Definitionsliste) 151
   <DT> (Definitions-
      ausdruck) 153
   <EM> Hervorhebung 153
   <EMBED> 154
   <FONT> 155
   <FORM> 284
   <FORM> (Formular für
      Benutzer) 156
   <FRAME> 158
   <FRAMESET> 159
   <H*> (Überschriften-
      Ebenen) 160
   <HEAD> 97, 162
   <HR> 311
   <HR> (Horizontaler
      Strich) 163
   <HTML> 118
   <HTML> (Haupt-
      dokument) 165
   <I> (Kursivschrift) 165
   <IMG> 119, 133, 166
   <INPUT> 286
   <INPUT> (Eingabeobjekt) 168
   <ISINDEX> (indiziertes
      Dokument) 170
   <KBD> (Tastatureingabe) 171

Stichwortverzeichnis

<LI> 271, 312
<LI> (Listenpunkt) 172
<LINK> 173, 269
<MAP> 175
<MENU> 176
<META> 177
<NOBR> 178
<OL> (Geordnete Liste) 178
<OPTION> 180
<P> 180
<PARAM> 181
<PRE> 182, 310
<S> 184
<SAMP> 184
<SELECT> 186, 289
<SMALL> 187
<STRONG> 188
<SUB> 189
<SUP> 190
<TABLE> 191
<TD> 192
<TEXTAREA> 193, 287, 291
<TG> 195
<TITLE> 118, 196
<TR> 197
<TT> 198
<U> (unterstrichen) 199
<UL> 199, 312
<VAR> 201
<WBR> 313
Anker 134
Attribute 97, 121
Auftreten 121
DOCTYPE 118
ISMAP 125
schließen 126
Schreibweise 121
testen 343
Verschachtelung 126
Markierungssprache 67
Markup-Sprache 78, 109
  deskriptiv 109
  generalisierte 115
  prozedural 109
  Syntax 110
Method
  Action 285
  Get 285
  Post 285
Microsoft 311
MIME 66, 81
MPEG-Dateien 86
MPEGplay 84

MS Excel 86
MS Word 86
Mulitilink PPP 69

N

National Biological Service 272
Navigationshilfen 261
Navigieren 259
NCSA-Server 404
Netscape 311
Netsite 405, 445
NetWings 430
Newsgroups 36

P

Parser 111
PDF-Dateien 86
Perl-Server 405
Phoenix 399
Plexus 405
Plug-Ins 86
PPP 69
Protokoll 63
Protokoll-Suite 64
Prototyp 211
psgml 400
Publikum 91

Q

QuickTime für Windows 84

R

Rahmen 230
REXX 405
Rückmeldung 386

S

Schaltflächenleiste 296, 297
Schlüsselelemente 248
Seiteneinsteiger 261
SerWeb 405, 445
SGML 113, 114
  Dokumentenaufbau 115
  formaler Aufbau 115
  HTML 113
  Teilmenge 115

SHE 401, 418
Simple HTML Editor 426
SLIP 68
SMTP 66
Sonderzeichen 204
Struktur
  hierarchisch 260
  komplex 262
  Netz 261
  planen 263
Style-Sheets 310
Suchseiten 55
Symbole 245

T

T1-Verbindung 72
Tabellen 227
TARGET 232
TCP/IP 63
Testmethode 348
Text
  gedruckter 386
  linearer 386
TkHTML 400, 412
TkWWW 400
tkWWW 412

U

Überschriften
  Ebenen 217, 218
  humorvoll 216
UNIX 47, 48
  Ressourcennamen 48
  Verzeichnisnamen 49, 50
Urheberrecht 239
URL 48, 50, 51
  Bestandteile 50
  Interpunktion 51
  Syntax 51
USEMAP 305
Usenet 36

V

Versionskontrolle 254

W

WAIS 37
WAXweb 105

Web
  Anschluß 71
  Bandbreite 68
  Geschichte 46
  Ressourcen 50
  Schnittstellen 46
  Wachstum 54
  Werkzeuge 53
  Zugriff 72
WEB Wizard 402
Web Wizard 440
Web-Seite
  Absicht 92
  Aktualisierung 387, 390
  Aufbau 91, 452
  Bilder 99
  Design 91
  Diagramme 100
  Fehler 454, 462, 463
  Genehmigung 463
  Gliederung 91

Glossar 94
Graphiken 84, 99
Index 94
Inhaltsverzeichnis 93
Organisation 93
Planung 461
Qualitätskontrolle 387
Rückmeldungen 464
Schwerpunkte 364
Seitengestaltung 97
Steuerung 453
Steuerungselemente 93
Superstruktur 93, 94
Testwerkzeuge 463
überprüfen 387
Veränderungen 389
zentrale Nachricht 92
Web-Seiten
  aktualisieren 467
  Inhalt 87, 386
  strukturieren 450

Web-Server
  Aufgaben 62
  Datenverkehr 466
  Kosten 466
  Plattform 395
  UNIX 371
WebAuthor 403
WebSTAR 430
Werbung 365
Wham 84
Windows httpd 445
Wplany 84
WWW 29
WYSIWYG 396
WYSIWYG-Editor 397

Z

Zeichencode 204
Zielpublikum 359